21世纪经济与管理规划教材·国际经济与贸易系列

国际贸易实务

（第四版）

冷柏军 主编

北京大学出版社
PEKING UNIVERSITY PRESS

图书在版编目(CIP)数据

国际贸易实务/冷柏军主编.--4版.--北京:北京大学出版社,2025.8.--(21世纪经济与管理规划教材).--ISBN 978-7-301-35644-9

I.F740.4

中国国家版本馆 CIP 数据核字第 2024NU7692 号

书　　　名	国际贸易实务(第四版)
	GUOJI MAOYI SHIWU(DI-SI BAN)
著作责任者	冷柏军　主编
责 任 编 辑	李沁珂　贾米娜
标 准 书 号	ISBN 978-7-301-35644-9
出 版 发 行	北京大学出版社
地　　　址	北京市海淀区成府路 205 号　100871
网　　　址	http://www.pup.cn
微信公众号	北京大学经管书苑(pupembook)
电 子 邮 箱	编辑部 em@pup.cn　　总编室 zpup@pup.cn
电　　　话	邮购部 010-62752015　发行部 010-62750672　编辑部 010-62752926
印 　刷 　者	河北文福旺印刷有限公司
经 　销 　者	新华书店
	787 毫米×1092 毫米　16 开本　20.5 印张　457 千字
	2009 年 10 月第 1 版　2012 年 2 月第 2 版
	2017 年 7 月第 3 版
	2025 年 8 月第 4 版　2025 年 8 月第 1 次印刷
定　　　价	58.00 元

未经许可，不得以任何方式复制或抄袭本书之部分或全部内容。
版权所有，侵权必究
举报电话:010-62752024　电子邮箱:fd@pup.cn
图书如有印装质量问题，请与出版部联系，电话:010-62756370

丛书出版说明

教材作为人才培养重要的一环,一直都是高等院校与大学出版社工作的重中之重。"21世纪经济与管理规划教材"是我社组织在经济与管理各领域颇具影响力的专家学者编写而成的,面向在校学生或有自学需求的社会读者;不仅涵盖经济与管理领域的传统课程,还涵盖学科发展衍生的新兴课程;在吸收国内外同类最新教材优点的基础上,注重思想性、科学性、系统性,以及学生综合素质的培养,以帮助学生打下扎实的专业基础和掌握最新的学科前沿知识,满足高等院校培养高质量人才的需要。自出版以来,本系列教材被众多高等院校选用,得到了授课教师的广泛好评。

随着信息技术的飞速进步,在线学习、翻转课堂等新的教学/学习模式不断涌现并日渐流行,终身学习的理念深入人心;而在教材以外,学生们还能从各种渠道获取纷繁复杂的信息。如何引导他们树立正确的世界观、人生观、价值观,是新时代给高等教育带来的一个重大挑战。为了适应这些变化,我们特对"21世纪经济与管理规划教材"进行了改版升级。

首先,为深入贯彻落实习近平总书记关于教育的重要论述、全国教育大会精神、《关于深化新时代学校思想政治理论课改革创新的若干意见》以及《教育强国建设规划纲要(2024—2035年)》,我们按照国家教材委员会《习近平新时代中国特色社会主义思想进课程教材指南》《关于做好党的二十大精神进教材工作的通知》和教育部《普通高等学校教材管理办法》《高等学校课程思政建设指导纲要》等文件精神,将课程思政内容尤其是党的二十大精神融入教材,以坚持正确导向,强化价值引领,落实立德树人根本任务,立足中国实践,形成具有中国特色的教材体系。

其次,响应国家积极组织构建信息技术与教育教学深度融合、多种介质综合运用、表现力丰富的高质量数字化教材体系的要求,本系列教材在形式上将不再局限于传统纸质教材,而是会根据学科特点,添加讲解重点难点的视频音频、检测学习效果的在线测评、扩展学习内容的延伸阅读、展示运算过程及结果的软件应用等数字资源,以增强教材的表现力和吸引力,有效服务线上教学、混合式教学等新型教学模式。

为了使本系列教材具有持续的生命力,我们将积极与作者沟通,争取按学制周期对教材进行修订。您在使用本系列教材的过程中,如果发现任何问题或者有任何意见或建议,欢迎随时与我们联系(请发邮件至 em@pup.cn)。我们会将您的宝贵意见或建议及时反馈给作者,以便修订再版时进一步完善教材内容,更好地满足教师教学和学生学习的需要。

最后,感谢所有参与编写和为我们出谋划策提供帮助的专家学者,以及广大使用本系列教材的师生。希望本系列教材能够为我国高等院校经管专业教育贡献绵薄之力!

北京大学出版社

经济与管理图书事业部

前　言

改革开放以来,我国的对外经济贸易得到了突飞猛进的发展。进入 21 世纪后,云计算、大数据、物联网、数字经济以及人工智能等技术高速发展,未来的国际经贸格局正在被重新构建。习近平总书记在党的二十大报告中指出:"推动货物贸易优化升级,创新服务贸易发展机制,发展数字贸易,加快建设贸易强国。"这是应对世界百年未有之大变局所做出的重大战略安排,为我国新时代新征程贸易强国的建设指明了前进方向。随着全球经济一体化发展、数字技术对贸易的渗透、发展中国家群体性崛起、高标准国际经贸规则的普及,国际贸易出现了普惠化、数字化等发展新趋势。与此同时,区域经济一体化及贸易与数字的深度融合对我国国际经贸人才的培养提出了新的要求;中国企业在进一步拓展国际化经营发展的道路上必然也会遇到各种机遇与挑战。

在此背景下,国际贸易惯例和中国涉外经济贸易法规、条例有了新的发展和变化,这其中重要的有国际商会发布的《国际贸易术语解释通则 2020》以及《中华人民共和国民法典》和《中华人民共和国电子商务法》等。为帮助广大读者进一步了解国际贸易规范,领会并掌握国际货物贸易进出口技能与实务,根据国际贸易惯例与规则的新发展,在第三版的基础上,编者在第四版中重新编写了国际贸易术语与跨境电子商务等相关内容,同时也修改了部分章节的案例及习题,增加了中国企业国际化经营成功的案例等;在各章前统一增加素养目标,有机融入社会主义核心价值观教育,激发学生的爱国情怀和民族自豪感,为进一步深入学习与拓展国际贸易业务提供理论支持与技能保障,以达成"立德树人"的目标。

本书第四版由对外经济贸易大学国际经济贸易学院冷柏军教授主编。北京大学出版社李娟、李沁珂编辑提供了大力支持和帮助,在此表示感谢。本书可作为高等学校经管类专业学生学习的通用教材,也可供从事国际商务工作的专业人员学习与参考。

由于编者水平有限,不妥之处在所难免,我们也期盼得到学术界同仁的斧正。

冷柏军

2024 年 10 月

目 录

第一章 国际贸易规范 ………………………………………… 1
  第一节 国际贸易的基本流程 ………………………………… 2
  第二节 国际货物买卖合同概述 ……………………………… 4
  第三节 国际贸易所适用的法律法规 ………………………… 7

第二章 国际贸易术语 ………………………………………… 13
  第一节 贸易术语概述 ………………………………………… 14
  第二节 EXW 和 FAS 术语精解 ……………………………… 20
  第三节 FOB、CFR 和 CIF 术语精解 ………………………… 23
  第四节 FCA、CPT 和 CIP 术语精解 ………………………… 37
  第五节 DAP、DPU 和 DDP 术语精解 ……………………… 42
  第六节 选用贸易术语的原则 ………………………………… 48

第三章 国际货物买卖中的标的物 …………………………… 52
  第一节 商品的品名 …………………………………………… 53
  第二节 商品的品质 …………………………………………… 55
  第三节 商品的数量 …………………………………………… 61
  第四节 商品的包装 …………………………………………… 65

第四章 国际货物运输 ………………………………………… 76
  第一节 海洋运输 ……………………………………………… 77
  第二节 铁路运输与航空运输 ………………………………… 89
  第三节 集装箱运输与国际多式联运 ………………………… 93

	第四节	大陆桥运输	97
	第五节	公路、内河、邮政和管道运输	98
	第六节	买卖合同中的装运条款	100

第五章　国际货物运输保险 106
- 第一节　保险概述 107
- 第二节　海洋运输保险 109
- 第三节　我国海运货物保险的险别 113
- 第四节　陆运、空运货物保险与邮包运输保险 117
- 第五节　伦敦保险协会海运货物保险条款 119
- 第六节　买卖合同中的保险条款 123

第六章　国际货物买卖的价格 126
- 第一节　国际贸易商品价格的掌握 127
- 第二节　主要出口价格及其换算 130
- 第三节　价格条款的制定 132
- 第四节　佣金和折扣的运用 134
- 第五节　对外报价的核算 136

第七章　国际贸易结算中的支付票据 141
- 第一节　票　据 142
- 第二节　汇　票 144
- 第三节　本票与支票 150

第八章　国际贸易结算中的支付方式 156
- 第一节　汇付与托收 157
- 第二节　信用证 169
- 第三节　银行保函和备用信用证 184
- 第四节　各种支付方式的合理安排 193

第九章　国际贸易结算中的单证实务 197
- 第一节　汇票与发票 198
- 第二节　运输单据 205
- 第三节　保险单据 212
- 第四节　其他单据 215

第十章　国际贸易商品检验 ……………………………………………………… 222
- 第一节　商品检验的重要性 ………………………………………………… 223
- 第二节　检验时间和地点 …………………………………………………… 224
- 第三节　检验机构与检验证书 ……………………………………………… 227

第十一章　国际贸易争议与处理 ………………………………………………… 231
- 第一节　争议与索赔 ………………………………………………………… 232
- 第二节　违约金与定金 ……………………………………………………… 236
- 第三节　不可抗力 …………………………………………………………… 239

第十二章　国际贸易仲裁 ………………………………………………………… 246
- 第一节　仲裁是解决争议的重要方式 ……………………………………… 247
- 第二节　仲裁协议 …………………………………………………………… 249
- 第三节　仲裁裁决的承认与执行 …………………………………………… 251

第十三章　国际货物交易前的准备 ……………………………………………… 254
- 第一节　谈判队伍的组成 …………………………………………………… 255
- 第二节　国际商品市场调研 ………………………………………………… 257
- 第三节　企业进入国际市场的渠道 ………………………………………… 259
- 第四节　进出口商务计划 …………………………………………………… 262
- 第五节　商标的国外注册与广告宣传 ……………………………………… 263

第十四章　国际货物买卖的磋商与订立 ………………………………………… 269
- 第一节　国际货物买卖的交易磋商 ………………………………………… 270
- 第二节　国际货物买卖合同的签订 ………………………………………… 279

第十五章　进出口合同的履行 …………………………………………………… 284
- 第一节　出口合同的履行 …………………………………………………… 285
- 第二节　进口合同的履行 …………………………………………………… 295

第十六章　跨境电子商务 ………………………………………………………… 303
- 第一节　跨境电子商务概述 ………………………………………………… 304
- 第二节　跨境电子商务操作实务 …………………………………………… 307
- 第三节　跨境电子商务风险防范 …………………………………………… 311

参考文献 …………………………………………………………………………… 317

21世纪经济与管理规划教材

国际经济与贸易系列

第一章

国际贸易规范

【学习目标】

通过本章的学习,学生将能够:

1. 认识国际贸易基本流程工作的重要性;
2. 了解国际贸易基本流程的具体内容;
3. 熟悉国际货物买卖合同的特点及形式;
4. 掌握在国际贸易中所涉及的法律法规,为进一步规范国际贸易业务提供重要的保障。

【素养目标】

通过学习国际贸易规范等相关知识,学生应能够深入了解外贸是我国国民经济的重要组成部分,正确认识推动外贸稳规模优结构对构建新发展格局的重要支撑作用,具备法律意识和规则意识,树立大局意识和国际视野,在进出口业务中诚信经营,促进我国对外贸易的持续健康发展。

【重点难点】

重点是进出口贸易的各个环节及它们之间的内在联系;难点是常用的国际贸易惯例及其与国际公约的比较。

【引导案例】

案情: 某年7月,中国天津A公司与某国设在中国广州的外商独资企业B公司在大连签订了一份货物买卖合同。合同规定,由B公司向A公司出售一批移动电信设备,总金额为200万美元,交货地点为A公司设在沈阳的仓库。合同进一步规定,双方当事人如在合同履行过程中发生争议,可进行友好协商解决;如协商未果,则自愿提交深圳国际仲裁院(原中国国际经济贸易仲裁委员会深圳分会)仲裁,其结果为终局性的,对双方均产生约束力,并明确双方所适用的法律为1980年的《联合国国际货物销售合同公约》。试分析双方当事人对上述合同条款所做出的法律适用方面的选择是否恰当。

分析: 本案是关于当事人签订合同选择法律的适用问题。根据法律的规定,只有签订合同的主体在不同国家,或商品具有国际性,或经济发生关系在不同国家,法律选择才具有国际性。而在本案中,由于上述内容甚至包括签约地点均不具有国际性,因此,双方当事人对合同条款所做出的法律适用方面的选择是不恰当的,应适用于《中华人民共和国民法典》。

第一节 国际贸易的基本流程

国际贸易是处于不同国家的买卖双方当事人所进行的经济交换活动,它涉及面广,各个环节之间具有密切的内在联系。为使国际贸易能够顺利进行,了解国际贸易的基本流程是非常必要的。

一、出口贸易的基本流程

出口贸易的基本流程在通常情况下可分为:出口交易前的准备工作阶段、交易磋商和签订合同阶段以及出口合同履行阶段三大环节。

(一)出口交易前的准备工作阶段

为了做好国际贸易这项艰难复杂而又十分重要的工作,必须事先做好充分准备。出口交易前需要准备的事项很多,其中主要包括下列工作:选配参加谈判的人员、选择目标市场、选择交易对象、制订出口商品经营方案、做好出口商品商标的国外注册工作等。

(二)交易磋商和签订合同阶段

交易磋商的目的是买卖双方通过磋商取得一致意见,达成交易。交易磋商具有高度的政策性、策略性和技术性,只有真正做到知己知彼,使自己尽可能处于主动地位,方能稳操胜券。交易磋商的内容主要包括买卖商品的品质、数量、包装、价格、运输、保险、支付、商品检验、争议、索赔、不可抗力和仲裁等交易条件。只有买卖双方就此达成共识,交易才成立。交易磋商在形式上可分为口头和书面两种,当然,在特殊情况下,一项交易的达成也可以通过买卖双方既已成为习惯的某些行为予以确认。交易的一般程序应包括邀请发盘、发盘、还盘、接受和签订合同等环节,其中发盘和接受是交易成立的基本环节,也是合同成立的必要条件。

(三) 出口合同履行阶段

在国际贸易中,买卖合同一经依法有效成立,有关当事人就必须履行合同规定的义务。目前绝大多数出口合同为 CIF 合同,并且一般都采用信用证付款方式,在履行这类合同时,必须切实做好各个环节的工作。在这些环节中,以备货、催证、审证和改证,租船订舱与保险,制单结汇,收汇核销及出口退税等环节的工作最为重要。

二、进口贸易的基本流程

与出口贸易类似,进口贸易的基本流程也包括三个阶段,但在具体内容上,与出口贸易又有所不同。进口贸易的基本流程一般分为进口交易前的准备工作阶段、交易磋商与签订进口合同阶段、进口合同的履行阶段。

(一) 进口交易前的准备工作阶段

进口交易前的准备工作主要有编制进口计划、合理安排商品数量与采购时间及采购市场、选择目标市场和交易对象、严格掌握交易价格、制订进口商品经营方案以及灵活选择交易条件与贸易方式等。

(二) 交易磋商与签订进口合同阶段

进口交易磋商与出口交易磋商的程序基本相同。但在实际业务中,进口交易磋商还应注意的问题有:其一,不要向同一地区过多询盘,防止国外商人乘机抬价;其二,对不同国家或地区的报价要仔细综合比较,做好货比三家的工作;其三,对合同交易条件的磋商应尽可能详细、具体,并争取有利的价格及其他交易条件。进口合同的形式和内容基本上与出口合同相似,但合同名称多为购买合同和购货确认书。

(三) 进口合同履行阶段

进口货物大多数是按 FOB 条件并采用信用证方式成交,按此条件签订的进口合同,其履行的一般程序包括:开立信用证、租船订舱、接运货物、办理货运保险、审单付款、报关提货、验收与拨交货物和办理贸易索赔等。

案例 1-1

下面用中国出口商和美国进口商的例子说明一笔典型的交易是如何运作的。

(1) 美国进口商向中国出口商下订单,并且询问中国出口商是否愿意接受以信用证方式付款。

(2) 中国出口商同意以信用证方式结算并讲明价格和交货等条件。

(3) 美国进口商向美洲银行提出申请,开立以中国出口商为受益人的信用证,用来进口货物。

（4）美洲银行开立以中国出口商为受益人的信用证并将信用证送达中国出口商的银行，即中国银行。

（5）中国银行就信用证开立事宜通知中国出口商。

（6）中国出口商将货物通过中国外运承运人发往美国进口商，承运人向出口商签发提单。

（7）中国出口商依据信用证的有关条款向美洲银行开出90天付款的远期汇票，并把汇票提交给中国银行。中国出口商将提单背书，这样货权就转给了中国银行。

（8）中国银行将汇票连同提单送达美洲银行。美洲银行承兑汇票，取走单据并且承诺90天后兑现已承兑的汇票。

（9）美洲银行将已承兑的汇票返给中国银行。

（10）中国银行通知中国出口商已收到90天付款的承兑汇票。

（11）中国出口商把汇票以面值贴现方式卖给中国银行并为此获得汇票的贴现现金价值。

（12）美洲银行通知美国进口商单据已收到。美国进口商同意90天后向美洲银行支付贷款。美洲银行向美国进口商发放单据，美国进口商就可以提取货物了。

（13）90天后，美洲银行获得美国进口商支付的货款。

（14）90天后，到期汇票的持有人把汇票提交给美洲银行要求兑现，美洲银行予以支付。

（15）中国出口商办理出口收汇核销及出口退税业务。

第二节　国际货物买卖合同概述

一、国际货物买卖合同的含义

按照《联合国国际货物销售合同公约》(United Nations Convention on Contracts for the International Sale of Goods)的规定，国际货物买卖合同是指营业地处于不同国家的当事人所订立的货物买卖合同。

货物买卖合同是指卖方为了取得货款而把货物的所有权移交给买方的一种双务合同。所谓双务合同(Bilateral)，是指合同当事人双方互相享有权利、相互负有义务的合同。例如，卖方负有将出卖的物品交付给买方的义务，同时享有请求买方支付价款的权利；买方负有向卖方支付价款的义务，同时享有请求卖方交付出卖物归其所有的权利。卖方的基本义务是交出货物的所有权，买方的基本义务是支付货款，这是货物买卖合同区别于其他种类合同的一个主要特点。

二、国际货物买卖合同的特点

（一）国际货物买卖合同具有国际性

国际货物买卖合同与国内货物买卖合同的基本区别就在于其具有国际性。按照我国有关法律规定,国际性的标准为交易双方当事人的营业地处于不同的国家。营业地是指固定的、永久性的、独立进行营业的场所,所以代表处机构所在地的处所就不是《联合国国际货物销售合同公约》意义上的"营业地"。这些机构的法律地位实际上是代理关系中的代理人,代表其本国企业进行活动。因此,某国当事人和外国企业驻该国的常驻代表签订的货物买卖合同,仍然具有该公约意义上的"国际性"。

(二)国际货物买卖合同的标的物是货物

货物买卖合同的标的物是货物,但究竟什么是货物,或者货物如何确定,世界各国对此曾经过长期探讨。一是以英美法系国家的买卖法为代表,把买卖合同的调整范围限于货物买卖,即卖方的基本义务是向买方转移货物的所有权,买方的基本义务是支付相应的价款;二是以大陆法系的一些国家和地区为代表,将买卖的标的不只限于货物的所有权,还包括其他的财产权利。

《联合国国际货物销售合同公约》则采取了排除法,即将下列产品排除在其适用范围之外:①供私人、家属或家庭使用而进行的购买;②经由拍卖方式进行的买卖;③根据法律执行应进行的买卖;④各种债券或者货币的买卖;⑤船舶、气垫船或飞机的买卖;⑥电力的买卖。从这些规定我们可以看出,该公约主要适用于以商业为目的的、有形的动产销售。

(三)国际货物买卖合同的性质为买卖

所谓买卖合同,按照《英国货物买卖法》的规定,是指由卖方将货物的所有权转换给买方,以换取买方的金钱作为对价。这一特征是买卖合同与其他类型合同如租赁合同、承揽合同等的重大区别。例如,在光船租赁合同中,出租人并不将船只的所有权转移给承租人,承租人取得的是船只的使用权而非所有权,而出租人取得的是租金亦非价款。

三、订立国际货物买卖合同应遵循的原则

订立与履行合同,应当遵循有关国际公约和当事人选择的合同法的基本原则。这些基本原则包括:

(一)平等原则

平等原则是指地位平等的合同当事人,在权利义务对等的基础上,经充分协商达成一致,以实现互利互惠的经济利益目的的原则。

(二)自愿原则

自愿原则是合同法的重要基本原则,合同当事人通过协商,自愿决定和调整相互之间的权利义务关系。合同当事人从事何种经济交易,是否订立合同,与谁订立合同,都是当事人自己的事。

(三)公平原则

公平原则主要是指合同当事人对经济活动所带来的预期利益,不能存在显失公平的情形。它要求合同当事人之间的权利义务要公平合理,强调一方给付与对方给付之间的

等值性,以及合同上的负担和风险的合理分配。

(四)诚实信用原则

诚实信用原则要求当事人在订立、履行合同以及合同终止后的全过程中,都要做到诚实,讲信用,相互协作。

(五)合法和尊重社会公德的原则

合法和尊重社会公德的原则主要是指合同当事人的主体资格要合法,合同内容要合法,履行合同要合法。如果违反合法原则,合同就失去了法律效力,失去了合同存在的基础,也就得不到法律的保护。

四、国际货物买卖合同的形式

合同的形式是交易双方当事人就确立、变更、终止民事权利义务关系达成一致的方式,是合同当事人内在意思的外在表现形式。根据《联合国国际货物销售合同公约》和《中华人民共和国民法典》的有关规定,当事人订立合同,有书面形式、口头形式和其他形式。

(一)书面形式

书面形式是指合同书、信件以及数据电文等可以有形地表现所载内容的形式。采用这种形式订立合同,可以加强当事人的责任心,督促其全面、正确地履行合同;在发生纠纷时,便于举证和分清责任。因此,它是合同的主要形式。

(二)口头形式

口头形式是指交易双方当事人通过对话方式,包括当面谈判和通过电话沟通的方式而订立的合同。采用这种形式简便易行,对保证交易迅速达成起着一定的作用。但因缺乏文字依据,一旦发生纠纷,当事人往往举证困难,不易分清责任。

(三)其他形式

其他形式是指可能存在的除书面形式、口头形式之外的合同形式。例如,通过发运货物或者预付货款等行为形式表示对合同内容的确认。

总之,合同的上述形式均具有相同的法律效力,都是合同的法定形式。当事人通常可以根据需要进行选择。

案例 1-2

美国 A 公司 10 月 4 日向我国 B 公司以传真发盘,出售电子元器件,规定于当天下午 5 时复到有效。B 公司于当天下午 4 时以传真答复,对发盘中的价格及检验索赔条件提出了不同意见。10 月 5 日,A 公司与 B 公司通过电话进行洽商,双方各做出让步,B 公司同意接受 A 公司的价格,A 公司同意 B 公司提出的检验索赔条件,至此,双方口头达成一致意见,并一致同意两公司的代表在中国进出口商品交易会(广交会)上签署合同。10 月 20

日,A公司代表去广交会会见了B公司代表,并交给他一份A公司已签字的合同,B公司代表表示要审阅后再签字。三天后,A公司代表再次会见B公司代表,而B公司代表仍未在合同上签字。A公司代表即索回了未签字的合同。11月,A公司致电B公司要求其开证履约,B公司不同意,双方当事人发生争议。试问:双方的交易是否成立?

分析:本案中,双方当事人在前期的书面传真中并没有达成交易,随后在口头磋商中虽达成协议,但又保留了条件,即决定在10月广交会上达成书面合同。后来由于种种原因,双方最终并未达成书面协议,因此,买卖合同所要求的具体形式没有完成,双方的交易也就没有成立。

五、国际货物买卖合同的内容

合同的内容,又称合同条款,是确定合同双方当事人权利与义务关系的重要依据,同时也是判断合同是否有效的客观依据。根据《中华人民共和国民法典》第四百七十条的规定,合同的内容由当事人约定,一般包括下列条款:(1)当事人的姓名或者名称和住所;(2)标的;(3)数量;(4)质量;(5)价款或者报酬;(6)履行期限、地点和方式;(7)违约责任;(8)解决争议的方法。当事人可以参照各类合同的示范文本订立合同。

需要指出的是,上述合同条款是合同中通常包括的内容,并不是必须包括这些条款合同才成立、有效。买卖双方当事人可根据交易货物的特点和实际需要,对合同条款做出增加或者减少的约定。

第三节 国际贸易所适用的法律法规

由于国际贸易具有不同于国内贸易的许多特点,其交易环境、交易条件、贸易做法及所涉及的问题,都远比国内贸易复杂,因此,争议也就容易产生。为保证国际贸易顺利进行,并得到法律的承认与保护,其业务必须符合法律规范。但由于国际贸易的当事人一般身处不同的国家或地区,这些国家或地区具有不同的法律和制度,因此,国际贸易所适用的法律法规有较大的不同。概括起来,国际贸易所适用的法律法规主要有国际条约、国内法、国际贸易惯例等。

一、国际条约

(一)国际条约的含义及作用

国际条约(International Treaty)是指两个或两个以上的主权国家为确定彼此的政治、经济、贸易、文化和军事等方面的关系以及权利和义务而缔结的诸如公约、协定、议定书等各种协议的总称。

国际条约依法缔结生效后,即对当事各方具有约束力,必须由当事各方善意地履行。

对此,国际法上有一项"条约必须遵守"的基本原则,即缔结条约以后,各方必须按照条约规定行使自己的权利,履行自己的义务,不得违反条约规定。因此,国际条约是国际贸易应遵守的重要法律之一。

(二) 国际商事中的主要国际条约

1. 关于国际货物买卖的公约

(1)《国际货物买卖统一法公约》(海牙,1964年);

(2)《联合国国际货物销售合同公约》(维也纳,1980年);

(3)《联合国国际货物买卖时效期限公约》(纽约,1974年)。

2. 关于国际货物运输的公约

(1)《统一提单的若干法律规则的国际公约》(简称海牙规则,1924年);

(2)《有关修改统一提单若干法律规则的国际公约的议定书》(简称维斯比规则,1968年);

(3)《联合国海上货物运输公约》(简称汉堡规则,1978年);

(4)《联合国全程或部分海上国际货物运输合同公约》(简称鹿特丹规则,2008年);

(5)《统一国际航空运输某些规则的公约》(简称华沙公约,1929年);

(6)《修改华沙公约的议定书》(简称海牙议定书,1955年);

(7)《国际铁路货物联运协定》(简称国际货协,1951年);

(8)《关于铁路货物运输的国际公约》(简称国际货约,1961年);

(9)《联合国国际货物多式联运公约》(日内瓦,1980年)。

3. 关于国际支付的公约

(1)《汇票、本票统一法公约》(日内瓦,1930年);

(2)《解决汇票、本票法律冲突公约》(日内瓦,1930年);

(3)《统一支票法公约》(日内瓦,1931年);

(4)《解决支票法律冲突公约》(日内瓦,1933年);

(5)《联合国国际汇票与国际本票公约》(纽约,1988年)。

4. 关于对外贸易管理的公约

《世界贸易组织协议》(马拉喀什,1994年)。

5. 关于贸易争端解决的公约

(1)《关于承认和执行外国仲裁裁决的公约》(纽约,1958年);

(2)《关于争端解决规则和程序的谅解》(马拉喀什,1994年)。

6. 关于国际投资的公约

(1)《解决一国与他国国民投资争议的公约》(简称华盛顿公约,1965年);

(2)《多边投资担保机构公约》(简称汉城公约,1985年)。

7. 关于知识产权的公约

(1)《保护工业产权巴黎公约》(巴黎,1967年);

(2)《商标注册马德里公约》(马德里,1995年);

(3)《伯尔尼公约》(伯尔尼,1971年);

(4)《世界版权公约》(日内瓦,1971年)。

(三)《联合国国际货物销售合同公约》

目前,在国际上,与国际贸易关系较为密切的国际贸易条约主要是《联合国国际货物销售合同公约》。我国是最早的缔约国之一。该公约由序言和四个部分组成,共101条187款。序言规定了其宗旨:建立新的国家经济秩序,在平等互利的基础上发展国际贸易,照顾到不同的社会、经济和法律制度,制定国际货物销售的统一规则,以减少法律障碍,促进国际贸易的发展。其他四个部分分别为:①适用范围和总则;②合同的订立;③货物销售;④最后条款。该公约于1980年3月在奥地利维也纳召开的外交会议上获得通过,并于1988年1月1日起实施生效。截至2022年5月,缔约国共95个。

二、国内法

从普遍意义上说,国际条约在规范国际贸易方面发挥着重要作用。但由于国际条约和国际贸易惯例并不能包括国际贸易各个领域中的一切问题,而且个人或企业在从事跨越国境的国际贸易活动时,也可能选择以某一国家的国内法为准则,因此国内法在国际贸易活动中仍占有一定的重要地位。

国内法(Domestic Law)是指由某一国家制定或认可,并在本国主权管辖内生效的法律。但由于从事国际贸易的当事人地处不同的国家,具有不同的法律制度,因此一旦发生合同争议,且各自国家法律对同一问题有不一致的规定,就涉及适用何国法律作为争议处理依据的问题。为了消除这种法律冲突,一般以在国内法中规定"冲突规范"的办法加以解决。

目前,我国的国内法中,与国际贸易有关的主要法律有:

(1)适用于国际货物买卖的国内立法——《中华人民共和国民法典》;

(2)适用于国际货物运输与保险的国内立法——《中华人民共和国海商法》;

(3)适用于国际货款收付的国内立法——《中华人民共和国票据法》;

(4)适用于对外贸易管理的国内立法——《中华人民共和国对外贸易法》《中华人民共和国海关法》《中华人民共和国进出口商品检验法》《中华人民共和国进出境动植物检疫法》等;

(5)适用于国际商事仲裁的国内立法——《中华人民共和国仲裁法》。

三、国际贸易惯例

(一)国际贸易惯例的含义

国际贸易惯例(International Trade Practice)一般是指在国际贸易业务中,经过反复实践形成的,并经过国际组织加以解释和编纂的一系列行为规范及习惯做法。《联合国国际货物销售合同公约》第9条对国际贸易惯例的解释为:"在国际贸易上已为有关特定贸易所涉同类合同的当事人所广泛知道并为他们所经常遵守。"

从上述定义中,我们可以得出构成国际贸易惯例一般应具备以下三个条件:

(1) 国际贸易惯例应是在一定范围内人们经长期反复实践而形成的某种商业方法或通例或行为规范;

(2) 国际贸易惯例的内容必须是明确且肯定的,并为许多国家和地区所认可;

(3) 国际贸易惯例必须是在一定范围内众所周知的,并被从事该行业的人认为具有普遍约束力的。

国际贸易惯例一般有成文惯例与不成文惯例之分。成文的国际贸易惯例,是权威性国际组织如国际商会、国际统一私法协会等,对长期反复使用的不成文惯例中已经证明行之有效的规则加以完善和解释编纂而成的。一般说来,成文惯例由于有章可循,具有较强的规范性,较之不成文惯例更具有约束力。

(二) 国际贸易惯例的作用

随着国际经济与贸易的快速发展,国际贸易惯例的作用越来越明显。这主要表现在以下几个方面:

(1) 国际贸易惯例有利于买卖合同的顺利磋商和订立。因为国际贸易惯例可以简化进出口交易的相关手续,节省费用开支,缩短商务谈判的时间,从而在国际贸易的发展方面发挥着重要作用。

(2) 理解和掌握国际贸易惯例,有助于解决在合同履行过程中发生的争议与纠纷。当某些国际贸易合同因订立时考虑不严谨,未明确法律适用问题,在合同履行过程中发生争议与纠纷时,通过遵循国际贸易惯例可以得到很好的解决。

(3) 通过国际贸易惯例的运用,有利于国际贸易中各个环节的相互衔接,从而有利于促进国际贸易正常、有序的进行和确保其持续向前的发展。

(三) 常用的国际贸易惯例

目前,在国际贸易领域常见的国际贸易惯例有:

1. 国际贸易术语方面

(1) 国际商会制定的《2020年国际贸易术语解释通则》;

(2) 国际法协会制定的《1932年华沙—牛津规则》;

(3) 美国全国对外贸易协会制定的《1990年美国对外贸易定义修订本》。

2. 国际货款的收付方面

(1) 国际商会制定的《跟单信用证统一惯例》2007年修订本(UCP 600);

(2) 国际商会制定的《托收统一规则》1995年修订本(URC 522)。

3. 运输与保险方面

(1) 英国伦敦保险协会2009年修订的《伦敦保险协会货物保险条款》;

(2) 中国人民保险公司1980年制定的《进出口货物运输保险条款》;

(3) 国际海事委员会 2004 年修订的《约克—安特卫普规则》;

(4) 中国国际贸易促进委员会 2022 年修订的《中国国际贸易促进委员会共同海损理算规则》。

4. 国际仲裁方面

联合国国际贸易法委员会 2010 年修订的《联合国国际贸易法委员会仲裁规则》。

5. 国际担保方面

(1) 国际商会 1998 年制定的《国际备用证惯例》(ISP 98)。

(2) 国际商会制定的《见索即付保函统一规则》2010 年修订本(URDG 758)。

本章提要

1. 为使国际贸易能够顺利进行,了解国际贸易的基本流程是非常必要的。

2. 出口贸易的基本流程分为交易前的准备工作阶段、交易磋商和签订合同阶段以及出口合同履行阶段三大环节。进口贸易的基本流程也与之类似,但在具体内容上有所不同。

3. 国际货物买卖合同是指营业地处于不同国家的当事人所订立的货物买卖合同。其特点有国际性、标的物是货物和性质为买卖。

4. 为保证国际贸易能够顺利进行,并得到法律的承认与保护,其业务必须符合法律规范。概括起来,国际贸易所适用的法律法规主要有:国际条约、国内法、国际贸易惯例等。

5. 随着国际经济与贸易的快速发展,国际贸易惯例的作用越来越明显。国际贸易惯例本身不是法律,其适用是以当事人的意思自治为基础的。

思考题

1. 进出口贸易业务的基本流程包括哪些环节?
2. 国际货物买卖合同具有哪些特点?
3. 国际货物买卖合同主要包括哪些内容?
4. 如何正确理解国际贸易惯例? 它与国际条约有何异同点?
5. 在运用国际贸易惯例的过程中,应该遵循哪些原则?
6. 简要介绍我国现行的法律中与国际贸易有关的国内法。

案例讨论

日本某轮船公司 J 与中国某进出口贸易公司 T 签订了一份国际货物运输合同,将一批货物从中国 M 港口运往日本 A 港口。双方当事人在合同中约定,如发生争议,将由日本 K

地方法院管辖受理。此后在履行合同时,中日双方当事人因合同条款细节问题发生争议,T公司以J公司为被告,向中国G市海事法院提起诉讼。但日本J公司在答辩中对该案件的管辖权问题提出异议,声明该案应由日本K地方法院管辖。G市海事法院经审理做出裁定,驳回日本J公司提出的异议。J公司不服,于是向中国F省高级人民法院提起上诉。F省高级人民法院审理后裁定,根据国际法的有关规定,涉外商事合同当事人可以用书面协议的形式来选定与争议有实质联系的地点的法院实施司法管辖权,故此案应依据当事人在合同中的约定,由日本K地方法院实行管辖,受理此案。

试分析F省高级人民法院的裁定是否正确,并做出评价。

21世纪经济与管理规划教材
国际经济与贸易系列

第二章

国际贸易术语

【学习目标】

通过本章的学习,学生将能够:

1. 理解国际贸易术语的含义及性质;
2. 掌握《2020通则》中11种贸易术语的基本含义;
3. 熟练使用FOB、CFR、CIF三种主要贸易术语,并能进行有关案例分析;
4. 在使用贸易术语的过程中具备有关的风险防范能力;
5. 掌握在实际业务中选择贸易术语的原则。

【素养目标】

通过学习国际贸易术语等相关国际贸易惯例知识,学生应能够深入了解改革开放以来我国对外贸易所取得的巨大成就,正确认识我国对外开放的伟大意义,吃透并灵活运用国际规则,树立诚信、自律、守法的作风。

【重点难点】

重点是《2020通则》的具体内容及各种术语的特点;难点是FOB、CIF、FCA的具体运用。

【引导案例】

案情：我国某公司按 CIF AVONMOTH 向英国进口商出口 2 700 公吨核桃仁。核桃仁是圣诞节的畅销产品，英国进口商要求我方保证核桃仁在圣诞节前两个星期送达，故双方在合同中规定：买方须于 9 月底前将信用证开到，卖方保证货物于 12 月 6 日运抵目的港，若迟于 12 月 6 日到货，买方有权撤销合同。如卖方已结汇，卖方须将货款退还买方。卖方在买方如期开来信用证后，于 10 月上旬租船将货物运出。因当时苏伊士运河被封锁，只能绕道好望角。船到好望角时，主机出现故障，只好请拖轮拖至好望角港修理。船修好后继续前行，到英国 AVONMOTH 港时比约定的时间晚了一个星期。结果出口货物被英国进口商拒收，只得就地抛售，共计损失五十多万美元。试问：(1) 这一合同的性质是否属于 CIF 合同？(2) 若英方一定要我方保证到货时间，则应如何选用贸易术语？

分析：CIF 合同是"装运合同"，即按此类销售合同成交时，卖方在合同规定的装运期内在装运港将货物交至运往指定目的港的船上，即完成了交货义务，对货物在运输途中发生灭失或损坏的风险以及货物交运后发生的事件所产生的费用，卖方概不承担责任。而本案的合同条款规定："卖方保证不得迟于 12 月 6 日将货物交给买方，否则买方有权撤销合同……"该条款已改变了"装运合同"的性质。因此，本案的合同已经不属于 CIF 合同。我方应注意这种合同的订法是不合理的，甚至会被认定为无效的。如果对方一定要我方保证到货时间，就应该改用 D 组术语，如 DAP 等。

第一节　贸易术语概述

早在 19 世纪初，国际贸易中就已经开始使用贸易术语。国际贸易具有线长、面广、环节多和风险大的特点。当事人在洽商交易、订立合同时，必然要考虑：卖方在什么地方，以什么方式办理交货？货物发生灭失或损坏的风险何时由卖方转移给买方？由谁负责办理货物的运输、保险以及通关过境的手续？由谁承担办理上述事项时所需的费用？买卖双方需要交接哪些有关的单据？因此，在实际业务中，对上述问题买卖双方往往需要通过贸易术语加以确定，一方面说明买卖双方在交接货物时各自承担的风险、责任和费用的划分，另一方面表示该商品价格的构成因素。掌握国际贸易术语及其国际惯例，对于确定价格和明确双方各自承担的风险、责任和费用具有重要意义。

一、贸易术语的重要性

贸易术语(Trade Terms)是在长期的国际贸易实践中产生和发展起来的，是用来表示商品的价格构成以及买卖双方所承担的风险、责任、费用的专门术语。因此，贸易术语有两项基本的作用，一是表示商品的价格构成，二是说明货物在交接过程中有关的风险、责任和费用的划分，主要表现在确定交货地点、确定风险转移点、确定费用划分点和办理有关手续的责任。

1. 确定交货地点

贸易术语的一个明显作用就是确定交货地点。例如,术语 EXW 是指在商品的产地、所在地或双方约定的具体地点交货。而 FOB 的交货地点则为装运港船上。如果货物只运到了船边,而没有装到船上,则是 FAS 术语所确定的交货点。再如,DAP 术语的交货地点主要在进口国的车站或码头等,如果货物在交货地点收货并完成卸货,则是 DPU 术语的内容。可见,通过贸易术语可以清晰地将交货地点区分开来。

2. 确定风险转移点

在国际贸易中,交易的商品往往需要长途运输,在远距离的运输过程中,可能遇到各种自然灾害、意外事件和其他外来风险,加之国际市场情况复杂,千变万化,从而加深了国际贸易的风险程度。贸易术语的另一个重要作用就是确定风险转移点,即风险何时从卖方转移给买方。例如,FOB、CIF 和 CFR 三种术语下卖方的交货是将货物交付至船上,货物风险于货物在装运港装上船时由卖方转移至买方,因而装到船上是风险的划分界限。如果货物在装运过程中跌落受损,且跌落的位置不是在码头、驳船或海中,而是在船甲板上或船舱里,那么买方就要承担货物受损的责任。

3. 确定费用划分点和办理有关手续的责任

在具体交易中除了明确交货地点和风险转移点,贸易术语的另一个重要作用就是明确买卖双方所承担的责任和费用。以 CIF 术语为例,卖方需要承担的主要责任是租船订舱,办理好将货物从装运港运往目的港的手续;在合同规定的装运期内,在装运港将货物装到船上;办理从装运港至目的港的海运货物保险;取得出口许可证或其他官方证件和办理出口通关手续。卖方承担的主要费用有租船订舱的费用、货物运至目的港的运费、双方合同约定的保险费、取得出口许可证或其他官方证件和办理出口通关手续的费用、向买方提供保险单据的费用和货物在装运港装上船之前的一切其他费用。除此之外,卖方还须提交下列有关单据:发票、提单或其他运输单据、保险单、出口许可证或其他官方证件等。

4. 确定商品的价格构成

在不同的贸易术语项下,买卖双方各自承担不同的责任、费用和风险,而责任、费用和风险的大小又影响成交商品的价格。在国际贸易中买方收到的报价绝对不能没有贸易术语,因为它明确地表示了价格的构成,指明由哪方负担运费、保险费和其他费用等,由哪方承担货物灭失或损坏的责任。一般来说,凡使用出口国国内交货的各种贸易术语,如工厂交货(EXW)和装运港船边交货(FAS)等,卖方承担的责任、费用和风险都比较小,所以商品的售价就低;反之,凡使用进口国国内交货的各种贸易术语,如目的地交货(DAP)和完税后交货(DDP)等,卖方承担的责任、费用和风险则比较大。这些因素必然要反映到成交商品的价格上,因此在进口国国内交货比在出口国国内交货的价格高,有时甚至高出很多。由于贸易术语体现出商品的价格构成,按不同的贸易术语成交,成交商品会具有不同的价格,因此有些人便把它单纯地称为"价格术语"或"价格条件"。

二、有关国际贸易术语的国际惯例

国际贸易惯例是国际贸易法的渊源之一,在当前各国都在积极谋求国际贸易法律统一化的过程中,国际贸易惯例起着重要的作用,这种作用日益受到各国政府、贸易界和法律界的重视。例如,许多国家在立法中明文规定国际贸易惯例的效力,同时在国际立法中,特别是在 1980 年制定、1988 年 1 月 1 日生效的《联合国国际货物销售合同公约》中得到充分的肯定。该公约明确规定,当事人在合同中没有排除适用的惯例,或双方广泛采用和经常遵守的惯例,即使当事人未明确同意采用,也可作为当事人默示同意惯例,因而该惯例对双方当事人具有约束力。因此,为了合理地商订和履行合同以及正确运用国际贸易惯例,国际贸易从业人员及有关人士必须对国际上各种通行的有关贸易术语的国际惯例进行深入研究,以便在实际业务中权衡利弊,有所取舍,对其做出适当的抉择和正确的解释。

在国际贸易业务实践中,由于各国法律制度、贸易惯例与习惯做法不同,因此国际上对各种贸易术语的解释与运用互有差异,从而容易引起贸易纠纷。为了避免各国在对贸易术语的解释上出现分歧和发生争议,有些国际组织和商业团体便分别就某些贸易术语做出统一的解释与规定。其中,主要包括:国际商会制定的《国际贸易术语解释通则》(International Rules for the Interpretation of Trade Terms,INCOTERMS)、国际法协会制定的《华沙—牛津规则》(Warsaw-Oxford Rules)以及美国一些商业团体制定的《美国对外贸易定义修订本》(Revised American Foreign Trade Definitions)。上述各项解释贸易术语的规则在国际贸易中运用范围较广,从而成为一般的国际贸易惯例。

(一)《1932 年华沙—牛津规则》

19 世纪中叶,CIF 贸易术语在国际贸易中被广泛采用,但由于各国对其解释不一,从而影响到 CIF 买卖合同的顺利履行。为了对 CIF 合同双方的权利、义务做出统一的规定和解释,国际法协会于 1928 年在波兰华沙制定了 CIF 买卖合同的统一规则,共计 22 条,被称为《1928 年华沙规则》。此后,在 1930 年纽约会议、1931 年巴黎会议和 1932 年牛津会议上,将此规则修订为 21 条,并更名为《1932 年华沙—牛津规则》(Warsaw-Oxford Rules 1932)。该规则自 1932 年公布后一直沿用至今,并成为国际贸易中颇有影响的国际贸易惯例。

《1932 年华沙—牛津规则》对 CIF 合同的性质、特点及买卖双方的权利和义务都做了具体的规定及说明,为那些按 CIF 贸易术语成交的买卖双方提供了一套易于在 CIF 合同下使用的统一规则,供买卖双方自愿采用,在缺乏标准合同格式或共同交易条件的情况下,买卖双方可约定采用此项通则,凡在 CIF 合同中订明采用《1932 年华沙—牛津规则》的,合同当事人的权利和义务就应按此规则的规定办理。由于现代国际贸易惯例建立在当事人"意思自治"的基础上,具有任意法的性质,因此买卖双方在 CIF 合同中也可变更、修改规则中的任何条款或增添其他条款,当此规则的规定与 CIF 合同的内容相抵触时,应以 CIF 合同的规定为准。

(二)《1990年美国对外贸易定义修订本》

早在1919年,美国的几个商业团体就共同制定了有关对外贸易定义的统一解释,供外贸人员参考使用,原称为《美国进出口报价及其缩写条例》。后因贸易方式的演变,在1940年美国第27届全国对外贸易会议上要求对原有定义进行修改。1941年7月,由美国商会、美国进口商协会和全国对外贸易协会所组成的联合委员会正式通过并采用了《1941年美国对外贸易定义修订本》(Revised American Foreign Trade Definitions 1941),并由美国全国对外贸易协会发行。1990年,美国商业团体又对该文本加以修订,改称《1990年美国对外贸易定义修订本》(Revised American Foreign Trade Definitions 1990)。

值得注意的是,该定义把FOB又分为六种类型。其中只有第五种,即指定的装运港船上交货(FOB Vessel),与《2020年国际贸易术语解释通则》(以下简称《2020通则》)中FOB的含义大体相同,而其余五种FOB的含义则完全不同。因此,我国外贸企业同美国、加拿大以及其他美洲地区的企业商谈时,不能笼统地规定采用某种术语,还要明确适用的国际贸易惯例及版本。否则,极易引起误解,从而产生不必要的贸易纠纷。表2-1列示了《1990年美国对外贸易定义修订本》中的六种贸易术语分类。

表2-1 《1990年美国对外贸易定义修订本》中的六种贸易术语分类

贸易术语的英文名称	术语缩写	贸易术语的中文名称
Ex Works	EXW	工厂交货(指定地点)
Free on Board	FOB	在运输工具上交货(指定装运地)
Free alongside Ship	FAS	在运输工具边交货(指定装运地)
Cost and Freight	CFR	成本加运费(指定目的地)
Cost, Insurance and Freight	CIF	成本加保险费、运费(指定目的地)
Delivered Ex Quay	DEQ	码头交货(指定目的港)

(三)《国际贸易术语解释通则》

《国际贸易术语解释通则》是国际商会为了统一对各种贸易术语的解释而制定的,也是目前在国际贸易中最流行的有关贸易术语的国际惯例。它最早的版本于1936年颁布,随后为了适应新的贸易形势以及国际货物运输方式的发展,又分别于1953年、1967年、1976年、1980年、1990年、2000年和2010年进行了多次修订。

为了适应国际贸易的快速发展和国际贸易实践领域发生的新变化,以及贸易数字化和电子商务在进出口业务中的广泛运用,并与《联合国国际货物销售合同公约》进一步关联,国际商会于2016年发起对《2010年国际贸易术语解释通则》(以下简称《2010通则》)进行修改的动议,历时三年,最终版本《2020通则》(INCOTERMS® 2020)于2019年9月10日公开对外发布,并自2020年1月1日起正式生效。但《2020通则》实施之后,并非《2010通则》就自动作废,国际贸易惯例在适用的时间效力上并不存在"新法取代旧法"的说法,因此，当事人在订立贸易合同时仍然可以选择适用《2010通则》，但强烈建议采用最新版本。

与《2010通则》相比，《2020通则》进一步明晰地向用户展示了各条术语所规定的买卖双方的权利与义务，包括产品运输、进出口清关责任，谁支付费用，谁对运输过程中不同地点的产品状况承担风险等方面，从而更便于买卖双方在签订合同时选择合适的术语。同时，《2020通则》引言中指出，当将特定的术语纳入销售合同时，无须加注其中的商标符号。但需要注意的是，《2020通则》涵盖的范围只限于合同当事人的权利和义务中与已售货物（指有形货物，不包括无形货物）的交货有关的各项事宜，如货物的进出口通关、货物的包装义务、买方受领货物的义务以及提供履行各项义务的凭证等，不涉及货物所有权和其他产权的转移、违约、违约行为的后果以及某些情况下的免责等。

《2020通则》是在《2010通则》的基础上修正和补充而成的，所以，对二者加以比较，了解其异同，有助于对新规则的理解和应用。具体变化如下：

1. 引言内容的变化

《2020通则》对引言进行了重新编排，将其分为十部分内容，即《2020通则》规定什么和不规定什么，如何将《2020通则》最佳地并入合同，术语中的交货、风险与费用，术语与承运人的关系，针对销售合同的规则及其与其他合同之间的关系，术语的正确选用，术语的排序，《2010通则》与《2020通则》的区别，以及对术语变形的提示等。每一部分项下包括若干条具体说明。总之，引言为《2020通则》的使用者提供了原则性指南。

2. 贸易术语数量与分类的变化

《2020通则》维持了《2010通则》中按照适用的运输方式不同分为两类的11种贸易术语，但对DAT和DAP进行了两处修订。第一，将二者的顺序颠倒过来，将卖方无须卸货交付的DAP排在卖方需要卸货交付的DAT之前；第二，将DAT术语修改为DPU，强调目的地可以是任何地方，而不仅仅是"运输终端"。值得注意的是，DPU是《2020通则》中唯一要求卖方在目的地卸货的术语。

《2020通则》中贸易术语的分类可见表2-2。其中，第一类包括适用于任一或多种运输方式的七种贸易术语；第二类包含比较传统的只适用于海运和内河水运的四种贸易术语，我国进出口业务中常见的FOB、CFR和CIF均属于此类术语。

表2-2 《2020通则》中的11种贸易术语分类

术语种类	《2020通则》
适用于任一或多种运输方式的贸易术语	EXW(Ex Works)：工厂交货 FCA(Free Carrier)：货交承运人 CPT(Carriage Paid To)：运费付至 CIP(Carriage and Insurance Paid To)：运费和保险费付至 DAP(Delivered at Place)：目的地交货 DPU(Delivered at Place Unloaded)：目的地卸货后交货 DDP(Delivered Duty Paid)：完税后交货

(续表)

术语种类	《2020通则》
适用于海运和内河水运的贸易术语	FAS(Free Alongside Ship):船边交货 FOB(Free On Broad):船上交货 CFR(Cost and Freight):成本加运费 CIF(Cost,Insurance and Freight):成本、保险费加运费

3. 买卖双方义务的表述方式的变化

《2020通则》中的每个术语对买卖双方义务的规定方法都进行了进一步的明确与条理化。由过去在同一标题下的罗列式变成了现在分为两个标题的镜像对照式,即将各个术语当事人的相关义务编列为10个标题,卖方义务的每个标题下对应着有关同一事项的买方义务,一目了然,便于比较和对照(见表2-3)。

表2-3 《2020通则》中买卖双方义务的表述形式

序号	《2020通则》	序号	《2020通则》
A1/B1	一般义务	A6/B6	交货/运输单据
A2/B2	交货/提货	A7/B7	出口/进口清关
A3/B3	风险转移	A8/B8	查验/包装/标记
A4/B4	运输	A9/B9	费用划分
A5/B5	保险	A10/B10	通知

4. 贸易术语中使用运输工具安排运输的变化

按照《2020通则》的规定,在FCA、DAP、DPU、DDP四个术语下进行进出口业务时,买卖双方不仅可以自行订立运输合同,而且允许自行安排必要的运输。例如,在使用FCA术语时,不再规定通过第三方承运人进行运输,买方可以使用自有运输工具;而在使用DAP、DPU、DDP术语时,卖方则可以使用自有运输工具运送货物。而《2010通则》规定,货物从卖方运输到买方,通常由第三方承运人负责运输。

5. 关于"链式销售"的相关内容的变化

《2010通则》中的贸易术语增加了交货风险转移界限,即卖方将货物在指定地点交付给买方或者取得已经如此交付的货物。例如,CIF术语是指卖方将货物在船上交付给买方或者取得已经如此交付的货物。这里的"取得"一词适用于交易链中的多层销售("链式销售"),在大宗商品交易中尤其常见。《2020通则》延续了《2010通则》的提法,同时也与《联合国国际货物销售合同公约》中关于运输途中销售的货物的相关规定相符合。

必须指出,上述各项国际贸易惯例并不具有普遍的约束力,双方当事人可以采用,也可以不采用,完全由当事人决定。如果双方当事人在合同中采用了某种贸易惯例,它对当事人就具有约束力。

第二节 EXW 和 FAS 术语精解

一、EXW 术语

(一) 基本含义

EXW 的全称是 Ex Works(insert named place of delivery),即工厂交货(填入指定交货地点)。具体用法如:We offer to sell T-shirt No.021 1 200 dozens USD 10 per dozen, Ex Seller's Factory, 15 Zhongshan Road, Qingdao, Delivery during October(谨报价出售 T 恤衫,货号 021,1 200 打,每打 10 美元,青岛市中山路 15 号,10 月交货)。此外,术语后应注明"INCOTERMS® 2020"。

EXW 术语代表了在商品的产地或所在地交货的条件。产地可以是工厂、农场、矿山或其他生产地点。所在地一般指仓库。当买卖双方按照 EXW 条件谈判成交时,在 EXW 术语后面要具体注明产地名称,如 EXW××工厂,或所在地名称,如 EXW××仓库。签约后,卖方要在规定的交货期内将合同规定的货物准备好,并与买方联系,由买方安排运输工具到交货地点接运货物。从卖方将货物交给买方或其代理人控制时起,风险即由卖方转移给买方。就是说,如果此后再发生货物灭失或损失的情况,其后果即由买方承担。随着风险的转移,其他相关的责任和费用也相应转移给买方。卖方不必过问货物出境、入境及运输、保险等事项。所以,在卖方与买方达成的契约中可不涉及运输和保险的问题。如果签约时已明确该货物是供出口的,并对包装的要求做出了规定,则卖方应按规定提供符合出口需要的包装。

由此可见,按 EXW 术语成交时,卖方承担的风险、责任和费用都是最小的。在交单方面,卖方只需提供商业发票或电子数据,如合同有要求,才需提供证明所交货物与合同规定相符的证件。至于货物出境所需的出口许可证或其他官方证件,卖方无义务提供。但如果买方取得上述证件有一定困难,卖方应买方的要求,并在由买方承担风险和费用的情况下,也可协助其取得上述证件。EXW 术语适用于各种运输方式。

目前,EXW 术语受到业界人士的欢迎主要有两个原因:第一,大部分跨国企业通过在我国境内的分支机构直接在我国采购,经常主动采用 EXW 术语与我国企业签订购货合同;第二,在高科技产品贸易中也经常采用 EXW 术语作为交易条件,此外,拍卖、寄售、展卖等贸易方式也经常采用 EXW 术语交易。

(二) 买卖双方的基本义务

1. 卖方义务

(1) 在合同规定的时间、地点将符合合同要求的货物交给买方处置,此时风险和费用由卖方转移给买方;

(2) 提供商业发票或电子数据交换信息(Electronic Data Interchange, EDI)、与合同相符的证明(一般为检验检疫证书)、交货;

(3)通知买方交货的时间和地点。

2. 买方义务

(1)按合同规定支付货款;

(2)承担在卖方所在地受领货物的全部风险和费用;

(3)自负风险和费用办理货物的出口许可证、进口许可证或其他官方证件;

(4)将货物从交货地点运至最终目的地;

(5)通知卖方在有效时期内提货的时间,否则承担期满后货物的一切风险和费用。

(三)应注意的问题

1. 装运的规定

尽管在EXW术语下,卖方无须承担货物的运输工作,但有时会帮助买方将货物装在买方指定的运输工具上,如果需要卖方负责装载货物并承担有关的风险和费用,必须在合同中加以明确。例如,"在EXW术语下,卖方承担将货物装上买方的运输工具的额外义务"。(EXW the added obligation for the seller to load the goods on the buyer's collecting vehicle.)

2. 进出口通关的规定

在EXW术语下,买方负责进出口通关的工作,并承担办理货物出口通关所需的费用。但是,如果买方不能直接或间接完成出口通关的工作,则不应采用该术语,建议使用FCA术语。

3. 交货地点的规定

根据《2020通则》的规定,EXW的交货地点一般在商品的产地或所在地,包括工厂、农场、矿山、其他生产地点或仓库。目前,EXW术语在实际业务中形成了以工厂所在地(Works/Factory/Mill/Plantation/Warehouse)交货为中心的一整套做法,包括通过卡车、火车及驳船等多种运输工具运输,发挥出更大的作用。

4. EXW术语在国内贸易中的应用

EXW术语是11种贸易术语中卖方责任最小、买方责任最大的术语。目前,由于国内的一些生产性企业不熟悉货物出口的有关手续,因此经常采用EXW术语将货物卖给国内出口商,再由国内出口商以其他贸易术语将该批货物转卖给国外的进口商。所以,就卖方来说,业务流程与一般的内销并无多大区别,实际上是一种在出口国境内的国内贸易术语,但从货物位移的角度来说,运输过程跨越了国境,因此,它又属于国际贸易术语的范畴。

案例 2-1

某年4月在春季广交会上汕头市某出口公司(以下简称B)与香港某进口商(以下简称A)签订了一份出口3 000打尼龙皱纹布跑步衫上装的合同。合同规定每打15美元,EXW汕头,纸箱装,每箱5打,6月15日之前交货,支付方式为经A验货合格后电汇货款。6月9日,B通知A货已备妥速来验收。6月10日,A派代表来汕头,由B陪同赴汕头市某服装厂(以下简称C)验货。6月11日,该批货全部验收合格并在A代表的监督指导下,按照A出具的唛头装箱刷唛。随即该代表向A发出电传,称货已验收刷唛完毕,B等货款汇到后即可提供商业发票和其他有关的单证。6月12日,B收到A汇来的货款45 000美元,随即将有关发票和单证交付A代表。这时该代表向B提出货物暂放C处,等其与汕头某货运代理就集装箱和出口报关事宜联系妥当后便来C处提货。B当即与C联系,C回答说该批货物已单独存放,随时可供提取。

6月13日下午,A代表来电称,要到14日上午才能安排车来C处拉货。不料14日凌晨C因隔壁一家化工厂爆炸,致使其突遭火灾,全部厂房及物资化为乌有。A闻讯后立即来汕头要求B退还货款,理由是其并未提货,货物被焚应由B负责。B拒不同意,理由是遭火灾属于不可抗力,而且自己已按时履行了交货手续,该损失应由A承担。A却认为C并未开具货物出厂证,货物所有权仍属于B。双方各执一词,最后A向汕头市人民法院控告B未履行交货义务,应承担退还货款的责任。试问:卖方B是否已经履行了合同义务?该术语如何界定买卖双方的责任?

分析: 法院在认真审理此案后做出以下判决:①卖方B已在合同规定日期和指定的交货地点将符合买方要求的货物如数交给买方A。这一点有买方代表发给买方A的电传内容为证。②根据国际商会的解释,买方自工厂点收货物后即应承担货物灭失或损坏的一切风险。更何况,该案是在买方代表监督下装箱刷唛,单独存放,事实上已充分说明该货物已完全特定化并置于买方支配之下了。③工厂未开出厂证,只是工厂办理货物运出厂门的一项内部管理的手续,它并不涉及货物所有权的转移。④卖方B不应承担退还货款的责任。⑤买方所遭损失以及C厂因邻厂爆炸而着火应另案处理,与本案无关。

二、FAS 术语

(一)基本含义

FAS的全称是Free Alongside Ship(insert named port of shipment),即船边交货(填入指定装运港),通常称作装运港船边交货。具体用法如:We offer to sell about 1 000 M/T Grade A wheat USD 109 per ton FAS San Francisco, USA, and Shipment within 30 days after receipt of L/C(谨报价出售A级小麦1 000公吨,每吨109美元,美国旧金山港船边交货,收到信用证后30天发货)。此外,术语后应注明"INCOTERMS® 2020"。

根据《2020通则》的解释,按FAS术语成交,卖方要在约定的时间内将合同规定的货物交到指定的装运港买方所指派的船边,在船边完成交货义务。买卖双方负担的风险和费用均以船边为界。如果买方所指派的船只不能靠岸,则卖方要负责用驳船把货物运至船边,仍在船边交货。装船的责任和费用由买方承担。按该术语成交时,卖方要提供商业发票或电子信息,并自负费用和风险,提供通常能证明其完成交货义务的单据,如码头收据。在买方要求并由买方承担费用和风险的情况下,卖方可协助买方取得运输单据。货物通关过境所需要的出口许可证及其他官方证件均由卖方负责办理。如果卖方希望由买方办理货物的出口清关手续,则应在销售合同的有关条款中予以明确。该术语只适用于海运和内河水运。在大宗货物贸易,特别是小麦、棉花、大豆、矿石等初级产品贸易中,出口商通常采用该术语。

(二) 买卖双方的基本义务

1. 卖方义务

(1) 负责将货物按规定的期限交到指定的装运港买方所指派的船边;

(2) 负责办理货物的出口手续,承担出口清关的费用;

(3) 承担货物在指定地点交由买方船边之前的风险和费用。

2. 买方义务

(1) 接受卖方提供的有关单据,受领货物,并按合同规定支付货款;

(2) 承担货物在指定地点交由船边之后的风险和费用;

(3) 自负风险和费用,取得进口许可证或其他官方证件,并且办理货物进口所需海关手续,支付关税及其他有关费用。

(三) 应注意的问题

(1) 在 FAS 术语下,船边通常是指船舶装卸设备的吊货机或岸上装卸索具可触及的范围。

(2) 当装货港拥挤或大船无法靠近时,卖方征得买方同意可将交货条件改为"驳船上交货"(Free on Lighter),此时,卖方的责任仅在货物越过驳船船舷时为止,驳船费用及其风险可由买方承担。

(3) 在 FAS 术语下,当买方没有及时向卖方发出关于装运船只、装运地以及交货时间等通知,或所指派的船只没有按时抵达装运港,或船只按时抵达装运港却无法完成装货工作或提前停止装货时,在货物完成特定化后风险和费用可提前转移。

(4)《2020 通则》中的 FAS 术语与《1990 年美国对外贸易定义修订本》中的 FAS 术语的规定有较大的差别。按照《1990 年美国对外贸易定义修订本》的解释,FAS 的全称是 Free Along Side,即指在各种运输工具的旁边交货,包括陆运在内均适用。因此,对美国出口时需要在 FAS 之后加上 Vessel 字样才表示《2020 通则》中 FAS 的含义。

第三节 FOB、CFR 和 CIF 术语精解

一、FOB 术语

(一) 基本含义

FOB 的全称是 Free On Board(insert named port of shipment),即装运港船上交货(填入指定装运港)。具体用法如:We offer to sell computers brand Lenovo 1 000 sets USD 200 per set FOB Tianjin, China, Shipment during July, 2024(谨报价出售 1 000 台联想牌电脑,每台 200 美元,中国天津装运港船上交货,2024 年 7 月装运)。此外,术语后应注明"INCO-

TERMS® 2020"。

FOB是国际贸易中常用的贸易术语之一。按该术语成交,卖方要在合同约定的日期或期限内,将货物运到合同规定的装运港,并交到买方指派的船只上,即完成其交货义务。根据《2020通则》的解释,在FOB条件下,卖方要负担风险和费用,领取出口许可证或其他官方证件,并负责办理出口手续;同时,卖方还要自费提供证明其已按规定完成交货义务的证件,如果该证件并非运输单据,在买方要求并由买方承担风险和费用的情况下,卖方可协助取得提单或其他运输单据。FOB术语只适用于海运和内河水运,如果货物装在集装箱里并在集装箱码头交货,则应采用FCA术语。

（二）买卖双方的基本义务

1. 卖方义务

（1）在合同规定的装运港、日期或期限内,将符合合同规定的货物交至买方指派的船上,并及时通知买方;

（2）自负风险和费用,取得出口许可证或其他官方证件,并负责办理货物出口所需的一切海关手续;

（3）负担货物在装运港交到买方所派船只上之前的一切风险和费用;

（4）负责提供商业发票和证明卖方已按规定交货的清洁单据,如果买卖双方约定采用电子通信,则所有单据均可被具有同等效力的电子数据交换信息代替。

2. 买方义务

（1）根据买卖合同的规定受领货物并支付货款;

（2）负责租船或定舱、支付运费,并将船名、装船地点和交货时间及时通知卖方;

（3）自负风险和费用,取得进口许可证或其他官方证件,并负责办理货物进口所需的一切海关手续;

（4）负担货物在装运港交到自己所派船只上之后的一切风险和费用。

案例 2-2

FOB条件下,卖方出口肠衣,分批装运。从仓库到装货港采用铁路运输,然后装船到目的港。但买方收到第一批货后,发现肠衣中带有樟脑丸的气味,经查发现,该批肠衣在卖方仓库是与马尾鬃同时存放的,而在马尾鬃的包装箱内放有樟脑丸。肠衣发运时,与马尾鬃装在同一列火车,在装运港又拼装在同一集装箱内。于是买方认为是由于卖方在备货和装运时的过失导致肠衣串味,因此卖方应承担赔偿责任。但第二批货到港后却没有发现串味的情况,后得知,第二批肠衣虽然也是与马尾鬃放在同一仓库、装在同一列火车,但装船时没有拼装在同一集装箱内。试问:卖方对此案是否负责?

分析:本案中肠衣变味是由偶然因素导致的,要想确定由谁来承担这一风险,必须查清串味现象是在何时何地发生的。经过对前后两批货的对照检查,发现肠衣串味并没有在仓库或铁路运输过程中发生,而是和马尾鬃拼装在同一集装箱的情况下才出现。这就是说,在装运港交到买方所派船只上之前,肠衣并未串味。因此,可以判定卖方对此不负责任。

（三）应注意的问题

1. 货物的"特定化"及风险的提前转移

在 FOB 术语下,风险划分以货物装到船上为界限。在实际业务中,风险和费用通常一起转移,有时也可以提前转移。风险提前转移的前提是,货物已经"特定化"。所谓货物的"特定化",是指在货物的包装上刷唛头,打上适当的标记,向买方发出通知。这表明该批货物已被划归于本合同下,与其他货物清楚地分开。如果货物没有完成"特定化",是不能发生风险的提前转移的。

在此应注意,关于 FOB 术语的货物的"特定化"及风险的提前转移问题,根据规则,同样适用于 CFR 和 CIF 术语。

案例 2-3

买卖双方按照 FOB 条件签订了一笔化工产品柠檬酸（细小颗粒状）的买卖合同。在装船前检验时,货物品质良好,符合合同规定。货到目的港后,买方收货时搬运工发现袋内结有硬块,后经证实是货物部分结块,并导致其品质发生变化。经调查确认,货损的原因在于货物包装没有按合同规定密封好,在运输途中吸收了空气中的水分。于是,买方提出索赔。但是卖方指出,货物装船前是合格的,品质变化是在运输途中发生的,也就是装上船之后才发生的,按照国际贸易惯例,其后果应由买方承担,因此卖方拒绝赔偿。双方为此发生争执。试问:卖方是否应承担赔偿责任?

分析:本案中卖方应承担赔偿责任。虽然货物品质发生变化的情况是发生在运输途中,即货物装上船之后,但是货物损失是由于包装不良造成的,这就说明导致货物损失的原因在装船前已经存在了。因此,货物发生损失不是偶然因素造成的,而是带有必然性。处理这类问题时,卖方不能仅仅以损失发生在货物装上船之后作为理由拒绝承担责任,而要看导致货物损失的因素是存在于货物上船前还是货物上船后。

2. FOB 合同下的保险事宜

在 FOB 术语下,买卖双方虽然都没有办理保险的义务,但是按惯例应由买方负责投保。买方也可以让卖方代其投保,只是这笔费用需单独支付。买卖双方关于风险责任的划分是以货物上船为界,大多数买方为保证货物安全,会投保"仓至仓"条款的一切险。所谓"仓至仓"条款(Warehouse to Warehouse Clause),即保险公司的保险责任自该保险货物运离保险单所载明的起运地发货人仓库时生效,直至该货物到达保险单所载明的目的地收货人仓库为止。尽管保险单中列明了"仓至仓"条款,但是如果货物在从起运地仓库运至装运港码头期间发生损失,卖方是得不到保险公司的任何赔偿的。因为向保险公司行使索赔权的人,必须对保险标的享有可保利益。被保险货物在运输过程中遭受的损失也必须是保险公司承保范围内的风险造成的。如果从起运地仓库至装运港码头这段时间内货物发生损失,由于卖方不是投保人,买方亦因货物未上船风险尚未转移而不享受保险利益,因此买卖双方均不能向保险公司索赔。

案例 2-4

2011年6月,我国沿海某省A公司向英国B公司按FOB条件出口一批家用电器。装运前,进口方B公司在当地向保险公司按ICC(A)办理了保险。货物在从A公司仓库用卡车运往装运港码头途中,由于卡车不慎翻车,致使大部分货物毁损。事后,A公司以保险合同含有"仓至仓"条款为由,向保险公司提出索赔,遭到拒赔;后在A公司请求下,B公司又以自己的名义凭保单向保险公司提出索赔,同样遭到拒赔。最终A公司只能自己承担这部分损失。试问:保险公司拒绝赔偿的理由是否充分?

分析: 结合上述保险所需条件,从A公司来看,当损失发生时,它对货物拥有所有权,货物的损失直接对它造成了经济利益的损害,从而它享有可保利益。但由于保险是由B公司为其自身利益办理的,因此B公司是该批货物的投保人。A公司既不是被保险人,也不是保险单的受让人,尽管保险单内包括"仓至仓"条款,且A公司在损失发生时拥有可保利益,但由于A公司不是保险单的合法持有人,因此A公司无权向保险公司要求赔偿。从B公司来看,它是该批货物的投保人,因此它是保险单的合法持有人。但是货物损失发生在运往装运港途中,此时B公司尚未拥有对货物的所有权,而且根据FOB条件,风险转移是以货物上船为界,所以损失发生时,风险并没有从A公司转移给B公司,也就是说,该损失没有给B公司带来经济利益的损害,因此它不具有可保利益。保险人对B公司所负的赔偿责任仅限于货物上船之后至目的地收货仓库为止,由承保风险所造成的损失。所以,尽管本案中的损失属于ICC(A)的承保范围,但是B公司无权向保险公司要求赔偿。

3. 正确理解派船与装运的关系

按照FOB条件达成交易,买方有租船订舱、安排船只到装运港接运货物的义务;卖方则要将合同规定的货物备妥,并在装运期内将货物装上买方所派的船只。派船义务和装运义务之间存在依存关系,应该说,买方的派船义务对于卖方的装运义务而言,是先决条件,或者说前提条件。这是因为FOB条件下,卖方不是将货物交到码头上,而是要交到买方所派的船上,如果买方不能履行其派船的义务,卖方自然无法履行其装运的义务。为了避免实际操作上的脱节,导致货等船或者船等货,交易双方需要对有关派船和装运的细节问题进行认真协商,并且在合同中明确规定。例如,合同规定最迟装运日期时,应同时规定买方在确定的装运日期前若干天发出派船通知,这样卖方可根据通知决定将货物集中送往港口的适当时间。另外,当事人应加强联系,并熟悉国际惯例的相关规定。有时买方会委托卖方代为订舱。这种情况下,卖方也仅仅属于代办性质,其费用和风险均由买方承担,即运费和手续费仍由买方单独支付,而且如果卖方在租订舱位方面发生问题,后果应由买方自负。

通常在发生以下五种情况时,风险将提前转移给买方:

(1) 在约定时间,买方拟派的船只未到,导致码头仓储费用增加或货物停留造成损失,此时风险应提前转移给买方。

(2) 船只虽按约定时间到港,但停靠码头要排队,此时卖方的风险应提前转移给买方。

(3) 只约定装运期,未约定买方何时派船到装运港,过了装运期船只才到,那么在装运期届满时,货物受损的风险就提前转移给买方,而不管买方所派船只到否。

(4) 买方按时派船,但是由于各种原因(可能是船不适航或不适货)不能装货上船,或者提前结束装船,此时风险应提前转移给买方。

(5) 船按时到港,但是卖方没能及时装船,如果原因在于买方未给卖方留出足够的时间装运货物,则由买方承担责任。

4. 卖方须慎重履行交货与交单义务

《2020通则》明确规定,FOB术语下卖方必须提供符合买卖合同规定的货物。同时,由于采用FOB条件成交,卖方是在装运港交货,而一般情况下,买方不可能亲临交货地点去接受货物,卖方通常都是凭提交合同要求的单据来完成其交货义务。所以,卖方及时提交合格的单据,包括商业发票、检验证书、运输单据,特别是海运提单或同等效力的电子单证等,成为其一项基本义务。

5. FOB术语下提单托运人的规定

根据《中华人民共和国海商法》的解释,托运人是指:①本人或者委托他人以本人名义或者委托他人为本人与承运人订立海上货物运输合同的人;②本人或者委托他人以本人名义或者委托他人为本人将货物交给与海上货物运输合同有关的承运人的人。因此,FOB合同的买方和卖方都符合条件,但最好以卖方为托运人,否则,如果买方和承运人相互串通,则在没有付清货款的情况下,买方就会以托运人的身份先行将货物提走。

案例 2-5

我国某出口商与一英商签订服装出口合同,对方开来的信用证中要求受益人提交的提单中托运人一栏签英商的名称,出口商认为与承运人订立运输合同的是买方,买方作为托运人也顺理成章,于是就同意了。实际结汇时,因信用证下的单据有不符点而被银行退回,卖方修改后再次提交,但信用证过期了,结果第二次被拒付。买方此时要求提货,因为托运人一栏填写的是英商的名称,承运人便将货物交给了英商。结果英商拿到货后销声匿迹,出口商货、款两空,蒙受了巨大损失。该出口商向法院起诉承运人无单放货,被法院驳回,其理由是出口商既不是租船订舱人,又不是提单中的托运人,因而无诉权。请评析此案例。

分析:关于此案例,目前说法不一。一种观点认为卖方无诉权,理由与此案例中法院的看法一致;另一种观点认为提单属于物权凭证,提单持有人是货物的所有权人,承运人无单放货构成对卖方的侵权,卖方当然有权起诉承运人。但无论怎样,卖方受损的结果是毋庸置疑的。因此,为保护卖方权益,避免此类事件的再次发生,托运人一栏最好填写卖方的名称。

6. 出口通关的办理与美国贸易惯例的差异

《2020通则》规定,卖方必须自行承担取得任何出口许可证或其他官方证件的风险和费用,并办理货物出口所需的一切海关手续(如果该地需要办理这些海关手续)。而根据《1990年美国对外贸易定义修订本》的解释,申领许可证和办理出口通关手续由买方负责,其费用和风险也由买方承担。只有买方自行办理有困难,在买方要求并由买方承担费用和风险的情况下,卖方才可以协助其办理。因此,为了避免由于贸易惯例的不同产生误解,双方最好在合同中明确规定。

7. FOB合同的风险防范措施

(1) 按照规则的规定,FOB合同的出口商应将货物交给船公司。一般而言,船公司大多信誉良好,即便有时凭担保将货物放给客户后出现问题,其也会凭借信誉与实力妥善地处理纠纷。但是从目前的实际情况来看,买方指定船公司的比较少,绝大部分是指定境外货运代理公司。众所周知,货运代理公司的信誉度远远不能和大多数船公司相比。因此,为了防止买方与货运代理公司联手欺诈,卖方一定要采取预防措施。例如,通过国际咨询机构对货运代理公司进行资信调查或要求买方配合让境外货运代理公司出具担保证明,如果不行,最好让对方在发货前预付全部货款。

(2) 采用FOB条件成交时,卖方为保障自身利益,一般都会在合同中明确规定买方派船到港装货的时间或期限,以及如果延迟或不能指定船只而引起的额外费用和风险责任均由买方承担。买方须在船只到达指定装运港前若干天通知卖方有关船名和预计到达时间。同样,买方也往往会要求规定船只按时到达后,如卖方未能按合同规定将货物装船以致空舱和滞期等的后果。

(3) 按照FOB贸易术语的规定,卖方没有办理货运保险的义务,买方应根据情况自行办理。如果履约时行情对买方不利,买方拒绝接收货物,就有可能不去办理保险,这样一旦货物在途中出现险情,卖方就可能钱货两空。如买卖双方已按FOB术语成交,而且采用非信用证支付方式,卖方应在当地投保卖方利益险。

8. FOB 的变形

《2020 通则》在引言中指出,有时双方当事人希望更改术语规则的内容,虽然规则并未禁止此类变更,但这样做存在一定的不确定性。因此,在使用 FOB 术语时,如果没有明确规定装货费用的负担划分,买卖双方最好在合同中就该项事宜及有关的风险和费用的承担做出明确规定,以免产生贸易纠纷。在贸易实践中,具体有以下五种做法:

(1) FOB Liner Terms(FOB 班轮条件):装船费用按照班轮的做法处理,即由船方或买方承担,卖方不承担装船的有关费用。

(2) FOB under Tackle(FOB 吊钩下交货):卖方承担将货物交到买方指定船只的吊钩所及之处的费用,而吊装入舱以及其他各项费用均由买方承担。

(3) FOB Stowed(FOB 理舱费在内):卖方负责将货物装入船舱并承担包括理舱费在内的装船费用。理舱费是指货物入舱后进行安置和整理所需的费用。

(4) FOB Trimmed(FOB 平舱费在内):卖方负责将货物装入船舱并承担包括平舱费在内的装船费用。平舱费是指对装入船舱的散装货物进行平整所需的费用。

(5) FOB Stowed and Trimmed(FOBST):卖方承担包括理舱费和平舱费在内的装船费用。

二、CFR 术语

(一) 基本含义

CFR 的全称是 Cost and Freight(insert named port of destination),即成本加运费(填入指定目的港)。具体用法如:We offer to sell refrigerator brand Haier 500 USD 350 per set CFR New York, Shipment at the port of Qingdao during July/Aug., 2024(谨报价出售海尔冰箱 500 台,每台售价 350 美元,CFR 纽约,2024 年 7—8 月青岛港装运)。此外,术语后应注明"INCOTERMS® 2020"。

CFR 术语是国际贸易中常用的贸易术语之一。按照《2020 通则》的解释,卖方应在合同规定的装运港和规定的期限内,将货物装上船,并及时通知买方。货物装上船以后发生的灭失或损坏的风险,以及因货物交付后发生的事件所引起的任何额外费用,自交付之日起即由卖方转移给买方。除此以外,卖方要自负风险和费用,取得出口许可证或其他官方证件,并负责办理货物出口手续。以上与 FOB 条件下卖方承担的义务是相同的。不同的是,在 CFR 术语下,与船方订立运输契约的责任和费用由卖方承担。卖方要负责租船订舱,支付货物运至指定目的港所需的运费和相关费用,包括装船费以及定期班轮公司可能在订约时收取的卸货费用。但是,从装运港至目的港的货运保险,仍由买方根据需要办理,保险费由买方承担。卖方需要提交的单据主要有商业发票和通常的运输单据,必要时须提供证明其所交货物与合同规定相符的证件。此外,CFR 术语只适用于海运和内河水运。

(二) 买卖双方的基本义务

1. 卖方义务

（1）负责在合同规定的时间和装运港，将约定的货物装上船，运往指定目的港，并及时通知买方；

（2）负责办理货物出口手续，取得出口许可证或其他官方证件；

（3）负责租船订舱，并支付至目的港的正常运费；

（4）承担货物在装运港交到自己安排的船只上之前的一切费用和风险；

（5）负责提供符合合同规定的货物和商业发票，或具有同等效力的电子数据交换信息，以及合同规定的运输单据和其他相关凭证。

2. 买方义务

（1）负责按合同规定支付货物价款；

（2）自负风险和费用，办理货物进口手续，取得进口许可证或其他官方证件；

（3）承担货物在装运港交到卖方安排的船只上之后的一切费用和风险；

（4）按合同规定接收货物，接受运输单据。

（三）应注意的问题

1. 关于装船通知的特殊重要性

在采用CFR术语成交时，由于运输合同和保险合同分别由卖方和买方负责订立，因此，为了使买方能及时办理海运货物保险，卖方在装运港装船后要及时向买方发出装船通知。根据惯例和有关法律的规定，如果卖方漏发通知，导致买方漏保，则对由此产生的后果，卖方不能推卸责任。在实际业务中，作为CFR合同的卖方，除了注意在装船后及时发出装船通知，还应注意所发信息的准确性，否则，也会带来意想不到的后果。

案例 2-6

中国A公司（买方）与澳大利亚B公司（卖方）于3月20日订立了50 000千克羊毛的买卖合同，单价为314美元/千克，CFR张家港，规格为型号T56FNF，信用证付款，装运期为6月。A公司于5月31日开出信用证。7月9日，B公司以传真方式通知A公司货已装船，但要在香港转船，二程船的船名为Safety，预计到达张家港的时间为8月10日。但直到8月18日Safety才到港。A公司去办理提货手续时发现船上根本没有合同项下的货物，后经多方查找，于9月8日才发现合同项下的货物已在7月20日由另一条船运抵张家港。但此时已造成A公司迟报关和迟提货，被海关征收滞报金人民币16 000元。A公司接收货物后又发现羊毛有质量和短重问题，于是在商检后向B公司提出索赔。

A公司指出B公司发出的装船通知有误，载货船只的船名和预计到港时间都发生差错，给A公司带来不应有的费用开支。根据《2020通则》中关于CFR卖方义务A10通知的规定，"卖方必须向买方发出已按照A2完成交货的通知。卖方必须向买方发出买方收取货物任何所需通知以便买方收取货物"。但卖方错误地通知了船名及船期,也没有将货物转船计划发生变化的情况及时通知买方,从而违反了 CFR A10 项的规定。另外,商检证书证明 A 公司所收到的货物在质量和数量上都存在问题,对此 B 公司负有赔偿责任。

但 B 公司认为,在 CFR 条件下,卖方的义务仅限于租船订舱和将货物装上船,对此后发生的额外费用不承担责任,货物未按原计划转船不是 B 公司造成的,也不是 B 公司所能控制的。关于商检证书的有效性问题,B 公司认为,由于 A 公司没有在合同背面条款规定的商检期内进行商检,因此 A 公司提交的两份报告都是无效的。根据合同规定的商检期限,买方应在货物到达目的口岸 60 日内,即应在 9 月 20 日之前进行商检,而 A 公司提交的商检报告却在 10 月 30 日,超过了合同规定的期限,因而无效。

试问:在 CFR 术语下,卖方是否有义务向买方发出装船通知?商检证书的效力如何?

分析:B 公司在船名、船期的通知上发生错误,具有不可推卸的责任。因为根据《2020 通则》的规定,卖方有义务将转船的变化情况及时通知买方,以便买方能采取通常必要的措施来提取货物。可是 B 公司没有这样做,使得 A 公司不得不设法打听货物的下落并且支付滞报金之类的额外费用。B 公司辩称货物未按原计划转船不是 B 公司造成的,也不是 B 公司所能控制的,因此不应承担责任。这种辩解也是站不住脚的。根据对双方当事人都适用的 1980 年《联合国国际货物销售合同公约》第 79 条第一、第二款的规定,只有当事人一方或其所雇用的第三人遇到不可抗力的情况才可以对不履行义务的行为免责,否则应对违约行为承担责任。本案中,转船并不是不可抗力条件,而船公司又是 B 公司雇用且承担通知义务的第三人,当船公司没有履行上述通知义务时,雇用它的 B 公司理应为此对 A 公司承担责任。

关于商检证书的效力问题,合同条款中虽然规定了"货物到达目的口岸 60 日内"进行检验,但是 B 公司所主张的应从货船到港 7 月 20 日起计算商检期限的说法是不能成立的。由于 B 公司错误地通知了船名和船期,致使 A 公司在 9 月 8 日才提到货,因此把 A 公司进行商检的起算时间确定为 9 月上旬是合理的,其截止日期应为 10 月底,所以 A 公司提供的商检局于 10 月 30 日出具的第一份商检报告是有效的。

2. 关于预约保险问题

采用 CFR 术语成交时,卖方是买卖合同和运输合同的当事人,而买方则是买卖合同和保险合同的当事人。在实际业务中,有些卖方提出采用 CIF 条件,但买方与保险公司订有长期的预约保险合同,可以享受较低的保险费率,或者进口国为扶植本国的保险业,规定进口商须在本国投保海上货运保险,在这类情况下,往往会考虑采用 CFR 条件成交。

3. 关于包装的规定

根据规则,如果合同没有特别规定,卖方只需提供正常运输方式所要求的包装,如散装货使用一般的袋装即可,其他货物一般无须特别包装。但是,如果买方在合同中规定卖方必须提供适合出口的包装,则卖方必须按照合同规定行事。

4. CFR 术语的变形

与 FOB 的变形类似,《2020 通则》在引言中指出,有时双方当事人希望更改术语规则的内容,虽然规则并未禁止此类变更,但这样做存在一定的不确定性。由于世界各港的惯例不同,对于卸货费用也有不同的规定。为了解决有关卸货费用的问题,买卖双方必须在贸易合同中明确规定由谁负担卸货费用。在贸易实践中,通常采用在 CFR 术语或 CIF 术语后加上附加条件来说明该问题,由此便产生了 CFR 或 CIF 的变形。CFR 或 CIF 的变形各有以下四种:

(1) CFR Liner Terms(CFR 班轮条件)或 CIF Liner Terms(CIF 班轮条件):卸货费用按班轮办法处理,由船方或卖方承担,即买方不负担卸货费用。

(2) CFR Landed(CFR 卸到岸上)或 CIF Landed(CIF 卸到岸上):由卖方负担卸货费用,包括因船不能靠岸,需将货物用驳船卸到岸上支付的驳运费在内的费用。

(3) CFR under Ship's Tackle(CFR 吊钩下交货)或 CIF under Ship's Tackle(CIF 吊钩下交货):卖方承担将货物从船只吊起卸到吊钩所及之处(码头或驳船上)的费用。

(4) CFR Ex Ship's Hold(CFR 舱底交货)或 CIF Ex Ship's Hold(CIF 舱底交货):货物运至目的港后,由买方自行启舱,并承担货物从舱底卸到码头上的费用。

以上 CFR 和 CIF 的变形,只是为了表明在使用航次租船运输时卸货费用由谁负责,并不改变这两种术语的交货地点及风险、责任的划分。总之,在订立航次租船合同时,应注意贸易合同中的贸易术语要与航次租船合同中的装卸费用条款相衔接。这样才能明确装卸费用及相关费用由谁承担,避免在国际货物运输中产生争议或纠纷。

三、CIF 术语

(一) 基本含义

CIF 术语的全称是 Cost, Insurance and Freight(insert named port of destination),即成本、保险费加运费(填入指定目的港)。具体用法如:We offer to sell peanuts grade A about 1 000 M/T USD 80 per M/T, CIF New York, Shipment during March, 2024(谨报价出售大约 1 000 公吨 A 级花生,每公吨 80 美元,CIF 纽约,2024 年 3 月装运)。此外,术语后应注明"INCO-TERMS® 2020"。

CIF 是国际贸易中最常用的贸易术语之一。采用 CIF 术语成交时,卖方也是在装运港将货物装上船即完成其交货义务。卖方负责按通常条件租船订舱,支付货物运至指定目的港所需的费用和运费,但是货物交付后的灭失或损坏的风险,以及因货物交付后发生的事件所引起的任何额外费用自交付时起由卖方转移给买方承担。卖方在规定的装运港和规定的期限内将货物装上船后,要及时通知买方。此外,CIF 术语中,卖方还应当为货物在运输中灭失或损坏的风险办理海上保险。因此,卖方应负责订立保险合同并支付保险费。但是在 CIF 术语下,根据惯例,如果没有相反的规定,卖方只需投保最低责任范围的保险险别,因此,买方如果需要获得更大责任范围的保险保障,可以与卖方达成明示的协议,或者自行办理额外保险。CIF 术语要求卖方负责办理货物的出口清关手续。此外,CIF 术语只适用于海运和内河水运。

(二)买卖双方的基本义务

1. 卖方义务

(1)负责在合同规定的期限内,在装运港将符合合同规定的货物交至运往指定目的港的船上,并给予买方充分的通知;

(2)负责办理货物出口手续,取得出口许可证或其他官方证件;

(3)负责租船订舱,并支付至目的港的运费;

(4)负责办理货物运输保险,并支付保险费;

(5)承担货物在装运港交到自己安排的船只上之前的一切费用和风险;

(6)负责提供货物运往指定目的港的通常运输单据、商业发票和保险单,或具有同等效力的电子信息。

2. 买方义务

(1)负责办理货物进口手续,取得进口许可证或其他官方证件书;

(2)收取卖方按合同规定交付的货物,接受与合同相符的单据并按合同规定支付货物价款;

(3)负担货物在装运港交到卖方安排的船只上之后的一切费用和风险。

(三)应注意的问题

1. 租船订舱问题

由于从装运港到目的港的运输合同由卖方负责签订,因此,一般情况下,卖方会根据货物的具体情况选择适当的船只,或者租用整船,或者班轮订舱。这就是所谓的按通常条件(on Usual Terms)订立运输合同。但在有些情况下,买方为了降低自身承担的风险,会对船龄、船籍、船级、船型以及装运某某航运公司的船只等提出某些限制条件。对于这些要求,卖方应慎重考虑,不论对方是在合同订立之前提出的,还是在合同订立之后提出的。如果卖方认为自己可以办到,又不会增添麻烦和额外开支,就可以接受;否则,可以拒绝。但一旦接受,就必须严格照办。

采用 CIF 条件成交时,卖方在办理租船订舱时,还应注意所租用的船只是否具有适航性和适货性。所谓适航性(Seaworthiness),是指载货的船只在装运港启运时,从船只的性能和船上人员的配备情况来看,已具备将货物从装运港运抵目的港的能力。适货性(Cargoworthiness),是指船只从其性能和设备情况来看,适合运输合同所约定的货物。

在实际业务中,有些 CIF 合同的卖方忽视了上述问题,导致货物损失并引发贸易纠纷的情况时有发生。如在一笔交易中,卖方按 CIF 条件出口一批冻虾。卖方租用船只的冷藏设备失灵,装船时就在装虾的船舱内放入了许多大冰块。结果船到目的港时,许多虾已经变质,无法食用。在类似案例中,只要卖方租船订舱时已知道所租船只不适航或不适货的情况,就不能免除其责任。如果上例中,双方买卖的不是冻虾,而是普通食品,合同中未规定必须冷藏运输,但买方来函要求用冷藏集装箱运输,若卖方在租船时未能办到,应及时向对方做出解释,这样才无须承担责任。

2. 装运港、目的港及航线问题

装运港和目的港在海洋运输中即运输的起点和终点。在合同中规定装运港和目的港时,可以是各规定一个,也可以规定两个或两个以上,甚至是选择港(Optional Ports),这要由交易双方根据需要协商确定。从实际做法来看,较多的还是各规定一个装运港和目的港。

根据英美法的有关规定,在 CIF 合同中,目的港属于要件(Condition),而装运港不是要件,只属于担保(Warranty)。因此,如果合同明确规定了目的港的名称,双方就必须遵照执行。任何一方要想变更目的港,必须征得对方同意,否则属于违反要件,即构成重大违约。

案例 2-7

我国某外贸公司打算出口某种农产品到中东地区,与沙特阿拉伯一商人按照 CIF 条件签订了出口合同。合同规定,装运港是中国东部某港口,目的港是沙特达曼,支付方式是即期信用证。合同订立后不久,买方通过银行开来了信用证。但在信用证中,买方将目的港改成了东南亚某港口。我国外贸公司在审证时发现了这一差异,要求对方按合同修改信用证,但对方拒不改证。最后,我国外贸公司退回信用证,并宣布解除合同,而且要求对方承担违约责任。试问:在使用 CIF 术语时,买方通过更改信用证来修改合同的理由是否充分?卖方最终是否可以解除合同?

分析:本案中,买方企图通过信用证来修改合同,这一改动是买方单方面的行为,我方有权接受,也有权拒绝。我国外贸公司希望将该产品打入中东市场,因而报出较为优惠的条件,而对方则希望通过转手到东南亚来赚取高额利润,所以买方的行为与我方的初衷相悖。我方根据国际惯例和相关法律,指出对方无权单方面变更 CIF 合同的目的港,要求对方按合同修改信用证,是有理有据的。在对方坚持不改的情况下,我方退回信用证,解除合同并提出索赔是完全正确的行为。

此外,需要注意的是,按照英美法的规定,CIF 合同中的装运港并非合同的要件,如果卖方单方面变更装运港不会构成重大违约。从道理上讲,按 CIF 条件成交,卖方负责租船订舱,在何处装运与买方无关。但是,改变装运港,航线也会随之发生变化,运输过程中的风险也不同,而买方需要承担货物在装运港装上船后的风险。当合同和信用证中明确规定了装运港时,卖方如果履约时遇到困难,无法在原定的装运港办理装运,而需要变更装运港,则应及时征得买方的同意,并得到买方的书面确认,方可避免事后的争端。

关于 CIF 条件下海洋运输的航线问题,国外一些专家和权威机构的解释是,如果合同中没有做出明确、具体的规定,那么应按"惯常航线"(Usual and Customary Route)将货物运往目的港;如果没有所谓的"惯常航线",就应选择一条商业上实际可行的路线。

案例 2-8

买卖双方按 CIF 条件达成一笔交易,合同中规定装运港是新加坡,目的港是美国纽约。装运条款中还规定,货物通过海运运往纽约。从新加坡到纽约的海上"惯常航线"是横跨太平洋,经巴拿马运河,过加勒比海向北沿美国东海岸到纽约。但载货船只到中美洲海域时得知巴拿马运河临时封闭,不能通航,于是,该船只北上将货物卸在美国西海岸一港口,然后通过横贯东西的大铁路,用火车将货物运到纽约。这也是当时许多人的做法。但买方对于卖方单方面改变合同规定的航行路线的做法提出异议,双方为此发生争执。试问:卖方最后一程使用铁路运输的做法是否合适?

分析: 本案中,买卖双方订立的合同只规定装运港是新加坡,货物通过海运到目的港纽约,而未规定具体的航线,卖方就应该按照"惯常航线"安排运输。但在运输过程中,由于意外事件发生,使得"惯常航线"受阻,巴拿马运河不能通航。如果仍坚持以海运方式将货物运往纽约,那么该船只必须绕航到南美洲的最南端,使航行距离大大延长,既增加了运输成本,又延误了到货时间,这显然不是明智的做法。所以,当时许多人就在美国西海岸卸下货物,再用铁路将货物运往东部地区。这条路线应该说是一条商业上实际可行的路线,这样运输也是经济实用的。因此,可以说,卖方的做法无可指责。

3. CIF 条件下的交货方式

CIF 是一种典型的象征性交货(Symbolic Delivery)方式。所谓象征性交货,是针对实际交货(Physical Delivery)而言的。前者指卖方只要按期在约定地点完成装运,并向买方提交合同规定的包括物权凭证在内的有关单证,就算完成了交货义务,而无须保证到货。后者则是指卖方要在规定的时间和地点将符合合同规定的货物提交给买方或其指定的人,不能以交单代替交货。在象征性交货方式下,卖方是凭单交货,买方是凭单付款,只要卖方如期向买方提交了合同规定的全套合格单据(名称、内容和份数相符的单据),即使货物在运输途中损坏或灭失,买方也必须接受有关单据并履行付款义务;反之,如果卖方提交的单据不符合要求,即使货物完好无损地运达目的地,买方仍有权拒收单据、拒付货款。但是,必须指出,按 CIF 术语成交,卖方履行其交单义务只是得到买方付款的前提条件,除此之外,还必须履行交货义务。如果卖方提交的货物不符合要求,买方即使已经付款,仍然可以根据合同的规定向卖方提出索赔。

需要注意的是,卖方除了要备齐合同所规定的全套合格单据,还要及时向买方办理交单。如果是采用信用证支付方式,合同和信用证中即使不规定交单时间,按照国际商会制定的 UCP 600 的解释,除非信用证中有相反规定,卖方应在提单日后 21 天内交单;否则,银行可拒收单据。

4. CIF 合同下的保险

根据国际贸易惯例,以 CIF 条件达成交易,卖方的基本义务之一是自负费用办理自装运港至目的港的海运货物保险。由于 CIF 合同下,卖方是在装运港交货,运输途中的风险由买方承担,因此可以说卖方办理保险属于替买方代办的性质。为了保证买方的切身利益,双方在订立买卖合同时,对于保险问题通常都要做出较为明确、具体的规定。

第一,《2020 通则》明确规定"保险应与信誉良好的承保人或保险公司订立",经双方协商,在合同中明确规定了保险人名称的,卖方在履约时就要按合同的规定办理,在指定的保险公司进行投保。如果买卖合同中没有具体规定保险人的名称,卖方也应遵守诚信原则,以合理、谨慎的态度办事,选择合适的保险公司进行投保。

第二,按照国际贸易惯例,在 CIF 合同下,保险金额需在原来的基础上加成一定的百分比。如果没有明确的规定,一般都加成 10%,其中包括买方的预期利润和进口费用。以上只是国际贸易惯例的解释,对于当事人不具有强制的约束力,实际业务中,当事人可以根据交易的具体情况和双方的意图决定保险金额,并在合同中做出规定。

第三,若 CIF 合同对保险险别问题没有做出明确规定,按照《2020 通则》的解释,在无明确协议时,应按照伦敦保险人协会使用的《协会货物保险条款》或其他类似条款中的最低保险险别投保。但是,最低保险险别的原则仅适用于散装货,主要是针对影响运输工具和货物的意外事故(如碰撞、搁浅和火灾)所造成的货物灭失或损坏的风险。另外,在具体交易中,如果合同没有规定保险险别,是否都能适用最低保险险别还要具体分析,不能一概而论。因此,双方最好在合同中明确该问题。

案例 2-9

一个英国商人按 CIF 伦敦条件从新西兰进口一批冻肉。合同规定以信用证方式支付。信用证中要求的单据包括汇票、发票、提单和保险单。卖方按期装运后提交了有关单据,其中保险单上含有"仅在发生全损时予以赔付"的条款,就是说卖方仅投保了"全损险"(Total Loss Only)。

银行议付了有关单据。但在长途运输过程中,一部分肉腐烂变质,导致了部分损失。买方无法从保险人那里得到赔偿,而这时卖方也倒闭了。由于银行已付款,买方以银行议付了未附有正确保险单的汇票从而违反合同为由对其提起诉讼。经法院审理,判买方胜诉。试问:法院判买方胜诉的理由是否充分?

分析:这是发生在一百年前的一个著名案例,虽不完全适合今天的情况,但仍有一定的警示作用。法官在审理时,考虑到当时新西兰出口冻肉普遍的做法是投保一切险,这已成为行业惯例。作为合同的卖方理应知道这一情况。法官认为银行在审核单据时应考虑能否被买方接受,因为信用证中规定单据的目的是保护买方的利益。如果这一案例发生在今天,争议又发生在买方和银行之间,只要银行按统一惯例办事,在单证一致的情况下向卖方支付货款,银行是没有责任的。但卖方应注意交易商品的具体情况和行业惯例,在诚信的基础上选择适当的险别进行投保,以避免争端。

第四,在按 CIF 条件成交时,一般情况下都是卖方作为投保人按照买卖合同中规定的保险金额和险别向保险人办理投保手续,交纳保险费,因此,保单上注明的被保险人名称应为卖方,也就是说,此时保险利益的所有人是卖方。但卖方履行其交货义务后,办理结汇时,要将保险单背书转让给买方,其后,保险标的如果在运输途中遭遇保险人承保范围内的风险并导致货损,应由买方持保险单和所需的有关单证向保险人的理赔代理人提出索赔。

第四节 FCA、CPT 和 CIP 术语精解

一、FCA 术语

(一) 基本含义

FCA 的全称是 Free Carrier(insert named place),即货交承运人(填入指定地点)。具体用法如:We offer to sell nylon umbrellas 10 000 dozens USD 15 per dozen FCA Capital Airport, Beijing, China, Delivery February, 2024(谨报价出售尼龙雨伞 10 000 打,每打 15 美元,中国北京首都机场,2024 年 2 月交货)。此外,术语后应注明"INCOTERMS® 2020"。

FCA 术语是指卖方在指定地点将已经出口清关的货物,交付给买方指定的承运人,完成交货。所谓承运人,是指在运输合同中,通过铁路、公路、海上、航空、内河运输或这些方式的联合运输,承担履行运输或承担办理运输业务的任务人。其既包括拥有运输工具、实际完成运输任务的运输公司,也包括不掌握运输工具的运输代理人。如果买方指示卖方将货物交付给某个人,例如一个非实际承运人的货运代理人,当货物在该人照管之下时,卖方就被认为履行了其交货义务。如果买方指定了除承运人之外的其他人接收货物,卖方从将货物交付给该人时起完成交货义务,风险也自此时起转移给买方。FCA 术语适用于各种运输方式,包括公路、铁路、江河、海洋、航空运输以及多式联运。

(二) 买卖双方的基本义务

1. 卖方义务

(1) 在合同规定的时间、地点,将合同规定的货物置于买方指定的承运人控制下,并及时通知买方;

(2) 自负风险和费用,取得出口许可证或其他官方证件,并办理货物出口所需的一切海关手续;

(3) 承担将货物交给承运人控制之前的一切风险和费用;

(4) 提交商业发票或具有同等效力的电子信息,并自负费用提供通常的交货凭证。

2. 买方义务

(1) 签订从指定地点承运货物的合同,支付有关的运费,并将承运人名称及有关情况及时通知卖方;

(2) 自负风险和费用,取得进口许可证或其他官方证件,并且办理货物进口所需的一

切海关手续；

（3）根据买卖合同的规定受领货物并支付货款；

（4）承担受领货物之后所发生的一切风险和费用。

（三）应注意的问题

1. 风险划分及转移

在 FCA 术语下，卖方将货物交给承运人或买方指定的承运人以外的人后风险即发生转移，卖方就算完成交货义务。

2. 具有装船批注的可选机制

在《2020 通则》的 FCA A6/B6 项中，首次提供了一个可选机制，即买卖双方可以约定，由买方指示其承运人在货物装船后向卖方签发已装船提单，然后卖方有义务再通过银行向买方提交该提单。但在使用跟单信用证作为结算方式时，内陆交货的日期与港口装船的日期可能有所不同，这需要买卖双方协调好信用证相关条款。

3. 交货地点的适用原则

按照规定，卖方的交货地点适用"管装不管运，管运不管卸"的原则。也就是说，如果交货地点在卖方所在地，卖方负责将货物装上买方派来的运输工具，不必负责货物的运输工作；如果交货地点在卖方所在地之外，则卖方需要将货物运到指定的交货地点，但无须负责将货物从运输工具上卸下。如果双方没有在合同中约定具体的交货地点，且有几个具体交货地点可以选择，则选择权归卖方所有。

案例 2-10

新加坡卢记商业有限公司（以下简称 A 公司）与中国腾飞商贸公司（以下简称 C 公司）订立 CIF（上海）合同，销售 500 吨白糖，由 A 公司向保险公司投保以合同标的价格加 10% 为保险金额的一切险（包括"仓至仓"条款）。为联系货源，A 公司与马来西亚扎拜股份有限公司（以下简称 B 公司）订立 FCA 合同，购买 500 吨白糖，合同约定提货地为 B 公司所在地。2017 年 7 月 3 日，A 公司派代理人到 B 公司所在地提货，B 公司已将白糖装箱完毕并放置在临时敞篷中，A 公司代理人由于人手不够，要求 B 公司帮助装货，B 公司认为依国际惯例，货物已交 A 公司代理人照管，自己已履行应尽的合同项下的义务，故拒绝帮助装货。A 公司代理人无奈返回，3 天后 A 公司再次组织人手到 B 公司所在地提走货物。但是，在货物堆放的 3 天里，因遇湿热台风天气，货物部分受损，造成 10% 的脏包。A 公司将货物悉数交与承运人，承运人发现存在 10% 的脏包，欲出具不清洁提单，A 公司为了取得清洁提单以便顺利结汇，便出具保函，许诺承担承运人因签发清洁提单而产生的一切责任。承运人遂出具了清洁提单，A 公司得以顺利结汇，提单和保险单转移至 C 公司手中。7 月 21 日，货到上海港，C 公司检查出 10% 的脏包，遂要求赔偿。试问：FCA 术语是如何界定买卖双方责任的？货损到底应由谁来承担？

分析：本案中，合同约定的交货地点为 B 公司所在地，按照《2020 通则》FCA 条件下，对卖方交货义务的规定以及对风险转移界限的划分，卖方应负责将货物装上买方指定的代理人所安排的运输工具，才算完成其交货义务，货损的风险也才能于交货后转移到买方。然而，由于 B 方人员对惯例的误解或无知，拒绝履行装货义务，致使货物滞留在其所在地，这是一种违约行为，而且也意味着货物并未被置于买方指定的代理人的控制之下，风险也就未转移给 A 公司。A 公司 3 天后自行派人将货物装车并运走，可以看作放弃要求 B 公司装货的权利，但在此之前货物遭受损失的风险仍应由 B 公司承担。所以，对于货物滞留在交货地点 3 天期间遭遇台风导致 10% 的脏包损失，A 公司有权要求 B 公司予以赔偿。B 公司既无权以货物风险已转移给买方为由要求 A 公司自己承担 10% 的损失，也无权以不可抗力为由要求分担这部分损失，而应当承担全部风险，并向 A 公司做出相应的补偿。

二、CPT 术语概述

（一）基本含义

CPT 的全称是 Carriage Paid To（insert named place of destination），即运费付至（填入指定目的地）。具体用法如：We offer to sell dust catcher brand LG 2 000 sets USD 110 per set CPT Chicago, Delivery during April, 2024（谨报价出售 LG 牌吸尘器 2 000 台，每台 110 美元，CPT 芝加哥，2024 年 4 月交货）。此外，术语后应注明"INCOTERMS® 2020"。

CPT 术语是卖方将货物交给其指定的承运人，并且须支付将货物运至指定目的地的运费，买方则承担交货后的一切风险和其他费用。该术语适用于各种运输方式，包括多式联运。

（二）买卖双方的基本义务

1. 卖方义务

（1）在合同规定的时间、地点，将合同规定的货物置于买方指定的承运人控制下，并及时通知买方；

（2）必须提供符合合同规定的货物和商业发票，或具有同等效力的电子数据；

（3）必须自负费用按通常条件订立运输合同，经"惯常路线"、按习惯方式将货物运至指定目的地的约定地点或其他合适的具体地点；

（4）必须承担将货物交给承运人控制之前的风险；

（5）自负风险和费用，取得出口许可证或其他官方证件，并办理出口清关手续，支付关税及其他有关费用。

2. 买方义务

（1）接受卖方提供的有关单据，受领货物，并按合同规定支付货款；

（2）承担自货物在约定交货地点交给承运人控制之后的风险；

(3) 自负风险和费用,取得进口许可证或其他官方证件,办理货物进口所需的海关手续,支付关税及其他有关费用。

（三）应注意的问题

1. 确定交货地点

CPT 术语的风险划分点与费用划分点不一致,建议双方最好在销售合同中尽可能准确地确定交货地点,这在多式联运涉及多个承运人的情况下尤其重要。如果双方当事人对具体的交货地点没有达成一致,则惯例默认为,当货物交付给第一承运人时,风险可以在卖方选择而买方不知情的地点发生转移。此外,确定准确的交货地点也是卖方签订运输合同并需承担运输成本的地点。

2. CFR 术语与 CPT 术语的比较

二者的相同之处在于:都由卖方安排货物运输,支付有关运费,并办理出口手续,提交有关单据;都是货交承运人后风险即转移,货物在运输途中的风险由买方承担;都属于装运合同。

二者的不同之处在于:首先,适用的运输方式不同,CFR 术语仅适用于海运和内河水运,属于港口到港口的运输;CPT 术语适用于各种运输方式(包括集装箱运输、多式联运、海陆空),属于门到门的运输。其次,交货和风险转移的地点不同,CFR 术语的风险划分以装运港货物上船为界限,CPT 术语以货交承运人为界限。最后,提交的单据不同。CFR 术语提供的是海运提单,而海运提单属于物权凭证,可以转让,也可以出售;CPT 术语通常提供的是联运单据,联运单据只是交接货物的凭证,不能转让,也不能出售。从发展趋势来看,CPT 术语有取代 CFR 术语的趋势。

案例 2-11

加拿大某出口商同时与一日本进口商和一韩国进口商分别签订了 3 000 公吨和 2 000 公吨的小麦出口合同,合同中均规定采用 CPT 术语。由于两份合同的交货时间相近,且又在同一地点分别交付指定的承运人,因此,按照约定的时间,卖方将 5 000 公吨小麦使用同一运输工具一同运往指定地点,并打算货到后再进行分拨。然而,货到后卖方并未来得及划分,遂将全部货物交付给两个承运人,请他们第二天自行划分。结果当天晚上突降暴雨,由于存放小麦的仓库进水,小麦损失了 2 500 公吨。对此,韩、日进口商均以货物未"特定化"为由要求卖方赔偿,而卖方认为已经将货物交付给承运人处置,风险已经转移,其不应承担损失责任。双方各执一词,僵持不下。试问:货物在被"特定化"之前,风险是否能转移?

分析: 本案的关键在于货物是否已经"特定化"。在本案中,卖方是将混合在一起的小麦共同交给代表两个买主的两个承运人处置,并请他们在第二天自行划分货物,因此当天晚上因暴雨而遭受损失的货物并没有"特定化",此时风险并未转移给买方,卖方仍需承担相关的损失。

三、CIP 术语

(一) 基本含义

CIP 的全称是 Carriage and Insurance Paid to(insert named place of destination),即运费和保险费付至(填入指定目的地)。具体用法如:We offer to sell air condition brand Chunlan 1 000 sets USD 125 per set CIP Mudanjiang City, China, Shipment upon receipt of L/C(谨报价出售春兰牌空调 1 000 台,每台售价 125 美元,CIP 中国牡丹江市,收到信用证后装运)。此外,术语后应注明"INCOTERMS® 2020"。

CIP 术语是卖方将货物交给其指定的承运人,支付将货物运至指定目的地的运费,并为买方办理货物在运输途中的货运保险,买方则承担交货后的一切风险和其他费用。CIP 术语适用于各种运输方式,包括多式联运。

(二) 买卖双方的基本义务

1. 卖方义务

(1) 必须提供符合合同规定的货物和商业发票,或具有同等效力的电子数据,以及合同可能要求的证明货物符合合同的其他证件;

(2) 在合同规定的时间、地点,将合同规定的货物置于买方指定的承运人控制下,并及时通知买方;

(3) 订立货物运往指定目的地的运输合同,并支付有关运费;

(4) 按照买卖合同的约定,自负费用投保货物运输险;

(5) 承担货物交给承运人控制之前的风险;

(6) 自负风险和费用,取得出口许可证或其他官方证件,并办理出口清关手续,支付关税及其他有关费用。

2. 买方义务

(1) 接受卖方提供的有关单据,受领货物,并按合同规定支付货款;

(2) 承担自货物在约定交货地点交给承运人控制之后的风险;

(3) 自负风险和费用,取得进口许可证或其他官方证件,并且办理货物进口所需海关手续,支付关税及其他有关费用。

(三) 应注意的问题

1. 代办保险事宜

在《2020 通则》中,CIP 已将保险要求由《协会货物保险条款》C 条款增加到《协会货物保险条款》A 条款,类似我国海洋运输货物保险中一切险的保险水平。其变化原因是,CIP 作为多式联运术语更多地用于制成品交易。当应买方要求并由买方负担费用时,卖方也可加保其他险别。最低保险金额应为合同金额加成 10%,即合同金额的 110%,并采用合同货币投保。

此外,卖方应选择声誉较好的保险公司签订保险合同,并应使具有可保利益的买方能直接向保险公司索赔。

2. CIP 术语与 CIF 术语的比较

二者的相同之处在于：价格构成因素都包括运费、保险费，卖方负责运输、保险，办理出口手续，提交有关单据，发货后要及时通知买方；卖方负责保险（只保正常风险，不保特殊风险），买方承担风险。交货地点均在出口国的约定地点。这两个术语均属于装运合同，卖方只管按时装运，不管何时到达。

二者的不同之处在于：首先，适用的运输方式不同。CIF 术语只适用于水上运输方式（海运和内河水运）；而 CIP 术语适合任何运输方式。其次，交货和风险转移的地点不同。CIP 术语下风险划分以装运港货物上船为界限。而 CIP 术语下风险划分比较灵活，其交货地点由不同的运输方式和不同的约定而定，可以在卖方所在处所由承运人提供的运输工具上，也可以在铁路、公路、内河、海洋运输承运人或多式联运承运人的运输站或其他收货点卖方的送货运输工具上；至于货物灭失或损坏的风险，则于卖方将货物交给承运人时，由卖方转移至买方。再次，保险的类别不同。按 CIF 术语成交，需要办理的保险是港到港的水上货运保险；而按 CIP 术语成交，卖方在出口国的约定地点向承运人交货，承担的是从交货地点到指定目的地的全程运输，所以需要办理的保险是全程货运保险。由于 CIP 术语适用于各种运输方式，因此一般来讲，CIP 术语的保险范围要大于 CIF 术语。最后，使用的运输单据不同。使用 CIF 术语时，卖方一般应向买方提交已装船清洁提单，而在 CIP 术语下，卖方提交的运输单据则视不同的运输方式而定，其涉及的运输单据范围要大于 CIF 术语。从发展趋势来看，CIP 术语有取代 CIF 术语的趋势。

第五节　DAP、DPU 和 DDP 术语精解

一、DAP 术语

（一）基本含义

DAP 的全称为 Delivered at Place(insert named place of destination)，即目的地交货（填入指定目的地）。具体用法如：We offer to sell telephone brand SIEMENS 1 000 sets USD 150 per set DAP at Wall ST., New York City, Delivered during Aug., 2024（谨报价出售西门子牌电话机 1 000 部，每部 150 美元，DAP 纽约市华尔街，2024 年 8 月交货）。此外，术语后应注明"INCOTERMS® 2020"。

DAP 术语是《2010 通则》中原有的术语，在《2020 通则》中保持不变，从而进一步强调了取代《2000 通则》中的 DAF、DDU 和 DES 术语。它适合于包含多式联运在内的一种或者多种运输方式。

当使用 DAP 术语成交时，卖方要负责将合同规定的货物按照"惯常航线"和惯常方式，在规定期限内将装载于运输工具上准备卸载的货物交由买方处置，即完成交货，卖方负担将货物运至指定目的地为止的一切风险。

（二）买卖双方的基本义务

根据《2020通则》的相关规定,使用DAP术语时,买卖双方的主要义务概括如下:

1. 卖方义务

（1）签订将货物运往指定目的港或目的地运输终端的运输合同,并支付运费。如果特定终点未予明确或者无法确定,卖方在指定目的港或目的地选择最适合交货的目的交货地;

（2）自负风险和费用,取得出口许可证或其他官方证件,并办理货物出口和交货前运输过程中所需的一切海关手续,支付关税、税款和其他出口费用等海关出口手续费用,以及交货之前经过任何国家的相关费用;

（3）在合同规定的期限内,将货物运至指定目的地,将货物装载于可供卸载的运输工具上交由买方处置,承担在此之前的一切风险;

（4）给予买方收货以充分的通知,提交商业发票,并自负费用向买方提供提取货物所需的运输单证,或者合同约定的具有同等作用的电子信息;

（5）支付为交货所需进行的查对费用(如核对货物品质、丈量、过磅、点数的费用),以及装船前由出口国主管部门进行的任何强制检查的费用。采用适合运输的包装,对其做适当标记,并支付包装费用;

（6）卖方必须依照买方的请求,在由买方负担一切风险和费用的前提下,及时向买方提供货物进口或运输至最后目的地所需的文件和信息,并给予协助。否则,卖方必须支付由未及时提供信息和协助而产生的一切损失及费用。

2. 买方义务

（1）在卖方按照合同规定交货时受领货物,按合同规定支付货物价款,承担自收货之时起一切关于货物灭失或损坏的风险,支付自交货之时起与货物有关的一切费用;

（2）如需办理清关事宜,则买方必须自负风险和费用办理清关手续,缴纳进口关税、捐税及其他进口费用。否则,买方必须承担由不履行该项义务而产生的一切货物灭失或损坏的风险,并支付由此带来的一切额外费用;

（3）买方需承担从到达的运输工具上为收取货物所需的一切卸货费用;

（4）应卖方请求并在卖方承担风险和费用的前提下,及时向卖方提供货物运输和出口或通过任何国家所需的文件及信息,并给予协助。否则,买方必须支付由未及时提供信息和协助而产生的一切损失及费用;

（5）支付装船前检查的费用,但由出口国主管部门进行的强制检查产生的费用除外。

（三）应注意的问题

1. 以合同条款明确卸货费用的归属

上述买卖双方的义务中,我们看到DAP术语已经明确了卸货费用的划分,从理论上避免了由卸货费用产生纠纷的可能。但是,由于DAP术语还不为很多人所熟悉,而且在一些港口存在关于卸货费用的惯例,因此术语本身的规定依然不能完全避免由此而产生的纠纷、损失。所以在订立商品买卖合同时,最好通过另外的合同条款来明确这一问题。

案例 2-12

2017年4月,我国A粮油进出口公司与美国F公司签订一份出口油籽的合同,合同采用DAP术语,起运港为天津新港,交货地点为西雅图码头,交货时间不晚于2017年6月22日,卖方必须在货物到达指定地点前2天发出到货通知,以便买方准备收取货物。

A公司按照要求装运货物,并于6月20日发出通知并收到F公司的确认。22日到港后,F公司没有派人到港口接收货物,A公司多次电话催促,均未得到F公司回应。无奈之下,A公司只能自行组织卸载货物并存放在港区的仓库中,并支付了相关的费用。不料,22日晚港区突起大风,海水涌上码头,浸湿了A公司存放在仓库中的货物。23日,F公司派人受领货物,发现货物受损严重,于是拒绝收取货物和支付货款。A公司协商未果后,提起仲裁请求,要求F公司支付货款以及目的港的卸货费用和仓储费用。最后,仲裁庭支持了A公司的诉求,判定F公司支付货款和相应的费用。试问:仲裁庭对该案做出的裁决是否公正?

分析:此案中,双方约定西雅图港DAP交货方式,A公司承担交货之前的一切风险和费用,F公司在货物到港后没有按照合同约定时间收取货物,由于该批货物已经"特定化",因此风险提前转移给了F公司,6月22日晚海水浸湿货物的损失也应该由F公司承担。同时,DAP术语不要求卖方将货物卸下运输工具,而应由买方承担该费用,因此仲裁庭的仲裁结果是符合国际贸易惯例的。

2. 认真考察承运人以及买方的信誉

在《2020通则》中,如果使用DAP术语订立商品买卖合同,卖方所承担的风险仅次于使用DDP术语所承担的风险。在货物运至进口国交给买方之前,卖方将承担相应的风险。从合同订立至最终交货通常需要几个月的时间,而在这一过程中,市场行情、买方经营状况都有可能发生很大的变化,这些变化有可能导致买方拒收货物或拖欠、拒付货款。如果买方因为自身利益拒不收货,则卖方可能处于进退两难的窘境。因此,在使用DAP术语时,卖方需要在签订合同前对买方的资质、信用进行全方位的调查,并且投保出口信用保险,以降低因买方自身原因而拒绝收货及付款等情况发生所带来的损失。

案例 2-13

辽宁某出口公司出口一批化工产品,单价为USD 2 200/MT DAP New York,付款方式为D/P,总值为10万美元。出口方发货后,该产品的国际市场价格突然大幅下降。于是,进口方从其利益出发,提出在合同价格的基础上每吨降低300美元的要求。出口方在无奈之下提出可以降价 100 美元。双方没有达成一致。进口方便违约并从其他途经购买了货物。而这个时候,货物已经到达纽约。在处理这批货物时,出口方首先想到的是将货物再运回国内,但运回的费用暂且不说,仅办理再出口的手续就非常麻烦。最后,出口方决定在美国另外寻找买主,并不得不以很低的价格卖了出去,损失将近 4 万美元。试问:在国际业务中,如何慎重使用 DAP 术语?

分析:在 DAP 术语下,买方必须自负风险和费用取得进口许可证以及其他核准书,并办理货物进口清关的一切手续以及相关税费。本案是 DAP 术语在国际贸易实务中的具体运用,要求我们的业务员一定要熟悉相应的惯例与规则,掌握不同贸易术语下风险和费用的划分,在出现纠纷时尽量运用国际贸易惯例协商解决,努力使自己摆脱被动的局面。

除了进口方给出口方带来的风险,卖方还应考察承运人的信誉。在选用 DAP 术语的情况下,虽然从理论上讲,在目的地交货之前卖方都拥有对货物的所有权,但是实际操作中,卖方在将货物交给承运人之后就在一定程度上失去了对货物的控制权。因此,如果选择了信誉不佳的承运人,则卖方蒙受的损失可能比买方拒收货物所带来的损失更大。

3. 订立保险合同的有关事项

在 DAP 术语下,双方均没有义务为对方订立保险合同。但是,在一方提出请求,并承诺自负风险和费用的前提下,另一方必须应对方的请求,向其提供订立保险合同所需的必要信息。

二、DPU 术语

(一) 基本含义

DPU 的全称为 Delivered at Place Unloaded (Insert named place of destination),意为目的地卸货后交货(填入指定目的地)。具体用法如:We offer to sell bean grade A 50 000 M/T USD 980 per M/T DPU San Francisco No. 19 Str. Oxford, Shipment during Apr., 2024(谨报价出售 A 级大豆 50 000 公吨,每公吨 980 美元,DPU 旧金山牛津街 19 号,2024 年 4 月装运)。此外,术语后应注明"INCOTERMS® 2020"。

该术语是《2020 通则》中唯一增加的术语,并由其取代了《2010 通则》中的 DAT。它适合于任何运输方式,包括多式联运。

DPU 术语下,卖方负责将合同规定的货物按照"惯常航线"和惯常方式,在规定期限内运至目的地指定的交货点,从到达的运输工具上将货物卸载,并承担卸货费用。DPU 术语要求卖方承担将货物运至指定地点并在指定地点卸货的一切风险,此后风险和费用转移至买方。该术语的交付和到货地点是一致的,它是《2020 通则》中唯一要求卖方在目的地卸货的术语。因此,卖方应确保能在指定交货点卸载货物。如果卖方不希望承担卸货的风险和费用,应避免使用 DPU 术语,而应选择使用 DAP 术语。

(二) 买卖双方的基本义务

根据《2020 通则》的相关规定,使用 DPU 术语时,买卖双方的主要义务概括如下:

1. 卖方义务

(1) 签订将货物运往指定目的地具体交货点的运输合同,并支付运费。如果交货点未予明确或者无法确定,卖方可以在指定目的地选择最适合交货的目的地作为交货点;

(2) 自负风险和费用,取得出口许可证或其他官方证件,并办理货物出口和交货前运输过程中所需的一切海关手续,包括装船前检验,支付关税、税款和其他出口费用等海关出口手续费用;

(3) 在合同规定的期限内,将货物运至指定目的地的交货点,并承担卸货的责任和费用,将货物置于买方的处置之下;

(4) 给予买方收货以充分的通知,提交商业发票,并自负费用向买方提供提取货物所需的运输单证,或者合同约定的具有同等作用的电子信息。

2. 买方义务

(1) 在卖方按照合同规定交货时受领货物,按合同规定支付货物价款;承担自收货后的一切关于货物灭失或损坏的风险及支付交货后的一切费用;

(2) 自负风险和费用,取得进口许可证和其他官方证件,并办理一切进口清关手续,包括进口过境安检,缴纳进口所需的关税、税款和其他进口费用;

(3) 应卖方请求并在卖方承担风险和费用的前提下,及时向卖方提供货物运输和出口或通过任何国家所需的文件和信息,并给予协助。

(三) 应注意的问题

1. 根据卖方义务选用合适的术语

卖方要负责将货物运至指定目的地具体的交货点并卸载下来,并负担交由买方处置之前的风险和费用,其后产生的一切风险、费用均由买方承担。由于卸货的地点可以是任何地点,而这一地点又能保障卖方卸货的安全与便利,因此,买卖双方应当事先达成一致,对这一地点进行尽可能详细的具体描述,谨慎地确定该交货点的具体位置。如果买卖双方约定卖方不承担货物卸载的风险和费用,则应当选择使用 DAP 术语或者 DDP 术语。

2. 关于 DAP 和 DPU 的差异问题

DPU 是新增加的术语,它与 DAP 在排序上调换了位置。实际上,二者的差别并不大,主要在于卸货费的分担上。DPU 术语规定卖方有义务将货物从运输工具上卸下交买方处置,而 DAP 术语则规定买方需履行卸货义务。因此,如果使用合同条款明确这一问题,则两个术语在使用上的区分就意义不大了。

案例 2-14

关于 DPU 卸货费的案例

我国某机械进出口公司出口一批机械设备,双方在合同中规定:使用 DPU 术语,以不可撤销信用证方式付款,某年 1 月 15 日交货,开证行凭买卖双方货到目的地经检验合格后会签的货物交接凭证付款。2月上旬,我国机械进出口公司的机械设备装上A轮船驶向目的港。此时买方要求货物装船后卖方将全套提单空邮买方,以便买方及时凭此办理进口通关手续,我方随即照办。其后,由于海上风浪过大,船舶行驶缓慢,货物迟到了几天才抵达目的港,遭到买方责难,并以降价相要挟,经过我方努力争取,对方才未予以追究。货物抵达目的地后,由于买方指定的收货地点不具备大型设备吊装条件,需另行支付额外的场地作业费,对此笔额外的费用由谁负担的问题双方又发生了争议。最后,由我方负担了场地作业费。货物卸下后,买方派人检验设备,声称设备不完全符合合同规定,拒绝在货物交接凭证上签字。经我方艰难交涉并降价5%,买方才在货物交接凭证上签字,开证行予以付款,但我方却蒙受了不小的损失。试评价此案。

分析:本案例中有以下几点值得我们引以为戒:一是要充分考虑运输过程中的不确定性,在交货期上为不确定因素留出机动空间,避免因意外状况而造成违约。DPU术语下,卖方必须在指定时间将货物运至指定目的地交货,运输途中的风险不仅要由卖方承担,最终能否如期到达也很难把握。因此,卖方在签订合同时,对于交货期应当更为谨慎。二是卸货费及卸货地的场地作业费等问题仍需明确。由于DPU术语是《2020通则》新增加的贸易术语,贸易商对该术语并不熟悉,诸如卸货费及场地作业费等问题也较容易引起纠纷,因此有必要在合同中再次明确相关费用应由谁负担。

三、DDP术语

(一) 基本含义

DDP 的全称是 Delivered Duty Paid(insert named place of destination),即完税后交货(填入指定目的地)。具体用法如:We offer to sell clocks brand Zhonghua 10 000 sets per set 3 DDP at No.10, on Wall ST., New York City, Delivered during January, 2024(谨报价出售中华牌闹钟 10 000 个,每个 3 美元,DDP 目的地纽约市华尔街 10 号,2024 年 1 月交货)。此外,术语后应注明"INCOTERMS® 2020"。

DDP术语是11种贸易术语中卖方承担责任最大、负担费用最多的一个术语,指卖方在指定的目的地办理进口清关手续,将在交货地点的运输工具上尚未卸下的货物交予买方,完成交货。卖方必须承担将货物运至指定目的地的一切风险和费用,包括在需要办理海关手续时在目的地应交纳的任何"税费"(包括办理海关手续的责任和风险,以及交纳手续费、关税、税款和其他费用)。若卖方不能直接或间接地取得进口许可证,则不应使用此术语。但是,如果当事方希望将进口所要支付的一切费用(如增值税)从卖方的义务中排除,则应在销售合同中明确规定。该术语适用于各种运输方式。

(二) 买卖双方的基本义务

1. 卖方义务

(1) 负责在合同规定的期限内,将符合合同的货物交至指定目的地,并给予买方充分

的通知;

(2) 办理货物进出口手续,并支付有关费用;

(3) 承担将货物运至进口国目的地的一切风险和费用。

2. 买方义务

(1) 收取卖方按合同规定交付的货物,接受与合同相符的单据,并按合同规定支付货物价款;

(2) 协助卖方办理货物清关手续,取得进口所需的进口许可证或其他官方证件。

(三) 应注意的问题

1. 关于到达合同

DDP 术语是到达合同,卖方需要将货物交至指定目的地。如果该目的地在买方所在国国内,卖方需要考虑货物运入买方所在国的难度。

2. 卖方自办保险

在 DDP 术语下,卖方没有订立保险合同的义务,但是由于 DDP 术语下的合同是到达合同,卖方承担在货物到达指定目的地之前的一切风险,因此卖方为了自身利益有必要订立保险合同,以避免货物在运输途中发生意外事故而带来损失。

3. 关于进口清关

在 DDP 术语下,卖方负责办理进口清关手续,这实际上是卖方已经将货物运至进口方的国内市场。如果卖方直接办理进口清关手续有困难,可以要求买方协助办理。

第六节　选用贸易术语的原则

在当今的国际贸易中,贸易术语是确定买卖合同性质、决定交货条件以及进行商业报价的重要因素。恰当地选择贸易术语对国际货物买卖合同的商定和履行具有重要意义。在选用贸易术语时,应重点考虑以下原则:

一、经济因素

在市场竞争中,贸易术语经常随着行情的变化成为卖方争取客户的重要手段。卖方往往为了调动对方的购货积极性,采用对买方较为有利的 DAP、DPU 或 DDP 等目的地交货术语。有时卖方也会选用 CFR、CIF、CPT 或 CIP 等术语,以示愿意承担安排货物的租船订舱等运输事宜和支付运费等责任,甚至愿意承担货物的保险责任,以最大限度地减轻买方的责任和义务。然而,贸易术语同时也是价格术语,卖方责任和费用的增加势必会反映到货物的价格上,使得货物价格随着风险的加大而上涨。

二、运输因素

(一) 运输方式的选择

选用贸易术语时,要考虑货物的性质以及适合选用的运输方式。如果采用海运方式,则最好选用 FOB、CFR、CIF 或 FAS 等适合水运的术语。而采用陆运方式时可选用适合多种运输方式的术语,如 CPT、CIP、FCA 等。此外,如果买卖双方中一方有足够的能力安排运输事宜,且经济上又比较划算,在能争取最低运费的情况下,可争取采用由自己安排运输的贸易术语。如卖方争取使用 CFR、CIF 或 CPT、CIP 等术语,而买方可尽力争取 FOB、FCA 或 FAS 等术语。如果其中一方无意承担运输或保险责任,则尽力选用由对方负责此项责任的贸易术语。

(二) 成交量的大小和运输工具的安排

选择贸易术语时,还需要考虑货物的特性、成交量的大小并选择相应的运输工具。如果货物需要特定的运输工具,而卖方无法完成,则可选用 F 字头的术语,由买方负责安排运输。此外,还需要考虑成交量的大小,如果成交量太小而又无班轮直达运输,且卖方负责安排运输时费用太高而且完成的风险也较大,则最好争取选用由买方负责安排运输的贸易术语。当然,还需要考虑本国租船市场的行情。

(三) 运费及有关附加费的变化

由于运费和附加费是货价的构成因素之一,因此在选用贸易术语时还要考虑租船市场运价的变化,把运费看涨或看跌的风险考虑到货价中。一般来说,如果运费和附加费(如燃油费等)看涨,为避免承担有关成本,则可选择由对方安排运输的贸易术语。例如,进口时可选用 C 或 D 字头的贸易术语,出口时选用 F 字头的贸易术语。当有关运费和附加费看跌时,则相反。

(四) 运输路线的选择

国际贸易中的货物往往要经过长途运输,可能会面临各种各样的自然灾害、意外事故或政治风险等。因此,运输路线的选择不仅关系运费的高低,更重要的是关系风险的大小和有关保险事宜的办理。如果卖方不愿意承担过多风险,则可选择 E、F、C 字头的贸易术语,尽量不要选择 D 字头的贸易术语;相反,如果买方不愿意承担货物在运输途中的风险,则争取用 D 字头的贸易术语。

三、环境因素

(一) 地理因素的限制

买卖双方在考虑贸易术语的选择时还不能忽略自身的地理条件,例如蒙古、瑞士等内陆国家,由于地理位置的限制,就不宜采用 FOB 或 CIF 术语;但是中国与日本、英国等岛国之间的贸易就比较适宜 FOB 或 CIF 术语。

(二) 进出口通关手续的难易

在国际贸易中,办理货物的通关手续是买卖双方的重要责任,通常是买方负责进口通关,卖方负责出口通关,但是按照《2020 通则》的规定,EXW 术语项下进出口通关工作都由买方负责,而 DDP 术语项下进出口通关工作都由卖方负责。所以,当选用这两个术语时,负责通关工作的一方必须详细了解对方国家通关工作的政策规定、手续和费用负担等事宜，如果没有能力完成此项工作，应尽量选用其他的术语。例如，买方可将术语由 EXW 改为 FCA。

（三）外汇管制

在使用 EXW、DAP、DPU 或 DDP 等术语出口时，如果国内存在外汇管制问题，卖方将遇到很多困难和风险。因此，对于存在外汇管制的国家，应尽量少用上述术语成交。一般在外汇管制的国家或地区可要求买方使用 FAS、FOB 等术语进口，出口时可要求卖方使用 CIF 或 CFR 术语成交。

（四）政府干预

有的国家的政府常直接或间接地规定本国厂商须以 CFR 或 CIF 术语出口货物，或以 FOB、FAS 或 FCA 等术语进口货物，以扶持本国保险行业或运输行业的发展。因此，交易双方也须了解本国及对方国家是否有类似的规定，并将其作为选择贸易术语的重要因素之一。

（五）贸易习惯做法

某些国家或地区有使用某种贸易术语的习惯做法，例如美国习惯采用 FOB 术语，中东地区的国家则习惯采用 CFR 术语。为了保证顺利成交，在适当的情况下要尊重对方的贸易习惯。

本章提要

本章重点对国际商会颁布的《2020 通则》中规定的 11 种贸易术语进行精解，特别是对贸易中最常使用的 FOB、CFR 和 CIF 三种术语及新增加的 DPU 术语的操作技巧和风险防范办法进行了详细阐述。下面将《2020 通则》中的 11 种贸易术语做一归纳比较。

表 2-4 《2020 通则》中的 11 种贸易术语归纳比较

贸易术语	交货地点	风险转移界限	出口报关的责任、费用负担	进口报关的责任、费用负担	适合的运输方式
EXW	货物产地或所在地	买方处置货物时	买方	买方	任一或多种运输方式
FCA	出口国内地或港口	承运人处置货物后	卖方	买方	
CPT	出口国内地或港口	承运人处置货物后	卖方	买方	
CIP	出口国内地或港口	承运人处置货物后	卖方	买方	
DAP	进口国目的地	买方在指定地点收货后	卖方	买方	
DPU	进口国目的地	买方在指定地点收货后	卖方	买方	
DDP	进口国目的地	买方在指定地点收货后	卖方	卖方	

(续表)

贸易术语	交货地点	风险转移界限	出口报关的责任、费用负担	进口报关的责任、费用负担	适合的运输方式
FAS	装运港口	装运港船边为界	卖方	买方	海运和内河水运
FOB	装运港口	装运港船上为界	卖方	买方	
CFR	装运港口	装运港船上为界	卖方	买方	
CIF	装运港口	装运港船上为界	卖方	买方	

思考题

1. 举例说明什么是贸易术语,并简述贸易术语的性质与作用。
2. 《2020 通则》中包含多少种贸易术语?
3. 《2020 通则》中的 EXW 贸易术语有何特点?
4. F 组术语都有哪些异同点?
5. 怎样理解 CFR 条件下装船通知的特殊重要性?
6. 试比较 DAP 与 CIF 的异同点。
7. 简要说明采用 DDP 条件成交时买卖双方承担的基本义务。
8. 贸易术语与合同性质有何关系?
9. 在实际业务中选用贸易术语应考虑哪些问题?

案例讨论

买卖双方按 CIF 条件签订了一笔初级产品的交易合同。在合同规定的装运期内,卖方备妥了货物,安排好了从装运港到目的港的运输事项。在装船时,卖方考虑到从装运港到目的港距离较近,且风平浪静,不会发生什么意外,因此,没有办理海运货物保险。实际上,货物也安全、及时地抵达了目的港,但卖方所提交的单据中缺少了保险单,买方因市场行情发生了对自己不利的变化,就以卖方所交的单据不全为由,拒收货物、拒付货款。试问,根据《2020 通则》的规定,买方的要求是否合理?此案应如何处理?

第三章

国际货物买卖中的标的物

【学习目标】

通过本章的学习,学生将能够:
1. 熟悉商品名称和品质的重要性;
2. 了解数量机动幅度的基本内容;
3. 理解商品的运输包装、销售包装、中性包装以及定牌的具体做法;
4. 掌握合同中关于品名、品质、数量及包装条款的内容。

【素养目标】

通过学习国际货物买卖中关于标的物等相关知识,学生应能够深入了解我国外贸由高速增长向高质量发展的转变,正确认识中国制造和中国品牌成为推动中国经济高质量发展的重要引擎,建立精益求精、继承创新、追求极致的"工匠精神",增强自主创新意识。

【重点难点】

重点是明确国际商品买卖的品质表示方法;难点是数量机动幅度的规定及唛头的制作。

【引导案例】

案情:我国某 A 出口公司与荷兰某 B 公司签订出口某农产品的合同,数量为 1 万公吨,单价为每公吨 CIF 鹿特丹 93 欧元,品质规格为:水分最高 15%,杂质不超过 3%,交货品质以中国商品检验局①品质检验为最后依据。但在成交前 A 公司曾向对方寄送样品,合同签订后又电告对方,确认成交货物与样品相似。货物装运前由中国商品检验局签发品质检验合格证书。货物抵达荷兰后,B 公司提出,虽然中国商品检验局出具了品质合格证书,但货物的品质比样品低,卖方有责任交付与样品一致的货物,因此要求每公吨减价 8 欧元。A 公司以合同中未规定凭样品交货,而仅仅规定了凭规格交货为理由,不同意减价。于是,B 公司请该国检验公司进行检验,出具了所交货物平均品质比样品低 5% 的检验证明,并据此向 A 公司提出索赔 15 万欧元的要求。A 公司仍以原来的理由拒赔。B 公司遂请求在中国仲裁或协商解决此案。A 公司抗辩说,这笔贸易在交货时商品是经过挑选的,因该商品是农产品,不可能做到与样品完全相符,但也不至于比样品低 5%。由于 A 公司已将所保留的样品遗失,对自己的抗辩无法加以说明。经过双方多次协商,最终以 A 公司赔付一笔差价结案。

分析:本案是关于品质表示方法采用不当所产生的纠纷。从合同条款来看,只规定了品质规格条款,并未规定凭样品交货。但在签约前 A 公司寄送了样品,而签约后 A 公司又通过电报确认了货物品质与样品相似。这份电报可以理解为,交货与样品相似是合同中品质规格条款的补充。因此,从整个交易过程来判断,该交易不仅仅是凭规格买卖,而是既凭规格又凭样品买卖。A 公司提出该合同不是凭样品买卖的合同,其只需交付合同所规定的品质规格的货物,不承担交货品质与样品不符的责任,尤其是 A 公司保存的样品遗失,不能拿出证物,是站不住脚的,法律上也是无效的。

第一节 商品的品名

一、列明商品品名的意义

众所周知,国际贸易与国内贸易有着明显的区别,它的交易过程、交易条件、贸易做法和所涉及的法律问题都远比国内贸易复杂。因此,在国际货物买卖合同中,明确买卖的标的物、规定其名称必不可少。

从法律角度看,在合同中明确规定买卖标的物的具体名称,关系到买卖双方在交接货物方面的权利和义务。按照有关的法律和商业惯例的规定,对买卖标的物的具体描述,是构成商品说明(Description)的一个主要组成部分,是买卖双方交接货物的一项基本依据。若卖方交付的货物不符合约定的品名或说明,买方有权拒收货物或撤销合同并提出损害赔偿。

---

① 现海关总署商品检验司。

从进出口业务角度看,品名的规定是买卖双方交易的货物内容,是交易赖以进行的物质基础和前提条件。因为只有在明确规定具体内容的前提下,卖方才能安排生产、加工或收购;买卖双方才能据此决定包装、运输方式、承保险别和支付方式,并在此基础上就价格问题进行具体的磋商,达成协议,订立买卖合同。

案例 3-1

我国 A 公司出口苹果酒一批,进口方信用证规定品名为"APPLEWINE",A 公司为了单证一致,所有单据上均用"APPLEWINE"。不料货到国外后,遭海关扣留罚款,因该批酒的内外包装上写的都是"CIDER"字样。结果外商要求我方赔偿其损失。试问:外商要求我方赔偿其损失的理由是否充分?

分析:"CIDER"的英文有苹果汁和苹果酒的含义,一般情况下,这个词作为苹果汁的意思,而"APPLEWINE"才作为苹果酒。货到国外在海关被扣留罚款,主要原因是一般情况下酒的关税很高,而且是专营商品,进出口监管很严格,而苹果汁关税程度一般,进出口监管程度也较低。此案例中,该批酒的内外包装上均写的是"CIDER"字样,海关认为名称与实际货物不符,所以扣留货物。如果本案中 A 公司的货物被认为涉嫌走私,结果会更糟。由此可见,品名非常重要。在实际业务中,商品的内外包装与单据上的品名应该一致。

二、品名条款的内容

国际货物买卖中交易的标的物都是具体的商品。由于进入国际贸易领域的商品种类繁多,即使是同一种商品,亦可因品种、品质、产地、花色、外形设计、型号等不同而千差万别。

在国际贸易中的标的物(Subject Matter),是指用于换取对价的货物。一般来说,要构成买卖标的物必须具备三个条件:①必须为卖方所占有;②必须合法;③必须双方当事人一致同意。

按照我国和国际上的通常做法,合同中标的物的品名条款一般比较简单,一般是在"商品名称"或"品名"(Name of Commodity)的标题下予以限定,列明交易双方成交商品的名称。有时为了省略起见,也可不加标题,只在合同的开头部分,列明交易双方同意买卖某种商品的文句,如计算机、移动通信设备等。但由于成交商品的品种、型号、等级和特点不同,因此,为明确起见,亦可把有关品种或品质、产地、型号的概括性描述包括进去,做进一步的限定。

总之,合同中有关品名的规定,并没有统一的、固定不变的格式。具体如何规定,可根据双方当事人的意思予以确定。

三、规定品名条款的注意事项

国际货物买卖合同中的品名条款,是合同中的主要条件。因此,在规定此项条款时,应注意下列事项:

(1) 商品的品名必须内容明确、具体,能确切地反映商品的用途、性能和特点,切忌空泛、笼统或含糊。

(2) 商品的品名必须实事求是,切实反映商品的实际情况,凡做不到或不必要的描述性词句都不应列入,以免给履行合同带来困难。

(3) 为了避免误解,在签订合同时应尽可能使用国际上通用的称呼。对于一些新商品的命名及其译名,应力求准确、易懂,并符合国际上的习惯。

(4) 如果商品具有不同的名称,则在确定品名时,必须注意有关国家的海关税则和进口限制的有关规定,尽量选择有利于降低关税和方便进口的名称。

第二节 商品的品质

一、品质的重要性及对进出口商品的要求

商品的品质(Quality of Goods),亦称商品的质量,是商品的内在质量和外观形态的综合体现,是商品适合一定用途、满足用户需要的各种特性。而商品的内在质量是指气味、滋味、成分、性能、组织结构等,如金属的物理性能、抗拉强度、抗压程度等,纺织品的组织结构、经纬密度、纱支等。广义上商品的品质,除包括上述特性外,还包括颜色、光泽度、透明度、款式、花色、造型等外在因素。总之,商品的品质既包括商品的物理性能、机械性能,也包括化学成分、生物特征等自然属性。

近年来,随着国际贸易的进一步深入,国际贸易商品品质的概念具有更加广泛的意义。例如,国际贸易商品的生产过程中加工方法是否符合相关规定,生产过程是否违反环境保护的要求等。从国际市场营销的整体产品概念角度看,国际贸易商品的品质还应该包括商品的包装和售后服务等。

案例 3-2

我国甲公司与国外乙公司订立销售合同,根据合同规定,甲公司出口"手工制造书写纸"(Hand-made Writing Paper)。乙公司收到货物后,经检验发现货物部分制造工序为机械操作,而我方提供的所有单据均表示为手工制作。对方要求我方赔偿,而我方拒赔,主要有两个理由:一是该商品的生产基本上是靠手工操作,而且关键工序完全采用手工制作;二是该交易是经买方看了样品才成交的,而且实际货物品质又与样品无差别,因此应认为所交货物与样品一致。试问:在业务中,如何正确理解合同中商品的品质条款?

分析: 双方对商品品质的理解存在差异,卖方认为所交货物与样品一致,即满足了合

同规定,生产工序基本上是手工操作,即为"手工制造书写纸",而买方强调加工方法是商品品质的一部分,强调完全手工。本案经中国国际贸易促进委员会有关人士调解,双方达成一致,中方赔偿部分损失。由此可见,品质不仅仅是商品本身的属性,加工方法也可成为品质的一部分。

商品是进出口贸易的物质基础,而商品的品质是买卖双方进行洽谈和交易时首先需要明确和落实的重要问题。

(一) 对出口商品品质的要求

商品品质的优劣直接影响商品的使用价值和价格,它是决定商品使用效能和影响商品市场价格的重要因素。在当前国际市场竞争激烈的情况下,许多国家都把提高商品质量、力争以质取胜作为加强对外竞销的重要手段之一。由于商品质量关系到用户的切身利益,故在国际市场上,用户不仅要对商品品质进行评价,而且要对生产企业的质量体系进行评价,这已成为当前国际贸易中的通常做法。

我国出口商品为了适应全世界广大用户和消费者的需要,必须贯彻"以销定产"的方针和坚持"质量第一"的原则,大力提高出口商品质量,使其符合不同市场和不同消费者的需求,并做到不断更新换代和精益求精。此外,出口商品还应适应进口国的有关法律规定及要求。

(二) 对进口商品品质的要求

进口商品品质的优劣,直接关系到国内用户和消费者的切身利益。凡品质不符合要求的商品,均不应进口。对于国内生产建设、科学研究和人民生活急需的商品,进口时要货比三家,切实把好质量关,使其品质能满足国内的实际需要,以免影响国家的生产建设和人民的消费与使用。但是,也不应超越国内的实际需要,任意提高对进口商品品质、规格的要求,以免造成不应有的浪费。总之,对进口商品品质的要求,要从我国现阶段的实际需要出发,视不同的情况,实事求是地予以确定。

二、表示品质的方法

在国际贸易中,由于交易的商品种类繁多,特点各异,故表示商品品质的方法也有多种。概括起来,国际贸易中通常用来表示商品品质的方法,包括以实物表示和以说明表示两类。

(一) 以实物表示商品品质

以实物表示商品品质的方法,是指以作为交易对象的实际商品或以代表商品品质的样品来表示商品的品质。它通常包括凭成交商品的实际品质(Actual Quality)和凭样品(Sample)两种表示方法,前者为看货买卖,后者为凭样品买卖。

1. 看货买卖

看货买卖是根据现有商品的实际品质进行的交易。采用这种方法时,交易通常在卖方所在地进行,由买方或其代理人验看货物,只要他认为商品的品质符合购买意图,就可以达成交易。卖方则应按验看过的商品交付货物。只要卖方交付的是验看过的商品,买方就不得对品质提出异议。看货买卖可用于拍卖、寄售、展卖等业务中。

2. 凭样品买卖

样品通常是指从一批商品中抽出来的或由生产、使用部门设计、加工出来的,足以反映和代表整批商品质量的少量实物。它一般有两种形式:一是参考样品(Reference Sample),即作为促成交易的媒介,使对方通过它,对商品品质有一个大致了解,以便考虑是否可能达成交易,因此参考样品仅供对方参考,不作为交货的最终依据;二是标准样品(Standard Sample),又称成交样品,是买卖双方成交货物品质的最后依据,若采用这种方式,卖方要保证其所交的货物与样品完全一致。此外,如果样品没有标明是参考样品还是标准样品,则一般以标准样品看待。

凭样品买卖(Sale by Sample)是指买卖双方按约定的足以代表实际货物的样品作为交货的品质依据的交易。在国际贸易中,有些商品如农产品,因受自然条件的影响较大,难以用文字说明,无法确定固定的标准,只能借助样品来确定其品质。凭样品买卖一般适用于在造型上有特殊要求或具有色、香、味方面特征的商品。目前,我国出口的某些工艺品、服装、轻工业品等,常用这种方式来表示其品质。

在实际业务中,凭样品买卖按样品提供者的不同,可分为下列几种。

(1) 凭卖方样品买卖(Sale by Seller's Sample)。凭卖方提供的样品磋商交易和订立合同,并以卖方样品作为交货的品质依据称为凭卖方样品买卖。

在凭卖方样品买卖时,卖方应注意:首先,卖方所提供的样品必须有足够的代表性,样品的品质与货物相比,不能太高也不能太低;其次,卖方在向国外客户寄送代表性样品时,应留存一份或数份同样的样品,以备日后交货或处理争议时核对之用,该样品称为"复样"(Duplicate Sample);最后,要严格区分参考样品和标准样品,为了避免误会,对于非凭样成交的样品,应在样品上注明"参考样品"字样。

(2) 凭买方样品买卖(Sale by Buyer's Sample)。凭买方提供的样品磋商交易和订立合同,并以买方样品作为交货的品质依据称为凭买方样品买卖,又称凭来样成交。采用这种方法,可提高出口货物的适应性和竞争力,也是把买卖做活的一种销售方法。但是,卖方需注意来样的原材料供应、生产加工技术和生产安排的可能性,并防止侵犯第三者的工业产权。

(3) 凭对等样品买卖(Sale by Counter Sample)。所谓对等样品,是指卖方根据买方提供的样品,加工复制出一个类似的样品提供给买方确认,经确认后的样品就是对等样品,有时也称"回样",业务上有时还称"确认样"(Confirming Sample)。凭对等样品磋商交易和签订的合同,即称为凭对等样品买卖。

对于凭样品买卖,许多国家的法律和国际商法都有专门的规定及解释。例如,《联合国国际货物销售合同公约》第35条规定:"货物适用于订立合同时曾明示或默示地通知卖方的任何特定目的;货物的质量与卖方向买方提供的货物样品或式样相同。"由于凭样品买卖要求卖方所交货物的品质必须与样品一致,因而,凡属于"货与样"不能做到完全一致的商品,一般不适合采用此种方法。

采用凭样品买卖时,应当注意下列事项:①凡凭样品买卖,卖方交货品质必须与样品完全一致。②以样品表示品质的方法,只能酌情采用。凡能用科学的指标表示商品质量的,就不宜采用此法。③采用凭样品成交而对品质无绝对把握时,应在合同条款中相应做出灵活的规定。

(二)以说明表示商品品质

凡以文字、图表、相片等方式来说明商品品质的,均属于凭说明表示商品品质的范畴。具体包括下列几种:

1. 凭规格买卖

商品规格(Specification of Goods)是指一些足以反映商品质量的主要指标,如化学成分、含量、纯度、性能、容量、长短、粗细等。在国际贸易中,买卖双方洽谈交易时,对于适用凭规格买卖的商品,应提供具体规格来说明商品的基本品质状况,并在合同中订明。用规格表示商品品质的方法,具有简单易行、明确具体,且可根据每批成交货物的具体品质状况灵活调整的特点,故在国际贸易中运用较广。

2. 凭等级买卖

商品的等级(Grade of Goods)是指同一类商品,按其规格上的差异,分为品质优劣各不相同的若干等级,它通常是由制造商或出口商根据其长期生产和了解该商品的经验,在掌握其品质规格的基础上制定出来的。等级有助于满足各种不同的需要,也有助于根据不同的需要来安排生产和加工整理。但是,应当说明,有个别厂商制定的等级本身并无约束力,买卖双方洽商交易时,可根据合同当事人的意愿予以调整或改变,并在合同中具体订明。

3. 凭标准买卖

商品的标准(Standard of Goods)是指将商品的规格和等级予以标准化。商品的标准,有的由国家或有关政府主管部门规定,有的由同业公会、交易所或国际性的工商组织规定。在国际贸易中,有些商品习惯于凭标准买卖,作为说明和评定商品品质的依据。目前还有一些初级产品的交易,由于长期形成的习惯或出口国家尚未对产品予以等级化或标准化,采用以下方法说明其品质:

(1)良好平均品质(Fair Average Quality,FAQ)。这一般是指中等货,它有以下几种含义:①指农产品的每个生产年度的中等货;②指某一季度或某一装船月份在装运地发运的同一种商品的平均品质。在我国出口的农副产品中,也有用 FAQ 来说明品质的,但我们所说的 FAQ 一般是指"大路货",是与"精选货"(Selected)相对而言的。

(2)上好可销品质(Good Merchantable Quality,GMQ)。这是指品质上好,可以销售。在国际上,有些商品没有公认的规格和等级,如冻鱼、冻虾等,有时卖方在交货时,只要保证所交的商品在品质上具有"商销性"即可。由于这种表示方法的含义笼统,难以掌握,履约时容易引起争议,故不宜采用。但是,如果卖方交货时因采用这一标准而发生争议,通常由同业公会以仲裁方式解决。

4. 凭说明书和图样买卖

在国际贸易中,有些机器、电器和仪表等技术密集型产品,因其结构复杂,数据较多,很难用几个简单的指标来充分表明其品质。因此,对这类商品的品质,通常是以说明书并附以图样、照片、图纸、分析表及各种数据的方式来说明其具体性能和结构特点。按此方式进行交易,称为凭说明书和图样买卖(Sale by Illustration and Description)。凭说明书和图样买卖时,除列入说明书的具体内容外,往往要订立卖方品质保证条款和技术服务条款。

5. 凭商标或牌号买卖

商标是指生产者或商号用来说明其所生产或出售的商品的标志,它可由一个或几个具有特色的单词、字母、数字、图形或图片等组成。牌号是指工商企业给其制造或销售商品所冠的名称,以便与其他企业的同类产品区别开来。凭商标或牌号买卖(Sale by Trade Mark or Brand),一般只适用于一些品质稳定的工业制成品或经过科学加工的初级产品。

6. 凭产地名称买卖

在国际货物买卖中,有些产品因产区的自然条件、传统加工工艺等因素的影响,在品质方面具有其他产区的产品所不具有的独特风险和特色,对于这类产品,一般也可用产地名称来表示其品质,称为凭产地名称买卖(Sale by Origin),例如重庆涪陵榨菜、良乡板栗等。

上述表示商品品质的六种方法可以单独运用,也可以根据商品的特点、市场或交易的习惯将几种方式结合起来运用。但要注意,在规格与样品同时使用的进出口贸易中,必须明确表明以规格为准,还是以样品为准,因为根据国外一些法律的规定,凡是既凭样品又凭规格达成的交易,卖方所交货物必须既符合样品,又与规格保持一致,否则买方有权拒收货物,并可以提出索赔要求。

三、关于品质机动幅度的规定

在国际货物买卖中,为了避免交货品质与合同稍有不符而造成违约,保证交易的顺利进行,可以在合同条款中做出某些变通规定,例如"交货品质和样品大体相等"(Quality to be considered and being about equal to the sample)或其他类似条款。对于凭说明进行的买卖,则可加列公差条款或品质机动幅度条款,即允许交付货物的品质在一定范围内高于或低于合同规定。

公差条款(Quality Tolerance)是指工业制成品由于科技水平或生产水平所限而产生的公认的误差。在国际贸易中,卖方所交付的商品品质只要在合同规定的品质幅度内,买方就不得拒收货物,也不得要求调整价格。公差条款可以由买卖双方共同议定,也可以采用国际同行业所公认的误差。

品质机动幅度(Quality Latitude)是指对某些初级产品,由于卖方所交货物品质难以完全与合同规定的品质相符,为便于卖方交货,往往在规定的品质指标外,加订一定的允许幅度,卖方所交货物品质只要在允许的幅度内,买方就无权拒收,但可根据合同规定调整价格,这就是在进出口业务中所谓的"品质增减价条款"。

根据我国的实践,品质增减价条款可以有下列几种不同的规定方法:

(1) 对机动幅度内的品质差异,可根据交货时的实际品质,按规定予以增价或减价。例如,水分每±1%,价格±1%;含油量±1%,价格±1.5%……

(2) 只规定交货幅度的下限,对低于合同规定而不超出一定范围者,予以扣价。对高于合同规定者,不予增价。

(3) 在上述第二种规定方法的基础上,对在机动幅度范围内,按低劣的程度,采用不同的扣价办法。例如,低于合同规定1%,扣价1%,低于合同规定1%以上者,加大扣价比例,以此来确保卖方的交货品质。

案例 3-3

我国青岛某出口公司向日本出口一批苹果。合同规定是三级品,但到发货时才发现三级苹果库存告急,于是该出口公司以二级品交货,并在发票上加注"二级苹果仍按三级计价"。请问:这种以好顶次的做法是否妥当?

分析:青岛公司这种以好顶次的做法很不妥当。在国际贸易中,卖方所交货物必须与合同规定完全一致,否则买方有权提出拒收或索赔要求。青岛公司在此次交易中虽然以好顶次,但因货物与合同规定不符,在出现价格下跌的情况下买方仍可能提出拒收或索赔。此时我方应采取主动措施,将情况告知买方,与买方协商寻求解决的办法,或者将合同规定交货的三级品改为二级品,在必要时可以给予买方一定的经济补偿或价格折让,但是数额以二、三级苹果的价格差额为限,以尽量减少我方的经济损失。

四、品质条款的内容

在国际货物买卖合同中,品质条款是重要条款之一。品质条款是合同的主要条件,即要件,卖方所交货物品质若不符合合同规定,买方有权撤销合同,并要求损害赔偿;按照《美国统一商法典》的规定,如果表示品质的声明已经构成交易基础的一部分,即构成卖方的明示担保,卖方交货如与合同不符,买方有权提出损害赔偿(或扣价),以致撤销合同;按照《联合国国际货物销售合同公约》的规定,卖方交付的货物必须与合同所规定的数量、质量和规格相符,如卖方违反合同规定,交付与品质条款不符的货物,可根据违约的程度,提出损害赔偿(包括扣价)、要求修理、交付替代货物,以致拒收货物,宣告合同无效。因此,在进行外贸业务时,要切实按合同中约定的品质条款交付货物,否则将会遇到比较大的麻烦,甚至遭受严重的损失。另外,合同中的品质条款,也是商检机构进行检验和仲裁机构或法院解决品质纠纷案件的法律依据。订好品质条款和按约定的品质交付货物,具有重要的法律和实践意义。

在买卖合同中,品质条款的内容有繁有简,一般视不同商品和不同表示品质的方法而定,包括商品的品名、规格、等级、品牌、标准以及交付货物的品质依据等。凭样品买卖中,应列明样品的编号、寄送日期,有时还要加列交货品质与样品"大致相符"或"完全相符"的说明等。凭标准买卖时,应标明标准名称及其版本年份。此外,订立品质条款应贯彻执行我国对外贸易的方针政策,防止订立损害我国利益的条款或只对单方面有利的条款,以利于体现平等互利的原则和切实履行合同。

第三节　商品的数量

一、约定商品数量条件的意义

商品数量的多少,是制定单价和计算总金额的重要依据,不仅关系到交易规模的大小,而且是影响价格和其他交易条件的重要因素。合同中的数量条款涉及成交数量的确定、计量单位和计量方法的规定,以及数量机动幅度的规定等内容。特别需要指出的是,应依据政策的规定和经营意图,根据需要和可能,按外商资信情况和市场行情的变化,正确掌握进出口商品的成交数量,以利于合同的履行。

按照有些国家的法律规定,买卖双方约定的数量是交接货物的依据,卖方所交货物的数量如与合同不符,买方有权提出索赔,甚至拒收货物。依据《联合国国际货物销售合同公约》的规定,买方可以收取也可以拒绝收取全部多交货物或部分多交货物;但如果卖方所交货物的数量不足,可允许卖方在规定交货期届满之前补齐,但不得使买方遭受不合理的不便或承担不合理的开支,即使如此,买方也保留要求损害赔偿的权利。

二、计量单位

在进出口业务中,进入国际贸易的商品的种类繁多、特点各异,加之各地市场传统习惯的差别,商品的计量单位不尽一致,再加上各国采用的度量衡制度不同,故采用的计量单位和计量方法多种多样。以下列示了常用的计量单位:

(一) 按重量计算

重量(Weight)是目前国际贸易中使用最多的一种计量方法。计算重量时,可根据各种商品的具体情况,分别按公吨、千克、克、磅、英担、美担等计量。对黄金、白银等贵重物品,在数量不大时,一般采用盎司(Ounce)计量;而钻石之类的商品,则以克拉(Carat)计量。大宗农副产品、矿产品以及一部分工业制成品,习惯于以重量计量。

(二) 按个数计算

大多数工业制成品,尤其是日用消费品、轻工业品、机械产品以及一部分土特产品,习惯于按个数(Number)进行买卖。国际贸易中所使用的计量单位很多,常见的有件(Piece)、双(Pair)、套(Set)、打(Dozen)、袋(Bag)、桶(Drum)及卷(Roll)等。

(三) 按长度计算

长度(Length)单位多用于金属绳索、布匹、绸缎等商品的买卖。常见的计量单位有米(Meter)、英尺(Foot)、码(Yard)等。

(四) 按面积计算

有些商品,例如玻璃板、地毯、皮革等,习惯于以面积(Area)作为计量单位。常见的有平方米(Square Meter)、平方英尺(Square Foot)、平方码(Square Yard)等。

(五) 按体积计算

按体积(Volume)成交的商品不多,仅用于木材、天然气以及化学气体的买卖。常用的计量单位有立方米(Cubic Meter)、立方英尺(Cubic Foot)、立方码(Cubic Yard)等。

(六) 按容积计算

容积(Capacity)常见的计量单位有公升(Litre)、加仑(Gallon)、蒲式耳(Bushel)等。

由于各国度量衡制度不同,所使用的计量单位也各异。度量衡制度不仅关系到货物的计价基础和卖方交货数量的准确性,而且有时还涉及商业发票上的计量单位是否符合进口国海关规定。所以,了解和熟悉不同度量衡制度之间的折算方法是非常重要的。目前,国际贸易中通常使用的有公制(The Metric System)、英制(The British System)、美制(The US System)以及在公制基础上发展起来的国际单位制(The International System of Unit)。由于度量衡制度不同,因此即便是同一计量单位所表示的数量差别也很大。就表示重量的吨而言,实行公制的国家一般采用公吨,每公吨为 1 000 公斤;实行英制的国家一般采用长吨,每长吨为 1 016 公斤;实行美制的国家一般采用短吨,每短吨为 907 公斤。所以,在与外商洽谈交易和签订合同时,必须明确规定采用哪一种度量衡制度,避免因此而造成误会和引起纠纷。

案例 3-4

大连某出口公司向日本出口一批大米,在洽谈时,谈妥 2 000 公吨,每公吨 USD 285 FOB 大连港。但在签订合同时,在合同上只是笼统地写了 2 000 吨,我方当事人认为合同上的吨就是指公吨,而发货时日商却要求按长吨供货。结果双方对此产生争议。试问:从该案例中可以吸取哪些经验教训?

分析: 这是一起外商利用合同对计量单位的规定不严格而要求多付货物的纠纷事件。尽管作为计量单位的吨有公吨、长吨和短吨等不同的解释,但是双方在洽谈时采用的单位是公吨,因此外商的要求是不合理的。解决这种纠纷可以采取两种方法:一种是将合同中笼统规定的吨改为公吨,仍维持原合同价格;另一种是按外方要求将合同的吨改为长吨,但原合同的价格也要按长吨与公吨之间的比例作相应更改。

三、重量的计算方法

在国际贸易中,采用按重量计算数量的商品很多。用件数计量的商品,由于有固定的包装,比较容易计量,大宗散装货物和无包装或者简单包装的货物,则采用衡器检重。在计算重量时,通常有以下几种方法:

(一) 毛重

毛重(Gross Weight)是指商品本身的重量加包装重量。它在多数情况下只作为搬运及装卸等场合的计重。运输部门在承揽运输时,也只按毛重计算吨位重,一般不问其净重。这种计量方法一般适用于价值较低的交易。

(二) 净重

净重(Net Weight)是指商品本身的实际重量,不包括包装(皮重)的重量,即净重等于毛重减去皮重。在国际贸易中,对以重量计量的商品,大部分都按净重计价,这是最常见的计量方法。但是,有些商品因包装本身不便分别计量(如卷筒白报纸),或因包装材料与商品价格差不多(如粮谷、饲料等价值较低的农副产品),则采用按毛重计价,即习惯上称为"以毛作净"(Gross for Net),俗称"连皮滚"。

(三) 公量

有些商品有较强的吸湿性,其所含的水分受客观环境的影响较大,其重量也就很不稳定,因而国际上有一种专门计算此类商品重量的方法,即用科学的方法除去其所含的实际水分,然后再加上国际公认的标准含水量。按此法求出的重量,称为公量(Conditioned Weight),即"公定重量"。这种计算重量的方法,比较适合于经济价值较高、含水量又极不稳定的商品,如生丝、羊毛和棉花等。公量的计算公式为:

$$公量 = 干量 + 标准含水量$$
$$= 实际重量 \times (1 + 标准回潮率) / (1 + 实际回潮率)$$

回潮率是指水分与干量之比。标准回潮率是交易双方商定的商品中的水分与干量之百分比,如生丝、羊毛在国际上公认的标准回潮率均为11%。实际回潮率是指商品中的实际水分与干量之百分比。

(四) 理论重量

对于一些按固定规格形状、尺寸所生产和买卖的商品,如马口铁、钢板等,只要其规格、重量、尺寸一致,则每件商品的重量大体是相同的,所以一般从其件数就能推算出总重量,这被称为理论重量(Theoretical Weight)。理论重量一般只作为计算实际重量的参考。

(五) 法定重量和实物净重

按照一些国家海关法的规定,在征收从量税时,商品的重量是以法定重量计算的。所谓法定重量(Legal Weight),是指商品重量加上直接接触商品的包装物料(如销售包装等)的重量。而除去这部分重量所表示出来的纯商品的重量,则被称为实物净重(Net Net

Weight)。此类方法大多用于海关征税。

四、关于数量机动幅度的规定

数量条款是国际货物买卖合同的重要条款之一。尽管卖方承担按合同规定数量交货的义务,但在实际履约过程中,由于商品特性、生产条件、运输工具的承载能力以及包装方式的限制,卖方要做到严格按量交货确有一定的困难。例如,买卖双方成交铁矿石两万公吨,卖方在装船交货时,要想做到分毫不差,几乎是不可能的。

为了避免因卖方实际交货不足或超过合同规定而引起的法律纠纷,方便合同的履行,对于一些数量难以严格限定的商品,如大宗的农副产品、矿产品以及一些工业制成品,通常在合同中规定,交货数量允许有一定范围的机动幅度,并明确溢短装部分由谁决定和作价原则,这种条款被称为溢短装条款。凡是做出这类规定的合同,卖方的交货数量只要在机动幅度范围之内,即为按合同规定交货,买方不得以交货数量与合同不符为由而拒收或索取损失赔偿。

(一)规定机动幅度的方法

数量的机动幅度是指买卖双方约定某一商品具体多交或少交若干数量的幅度。在出口业务中,其大致有以下几种规定方法:

1. 合同中明确、具体地规定数量的机动幅度

这种做法一般仅适用于矿产品、粮谷、化肥等大宗交易。它可以有两种订法:①只简单地规定机动幅度。例如,数量1 000公吨,2%伸缩。②在规定上述幅度的同时,还约定由谁行使这种选择权以及溢短装部分如何计价等。例如,数量1 000公吨,为适应船舱容量需要,卖方有权多装或少装5%,超过或不足部分按合同价格计算。

2. 在交易数量前加上"约"字

由于各国和各行业对"约"的解释不一,因此容易引起争议。值得注意的是,如果合同中采用信用证支付方式,根据UCP 600第30条a款的规定,"凡约、大约或类似意义的词语用于信用证金额或信用证所列的数量或单价时,应解释为允许对有关金额或数量或单价有不超过10%的增减幅度"。

3. 合同中未明确规定数量机动幅度

在这种情况下,卖方交货的数量原则上应与合同规定的数量完全一致。但在采用信用证支付方式时,根据UCP 600第30条b款的规定,"在信用证未以包装单位件数或货物自身件数的方式规定货物数量时,货物数量允许有5%的增减幅度,只要总支取金额不超过信用证金额"。据此,以信用证支付方式进行散装货物的买卖,交货的数量可有增减5%的机动幅度。

(二)机动幅度的选择权

在合同规定有机动幅度的条件下,一般由卖方行使多交或少交的选择权,有时也可由买方选择。如果涉及海洋运输,由于交货量的多少与承载货物的船只的舱容关系非常密

切,交货的机动幅度一般由安排舱容和装载货物的一方根据具体情况做出选择。例如,采用 FOB 条件成交,买方负责签订运输合同,安排租船订舱,则数量的机动幅度一般就由买方和船方共同协商予以确认;如果采用 CIF 或 CFR 条件成交,则卖方负责安排租船订舱,故数量的机动幅度一般由卖方和船方来决定。

此外,当成交某些价格波动剧烈的大宗商品时,为了防止卖方或买方利用数量机动幅度条款,根据自身的利益故意增加或减少装船数量,也可在机动幅度条款中加订:"此项机动幅度条款只是为了适应船只实际装载量的需要。"

案例 3-5

A 公司 2023 年外销 40 000 米布匹,合同中订明:"红、白、黄、绿四种颜色各 10 000 米,并允许卖方溢短装 10%。"A 实际交货数量为红色 10 400 米,白色 8 000 米,黄色 9 100 米,绿色 9 000 米,共计 36 500 米。白布虽超过 10% 的溢短装限度,但就四种颜色的布的总量来说,仍未超过规定条件。在此情况下,只有白布部分违约,还是全部违约?

分析: 在国际贸易实务中,若一销售合同中包括若干有关联的商品,则对于合同中订有的溢短装条款的通常理解是,该若干商品在多装或少装上应方向一致,比例相同。本案中,因为该交易在买卖合同下系属于单一交易,所以虽然总量符合溢短装条款,但由于白布短装超过 10% 的规定限度,应视为违反原定买卖合同。进口商有权向出口方索赔,甚至有权取消合同。

(三)溢装、短装数量的计价方法

目前,对在机动幅度范围内超出或低于合同数量的多装或少装部分,一般按合同价格计价结算。但是,由于有些商品从签订合同到实际履行合同,需要相当长的一段时间,买卖双方所约定的商品价格可能会发生较大的波动,尤其是那些价格较敏感或季节性较强的商品。为了防止有权选择溢短装的当事人利用行市的变化,有意多装或少装,以获取额外的好处,有的合同中规定,多装或少装部分不按合同价格计算,而代之以按装船日的行市或目的地的市场价格计算;如果双方未能就此取得协议,则可交由仲裁机构解决。

第四节 商品的包装

一、包装的重要性及约定包装条件的意义

商品的包装是实现商品价值和使用价值的重要手段之一,是商品生产和消费之间的桥梁。绝大多数商品只有通过适当的包装,才能进入流通领域进行销售,以实现其价值和使用价值。在商品生产过程中,包装是最后一道主要的工序;而在流通领域中,包装对保护商品、美化商品、宣传商品、提高售价,以及对商品的储藏、运输、销售、使用都起着重要

的作用。

包装不仅能起到保护商品和美化商品的作用,而且其本身还是货物说明的组成部分。因此,凡买卖需要包装的商品,交易双方必须在合同中对包装条款做出明确规定。按照一些国家的法律解释,如果一方违反了合同约定的包装条款,另一方有权提出索赔,甚至可以拒收货物。例如,我国某公司出口一批货物,合同中约定的包装条件是用毛皮纸包装,但在合同履行时,卖方没有找到足够的包装材料,于是就用价格较高的塑料纸代替,货物完好无损地抵达了目的地,此时适逢该商品市场价格暴跌,对方在检查货物后,以我方违反包装条件为理由,拒收该批货物,从而使我方蒙受了较大的损失。由此可见,包装条款是国际货物买卖合同中的重要交易条款。

二、包装的种类

包装是指按一定的技术方法,采用一定的包装容器、材料及辅料包裹或捆扎货物。按其在流通领域中所起作用的不同,商品的包装可分为运输包装和销售包装。此外,还有中性包装与定牌生产等。

(一) 运输包装

运输包装(Shipping Package),又称外包装或大包装,其主要作用在于保护商品,防止在储存、运输和装卸过程中发生货损货差。

1. 对运输包装的要求

国际贸易商品所需要的运输包装远比国内贸易要求得高,在制作时,应当体现以下要求:①适应商品的特性;②适应各种不同运输方式的要求;③考虑有关国家的法律规定和客户的要求;④在保证包装牢固的前提下节省费用,便于各环节有关人员进行操作,以免货物遭受损失。

2. 运输包装的分类

运输包装的方式和造型多种多样,包装材料和质地各不相同,包装程度也有差异,这就导致运输包装具有多样性。

(1) 按包装方式不同,可分为单件运输包装和集合运输包装。前者是指货物在运输过程中作为一个计件单位的包装;后者则指将若干个单件运输包装组合成一件大包装,以便更有效地保护商品,提高装卸效率和节省运输费用。在国际贸易中,常见的集合运输包装有集装包和集装袋。

(2) 按包装造型不同,可分为箱、袋、桶和捆等不同的包装。

(3) 按包装材料不同,可分为纸制包装、金属包装、木制包装、塑料包装、麻制品包装、玻璃制品包装、陶瓷制品包装,以及竹、柳、草制品包装等。

(4) 按包装质地不同,可分为软性包装、半硬性包装和硬性包装。

(5) 按包装程度不同,可分为全部包装和局部包装。

在国际贸易中,买卖双方究竟采用何种包装,应在合同中具体订明。近年来,林木有害生物随国际贸易中木质包装传播扩散的问题已引起国际社会的广泛关注,包括我国在内的一些国家相继采取了紧急检疫措施。木质包装虽不是货物,但其与货物密切相关,集装箱运输的货物几乎都是木质包装。2005年,国家质量监督检验检疫总局[①]、海关总署、商务部、国家林业局[②]联合发布2005年第11号公告,对进境货物木质包装检验检疫规定进行调整。公告规定,进境货物木质包装应按国际标准在输出国家或地区进行检疫除害处理,并添加国际植物保护公约(International Plant Protection Convention,IPPC)标识。

(二)销售包装

销售包装(Sale Package),又称内包装或小包装,它是直接接触商品并随商品进入零售网点与消费者见面的包装。

1. 对销售包装的要求

由于销售包装除了具有保护商品的功能,更应具有促销、提高商品售价的功能,因此在造型结构、装潢画面和文字说明等方面,对销售包装都有更高的要求。

为了使销售包装能更好地适应国际市场的需要,在设计和制作销售包装时,应体现以下要求:①便于陈列展销,以吸引消费者和供其选购;②便于识别商品,以便消费者了解、看货成交;③便于携带和使用,为消费者提供方便;④要有艺术吸引力,以便吸引消费者、提高售价和扩大销路。

2. 销售包装的策略

(1)类似包装策略。企业所生产的各种产品在包装上采用相同的图案、色彩、文字或其他共有特征,使消费者注意到这是同一家企业的产品。

(2)组合包装策略。按人们的消费习惯将几种有关产品组合在一起,以方便消费者携带和使用。例如,茶与茶具的组合,服装与个性化饰品的组合,使消费者在使用中产生连锁反应、立体效应。

(3)多用途包装策略。在设计包装时就考虑到产品用完可以使消费者移作他用,如造型优美可做花瓶的酒瓶,可诱发消费者再次购买的欲望。

(4)附赠品包装策略。在商品包装物内,附赠小玩具或小工具实物,吸引消费者购买和重复购买。例如,美国麦氏咖啡在其礼盒中附赠调咖啡用勺或咖啡杯,就有较好的促销效果。

3. 销售包装的标示和说明

在销售包装上,一般都附有装潢画面和文字说明。在设计和制作销售包装时,应做好以下方面的工作:

(1)包装的装潢画面。销售包装的装潢画面要美观大方,富有艺术上的吸引力,并突出商品的特点,其图案和色彩要适应有关国家的民族习惯和爱好,以利于扩大出口。

[①] 2018年3月,国务院机构改革,将其职责整合,组建国家市场监督管理总局,将其出入境检验检疫管理职责和队伍划入海关总署。

[②] 2018年3月,国务院机构改革,将其职责整合,组建国家林业和草原局。

(2) 包装上的文字说明。销售包装上应有必要的文字说明,如商标、品牌、品名、产地、数量、规格、成分、用途和使用方法等。文字说明应同装潢画面紧密配合、互相衬托、彼此补充,以达到宣传和促销的目的;使用的文字还须简明扼要,并能让销售市场的消费者看懂,必要时也可以中外文同时使用。

(3) 包装上的标签。标签是指附在商品或包装上用以简介商品的生产国别、制造厂商、名称、具体成分、品质特点、使用方法等内容的标志。在销售包装上制作标签时,应注意有关国家的标签管理条例的规定。一些发达国家常以这些规章制度作为限制国外进口的一种手段,对此应引起足够的重视。以欧盟为例,欧盟在商品标签方面有一系列的规定,基本内容就是商品本身或外包装上必须带有内容全面、可读、可理解、正确的标签。

案例 3-6

某公司出口 1.5 公吨杏脯,合同规定用纸箱包装,每箱 15 公斤(内装 15 小盒,每小盒 1 公斤)。交货时,因为该公司此前没有这样包装的货物,因而改为小包装交货(每箱 15 公斤,内装 30 小盒,每小盒 0.5 公斤)。结果外商以货物包装不符合规格为由提起索赔,我方理亏,不得不进行赔偿。试问:通过该案如何理解合同中包装条款的重要性?

分析: 在此案例中,货物的数量没有改变,都是 1.5 公吨,每箱的重量也没有改变,都是 15 公斤。然而每箱的盒数以及每盒的重量改变了,也就是说改变了计件单位的包装,这也可能会给进口商的销售带来影响,当然这也违反了合同规定,所以会遭到索赔。包装条款是合同的一部分,改变了包装方式当然就违反了合同,必然会遭到索赔。

(4) 条形码。商品包装上的条形码(Product Code)是由一组带有数字的、粗细间隔不等的黑白平行条纹所组成,它是利用光电扫描阅读设备为计算机输入数据的特殊的代码语言。

条形码技术自 1949 年问世后,被广泛应用于各种生产和流通领域,通过零售渠道直接销售给最终用户的商品几乎都适合采用条形码。除零售商品外,条形码还广泛应用于储运包装上,以实现运输、仓储、发货、收货等业务的自动化管理。

为适应多种需要,条形码自问世以来,产生了众多的编码系统。但目前得到国际公认用于商品包装的主要有两种,即 UPC 和 EAN。

UPC(Uniform Product Code)条形码是由美国和加拿大共同组织的"统一编码委员会"(Universal Code Council)选定,并以 IBM 公司提出的 Dalta-Distance 为基础而确立的物品标识符号。UPC 条形码为美国、加拿大产品统一的标识符号。

EAN(European Article Number)条形码是欧盟的"欧洲物品编码协会"吸取了 UPC 的经验而确立的物品标识符号。该协会于 1977 年改名为"国际物品编码协会"(International Article Numbering Association)。EAN 条形码由 13 位数字构成,其结构如下:"P1P2P3、

M1M2M3M4、I1I2I3I4I5、C",它们分别代表国别代码、厂商代码、商品项目代码和校验码。其中,"P1—P3"是国际物品编码协会分配给其成员的标识代码,实际上就是国家或地区代码;"M1—M4"为厂商代码,由四位阿拉伯数字组成,是由各国物品编码中心来分配的;"I1—I5"为商品项目代码,由五位阿拉伯数字构成,用以表示具体的商品项目;"C"为校验码,由一位阿拉伯数字组成,用以校验编码的正误,以提高条码的可靠性。目前,在市场上,凡标有"690—695"条形码的商品,即表示是中国出产的商品。

由于国际上存在这两种编码系统,因此,我国产品在销往美国、加拿大时应使用UPC条形码,而出口到其他国家和地区时则需使用EAN条形码。

下图是典型的EAN条形码:

(三) 中性包装

中性包装(Neutral Packing)是指既不标明生产国别、地名和厂商名称,也不标明商标或牌号的包装,即在出口商品包装的内外都没有产地和厂商的标记。中性包装包括无牌中性包装和定牌中性包装。前者是指包装上既无生产国别和厂商名称,又无商标和牌号;后者是指包装上仅有买方指定的商标或牌号,但无生产国别和厂商的名称。

中性包装是国际贸易中常见的包装方式,其目的是避开某些进口国家与地区的关税和非关税壁垒,以及适应交易的特殊需要(如转口销售等),它是出口国家厂商加强对外竞销和扩大出口的一种手段。

值得注意的是,采用中性包装的出口商品,如因故转为内销,则必须重新拆开包装,分别在产品及包装上依照我国有关产品质量方面的法律规定,附上产品的质量检验合格证,以及中文书写的产品名称、规格型号、生产厂家、厂址、生产日期等。

(四) 定牌生产

定牌(OEM)生产是指卖方按照买方的要求,在其出售的商品或包装上标明买方指定的商标或牌号。

从法律意义上看,定牌生产属于以委托加工形式出现的一种劳务合同关系。定牌方即委托方,通常是自己无生产能力的、从事对外贸易的国内外商标注册人或者商标被许可人;而加工方则是为委托方提供劳务的生产企业,相当于委托方的一个生产车间。在这一法律关系中,加工方只有按照委托方的要求完成合同规定生产任务的义务,而无权以自己的名义销售这些委托加工的产品。因此,双方只要在定牌生产合同中明确双方的权利和义务以及商标标识的提供方式即可,不需要签订专门的商标使用许可合同。

在我国出口贸易中,接受定牌生产的通常做法是,在商品或包装上采用买方指定商标或牌号,同时注明"中国制造"字样。

三、运输包装上的标志

为了便于运输、仓储、商检和验关工作的进行,避免错发错运,货物在运送以前,都要在运输包装上书写、压印、刷制简单的图形、文字和数字,这些图形、文字和数字统称为运输标志(Shipping Mark)。按照国际贸易惯例,运输标志由卖方提供,而且不必在合同中做具体规定;若买方要求由其指定,卖方也可接受。

运输包装上的标志,根据其作用、用途的不同,可分为运输标志、指示性标志和警告性标志。

（一）运输标志

运输标志是区别一批货物同其他同类货物的依据,它主要包括以下内容:

（1）主要标志。主要标志即通常所说的"唛头",多数用几何图形并配以简单的文字或代号组成,其中的字母可以是发货人名称或买方名称的缩写或代号。

（2）目的地标志。目的地标志是用来说明货物运往目的地的名称,一般不能用简称或代号,如果中途需要转运,则应加列转运字样和转运地名称,例如,London Via Hong Kong。

（3）原产地标志。原产地标志通常是用来标明制造、生产或加工的国别。现在有不少国家的海关要求进口货物都必须标明原产国,否则不准进口。

（4）体积和重量标志。这类标志是用来表示每一包件的体积和重量,以便计算运费、装卸和积载。

（5）件号标志。在货物付运时,件号标志一般用"1/100 或 2/100"等表示,目的是便于核查,其中分母表示该批货物的总件数,分子表示该件货物在整批货物中的编号。

现举例说明运输包装标志:

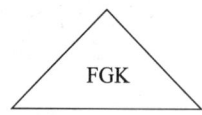

ROTTERDAM
MADE IN CHINA
GW:300 KG
NW:295 KG
V:70cm×80cm×90cm
NOS:3/16

鉴于运输标志的内容比较多,加之各个国家和各种运输方式之间对运输标志的要求差异较大,不能完全适应国际货物流动和多式联运的开展,因此,联合国欧洲经济委员会简化国际贸易程序工作组制定了标准运输标志,向各国推荐使用。该标准运输标志减少到只包括四个因素:①收货人代号,如收货人或买方名称的英文缩写字母或简称;②参考号,如运单号码、订单号码或发票号码;③目的地;④件数代号。

现举例说明简化后的运输标志:

DTEM ……………………………………………… 收货人代号
SK389 ……………………………………………… 参考号
SANFRANCISCO …………………………………… 目的地
1/25 ………………………………………………… 件数代号

（二）指示性标志

指示性标志是提示人们在装卸、运输和保管过程中需要注意的事项,一般都是以简单、醒目的图形和文字在包装上标出,故又被称为注意标志。2008年4月,中华人民共和国国家质量监督检验检疫总局和国家标准化管理委员会①发布了《包装储运图示标志》(Packaging-Pictorial Marking for Handling of Goods)强制性国家标准,并于2008年10月1日开始实施。其主要内容有:标志颜色一般为黑色,如果包装的颜色使得标志显得不清晰,则应在印刷面上用适当的对比色,黑色标志最好以白色作为标志的底色;标志的底色,应避免采用易于同危险品标志相混淆的颜色,除非另有规定,一般应避免采用红色、橙色或黄色;标志可采用印刷、粘贴、拴挂、钉附及喷涂等方法打印。另外,印刷标志时,外框线及标志名称都要印上;喷涂时,外框线及标志名称可以省略。至于在运输包装上标打哪种标志,应根据商品性质正确选用。在文字使用上,最好使用出口国和进口国的文字,但一般使用英文的居多。

根据《包装储运图示标志》的规定,表3-1为主要的指示性标志。

表3-1　主要的指示性标志

1. 易碎物品 运输包装件内装易碎品,因此搬运时应小心轻放。		2.禁用手钩 搬运运输包装时禁用手钩。	
3. 向上 表明运输包装件的正确位置是竖直向上。		4.怕晒 表明运输包装件不能直接照射。	
5. 怕辐射 包装物品一旦受辐射便会完全变质或损坏。		6.怕雨 包装件怕雨淋。	
7. 重心 表明一个单元货物的重心。		8.禁止翻滚 不能翻滚运输包装。	

---

① 2018年3月,国务院机构改革,国家标准化管理委员会职责划入国家市场监督管理总局,对外保留牌子。

（续表）

9. 此面禁用手推车 搬运货物时此面禁用手推车。		10.堆码层数极限 相同包装的最大堆码层数，n 表示层数极限。	
11. 堆码重量极限 表明该运输包装件所能承受的最大重量极限。		12.禁止堆码 该包装件不能堆码并且其上也不能放置其他负载。	

（三）警告性标志

警告性标志又称危险货物包装标志，凡在运输包装内装有爆炸品、易燃物品、有毒物品、腐蚀物品、氧化剂和放射性物质等危险货物时，都必须在运输包装上标明用于各种危险品的标志，以示警告，使装卸、运输和保管人员按货物特性采取相应的防护措施，以保护物资和人身的安全。2009 年，中华人民共和国国家质量监督检验检疫总局和国家标准化管理委员会发布了《危险货物包装标志》(Packing Symbol of Dangerous Goods)，并于 2010 年 5 月 1 日正式实施。该标准规定了危险货物包装图示标志的分类图形、尺寸、颜色及使用方法等。标志的图形共 21 种，19 个名称，其图形分别标示了 9 类危险货物的主要特性。表 3-2 为主要的警告性标志。

表 3-2　主要的警告性标志

标志号	标志名称	标志图形	标志号	标志名称	标志图形
标志 1	爆炸品	（符号:黑色,底色:橙红色）	标志 2	易燃气体	（符号:黑色或白色,底色:正红色）
标志 3	有毒气体	（符号:黑色,底色:白色）	标志 4	易燃液体	（符号:黑色或白色,底色:正红色）
标志 5	易燃固体	（符号:黑色,底色:白色红条）	标志 6	自燃物品	（符号:黑色,底色:上白下红）

(续表)

标志号	标志名称	标志图形	标志号	标志名称	标志图形
标志 7	遇湿易燃物品	(符号:黑色或白色,底色:蓝色)	标志 8	剧毒品	(符号:黑色,底色:白色)
标志 9	有害品（远离食品）	(符号:黑色,底色:白色)	标志 10	感染性物品	(符号:黑色,底色:白色)
标志 11	放射性物品	(符号:黑色,底色:白色,附一条红竖条)	标志 12	腐蚀品	(符号:上黑下白,底色:上白下黑)

上述运输包装上的各类标志，都必须按有关规定标打在运输包装的明显部位上，标志的颜色要符合有关规定的要求，防止褪色、脱落，使人一目了然，容易辨认。

此外，国际海事组织也规定了一套《国际海运危险品标志》，这套规则已被许多国家采用，有的国家进口危险品时，要求在运输包装上标打该组织规定的危险品标志，否则不准靠岸卸货。因此，在我国出口危险货物的运输包装上，要标打我国和国际海事组织所规定的两套危险品标志。

四、合同中的包装条款

交易合同中的包装条款主要包括包装材料、包装方式、包装规格、包装标志，有时也包括包装费用等内容。根据《联合国国际货物销售合同公约》的规定，商品包装是确定所交货物与合同规定是否相符的内容之一。因此，对合同中包装条款的订立应慎重，并须注意以下几点：

（一）对包装的要求应当明确具体

明确规定包装材料、造型和规格。例如，"木箱包装，每箱 50 盒，每盒一打"。除了传统商品，其包装单为交易双方所知者，不宜采用"按通常方式包装"（Customary Packing）、"适合海洋运输包装"（Seaworthy Packing）或"卖方习惯包装"（Seller Usual Packing）等含糊的包装术语。

包装条款举例如下：纸箱装，每箱净重 30 千克，每 24 箱组装一托盘，每 10 个托盘装入一个20英尺集装箱。(Packed in cartons each containing 30 kgs net, 24 cartons assemble apallet, 10 pallets in a 20' container.)

(二) 应订明包装费用由何方负担

按照国际贸易惯例,包装费用一般包括在货价之内,不另计价,在包装条款中无须另行订明。但有些情况下,买方不愿接受卖方的通常包装,而要求特殊的包装,导致包装费用超出正常的包装费用,使产品成本增加,则需要在包装条款中订明包装费用由何方负担。

(三) 明确由何方提供运输标志

按照国际贸易习惯,运输标志一般由卖方决定,也可由买方提供。运输标志规定不要过于复杂,在可能的情况下,应尽量采用由联合国推荐的标准唛头。

本章提要

1. 品名是买卖双方交接货物的重要依据。规定品名条款,应具体、明确、实事求是。

2. 品质既是决定商品价格高低的重要因素,也是买卖合同中的重要条款。在国际贸易中,表示品质的方法有两大类:以实物表示品质和以说明表示品质。为了便于交货,对凭说明进行的买卖,可加列公差条款或品质机动幅度条款。

3. 数量条件是买卖双方交接货物的依据。计量单位常用的有按重量、按数量、按长度、按面积、按体积、按容积等。统一度量衡制度对买卖双方非常重要。为了便于交货,对于某些商品,在合同中应加订数量机动幅度条款,即溢短装条款。

4. 商品包装是商品生产的继续,应体现科学、经济、牢固、美观、适销等要求。包装可分为运输包装和销售包装。中性包装和定牌生产常见于流通领域,而条形码更是进入国外超级市场的必要条件。运输包装上的标志可分为运输标志、指示性标志和警告性标志。

思考题

1. 在买卖合同中为什么要规定商品名称?规定品名条款时应注意哪些事项?
2. 表示商品品质的方法有哪些?试从法律角度说明品质条款的重要性。
3. 从法律角度说明合同中数量条款的重要性。
4. 为什么在某些商品的买卖合同中要规定溢短装条款?溢短装的选择权应当由谁掌握?
5. 出口商品包装有哪几种?各有何作用?买卖合同中包装条款有哪些内容?
6. 运输标志有哪几种?合同中约定运输标志有何重要意义?

 **案例讨论**

1. 我国某出口公司与俄罗斯公司进行一笔黄豆出口买卖,合同中的数量条款规定如下:每袋黄豆净重100千克,共1 000袋,合计100吨,但货物运抵俄罗斯后,经俄罗斯海关检查发现每袋黄豆净重94千克,1 000袋,合计94吨。当时正值黄豆价格下跌,俄罗斯公司以单货不符为由,提出降价5%的要求,否则拒收。试问:俄罗斯公司的要求是否合理?我方应采取什么补救措施?

2. 马来西亚A公司与我国B电器公司洽谈业务,打算从B公司进口"飞马"牌微波炉1万台。但要求我方改用"立达"牌商标,并在包装上不得注明"Made in China"字样。试问:B公司是否可以接受A公司的要求?在处理此项业务时,应注意什么问题?

第四章

国际货物运输

【学习目标】

通过本章的学习,学生将能够:

1. 理解国际货物运输的主要方式,特别是海洋运输的相关知识;
2. 掌握班轮运费计算的标准以及海洋运输中使用的主要单据;
3. 熟练使用国际货物运输合同中装运条款的内容,特别是分批装运和转运条款。

【素养目标】

通过学习国际货物贸易中各种运输方式等相关知识,学生应能够深入了解共建"一带一路"对国际运输科学发展具有的重大意义和重要性,正确认识中欧班列运输方式以独特优势所彰显出的中国力量及中国担当,践行绿色低碳出行及具备为增进各国民生福祉做出贡献的人文精神。

【重点难点】

重点是海洋运输、装运条款和海运提单;难点是运费的核算以及分批装运的国际规则。

【引导案例】

案情：中国A公司（买方）与澳大利亚B公司（卖方）于2023年3月20日订立了3 000千克羊毛的买卖合同，单价为498美元/千克，CFR大连港，规格为型号S52NKL，即期不可撤销信用证付款，装运期为2023年6月，A公司于5月21日开出信用证。7月19日B公司传真A公司称，货已装船，但要在香港转船，香港的船名为VICTORY，预计到达大连港的时间为8月10日。但直到8月18日VICTORY才到大连港，A公司去办理提货手续时，发现船上根本没有合同项下的货物，后经多方查找，才发现合同项下的货物已于7月30日由另一条船运抵大连港。但此时已造成A公司迟报关和迟提货，被海关征收数万元滞报金。此后，A公司接收货物后又发现羊毛有质量及短重问题，于是，在当地商检后向B公司提出索赔。A公司认为根据CFR术语的规定，卖方应"给予买方货物已装船的充分通知，以及为使买方采取通常必要措施能够提取货物所要求的其他任何通知"。但B公司错误地通知了船名及船期，也没有将货物转船计划发生变化的情况及时通知A公司，从而违反了CFR项下规定的义务。而B公司则认为，在CFR条件下，卖方的义务仅限于租船和将货物装上船，对其后发生的额外费用不承担责任，货物未按原计划转船不是B公司造成的，也不是B公司所能控制的。试问：本案到底应该由谁来承担责任？

分析：在船名、船期通知错误这一问题上，责任在B公司是毋庸置疑的。因为根据CFR的相关规定，卖方有义务将转船的变化情况及时通知买方，以便买方能采取通常必要的措施来提取货物。可是B公司没有这样做，使得A公司不得不设法打听货物的下落甚至支付滞报金之类的额外费用。B公司辩称货物未按原计划转船不是由自己造成的，也不是自己所能控制的，因此不应承担责任，这种辩解是站不住脚的。根据《国际货物销售合同公约》第79条第一款和第二款的规定，只有当事人一方或他所雇用的第三人遇到不可抗力的情况时才可以对不履行义务的行为免责，否则应对违约行为承担责任。本案中，转船并不是不可抗力因素，而船公司又是B公司雇用且承担通知义务的第三人，当船公司没有履行上述通知义务时，雇用他的B公司理应为此对A公司承担责任，故B公司应赔偿A公司的损失。

第一节 海洋运输

海洋运输（Ocean Transport），是指以船舶为工具，通过海上航道运送旅客或货物的一种运输方式，简称海运。海洋运输历史悠久，发展也极为迅速。尤其是在第二次世界大战以后，国际海上运输的货运量迅速增加。从总体上看，无论是现在还是将来，海上货物运输在对外贸易中都将占据绝对的主导地位。目前，世界外贸海运量在国际货物运输总量中占80%以上。

一、海洋运输的特点

海洋运输之所以被如此广泛采用，是因为它与其他国际货物运输方式相比，主要有通过能力强、货运量大、运费低廉以及对货物适应性强等明显的优点,因此,在国际贸易中占有重要地位,发挥着重要作用。但同时,它也存在不足之处,例如由于船舶体积大,水流阻力大造成运输速度慢;海洋运输会受到气候和自然条件的影响,遇险的可能性较大;船舶航行日期也不易准确预计,因而风险系数较高。

二、海洋运输的经营方式

按照船舶的经营方式,国际贸易海洋运输主要有班轮运输和租船运输两种。

（一）班轮运输

班轮运输(Liner Transport),又称定期船运输,是指船舶在固定的航线上和港口间按事先公布的船期表航行,从事客、货运输业务并按事先公布的费率收取运费。

1. 班轮运输的特点

（1）"四固定",即航线固定、港口固定、船期固定和费率相对固定。这是班轮的基本特点。

（2）不规定货物的装卸时间。由于班轮须按船期表规定的时间到港和离港,运价已包括装卸费用,货物由承运人负责配载、装卸,因此承运人和托运人双方不计算滞期费和速遣费。

（3）在班轮运输业务中,承运人和托运人双方的权利、义务、责任、豁免均以船公司按照国际公约和有关国内法规签发的提单条款为依据。

班轮运输适合一般杂货和小额贸易货物的运输需要。由于班轮公司派出的船舶一般技术性能好,设备齐全且质量较好,船员技术水平也较高,且在班轮停靠的港口班轮公司一般都有自己的专用码头、仓库和装卸设备,因此能够提供较高的运输质量。班轮承运人一般采取码头仓库交接货物的做法,并负责办理货物的装卸作业和全部费用,因此手续较为简便,为货方提供了诸多便利。同时,班轮运输"四固定"的特点,为买卖双方洽谈运输条件提供了必要依据,使买卖双方有可能事先根据班轮船期表,商定交货期、装运期以及装运港,并且根据班轮运费表事先核算运费和附加费用,从而比较准确地进行比价和核算货物价格,促进了国际贸易的发展。

2. 班轮运费的计算

班轮运费(Freight)是班轮承运人为承运货物收取的报酬,而计算运费的单价(或费率)则称班轮运价。班轮运价具有相对稳定性,即在一定时期(如半年、一年或更长时期)内保持不变。

班轮运价表(Liner Freight Tariff)也称班轮费率表,是班轮公司收取运费、货方支付运费的计算依据。运价表一般由船方制定。

班轮运价一般由基本费率(Basic Freight Rate)和附加费(Additionals or Surcharges)两部分构成。

（1）基本费率。基本费率即班轮航线内基本港之间对每种货物规定的必须收取的费率,它是按班轮运价表规定的标准计算收取的。在班轮运价表中,根据不同的商品,对运费的计收标准通常采取下列几种:①按货物的毛重计收,也称重量吨(Weight Ton),在运价表中用"W"表示。一般以1公吨为计算单位。②按货物的体积计收,也称尺码吨(Measurement Ton),在运价表中用"M"表示。一般以1立方米或40立方英尺为1尺码吨计算。③按货物的毛重或体积计收,计收时取其数量较高者,在运价表中用"W/M"表示。④按货物的价格计收,又称从价运费,一般按商品FOB价格的百分之几(百分之零点几到5%不等)计算运费,运价表中用"A. V."或"ad. val."表示。高价值货物较多采用该标准计收。⑤按货物的重量、体积和价值三者中最高的一种计收,在运价表中用"W/M or ad. val."表示。也有按货物和重量或体积计收,然后再加收一定百分比的从价运费,在运价表中以"W/M plus ad. val."表示。⑥按货物的件数计收,如活牲畜按头、车辆按辆计费。⑦临时议定价格,即由货主和船公司临时协商议定,通常适用于大宗低价值货物,如粮食、豆类、煤炭、矿砂等。上述大宗货物运量较大、装卸容易、装卸速度快,一般在班轮费率表内不规定具体费率。议价货物的运费率一般较低。⑧起码费率(Minimum Rate),是指按每一提单上所列的重量或体积所计算出的运费,尚未达到运价表中规定的最低运费时,按最低运费计收。

(2)附加运费。附加费是对一些需要特殊处理的货物或由于客观情况的变化使运输费用大幅增加,班轮公司为弥补损失而额外加收的费用。附加费的种类很多,而且随着客观情况的变化而变化。以下为几种常见的附加费:超重附加费(Over Weight Surcharge)、超长附加费(Over Length Surcharge)、选卸附加费(Additional on Optional Discharging Port)、直航附加费(Direct Additional)、转船附加费(Transshipment Surcharge)、绕航附加费(Deviation Surcharge)、港口附加费(Port Surcharge)、港口拥挤附加费(Port Congestion Surcharge)、燃油附加费(Bunker Surcharge or Bunker Adjustment Factor, BAF)、货币贬值附加费(Devaluation Surcharge or Currency Adjustment Factor)等。

班轮附加费名目繁多,除上述各项附加费外,还有变更卸货港附加费(Additional for Alteration of Destination)、洗舱费(Cleaning Charge)、熏蒸费(Fumigation Charge)、冰冻附加费(Ice Additional)等。各种附加费的计算方法主要有两种:一种是以百分比表示,即在基本费率的基础上增加一个百分比;另一种是用绝对数表示,即每运费吨增加若干金额,可以与基本费率直接相加计算。

案例 4-1

我国广东A公司与法国B公司签订某商品出口合同。商品总重100公吨,400箱装,每箱毛重25公斤,体积20厘米×30厘米×40厘米,单价CFR马赛(Marseille)每箱55美元。查表知该货为8级,计费标准为W/M,每运费吨运费100美元,另征收转船附加费20%,燃油附加费10%。试计算应收总运费。

分析:该案例主要涉及班轮运费的计算。班轮运费的计算公式为:

$$F = F_b \times \left(1 + \sum s\right) \times Q$$

其中,F 为班轮运费;F_b 为基本费率;$\sum s$ 为附加费率之和;Q 为总货运量。

由于计费标准为 W/M,根据已知条件,可求出积载系数大于 1,故按重量计算运费。因此,该批货物的运费为:

每吨的单位运价 = 100 × (1 + 20% + 10%) = 130(美元)

该货物的总运费 = 130 × 100 = 13 000(美元)

(二) 租船运输

租船运输(Shipping by Chartering)又称不定期船(Tramp)运输。它和班轮运输不同,船舶没有预定的船期表、航线及港口。船期、航线及港口均按租船人(Charterer)和船东(Ship Owner)双方签订的租船合同(Charter Party)规定的条款行事。也就是说,根据租船合同,船东将船舶出租给租船人使用,以完成特定的货运任务,并按商定的运价收取运费。

目前,国际租船运输包括定程租船(Voyage Charter)、定期租船(Time Charter)和光船租船(Bareboat Charter)。租船运输通常适用于大宗货物的运输。就外贸企业来说,使用较多的租船方式是定程租船。

1. 定程租船

定程租船又称航次租船,是指由船舶所有人提供船舶,在指定港口之间进行一个或数个航次,承运指定货物的租船运输。

定程租船具有以下特点:①船舶的经营管理由船方负责;②规定一定的航线和装运的货物种类、名称、数量以及装卸港口;③船方除对船舶航行、驾驶、管理负责外,还应对货物运输负责;④在多数情况下,运费按所运货物数量计算;⑤规定一定的装卸期限或装卸率,并计算滞期费、速遣费;⑥船舶租赁双方的责任、义务,以定程租船合同为准。

定程租船运费的计算方法有两种,一种是按规定费率(Freight Rate),即按每单位重量或单位体积规定的运费额计算;另一种是整船包价(Lump-sum Freight),费率的高低主要取决于租船市场的供求关系,但也与运输距离、货物种类、装卸率、港口使用、装卸费用划分和佣金高低有关。合同中对运费按照装船重量(Taken Quantity)或卸船重量(Delivered Quantity)计算,运费是预付或到付,需要在合同中订明。特别要注意的是,应付运费时间是指船主收到运费的日期,而不是租船人付出运费的日期。

定程租船装卸费用的划分方法有以下几种:①船方负担装货费和卸货费条件(Gross Terms, Liner Terms 或 Berth Terms),又称"班轮条件";②船方管装不管卸(Free out, FO)条件;③船方管卸不管装(Free in, FI)条件;④船方不负担装货费和卸货费条件(Free in and out, FIO),采用这一条件时,还要明确理舱费和平舱费由谁负担,一般都规定由租船人负担,即船方不负担装卸、理舱和平舱费条件(Free in and out, Stowed and Trimmed, FIOST)。

2. 定期租船

定期租船简称期租船,是由船舶出租人将船舶出租给承租人,供其使用一定时期的租船运输。定期租的时间可长可短,从几个月到若干年不等,有的甚至用到船报废为止。

定期租船具有以下特点:①租赁期间,船舶的经营管理由租船人负责。在期租条件下,由船东负担船舶营运费用,包括船员工资、给养、船舶维修保养、船壳机器保险;其他日常开支,如船用燃料、港口使用费、港口代理费、捐税以及装货、理舱、平舱、卸货等费用都由租船人承担。②不规定船舶航线和装卸港口,只规定船舶航行区域。③除特别规定外,可以装运各种合法货物。④不规定装卸期限或装卸率,不计算滞期费、速遣费。⑤租金按租期每月每吨若干金额计算。⑥租船双方的权利与义务,以定期租船合同为准。

3. 光船租船

光船租船也称船壳租船。船东只负责提供空船,不负责提供船员,由租方自行配备船员,提供工资给养,负责船舶的经营管理和航行的各项事宜。在租期内,租船人实际上对船舶有着支配权和占有权。

光船租船不同于定期租船或定程租船形式,船东除收取租金外,不负任何责任,也不承担任何费用,相当于一种财产的租赁。对船东来说,一般不放心把船交给租船人支配;对租船人来说,由于雇用和管理船员的工作很复杂,也不愿意采取这种形式。因此,光船租船在租船市场上很少采用。有的船东为了卖船,在买方无力一次付清货款时采用光船出租方式,以租船人付租金的形式偿付船价款项,直到租船人分期付完船价,船东再交出船舶所有权,租期也到此为止。

三、海运提单

运输单据是承运人收到承运货物后签发给出口商的证明文件,它是交接货物、处理索赔与理赔以及向银行结算货款或进行议付的重要单据。海洋运输中使用的主要运输单据是海运提单和海运单。

(一)海运提单的性质和作用

海运提单(Bill of Lading, B/L)简称提单,是指由船长或船公司或其代理人签发的,证明已收到特定货物,允诺将货物运到特定目的地并交付给收货人的凭证。

海运提单也是收货人在目的港据以向船公司或其代理提取货物的凭证。海运提单的性质和作用可以概括为以下三个方面:

1. 提单是海上货物运输合同的证明(Evidence of a Carriage Contract)

提单是承运人与托运人之间订立的运输契约的证明。提单条款明确规定了承运人和托运人之间的权利、责任与豁免,一旦发生争议,双方据此进行解决。

2. 提单是承运人出具的、证明货物已由其接受或装船的收据(Receipt for Goods)

提单是承运人或其代理人签发的货物收据,证明承运人已经收到或接管提单上所列的货物。

3. 物权凭证（Document of Title）

提单是一种货物所有权的凭证，在法律上具有物权证书的作用，船货抵达目的港后，承运人应向提单的合法持有人交付货物。提单可以通过背书转让来转让货物的所有权。

案例 4-2

2010 年 10 月，原告中国 Z 公司委托被告美国 Y 公司将一批机翼壁板由美国长滩运至中国上海。实际承运人 M 公司签发给被告的提单上载明"货装舱面，风险和费用由托运人承担"。而被告向原告签发的自己抬头的提单上则无此项记载，同时签单处表明被告代理实际承运人 M 公司签单。货抵上海港后，商检结果确认部分货物遭受不同程度的损坏。

原告遂向法院提起诉讼，请求判被告赔偿货损 68.2 万美元，并承担诉讼费。被告辩称，其身份是货运代理人，不应承担承运人的义务。原告遭受货损系由其未购买足够的保险而产生，且货损发生与货装甲板无因果关系，据此请求法院驳回原告诉讼请求。试问：根据提单，如何区别货运代理人和货物承运人？

分析：一般来说，提单上用于确认承运人身份的记载有三处：提单抬头、提单签单章以及提单背面的"承运人识别条款"。对于提单背面的"承运人识别条款"，鉴于其有可能使承运人有机会规避最低限度的义务，因而否认其效力是大势所趋，故审判实践中一般根据前两者来认定，且尤以签单章为优先。本案中提单上的签单章表明被告是作为实际承运人的代理而代签提单，但提单抬头却是被告本身。法院不可能凭其在提单上的单方表述即认定其代理身份。如果被告欲主张自己为货运代理人，则必须证明两点：①证明其与实际承运人之间存在代理签单协议；②证明实际承运人在该份提单签发时是合法存在的。而本案被告没有完成对上述内容的举证。鉴于被告是有资格在美国签发提单的运输行，并且出具自己抬头的提单，还收取部分运费差价，且其未对代理签单的身份进行举证，因此最终被认定为契约承运人。

（二）海运提单的种类

海运提单的种类繁多，可以从不同角度进行分类。

1. 根据货物是否已装船，可分为已装船提单和备运提单

已装船提单（On Board B/L；Shipped B/L）是指整票货物已经全部装进货舱或装在甲板（如集装箱）后，船长或承运人或其授权的代理人凭大副收据所签发的提单。这种提单除载明一般事项外，通常还必须注明装载货物的船舶名称和装船日期，即提单项下货物的装船日期。

航运实践中，除集装箱运输外大多数采用已装船提单。根据国际商会《2020 通则》的规定，凡以 CIF 或 CFR 条件成立的货物买卖合同，卖方应提供已装船提单。在以跟单信用证为付款方式的国际贸易中，国际商会 UCP 600 规定，如信用证要求以海运提单作为运输单据,则银行将接受注明货物已装船或已装指定船只的提单。这种提单在国际贸易中被广泛使用。

备运提单(Received for Shipment B/L)又称收妥待运提单,是指承运人在接管托运人送交的货物后,装船之前应托运人的要求签发的提单。这种提单因货物尚未装船而不填船名和装船日期,等货物实际发运后,承运人再将船名和货物装船日期加注到提单上去,或者托运人将备运提单退回承运人以换取已装船提单。由于货物尚未装船,买方所承担的风险也更大,因此买方一般不愿意接受该种提单,银行结汇一般也不接受备运提单。

2. 根据提单有无批注条款,可分为清洁提单和不清洁提单

清洁提单(Clean B/L)是指在装船时货物的外表状况良好,承运人在签发提单时,未在提单上加注任何有关货物残损、包装不良、件数、重量和体积,或其他妨碍结汇的批注的提单。清洁提单是收货人转让提单时必须具备的条件,同时也是履行货物买卖合同规定的交货义务的必要条件。清洁提单是国际贸易中广泛使用的提单。

不清洁提单(Unclean B/L; Foul B/L)是指承运人明确地在提单上对有关货物表面状况或包装加有不良或存在缺陷等批注的提单,如"包装不固""破包""某件损坏"等。承运人签发不清洁提单,目的是对抗收货人可能提出的索赔。

3. 根据提单的不同抬头,可分为记名提单、不记名提单和指示提单

记名提单(Straight B/L)是指提单上的收货人栏内具体填写某一特定的人或公司名称的提单。这种提单只能由该特定收货人提货,因此原则上记名提单不能流通转让。记名提单可以避免转让过程中可能给货方带来的风险,但由于该提单原则上不能转让,银行不愿意接受这种提单,因此其在国际贸易中使用并不多。

不记名提单(Bearer B/L)是指提单上的收货人一栏内未写明收货人,只填写"交持有人"(To Bearer)字样,即货交提单持有人,或收货人一栏为空白。不记名提单仅凭交付转让,谁持有提单,谁就可以提货或转让,这种提单转让手续非常简便,流通性极强。但由于在提单遗失时容易导致货物丢失或引起纠纷,因此不记名提单的风险很大,目前在实际业务中极少使用。

指示提单(Order B/L)是指在提单正面收货人一栏内填上"凭指示"(To Order)或"凭××指示"(To Order of)字样的提单。它是一种可转让提单,持有人可以通过背书的方式把它转让给第三者,而无须经过承运人认可,所以这种提单为买方所欢迎。在国际贸易中,指示提单被广泛使用。我国在出口业务中大多使用凭指示空白背书的提单,习惯上称为"空白抬头""空白背书"提单。

4. 按运输方式,可分为直达提单、转船提单和联运提单

直达提单(Direct B/L)是指货物从装运港装船后中途不换船而直接运到目的港使用的提单。直达提单上仅列有装运港和目的港的港口名称。装直达船可节省费用、减少风险并及早提货。在国际贸易中,如信用证规定货物不准转船,卖方就必须取得承运人签发的直达提单后才能向银行办理议付货款。

转船提单(Transshipment B/L)是指货物须经中途转船才能到达目的港而由承运人在

装运港签发的全程提单。转船提单在现实生活中应用得并不广泛,多在挂靠港船只较少或航次间隔时间长,通过转船可加快货物到港时间时采用。但由于转船往往会增加费用、风险,而且货物在中转港停留的时间不易掌握,对收货人极为不利,因此一般信用证规定不得转船,银行也不接受转船提单。

联运提单(Through B/L)是指承运人对须经两种或两种以上运输方式(海/海、海/陆、陆/海)联运的货物所出具的覆盖全程的提单。转船、海陆、海空等联合运输均可签发联运提单。与联运提单相比,转船提单只不过是在海/海运输形式下所签发的提单,是联运提单中的一种特例。

5. 根据提单内容的繁简,可分为全式提单和略式提单

全式提单(Long Form B/L)是指在提单上列有承运人和托运人权利、义务、责任和豁免等详细条款的提单。

略式提单(Short Form B/L)是指仅保留提单正面的必要记载事项,而无背面详细条款的提单。租船合同项下所签发的提单通常是略式提单。

6. 过期提单

有两种情况可以构成过期提单(Stale B/L):第一种是由于航线较短或银行流转速度过慢,以致货物到达目的港时,收货人尚未收到提单,造成提货受阻;第二种则是由于出口商在取得提单后未能及时到银行议付形成过期提单。

对于第一种情况,目前的解决办法是采用非转让的海运单或应用电子提单来替代目前的提单,以加快货物的流转。但由于海运单无法流通,因此货物的再出售会受到影响。

对于第二种情况,则根据国际商会 UCP 600 的规定,"……在不迟于发运日之后的21天内交单……"。过期提单影响买方及时提货、转售并可能造成其他损失,因而为防止买方以此为借口而拒付货款,银行一般都拒收过期提单。

案例 4-3

某年7月,中国丰和贸易公司(以下简称"丰和公司")与美国威克特贸易有限公司(以下简称"威克特公司")签订了一份出口货物的合同,双方约定货物的装船日期为该年11月,以信用证方式结算货款。合同签订后,中国丰和贸易公司委托我国宏盛海上运输公司(以下简称"宏盛公司")运送货物到目的港美国纽约。但是,由于丰和公司没有很好地组织货源,直到第二年2月才将货物全部备妥,于第二年2月15日装船。丰和公司为了能够如期结汇取得货款,要求宏盛公司按上年11月的日期签发提单,并凭借提单和其他单据向银行办理了议付手续,收清了全部货款。但是,当货物运抵纽约港时,威克特公司对装船日期产生了怀疑,遂要求查阅航海日志,宏盛公司的船方被迫交出航海日志。威克特公司在审查航海日志之后,发现该批货物真正的装船日期是第二年2月15日,比合同约定的装船日期延迟近三个月,于是,威克特公司向当地法院起诉,控告丰和公司和宏盛公司串谋伪造提单,进行欺诈,既违背了双方的合同约定,也违反了法律规定,要求法院扣留宏盛

公司的运货船只。美国当地法院受理了威克特公司的起诉,并扣留了该运货船舶。在法院的审理过程中,丰和公司承认了其违约行为,宏盛公司亦意识到其失理之处,遂经多方努力,争取庭外和解。最后,丰和公司终于与威克特公司达成了协议,由丰和公司和宏盛公司支付威克特公司赔偿金,威克特公司方撤销了起诉。试结合本案,说明倒签提单应承担何种法律责任。

分析:本案中,承运人宏盛公司没有意识到提单的重要性质,应托运人请求倒签日期,以掩盖托运人的违约事实,属于伪造单据的违法行为。提单日期应是该批货物装船完毕的日期。根据买卖合同,卖方应在买方开出的信用证规定的装运日期之前或当日完成装运。本案中,原则上买方可无条件撤销买卖合同并提出索赔。

(三)提单的内容

海运提单包括班轮提单和租船合同项下的提单两种。这两种提单的格式不同,其内容也有很大差别。前者除提单正面列有托运人和承运人分别填写的有关货物与运费等记载事项外,背面还有印就的涉及承运人与托运人以及承运人与收货人之间的权利、义务与责任豁免的条款;后者仅在提单正面列有简单的记载事项,并表明"所有其他条款、条件和例外事项按某年某月某日租船合同办理",而提单背面则无印就的条款。

提单的格式很多,每个船公司都有自己的提单格式,但基本内容大致相同,一般包括提单正面的记载事项和提单背面的运输条款。

1. 提单正面的内容

提单正面的记载事项,分别由托运人和承运人或其代理人填写,通常包括下列事项:①托运人;②收货人;③被通知人;④收货地或装货港;⑤目的地或卸货港;⑥船名及航次;⑦唛头及件号;⑧货名及件数;⑨重量和体积;⑩运费预付或运费到付;⑪正本提单的份数;⑫船公司或其代理人的签章;⑬签发提单的地点及日期。

2. 提单背面的条款

在班轮提单背面,通常都有印就的运输条款,这些条款是作为确定承运人与托运人之间以及承运人与收货人及提单持有人之间的权利和义务的主要依据。

(四)关于提单的国际公约

提单作为航运界普遍使用的运输单据,不仅对船货双方,而且对与贸易有关的银行、保险等各方的利益都有直接的影响,所以有关提单的各项立法向来为货运各方所关注。目前,有关海上货物运输的国际公约主要有《海牙规则》《维斯比规则》《汉堡规则》。

1. 《统一提单的若干法律规则的国际公约》

在国际海事委员会的推动下,欧美主要海运国于1924年8月在布鲁塞尔签订了第一部有关提单的国际公约——《统一提单的若干法律规则的国际公约》(International Convention for the Unification of Certain Rules of Law Relating to Bills of Lading)。该公约于1931年生效。由于该公约最初在海牙起草,所以又被称为《海牙规则》(The Hague Rules)。目前,它是海上货物运输领域影响最为广泛的国际公约。《海牙规则》主要规定了承运人的义务、承运人的免责和责任限制、货物灭失或损坏的通知时间与诉讼时效、托运人的义务等内容。

2.《关于修订统一提单的若干法律规则的国际公约议定书》

随着国际政治经济形势的变化和国际航运业的发展,《海牙规则》渐渐显露出部分内容落后、规定不全面、适用范围过于狭窄的缺陷。1968年,国际海事委员会在第12届海洋法外交会议上通过了《关于修订统一提单的若干法律规则的国际公约议定书》(Protocol to Amend the International Convention for the Unification of Certain Rules of Law Relating to Bills of lading),即《维斯比规则》(The Visby Rules)。该公约于1977年生效,也是目前国际海上货物运输方面的重要公约。航运界常常将其与《海牙规则》合称为《海牙—维斯比规则》。《维斯比规则》主要对《海牙规则》的适用范围、赔偿金额、集装箱运输的赔偿计算单位以及承运人的责任限制、提单的证据效力等内容做出了修改,对于诸如承运人的不合理免责条款等实质性问题则没有改动。

3.《联合国海上货物运输公约》

由于《海牙—维斯比规则》的内容不够完善、清楚和明确,因此,1978年,在德国汉堡召开的联合国海上货物运输会议上通过了《联合国海上货物运输公约》(United Nations Convention on the Carriage of Goods by Sea),又名《汉堡规则》(The Hamburg Rules)。该公约于1992年11月生效。《汉堡规则》对《海牙—维斯比规则》做了全面、实质的修改,扩大了承运人的责任范围,对货方和承运人的权益都做了较为公平、合理的调整。《汉堡规则》大大加重了承运人的责任,没有航运公司在提单中愿意主动选择适用《汉堡规则》,因而它目前在世界上的影响还不是很大。

4.《联合国全程或部分海上国际货物运输合同公约》

联合国国际贸易法律委员会经过六年的艰苦工作,制定了《联合国全程或部分海上国际货物运输合同公约》(UN Convention on Contract for the International Carriage of Goods Wholly or Partly by Sea),经2008年12月联合国大会审议通过,并将该公约命名为《鹿特丹规则》(The Rotterdam Rules),2009年9月23日在荷兰鹿特丹开放签署。该公约共有96条,其制定的主要目的是取代现有的《海牙规则》《维斯比规则》以及《汉堡规则》,以真正实现海上货物运输规则的国际统一。换言之,若《鹿特丹规则》生效,则其他三个公约将废止,并将对国际航运、国际贸易实务和惯例等产生重大影响。

下面就其主要内容做一简要介绍。

(1) 托运人要求签发运输单证和索赔的权利。《鹿特丹规则》规定了托运人或单证托运人的权利。例如,该规则第35条强调了托运人或单证托运人要求签发运输单证及电子运输记录的权利。在货物运输实务中,如使用"运费预付"提单,对提单持有人或收货人,运输单证的签发则完全独立于运费;但若托运人未支付运费,则无权要求承运人签发提单。另外,依据《鹿特丹规则》,如果托运人能证明货物灭失、损坏或迟延交付,或造成、促成了灭失、损坏或迟延交付的事件或情形是在承运人责任期内发生的,则可以要求承运人对货物灭失、损坏和迟延交付负赔偿责任。

(2) 托运人实行推定无过失责任制。《鹿特丹规则》规定,在对承运人造成损害时,除非承运人能证明是由于托运人违反本公约规定的义务或者托运人的过失造成的,否则,托运人无须承担赔偿责任。该规定对托运人比较有利,因为一旦发生货物灭失或损坏,会首先推定托运人没有过失,承运人承担举证责任,举证不成则托运人不负责任。

(3) 托运人对承运人的义务。《鹿特丹规则》第27条规定了托运人应向承运人承担的责任。该条规定:①托运人应交付备妥待运的货物。在任何情况下,托运人交付的货物应处于能够承受预定运输的状态,包括货物的装载、操作、积载、绑扎、加固和卸载,且不会对人身或财产造成损害。②根据第13条第2款订有约定的,托运人应妥善而谨慎地履行根据该约定承担的任何义务(即承运人与托运人可以约定由托运人、单证托运人或收货人装载、操作、积载或卸载货物)。③集装箱或车辆由托运人装载的,托运人应妥善而谨慎地积载、绑扎和加固集装箱或车辆内的货物,使之不会对人身或财产造成损害。上述规定要求托运人在向承运人交运货物时,必须承担对货物的合理包装、捆扎、装箱等义务,并保证适合于货物运输。

(4) 管货义务实行承运人完全过错推定。《鹿特丹规则》对承运人的管货义务实行推定完全过错原则。依上述规定,货损发生后,索赔人(货方)仅证明在承运人责任期间,其遭受了货物灭失、损坏或迟延交付,即可推定承运人在管货方面完全过错,应承担赔偿责任;除非承运人通过举证,免除其责任。较之《海牙规则》实行的不完全过错责任原则,新规则对承运人的要求更为严格;但较之《汉堡规则》,承运人的责任基础又有所减轻且过错范围有所缩小。

(5) 免责事项实行承运人无过错推定。《鹿特丹规则》采取逐项列明承运人免责事项的形式,但与《海牙规则》又有不同,其第17条第3款列举了15项免责事项,其中,一类是对传统免责事项的完全继承;一类是对传统免责事项的修正;一类是新增的免责事项。新增的免责事项包括该条第3款:按照第13条第2款所述及的约定进行的货物装载、操作、积载或卸载,除非承运人或履约方代表托运人、单证托运人或收货人实施此项活动;避免或试图避免对环境造成危害的合理措施,或承运人根据第15条和第16条所赋予的权利的作为。

(6) 适航义务实行承运人有过错推定。《鹿特丹规则》规定:在下列情况下,承运人还应对灭失、损坏或迟延交付的全部或部分负赔偿责任:①船舶不适航;②配备船员、装备船舶和补给供应品不当;③货舱、船舶其他载货处所或由承运人提供的载货集装箱不适于且不能安全接收、运输和保管货物。依据上述规定,索赔人须首先举证船舶不适航(包括不适货)的事实,证明货损或迟延交付是或可能是由船舶不适航所致,则可推定承运人对船舶不适航负有未恪尽职守(或谨慎处理)的责任,且不适航与货损或迟延交付存在因果关系。

(7) "门到门"的承运人责任期间。《鹿特丹规则》规定,将承运人对货物的责任期间规定为自承运人或履约方为运输而接收货物时开始,至货物交付给收货人时结束。相对于《海牙规则》的"钩至钩"和《汉堡规则》的"港到港"的承运人责任期间,《鹿特丹规则》在承运人责任期间问题上向前迈出了一大步。

(8) 大幅提高的承运人赔偿责任限额。《鹿特丹规则》规定,承运人对货物灭失、损坏的单位赔偿责任限额为每件或每个其他货运单位875个计算单位,或者毛重每公斤3个计算单位,以两者中较高限额为准。这一限额比《海牙—维斯比规则》分别提高了31%和50%;比《汉堡规则》提高了5%和20%。该规则大幅提高了承运人单位赔偿责任限额,有利于更好地维护货主的利益。但承运人有可能通过适当提高运费的办法来抵消保费的增加。

(9) 控制权及单证转让。《鹿特丹规则》首次引入控制权的概念。所谓"控制权",即货物控制权,是指按照运输合同向承运人发出有关货物的指示的权利,具体包括就货物发出指示或修改指示的权利,但此种指示不构成对运输合同的变更;在计划挂靠港或在内陆运输情况下,在运输途中的任何地点提取货物的权利;由包括控制权人在内的其他任何人取代收货人的权利。根据《鹿特丹规则》的规定,托运人、单证托运人、单证持有人、收货人等都是运输各个阶段有资格主张"控制权"的人,即"控制权人"。这一新的规定使得提单仅表示对"物"(货物)的控制权,而不是"物权"凭证,这对平息提单究竟是物权凭证、所有权凭证、抵押权凭证还是债权凭证之争可能有一定的指导意义。

(10) 无单放货的规定。《鹿特丹规则》考虑到在航程比较短的运输情况下,凭提单放货在实际操作上有很多困难,因而允许在一定条件下,按照一定程序可以不凭提单放货,即无单放货。该规则将航运实践中承运人凭收货人的保函和副本提单交货的习惯做法,改变为承运人凭托运人或单证托运人发出的指示交付货物,且只有在单证持有人对无单放货事先知情的情况下,才免除承运人无单放货的责任。若单证持有人事先对无单放货不知情,则承运人对无单放货要承担责任,此时承运人有权向上述发出指示的人要求提供担保。该规则为承运人实施上述无单放货设定了条件,即可转让运输单证必须载明可不凭单放货。《鹿特丹规则》中关于无单放货的规定,虽然本意值得称赞,但其最大的问题是可能损害提单作为物权凭证或控制权凭证等的作用,而承运人可以不承担赔偿责任的风险可能为其图谋欺诈提供便利。

总之,《鹿特丹规则》是一个现代的、统一的包含海上国际货物运输但不仅仅局限于港口到港口的货物运输的国际货物运输公约。除了为门到门的货物运输提供法律支持及在船货两方的权利、义务之间寻求新的平衡点,公约还包含许多革新性的内容,如电子运输单据、批量合同、控制权等。《鹿特丹规则》生效实施后,无疑将对国际航运、国际贸易实务和惯例及航运立法等产生重大影响。作为国际贸易合同的当事人,贸易商应及时熟悉最新国际贸易惯例与规则,对其在新的国际公约下享有哪些权利、承担何种义务应有所了解,以便在未来的交易中切实维护自身利益,履行应尽的义务。

第二节 铁路运输与航空运输

一、铁路运输

（一）铁路运输的特点

铁路是国民经济的大动脉,铁路运输是现代化运输业的主要运输方式之一。与其他运输方式相比,铁路运输具有以下主要特点：

（1）铁路运输的准确性和连续性强。铁路运输几乎不受气候影响,一年四季可以不分昼夜地定期、有规律、准确地运转。

（2）铁路运输速度比较快。铁路货运速度远远高于海上运输。

（3）铁路运输的运输量比较大。铁路一列货物列车的运量远远高于航空运输和汽车运输。

（4）铁路运输成本较低。铁路的运输费用比汽车的运输费用要低很多。

（5）铁路运输安全可靠,风险远比海上运输小。

但是,铁路运输也具有一定的缺点。铁路建设初期投资大,建设工期长,工程艰巨、复杂,需要消耗大量原材料且占用土地面积大。

（二）铁路运输的运营方式

铁路运输可以分为国际铁路货物联运和国内铁路货物运输。

1. 国际铁路货物联运

国际铁路货物联运是指使用一份统一的国际联运票据,由铁路承运人负责经过两个或两个以上国家铁路的全程运输,且由一国铁路向另一国铁路移交货物时不需要发货人和收货人参加。

采用国际铁路货物联运,有关当事国事先必须有书面的约定。目前,国际铁路运输业务主要集中在欧洲和亚洲两大片,分属不同的两个公约管辖。欧洲片国家在国际铁路运输领域通常遵循《国际铁路货物运输公约》(Convention Concerning International Carriage of Goods by Rail),简称《国际货约》；亚洲片国家则通常遵循《国际铁路货物联运协定》(Agreement on International Railroad through Transport of Goods),简称《国际货协》。这两个公约是协调参加国之间铁路货物运输的主要法律依据。

通过国际铁路货物联运出口货物的一般程序如下：

（1）托运与承运。发货人在托运货物时,向车站提供货物运单和运单副本,车站接到运单后,审核通过,即交给签证车站在运单上签证表示受理托运。发货人按指定的日期将货物运到指定的货位,装车完毕,发站在货物运单上加盖承运日期,即为承运。

（2）发运,即货物进站、请车、拨车、装车、加固和密封。

（3）取得运单和运单副本。运单是发货人与铁路之间的运输契约,运单副本是贸易双方结算货款的依据,二者不能相互替代。

2. 国内铁路运输

国内铁路运输是指仅在本国范围内按《铁路货物运输规程》的规定办理的货物运输。我国出口货物经铁路运输至港口装船及进口货物卸船后经铁路运往各地，均属国内铁路运输的范畴。

对港澳地区的铁路运输按国内运输办理，但又不同于一般的国内运输。货物由内地各发站装车后，经深圳直接过轨至香港九龙车站。发货人在内地车站填写国内铁路运单，办理发货地至深圳北站的国内运段运送，以深圳外运分公司为收货人。深圳外运分公司作为发货人的代理，在口岸与铁路办理货物运送票据的交接，并向铁路部门租车，然后向海关办理出口申报手续，经联检部门查验放行后，过轨至香港九龙。货车过轨后，由深圳外运分公司在香港的代理——香港中旅货运有限公司，向香港九龙铁路公司重新起票办理港段铁路运送。因此，对香港地区的铁路运输的特点是：租车方式、两票运输。澳门地区与内地没有铁路直通，因此内地各省市运往澳门的货物，先由铁路部门办理境内运输运至广州南站，之后再转水运至澳门。

（三）铁路运输单据

铁路运单（Consignment Note）是铁路承运人收到货物后所签发的铁路运输单据。我国对外贸易铁路运输按营运方式分为国际铁路联运和国内铁路运输两种方式。前者使用国际铁路联运运单，后者使用承运货物收据。

1. 国际铁路联运运单

国际铁路联运运单是国际铁路联运的主要运输单据，它是参加联运的发送国铁路与发货人之间订立的运输契约，其中规定了参加联运的各国铁路和收货人、发货人的权利与义务，对收货人、发货人和铁路都具有法律约束力。在发货人向始发站提交全部货物，并付清应由发货人支付的一切费用，经始发站在运单和运单副本上加盖始发站承运日期戳记，证明货物已被接管承运后，运输合同即被认为已经生效。

运单正本随同货物到达终点站，并交给收货人，它既是铁路承运货物出具的凭证，也是铁路与货主交接货物、核收运杂费和处理索赔与理赔的依据。运单副本于运输合同缔结后交给发货人，是卖方凭以向收货人结算货款的主要凭证。

2. 承运货物收据

承运货物收据（Cargo Receipt）是在港澳铁路运输中使用的一种结汇单据。该收据包括内地段和港段（或澳段）两段运输，是代办运输的外运公司向出口人签发的货物收据，也是承运人与托运人之间的运输契约，同时还是出口人办理结汇手续的凭证。

二、国际航空货物运输

（一）航空运输的特点

国际航空货物运输是一种新兴的现代化运输方式，主要特征有：

1. 运输速度快

这是航空运输最大的优势和主要特点。现代化的运输机比海轮快20～30倍，比火车快 5~10 倍,而且由于航空运输大大降低了货物的在途风险,许多精密仪器和贵重物品的运输都采用这种方式。

2. 不受地面条件影响

航空运输一般选择在两点间做直线飞行,不受地面条件的限制。而其他运输方式往往要受到地理环境的限制,运输所选择的线路一般不是直线。而且,两点间的距离越远,航空运输的优越性越突出。

3. 安全准确,可以节约包装、保险、利息等费用

采用高速且管理完善的航空运输方式,货物在途时间短,商品周转速度快,可以降低企业存货数量,加快企业资金周转,节约利息费用和仓储费用。

航空运输虽然有着其他运输方式无可比拟的优越性,但也有自身的局限性:第一,航空运输运量较小,不适宜运送大件货物或大批货物;第二,航空运输的成本高于其他运输方式,因而运费较高;第三,飞机飞行易受到气候条件的影响。

(二) 航空运输的运营方式

航空货物运输发展至今,其运输方式主要有以下几种:

1. 班机运输

班机运输(Scheduled Airline)有固定的航线、固定的停靠港、固定的航期,因此使用班机运输方式来运送货物,特别是国家间的货物流通,能够保证货物安全、迅速地到达各通航地点,便利收货人、发货人确切掌握货物起运和到达时间。由于班机运输在一定时间内有相对固定的收费标准,有利于进出口商在贸易合同签署前核算运费成本,在一定程度上保障合同的履行,因此成为多数贸易商的首选航空货运方式。

但班机运输多采用客货混合机型,航班以客运服务为主,货物舱位有限,不能满足大批量货物及时出运的要求,往往只能分批运输。另外,不同季节同一航线客运量的变化也会直接影响货物装载的数量,使得班机运输在货物运输方面存在很大的局限性。

2. 包机运输

包机运输(Chartered Carrier)是指包租方式整架飞机或由几个发货人(或航空运输代理公司)联合包租一架飞机来运送货物的运输方式。包机可分为整包机和部分包机两种形式,前者适用于运送数量较大的商品;后者适用于多个发货人,且货物到达站又是同一地点的货物运输。

3. 集中托运

集中托运(Consolidation)是指航空货运代理公司将若干批单独发运的货物组成一整批,向航空公司办理托运,采用一份航空总运单集中发运到同一目的站,由集中托运人在目的地指定的代理收货,再根据集中托运人签发的航空分运单分拨给各个实际收货人的运输方式。目前这种运输方式是航空货物运输中开展最为普遍的一种运输方式。集中托运可以采用班机或包机运输方式。集中托运具有运价低廉、服务质量高、加速资金周转等优势,但是也有一定的局限性,如由于集中托运的出运时间不能确定,因此不适合运送贵

重物品、特殊商品、鲜活易腐货物、市场上急需的货物或其他对时间要求高的货物,而且只有目的地相同或临近才能办理集中托运。

4. 航空急件传送

航空急件传送(AirExpress Service)是目前国际航空运输中最快捷的运输方式。它不同于航空邮寄和航空货运,是由一个专门经营此项业务的机构与航空公司密切合作,设专人用最快的速度在货主、机场、收件人之间传送急件,特别适用于急需的药品、医疗器械、贵重物品、图纸资料、货样及单证等的传送,被称为"桌到桌运输"(Desk to Desk Service)。

(三) 航空运价的计算

航空运价的计算方式主要包括如下内容:

1. 计费标准

航空运输货物的运价是指从起运机场至目的机场的运价,不包括其他额外费用(如提货费、仓储费等)。运价一般是按重量(公斤)或体积重量(6 000 立方厘米折合 1 公斤)计算的,且以两者中的高者为准。空运货物是按一般货物、特种货物和货物的等级规定运价标准。

2. 航空公司运价和费用的种类

航空公司按国际航空运输协会所制定的三个区划费率收取国际航空运费:一区主要指南北美洲、格陵兰等;二区主要指欧洲、非洲、伊朗等;三区主要指亚洲、澳大利亚。

(四) 有关的国际航空运输公约

航空业有跨国的特征,因而航空货物运输的发展必然伴随着调整其统一实体法规范的国际公约的产生与发展。这其中较有影响力的国际航空运输公约有:《华沙公约》(1929年)、《海牙议定书》(1955 年)、《瓜达拉哈拉公约》(1961 年)、《危地马拉议定书》(1971年)、《蒙特利尔第一号附加议定书》(1975 年)等。

在这些文件中,《华沙公约》是最基本的,其他各项公约和议定书都是对《华沙公约》的补充或修改,所以上述这些文件又被合称为华沙体系。它们既彼此相关,又相互独立,而《华沙公约》的缔约国并不必然成为以后其他议定书的参加国,也不一定受其管辖。在上述公约和议定书中,《华沙公约》和《海牙议定书》的适用范围最为广泛,已经为世界大多数国家所认可。

(五) 航空运单

1. 航空运单的性质与作用

航空运单(Air Waybill)与海运提单有很大的不同,却与国际铁路运单相似。它是由承运人或其代理人签发的重要的货物运输单据,是承托双方的运输合同,其内容对双方均具有约束力。航空运单不可转让,持有航空运单也并不能说明可以对货物要求所有权。

2. 航空运单的主要分类

(1) 航空主运单。凡由航空运输公司签发的航空运单均称为航空主运单(Master Air Waybill, MAWB)。它是航空运输公司据以办理货物运输和交付的依据,是航空公司和托运人订立的运输合同,每一批航空运输的货物都有其相对应的航空主运单。

(2) 航空分运单。集中托运人在办理集中托运业务时签发的航空运单被称作航空分运单(House Air Waybill,HAWB)。在集中托运的情况下,除了航空运输公司签发航空主运单,集中托运人还要签发航空分运单。航空分运单是集中托运人与托运人之间的货物运输合同,合同双方分别为货主和集中托运人;而航空主运单是航空运输公司与集中托运人之间的货物运输合同,当事人为集中托运人和航空运输公司。货主与航空运输公司没有直接的契约关系。此外,由于在起运地是集中托运人将货物交付给航空运输公司,在目的地也是集中托运人或其代理从航空运输公司那里提取货物,再转交给收货人,因而货主与航空运输公司也没有直接的货物交接关系。

第三节　集装箱运输与国际多式联运

一、集装箱运输

集装箱(Container)是指具有一定强度、刚度和规格,专供周转使用的大型装货容器。使用集装箱转运货物,可直接在发货人的仓库装货,运到收货人的仓库卸货,中途更换车、船时无须将货物从箱内取出换装。

(一) 集装箱运输的经济效益

集装箱运输(Container Transport)是以集装箱作为包装和运输单位进行货物运输的现代化运输方式。集装箱运输是对杂货运输方式的重大突破,是运输现代化的重要部分。它以高效、快速、廉价、安全而被世界许多国家和地区广泛采用及推广。目前,集装箱运输已成为国际上普遍采用的一种重要的运输方式,适用于海洋运输、铁路运输及国际多式联运。

(二) 集装箱的规格和种类

国际标准化组织为统一集装箱的规格,推荐了四个系列的集装箱,但是国际航运上运用的主要是20英尺和40英尺两种,即 IA 型 $8'\times8'\times20'$(可装货物重量约 17.5 公吨,可装货物体积约 25 立方米)和 IC 型 $8'\times8'\times40'$(可装货物重量约 25 公吨,可装货物体积约 55 立方米)。为适应运输各种货物的需要,集装箱除通用的干货集装箱外,还有冷藏集装箱、罐式集装箱、散货集装箱、台架式集装箱、平台集装箱、敞顶集装箱、汽车集装箱、动物集装箱等。按箱体材料又可分为钢集装箱、铝集装箱、玻璃钢集装箱和不锈钢集装箱四大类。

为了便于统计计算集装箱运输的货运量,目前国际上都以20英尺集装箱作为计算衡量单位,以 TEU(Twentyfoot Equivalent Unit)表示,意为"相当于20英尺单位"。在统计不同型号的集装箱时,按集装箱的长度换算成 TEU 加以计算。

案例 4-4

某种货物装箱方式是 8 台装一纸箱,纸箱的尺码是 54 厘米×44 厘米×40 厘米,毛重为每箱 53 千克,根据 20 英尺、40 英尺的重量和体积分别计算该类货物集装箱运输出口时的装箱数量。

分析: 如果按重量计算,每个 20 英尺的集装箱可装数量为:17.5÷0.053 = 330.19(箱),取整为 330 箱,共计 2 640 台;每个 40 英尺的集装箱可装数量为:25÷0.053 = 471.70(箱),取整为 471 箱,共计 3 768 台。

如果按体积计算,每个 20 英尺的集装箱可装数量为:$25÷(54×44×40×10^{-6}) = 263.05$(箱),取整为 263 箱,共计 2 104 台;每个 40 英尺的集装箱可装数量为:$55÷(54×44×40×10^{-6}) = 578.70$(箱),取整为 578 箱,共计 4 624 台。

(三)集装箱货物的装箱方式

集装箱货物的装箱方式有两种:整箱货和拼箱货。

1. 整箱货

整箱货(Full Container Load, FCL)是由发货人负责装箱、计数、积载并加铅封的货运。整箱货的拆箱,一般由收货人办理,但也可以委托承运人在货运站办理。但是承运人不负责箱内的货损、货差,除非货方举证确属承运人责任事故的损害,承运人才负责赔偿。承运人对整箱货,以箱为交接单位。只要集装箱外表与收箱时相似且铅封完整,承运人就完成了承运责任。整箱货运输提单上,要加上"委托人装箱、计数并加铅封"的条款。

2. 拼箱货

拼箱货(Less Than Container Load, LCL)指装不满一整箱的小票货物。这种货物,通常是由承运人分别揽货并在集装箱货运站或内陆站集中,而后将两票或两票以上的货物拼装在一个集装箱内,同样要在目的地的集装箱货运站或内陆站拆箱分别交货。对于这种货物,承运人要负担装箱与拆箱作业,装拆箱费用仍向货方收取。承运人对拼箱货的责任,基本上与传统杂货运输相同。

(四)集装箱货物的交接方式

集装箱运输中,整箱货和拼箱货在船货双方之间的交接方式有九种。

(1)门到门(Door to Door):由托运人负责装载的集装箱,在其货仓或工厂仓库交承运人验收后,负责全程运输,直到收货人的货仓或工厂仓库交箱为止。

(2)门到场(Door to CY):由发货人货仓或工厂仓库至目的地或卸箱港的集装箱装卸区堆场。

(3)门到站(Door to CFS):由发货人货仓或工厂仓库至目的地或卸箱港的集装箱货运站。

(4)场到门(CY to Door):由起运地或装箱港的集装箱装卸区堆场至收货人的货仓或

工厂仓库。

（5）场到场(CY to CY)：由起运地或装箱港的集装箱装卸区堆场至目的地或卸箱港的集装箱装卸区堆场。

（6）场到站(CY to CFS)：由起运地或装箱港的集装箱装卸区堆场至目的地或卸箱港的集装箱货运站。

（7）站到门(CFS to Door)：由起运地或装箱港的集装箱货运站至收货人的货仓或工厂仓库。

（8）站到场(CFS to CY)：由起运地或装箱港的集装箱货运站至目的地或卸箱港的集装箱装卸区堆场。

（9）站到站(CFS to CFS)：由起运地或装箱港的集装箱货运站至目的地或卸箱港的集装箱货运站。

（五）集装箱运输的运费计算

集装箱运输的基本运费与传统的班轮一样，也是根据商品的等级不同规定不同的费率，但在最低运费(Minimum Freight)的计算和最高运费(Maximum Freight)的计算方面有其特殊的规定。

1. 最低运费的计算

拼箱货的最低运费与传统班轮的最低运费的规定基本相同，即在每一航线上各规定一个最低运费额。任何一批货物，其运费金额低于规定的最低运费额时，均须按最低运费额计算。

而整箱货的最低运费与拼箱货的规定不同，整箱货的最低运费的标准不是金额，而是运费吨。凡以整箱托运的货物，为避免运费的收入低于运费成本，对不同规格的集装箱分别规定最低应收的运费重吨和尺码吨。如实际运费低于最低运费，则运费按最低运费标准计算。

2. 最高运费的计算

最高运费吨是专用于海上集装箱运输计算运费的一种方法。为了鼓励用集装箱运输，并且最大限度地利用集装箱内部容积，船公司一般为各种规格、类型的集装箱规定一个以容积折算的最高运费吨。目前国际上对最高运费吨的规定，一般是20英尺集装箱为31立方米，40英尺集装箱为67立方米。如果所装货物尺码低于上述规定，则按上述最低规定计收；如果超过上述规定，则可免计运费。所以，提高集装箱内积载技术，充分利用集装箱容积，对节省运费有很大的作用。

在集装箱运输中，有时一个箱内装有几种货物，其中部分货物缺少正确的衡量单位（多数由于托运人未提供或申报），而货物有可能分属不同的运费等级，其运费需按不同的情况分别计算：如果货主未提供资料，则按最高运费吨和箱内运费等级最高的费率计算运费；在整箱货运情况下，如果货主仅提供部分货物的计算运费资料，则这部分的运费按规定的等级和费率计算运费，其余未提供资料的货物的运费，则按最高运费吨减去已提供资料的货物的运费吨计算。如果这部分货物的计费等级或费率又有差异,则按其中的最高费率计算。

集装箱除了上述基本运费,还有为集装箱服务和管理的费用,诸如拆箱和装箱费、滞期费、堆存费、交接费等。这些费用的负担因托运条件、当地规定和习惯做法而不同。

二、国际多式联运

国际多式联运是国际货物运输中使用最广泛的联运方式,它改善了不同运输方式间的衔接工作,实现了各种运输方式的连续运输,做到了门到门运输,使合理运输成为现实。

(一)国际多式联运的含义

国际多式联运(International Multimodal Transport 或 International Combined Transport)是在集装箱运输的基础上产生并发展起来的新型运输方式,也是近年来在国际运输上发展较快的一种综合连贯运输方式。它是由多式联运经营人按照多式联运合同,以至少两种不同的运输方式,由多式联运经营人将货物从一国境内接管货物的地点运至另一国境内指定的交付货物的地点的一种运输方式。

(二)国际多式联运的构成条件

构成国际多式联运主要有以下条件:

(1)必须有一个多式联运合同,合同中明确规定多式联运经营人和托运人之间的权利、义务、责任和豁免。多式联运合同(Multimodal Transport Contract)是指多式联运经营人与托运人之间订立的凭以收取运费、负责完成或组织完成国际多式联运的合同。

(2)必须是国际上两种或两种以上不同运输方式的连贯运输。国际多式联运简化了手续,减少了中间环节,加快了货运速度,降低了运输成本,提高了货运质量。货物的交接地点可以做到门到门、门到站、站到站、站到门等。

(3)必须使用一份包括全程的多式联运单据,并由多式联运经营人对全程运输负总的责任。多式联运经营人(Multimodal Transport Operator)是指本人或通过其代表订立多式联运合同的任何人,他是事主,而不是发货人的代理人或代表或参加多式联运的承运人的代理人或代表,并且负有履行合同的责任。他可以充任实际承运人,办理全程或部分运输业务,也可以是无船承运人,即将全程运输交由各段实际承运人来履行。

(三)国际多式联运单据

多式联运单据(Multimodal Transport Documents)是指证明多式联运合同以及证明多式联运经营人接管货物并负责按照合同条款交付货物的单据。多式联运单据是多式联运合同的证明,也是多式联运经营人收到货物的收据和凭以交付货物的凭证。根据发货人的要求,它可以做成可转让的,也可以做成不可转让的。多式联运单据如签发一套一份以上的正本,应注明份数,其中一份完成交货后,其余各份正本即失效。副本单据没有法律效力。在实际业务中,对多式联运单据正本和副本的份数规定不一,主要视发货人的要求而定。

多式联运单据与联运提单在形式上有相同之处，但在性质上不同。

（1）提单的签发人不同：多式联运单据由多式联运经营人签发，而且可以是完全不掌握运输工具的"无船承运人"，全程运输均安排各分承运人负责；联运提单由承运人或其代理人签发。

（2）签发人的责任不同：多式联运单据的签发人对全程运输负责；而联运提单的签发人仅对第一程运输负责。

（3）运输方式不同：多式联运单据的运输既可用于海运与其他方式的联合运输，也可用于不包括海运的其他运输方式的联合运输；联运提单的运输限于海运与其他运输方式的联合运输。

（4）已装船证明不同：多式联运单据可以不表明货物已装船，也无须载明具体的运输工具；联运提单必须是已装船提单。

（四）《联合国国际货物多式联运公约》

《联合国国际货物多式联运公约》（United Nations Convention on International Multimodal Transport of Goods, 1980）是世界上第一个关于多式联运的公约，它是在联合国贸易和发展会议主持下起草，于1980年5月在日内瓦召开的联合国国际多式联运公约会议上，经参加会议的84个联合国贸易和发展会议成员国一致通过的。我国参加了公约的起草并在最后的文件上签字。

《联合国国际货物多式联运公约》旨在调整多式联运经营人和托运人之间的权利、义务关系以及国家对多式联运的管理。该公约是在《汉堡规则》之后制定的，对多式联运经营人的赔偿责任要件、赔偿责任基础、赔偿责任限制权利及其丧失、非合同赔偿责任、诉讼时效的管辖等方面的规定与《汉堡规则》大体相似。

第四节 大陆桥运输

一、大陆桥运输概况

大陆桥运输（Land Bridge Transport）是指使用横贯大陆的铁路（公路）运输系统作为中间桥梁，把大陆两端的海洋连接起来的集装箱连贯运输方式。国际货物使用大陆桥运输具有运费低廉、运输时间短、货损货差率小、手续简便等特点。因此，大陆桥运输是一种经济、迅速、高效的现代化运输方式。

二、大陆桥运输路线

大陆桥运输一般以集装箱为媒介，是集装箱运输开展以后的产物，发展到现在已经形成下列三条大陆桥运输路线：

1. 西伯利亚大陆桥

西伯利亚大陆桥将俄罗斯西伯利亚铁路作为桥梁，把太平洋远东地区与波罗的海和黑海沿岸以及西欧大西洋口岸连接起来。它是目前世界上最长的大陆桥运输线。

2. 新亚欧大陆桥

新亚欧大陆桥于 1992 年投入运营，此条运输线东起我国连云港，经陇海线、兰新线，接北疆铁路，出阿拉山口，穿越哈萨克斯坦、俄罗斯，与西伯利亚大陆桥重合，最终抵达荷兰鹿特丹、阿姆斯特丹等西欧主要港口。新亚欧大陆桥跨亚欧两大洲，连接太平洋和大西洋，辐射 20 多个国家和地区，全长 1.08 万公里，在我国境内全长 4 134 公里。

3. 北美大陆桥

北美大陆桥包括两条路线，一条是从西部太平洋口岸至东部大西洋口岸的铁路（或公路）运输系统；另一条是西部太平洋沿岸至南部墨西哥湾口岸的铁路（或公路）运输系统。

三、美国 OCP 运输

OCP 运输是美国大陆桥运输的形式之一。OCP 是 Overland Common Points 的缩写，译作陆路共通点，是用来说明海上运输目的地的术语。所谓陆路共通点，是指美国西海岸有陆路交通工具与内陆区域相连通的港口。美国内陆区域是以落基山脉为界，即除紧临太平洋的美国西部九个州以外，其以东地区均为适用 OCP 的地区范围。OCP 的运输过程就是远东地区出口到美国的货物海运到美国西部港口（旧金山、西雅图或者洛杉矶）卸货，再通过陆路交通（主要是铁路）向东运至指定的内陆地区。

凡是经过美国西海岸港口转运至上述内陆地区的货物，如按 OCP 条款运输，均可享受比一般直达西海岸港口更为优惠的内陆运输费率，一般低 3%～5%。相反方向，凡从美国内陆地区起运经西海岸港口装船出口的货物同样可按 OCP 运输条款办理，可享受比一般正常运输更低的优惠海运运费，每吨为 3～5 美元。

采用 OCP 运输条款必须满足以下条件：①货物最终目的地必须属于 OCP 地区范围，这是签订 OCP 运输条款的前提。②货物必须经由美国西海岸港口中转。因此，在签订贸易合同时，有关货物的目的港应规定为美国西海岸港口，即为 CFR 或 CIF 美国西海岸港口条件。③在提单备注栏内及货物唛头上应注明最终目的地 OCP××城市。

第五节　公路、内河、邮政和管道运输

一、公路运输

公路运输（Road Transport）是一种现代化的运输方式，它既是一个独立的运输体系，也是铁路车站、港口和机场集散物资的重要手段。

目前，世界各国的公路运输一般以汽车为运载工具，所以它实质上主要是汽车运输。公路运输是一种机动灵活、简捷方便的运输方式，在短途货物集散运转上，比铁路、航空运输具有更大的优越性，尤其是在"门到门"的运输中，其重要性更为明显。公路运输是联结

铁路、水运、航空运输的起端和末端不可缺少的条件，是沟通生产与消费的桥梁和纽带。没有公路的货物集散运输的配合，铁路、水路、航空运输就不能正常进行。但公路运输也有一定的不足，如载重量小，不适宜装载重件、大件货物，不适宜长途运输，车辆运行中震动较大，易造成货损货差事故，且运价也较水运和铁路运输高。

二、内河运输

内河运输（Inland Water Transport）是水上运输的重要组成部分，是指船舶在江河航线之间经营客运和货运业务。内河运输是连接内陆腹地与沿海地区的纽带，在运输和集散进出口货物中起着重要的作用。

内河运输与沿海运输和远洋运输相比，船舶吨位较小，但是运量大、投资少、成本低、耗能小，不像海洋运输那样涉及面广，其风险也相对较低，对一个国家的国民经济和工业布局起着重要的作用。

我国拥有四通八达的内河航运网，长江、珠江等主要河流中的一些港口已对外开放，同一些邻国以及国际河流相通，这就为我国进出口货物通过内河运输和集散提供了十分有利的条件。

三、邮政运输

邮政运输（Parcel Post Transport）是一种较简便的运输方式。各国邮政部门之间订有协定和合约，通过这些协定和合约，各国的邮件包裹可以互相传递，从而形成国际邮包运输网。

由于国际邮政运输具有国际多式联运和"门到门"运输的性质，托运人只需按邮局章程一次托运、一次付清足额邮资，取得邮政包裹收据（Parcel Post Receipt），交付手续即告成功。邮件到达目的地后，收件人可凭邮局到件通知从邮局提取。所以，邮政运输适用于重量轻、体积小的货物的传递。此种运输手续简便，费用不高，故其成为国际贸易中普遍采用的运输方式之一。

四、管道运输

管道运输（Pipeline Transport）是随着石油的生产而产生和发展的。它是一种特殊的运输方式，是货物在管道内借助于高压气泵压力输往目的地的一种运输方式。现代管道运输不仅可以输送原油、各种石油成品、化学品、天然气等液体和气体物品，而且可以输送矿砂、碎煤浆等固体物品。

管道运输在美国、欧洲的许多国家以及石油输出国组织（OPEC）的石油运输方面具有重要作用。我国管道运输起步较晚，但随着石油工业的发展，为石油运输服务的管道运输也迅速发展起来。

第六节　买卖合同中的装运条款

装运条款涉及的面很广,有时根据需要还订有其他与装运有关的条款。装运条款的内容及其具体订立与合同的性质和运输方式有着密切的关系。我国的进出口合同大部分是 FOB、CFR 和 CIF 合同,而且大部分货物是通过海洋运输的。按照国际贸易惯例的解释,在上述条件下,卖方只要在装运港将合同规定的货物装上船,取得清洁的装船单据,并将其交给买方或其代理人,即算完成交货义务。因此,装运时间、装运港、目的港、是否允许转船与分批装运、装运通知,以及滞期费、速遣费等内容应包括在装运条款中。

一、装运时间

装运时间又称装运期(Time of Shipment),是指卖方将合同规定的货物装上运输工具或交给承运人的期限。它是国际货物买卖合同的主要交易条款,卖方必须严格按规定时间交付货物,不得任意提前或延迟,否则会造成违约。若违约,则买方有权拒收货物,解除合同,并要求损害赔偿。

目前,在国际货物运输中,装运时间的规定方法主要有:

(1) 规定明确、具体的装运时间。例如,5 月份装运(Shipment during May),装运不迟于 7 月 31 日(Shipment not later than July 31st)。

(2) 规定收到信用证后若干天装运。例如,收到信用证后 30 天内装运(Shipment within 30 days after receipt of L/C)。

(3) 规定近期装运术语。例如,规定尽快装运(Shipment as soon as possible)等。

随着国际贸易和运输方式的发展,国际贸易惯例对装运时间的最新解释也发生了一些变化,例如,装船(Loading on Board Vessel)、发运(Dispatch)、收妥待运(Accepted for Carriage)、邮局收据日期(Date of Post Receipt)、收货日期(Date of Pick-up)以及在多式联运方式下承运人的接受监管(Taking in Charge)均可理解为装运日期。

案例 4-5

厦门 A 公司为了运输一批货物,向船公司 B 发出传真"CIF Mexico, 500 cartoon, man shirt, time: April 5th, should arrive in 20 days, please sent your memo"。B 公司接到传真后,立即回复"USD 20 per cartoon, can't assure the arrive time"。因此,A 公司立即将货物交给 B 公司承运。试问:(1) 本运输合同的订立过程是怎样的?(2) 如果货物未在 20 天内到达,B 公司是否承担违约责任?

分析: 本案中,A 公司和 B 公司达成交易是基于"发盘—还盘—接受(行为)"而形成的。但 A 公司希望在按期装运的同时,能保证到货时间;而 B 公司则还盘 CIF 术语不可能保证到货时间。所以,装运期不等于到货期。

二、装运港和目的港

装运港(Port of Shipment)是指货物起始装运的港口。目的港(Port of Destination)是指最终卸货的港口。在国际贸易中,装运港(地)一般由卖方提出,经买方同意后确认;目的港(地)一般由买方提出,经卖方同意后确认。

在买卖合同中,装运港和目的港的规定方法有以下几种:

(1) 在一般情况下,装运港和目的港分别各规定一个。例如,装运港:上海(Port of Shipment:Shanghai);目的港:伦敦(Port of Destination:London)。

(2) 按实际业务的需要,也可以分别规定两个或两个以上的装运港或目的港。例如,装运港:新港/上海(Xingang/Shanghai);目的港:伦敦/利物浦(London/Liverpool)。

(3) 在磋商交易时,如明确规定装运港和目的港有困难,可以采用选择港的办法。规定选择港有两种方式:一种是在两个或两个以上港口中选择一个,如CIF伦敦选择港汉堡或鹿特丹(CIF London, optional Hamburg/Rotterdam);另一种是笼统地规定某一航区为装运港或目的港,如"地中海主要港口",即最后交货则选择地中海的一个主要港口为目的港。

三、分批装运和转运

(一) 分批装运

分批装运(Partial Shipment),又称分期装运(Shipment by Installment),是指一个合同项下的货物分若干批或若干期装运。在大宗货物或成交数量较大的交易中,买卖双方根据交货数量、运输条件和市场等因素,可在合同中规定分批装运条款。

根据UCP 600第31条a款的规定:"除非信用证另有规定,否则允许分批装运。"因此,为了避免不必要的争议和防止交货时发生问题,除非买方坚持不允许分批装运,原则上应明确在出口合同中规定允许分批装运。

根据UCP 600第31条b款的规定:"使用同一运输工具并经由同次航程运输的数套运输单据在同一次提交时,只要显示相同目的地,将不视为分批装运,即使运输单据上标明的发运日期不同或装卸港、接管地或发送地点不同。"

该惯例第32条对定期、定量分批装运还规定:"如信用证规定在指定的时间段内分期支款或分期发运,任何一期未按信用证规定期限支取或发运的,信用证对该期及以后各期均告失效。"如果合同和信用证中明确规定了分批数量或任何限制批次、时间和数量的条款,则卖方应严格履行约定的分批装运条款,只要其中任何一批没有按时、按量装运,则本批及以后各批均告失效。据此,在买卖合同和信用证中规定分批、定期、定量装运时,卖方必须严格按照合同和信用证的有关规定办理。分批装运条款可笼统规定允许卖方分批装运,也可具体规定各批次的数量和装运的日期。

案例 4-6

我国 A 公司向国外 B 公司出口 2 000 公吨散装花生仁,双方约定从中国港口运往汉堡港,分 5 个月装运,其中 4 月 320 公吨、5 月 480 公吨、6 月 560 公吨、7 月 440 公吨、8 月 200 公吨,每月禁止分批装运。A 公司按信用证规定,先后于 4 月、5 月分别在青岛港装运了 320 公吨和 480 公吨,并均顺利收回货款。6 月 20 日和 6 月 28 日,A 公司用 188 航次的"胜利"号轮船将符合规定品质的花生仁分别于青岛港装运了 284 公吨、烟台港装运了 276 公吨,两张提单均注明目的港为汉堡。开证行收到 A 公司单据后,认为 A 公司违反了每月禁止分批装运的条款,便以单证不符和开证申请人不同意接受单据为由拒绝付款。试分析开证行的做法是否合理,并说明理由。

分析: "分批"指的是不同的航次、不同的船只,不是指一批货物的装运港只能有一个。因此,一次成交的货物即使在不同的时间和不同的港口装在同一船只运出也不能视为分批装运。本案中我方由于货源的问题,选择了两个装运港,并将两地的货物装于同一航次同一船只,事实上仍是一次交货,不存在不同航次、不同船只、不同时间到达目的港的可能,因而不能视为分批装运。故我方的行为并不构成违约,银行不能以此为由拒付。

(二) 转运

转运(Transshipment)包括运输过程中的转船、转机以及从一种运输工具上卸下再装到另一种运输工具上的行为。卖方在交货时,如果驶往目的港没有直达船或船期不定或航次间隔时间太长,为了便于装运,则应在合同中订明"允许转船"(Transshipment to be allowed)。

按照 UCP 600 的规定,"转运"一词在不同运输方式下有其具体的解释:在海运情况下,是指在装货港和卸货港之间的海运过程中,货物从一艘船上卸下再装到另一艘船上的运输;在航空运输的情况下,是指从起运机场至目的地机场的运输过程中,货物从一架飞机上卸下再装到另一架飞机上的运输;在公路、铁路或内河运输的情况下,则是指在装地到目的地之间的运输过程中,在同一运输方式下从一运输工具上卸下再装到另一运输工具上的行为。

UCP 600 规定允许转运。为了明确责任和便于安排装运,买卖双方是否同意转运以及有关转运的办法和转运费用的负担等问题,应在买卖合同中明确做出规定。

(三) 合同中的分批、转运条款

国际货物买卖合同中的分批、转运条款通常是与装运时间条款结合起来规定的。合同中的分批、转运条款举例如下:①5/6/7 月份装运,允许分批和转运。(Shipment during May/June/July, with partial shipments and transshipment allowed.)②6/7 月份分两批装运,禁止转运。(During June/July in two shipments, transshipment is prohibited.)③11/12 月份分两

次平均装运,由香港转运。(During Nov./Dec. in two equal monthly shipment, to be transshipped at Hong Kong.)

四、装运通知

装运通知(Shipping Advice)是在采用租船运输大宗进出口货物的情况下,在合同中加以约定的条款。规定装运通知条款的目的在于明确买卖双方的责任,促使买卖双方合作,共同做好船货衔接工作。

装运通知是装运条款的主要内容。例如,按 FOB 成交,卖方应在约定的装运期开始以前,一般是 30 天或 45 天前,向买方发出货物备妥通知,以便买方及时派船接货。同时如是按照 FOB、CFR 和 CIF 术语签订的合同,卖方应在货物装船后,按约定的时间,将合同、货物名称、数量、重量、发票金额、船名及装船日期等项内容电告买方。如是按 CFR 和 CPT 术语签订的合同,卖方应在把货物交付给承运人后,将交付货物的具体情况及交付日期电告买方,以便买方办理保险并做好接卸货物的准备,及时办理进口报关手续。一般要求出口商在货物离开起运地后两个工作日内向进口商发出装船通知。

五、滞期费和速遣费

滞期费和速遣费一般是航次租船合同中的条款。滞期费(Demurrage)是指非由于船东原因,承租人未能在租船合同中约定的装卸时间内将货物全部装完或卸完,因此产生船期延误,向船东支付的费用。

速遣费(Despatch Money)是指当承租人在合同约定的时间之前将货物全部装卸完毕,对于提前的时间应由船东向承租人支付的约定金额,是对承租人能够缩短船舶在港时间的奖励。速遣费率通常为滞期费率的一半。

案例 4-7

某轮从广州港装载杂货——人造纤维,体积为 20 立方米、毛重为 17.8 公吨,计费标准为"W/M",运往欧洲某港口,托运人要求选择卸货 Rotterdam 或 Hamburg,Rotterdam 和 Hamburg 都是基本港口,基本费率为 USD 80/运费吨,三个以内选卸港的附加费率为每运费吨加收 USD 3。试问:(1)该托运人应支付多少运费(以美元计)?(2)如果改用集装箱运输,海运费的基本费率为 USD 1 100/TEU,货币附加费 10%,燃油附加费 10%。改用集装箱运输时,该托运人应支付多少运费(以美元计)?(3)若不计杂货运输和集装箱运输两种方式的其他费用,托运人从节省海运费角度考虑,是否应选择改用集装箱运输?

分析:(1) 因为 M 大于 W,Freight Ton 为 20。

$$Freight = (80+3) \times 20 = 1\ 660(美元)$$

(2) 可选用 1 个 TEU。

$$Freight = (1+10\%+10\%) \times 1\ 100 = 1\ 320(美元)$$

或者:Freight = 1 100+1100×10%+(1 100+1 100×10%)×10%

= 1 100+110+121 = 1 331(美元)

(3) 因为(1)大于(2),所以应选择改用集装箱运输。

 本章提要

1. 海洋运输是运用最广泛的一种运输方式,其经营方式有班轮运输和租船运输两种。班轮运输运费一般由基本费率和附加费两部分构成。租船运输包括航次租船、定期租船和光船租船。租船合同用以明确租船双方的经济、法律关系。

2. 国际贸易中常用的运输方式还包括铁路运输、航空货物运输、集装箱运输、国际多式联运、邮包运输以及公路、内河、大陆桥、邮政和管道运输等。集装箱运输目前已成为国际上普遍采用的一种重要的运输方式。

3. 在国际货物买卖合同中,买卖双方必须就交货时间、装运地和目的地、能否分批装运和转运等问题在合同中做出明确规定。

4. 运输单据是承运人收到承运货物签发给出口商的证明文件,它是交接货物、处理索赔与理赔以及向银行结算货款或进行议付的重要单据。运输单据主要有海运提单、海运单、铁路运单、邮政收据、航空运单和多式联运单据等。

思考题

1. 何谓班轮运输？班轮运输有哪些特点？
2. 班轮运输的计费标准有哪些？试举例说明班轮运费的计算方法。
3. 试举例简述集装箱运输的交接方式。
4. 在选择进出口货物的运输方式时,应考虑哪些因素？
5. 装运期在合同中的法律地位如何？规定装运期的方法有哪些？
6. 什么叫分批装运和转运？为什么在买卖合同中会出现有关分批装运和转运的条款？UCP 600 对此有何规定？
7. 何谓清洁提单与不清洁提单？为什么买方要求卖方提供清洁提单？

 **案例讨论**

某年 8 月 21 日,我国北方某地辉煌有限责任公司(以下简称辉煌公司)向英国 B 有限责任公司(以下简称 B 公司)提出建议:愿以每台 700 英镑的价格按照 CIF 大连价格条件购买 500 台笔记本电脑。8 月 22 日,B 公司接到辉煌公司发出的发盘后,立即电告接受对方的报价。8 月 31 日,B 公司将 500 台笔记本电脑交给英国 F 运输公司装船运输。F 运输

公司发现其中有 80 台笔记本电脑包装破损,准备签发不清洁提单。但 B 公司为从 F 运输公司那里拿到清洁提单,以便结汇,便向 F 运输公司出具了承担赔偿责任的保函,F 运输公司遂给 B 公司签发了清洁提单。B 公司持清洁提单顺利结汇。辉煌公司于 11 月 1 日收到货物,发现 80 台笔记本电脑有严重质量问题,于是向 F 运输公司提出索赔。试问:(1)承运人 F 运输公司是否应承担责任?(2)如果辉煌公司向 B 公司索赔,索赔能否成立?

第五章

国际货物运输保险

【学习目标】

通过本章的学习,学生将能够:
1. 了解国际货物运输所面临的各种风险及由此可能产生的损失和费用;
2. 熟悉我国海运货物保险的险别及伦敦保险协会海运货物保险条款;
3. 掌握出口信用保险的基本做法;
4. 合理运用买卖合同中的保险条款。

【素养目标】

通过学习国际货物贸易中各种运输保险等相关知识,学生应能够深入了解进出口货物运输中所面临的各种风险与安全方面的问题,正确认识在复杂多变的国际经贸环境下构建相适应的安全保障体系的重要性,逐步树立规范经营与风险防范的职业意识,践行社会主义核心价值观。

【重点难点】

重点是共同海损与单独海损和我国海洋货物运输保险条款;难点是保险责任起讫"仓至仓"条款以及保险费的计算。

【引导案例】

案情：买卖双方签订一份 FOB 合同，买方向保险公司投保"仓至仓"条款的一切险。当货物在从卖方仓库运往装运港码头途中，出现意外事故并造成 10% 的货物受损（属于承保范围内的风险损失），事后卖方以保险单含有"仓至仓"条款为由向保险公司索赔，但遭到保险公司拒绝。卖方于是请买方出面以买方的名义索要赔偿，同样遭到拒绝。请评价此案。

分析：在本案中，货物是在卖方仓库运往装运港码头途中发生的承保范围内的损失，投保一切险又含有"仓至仓"条款，按理应得到赔偿，之所以遭到拒绝是由 FOB 合同的特殊性决定的。《2020 通则》规定，在 FOB 合同下买卖双方的责任划分十分明确——以货物装到船上为责任划分点，卖方只要在装运港按规定的时间、地点将规定的货物装在买方指定的船上，并提交符合规定的运输单据，就算完成交货义务，这之前的一切风险都由卖方承担。当货物装到船上之后，风险就转移至买方。因此，买方投保的保险只保其应该负责的风险，即货物装到船上后的风险，此案例中货物是在从卖方仓库运往装运港码头期间发生风险损失，买方不负责任，因此买方投保的"仓至仓"条款的一切险不属于保险公司的赔偿范围。此外，保险公司拒绝向卖方赔付，是因为损失发生时卖方虽然拥有保险利益，但他不是保险单的被保险人或合法的受让人，无权向保险公司索赔。保险公司拒绝买方索赔是因为损失发生时，买方对货物不具备保险利益，虽然他是保险单的被保险人和合法的持有人，但保险公司有权拒绝其索赔。

第一节 保险概述

保险通常特指商业保险。从经济角度来看，保险是分摊意外事故损失的一种财务安排。投保人通过交纳保险费购买保险，实际上是将他的不确定的大额损失变成固定的小额支出。而保险人由于集中了大量同质风险，所以能借助大数法则来正确预见未来损失的发生额，并据此制定保险费率，通过向所有投保人收取保险费建立保险基金，来补偿少数被保险人遭受的意外事故损失。

从法律角度来看，保险是一种合同行为，是一方同意补偿另一方损失的一种合同安排，同意提供损失赔偿的一方是保险人，接受损失赔偿的另一方是被保险人。投保人通过承担支付保险费的义务，换取保险人为其提供保险经济保障（赔偿或给付）的权利，这正体现了民事法律关系主体之间的权利和义务关系。

一、保险的特征

保险具有以下主要特征：

(1) 经济性。保险是一种经济保障活动，它是整个国民经济活动的一个有机组成部分，其保障的对象——财产和人身都直接或间接属于社会再生产中的生产资料和劳动力两大经济要素;其实现保障的手段,大多最终都采取支付货币的形式进行补偿或给付;其保障的根本目的,无论从宏观的角度还是微观的角度,都是为了发展经济。

（2）商品性。保险体现了一种等价交换的经济关系,也就是商品经济关系。这种商品经济关系直接表现为个别保险人与个别投保人之间的交换关系,间接表现为在一定时期内全部保险人与全部投保人之间的交换关系,即保险人出售保险、投保人购买保险的关系。具体表现为保险人通过提供保险保障,保障社会生产的正常进行和人们生活的安定。

（3）互助性。保险具有"一人为众,众为一人"的互助特性。保险在一定条件下,分担了个别单位和个人所不能承担的风险,从而形成了一种经济互助关系。这种经济互助关系通过保险人用多数投保人缴纳的保险费建立的保险基金对少数遭受损失的被保险人提供补偿或给付而得以体现。

（4）契约性。从法律角度看,保险是一种契约行为。保险双方当事人要建立保险关系,其形式是保险合同;要履行其权利和义务,其依据也是保险合同。

二、保险的种类

按照保险标的,保险可分为财产保险、人身保险、责任保险和信用保证保险四大类。

（一）财产保险

财产保险是以财产及其有关利益为保险标的的保险。当保险财产遭受保险责任范围内的损失时,由保险人提供经济补偿。国际货物运输保险属于财产保险。

（二）人身保险

人身保险是以人的寿命和身体为保险标的的保险。保险人对被保险人在保险期间因意外事故、疾病等原因导致死亡、伤残,或者在保险期满后,根据保险条款的规定给付保险金。

（三）责任保险

责任保险是以被保险人依法应负的民事损害赔偿责任或经过特别约定的合同责任作为保险标的的保险。被保险人由于疏忽、过失行为而造成他人的财产损失或人身伤亡,根据法律或合同的规定,应对受害者承担的经济赔偿责任,由保险人提供经济赔偿。

（四）信用保证保险

信用保证保险是以各种信用行为为保险标的的保险。当义务人不履约而使权利人遭受损失时,由保险人提供经济赔偿。凡义务人应权利人的要求向保险人投保自己的信用的保险均属于保证保险;凡保险人应权利人的要求担保义务人的信用的保险均属于信用保险。

三、保险的基本原则

保险的基本原则是被保险人和保险人签订保险合同、履行各自的义务,以及办理索赔和理赔工作所必须遵守的原则。

(一)可保利益原则

可保利益原则(Insurable Interest)是指被保险人在保险标的发生损失时必须对保险标的具有经济上的利害关系,即可保利益,否则无权获得赔偿。

(二)最大诚信原则

最大诚信原则(Utmost Good Faith)是海上保险合同的重要原则之一。对被保险人来说,最大诚信原则意味着他必须如实告知(Disclosure)、正确陈述(Presentation)和遵守保证(Warranty)。

(三)补偿原则

保险的补偿原则(Principle of Indemnity)是指当保险标的物发生保险责任范围内的损失时,保险人应按照合同条款的规定履行赔偿责任。

(四)代位追偿原则

代位追偿(Subrogation)是指保险标的物发生了保险责任范围内的由第三者责任造成的损失的,保险人在向被保险人履行了损失赔偿的责任后,有权在其已赔付的金额限度内取得被保险人在该项损失中向第三责任方要求索赔的权利,保险人取得该权利后即可站在被保险人的位置上向责任方进行追偿。

(五)重复保险分摊原则

重复保险(Double Insurance),亦称"双重保险",是指被保险人对同一保险标的或其中的一部分就同一风险订立了两张或多张保险单,而且总的保险金额超过了法律所允许的赔偿金额。为了防止被保险人所受损失获得多重赔偿,把保险标的损失赔偿责任在各保险人之间进行分摊,便是重复保险的分摊原则。

第二节 海洋运输保险

海运货物保险承保的范围,包括海上风险、海上损失与费用以及外来原因所引起的风险损失。国际保险市场对上述各种风险与损失都有特定的解释。正确理解海运货物承保的范围和各种风险与损失的含义,对合理选择投保险别和正确处理保险索赔,具有十分重要的现实意义。

一、保障的风险

海运保险(Marine Insurance)是各类保险中发展最早的一种,这是商船在海洋航行中风险大、海运事故频繁所致。下面,我们首先了解各种海上风险和外来风险的确切含义。

(一)海上风险

根据国际保险市场的一般解释和习惯做法,保险公司所保障的海上风险(Perils at

Sea),并不包括所有发生在海上的风险,同时又不局限于在海上发生的风险。在现代海运保险业务中,凡是与海运相连的,包括陆上、内河、驳船运输过程中的风险也都包含在海上风险之内予以承保。

海上风险一般包括自然灾害和意外事故两种。按照国际保险市场的一般解释,这些风险所指的内容大致如下:

(1) 自然灾害(Natural Calamity),是指不以人们的意志为转移的自然现象所引起的物质损毁和人员伤亡的灾害。海运保险承保的自然灾害是指运输过程中发生人力不可抗拒的诸如恶劣气候、雷电、海啸、地震、洪水和火山爆发等事件而导致的船货损失。

(2) 意外事故(Accidents),是指由于外来的、偶然的、意外的原因所致的事故。海运保险所承保的意外事故,并非航运途中发生的所有意外事故,而是限定一定的承保范围。通常海运保险所承保的意外事故主要包括船舶搁浅、触礁、沉没、互撞、爆炸、火灾、失踪或其他类似事故。

(二) 外来风险

外来风险(Extraneous Risks)可分为一般外来风险和特殊外来风险两种。一般外来风险(General Extraneous Risks)包括偷窃、提货不着、短量、混杂、玷污、渗漏、碰损、破碎、串味、受潮受热、包装破裂、淡水雨淋、钩损、锈损等。特殊外来风险(Special Extraneous Risks)是指一般外来风险以外的其他原因导致的风险,常见的主要有战争风险、罢工风险、进口国有关当局拒绝进口货物入境或没收货物的风险等。

二、保障的损失

海上损失(Average)简称海损,是指被保险货物在海运过程中,由于各类灾害所造成的灭失或损坏。根据国际保险市场的一般解释,凡与海陆连接的陆运过程中所发生的灭失或损坏,也属于海损范围。

就货物损失的程度而言,海损可分为全部损失(Total Loss)和部分损失(Partial Loss);就货物损失的性质而言,海损又可分为共同海损(General Average)和单独海损(Particular Average)。

(一) 全部损失

全部损失(简称全损)是指运输途中的货物全部灭失,或完全变质,或不可能归还被保险人等。根据全损情况的不同,全损可分为实际全损(Actual Total Loss)和推定全损(Constructive Total Loss)两种。

1. 实际全损

根据《中华人民共和国海商法》的规定,保险标的发生保险事故后灭失,或者受到严重损坏完全失去原有形体、效用,或者不能再归被保险人所拥有的,为实际全损。船舶在合理时间内未从被获知最后消息的地点抵达目的地,除合同另有约定外,满两个月后仍没有获知其消息的,为船舶失踪。船舶失踪视为实际全损。保险标的发生实际全损的,保险公司在赔偿实际全损后，便可以被保险人的名义向第三人要求赔偿。被保险人和保险人往往会签署一个"代位追偿证书"。

2. 推定全损。

根据《中华人民共和国海商法》的规定，货物发生保险事故后，认为实际全损已经不可避免，或者为避免发生实际全损所需支付的费用与继续将货物运抵目的地的费用之和超过保险价值的，为推定全损。当保险标的发生推定全损时，被保险人有两个选择：一是按照推定全损向保险人索赔全部损失赔偿。但被保险人必须向保险人发出委付通知(Abandonment)，即向保险人声明愿意将保险标的的一切权益，包括财产权及一切由此而产生的权利与义务转让给保险人，而要求保险人按全损给予赔偿的一种行为。保险人可以接受委付，也可以不接受委付，但是应当在合理的时间内将接受委付或者不接受委付的决定通知被保险人。保险人接受委付的，被保险人对委付财产的全部权利和义务转移给保险人。二是被保险人保留标的，而向保险人要求部分损失的赔偿，此时无须发出委付通知。

（二）部分损失

在海洋运输中，保险标的发生承保范围内的损失，凡不属于实际全损和推定全损的为部分损失。

1. 共同海损

在海洋运输途中，船舶、货物或其他财产遭遇共同危险，为了解除共同危险，有意采取合理的救难措施，所直接造成的特殊牺牲和支付的特殊费用，称为共同海损。在船舶发生共同海损后，凡属于共同海损范围内的牺牲和费用，均可通过共同海损理算，由有关获救受益方（即船方、货方和运费收入方）根据获救价值按比例分摊。这种分摊称为共同海损分摊。以上表明，共同海损涉及各方的利害关系。因此，构成共同海损是有条件的。

共同海损必须具有下列特点：①共同海损的危险必须是共同的，采取的措施是合理的，这是共同海损成立的前提条件。如果危险还没有危及船货各方的共同安全，即使船长有意做出合理的牺牲和支付了额外的费用，也不能算作共同海损。②共同海损的危险必须是真实存在的而不是臆测的，或者是不可避免地发生的。③共同海损的牺牲必须是自动的和有意采取的行为，其费用必须是额外的。④共同海损必须属于非常情况下的损失。

目前，关于共同海损的清算，可以依据两个规则，一个是国际海事委员会于2004年在加拿大温哥华修订的《约克-安特卫普规则》，另一个是中国国际贸易促进委员会2022年修订的《中国国际贸易促进委员会共同海损理算规则》。船货双方可在平等互利的基础上，协商所适用的国际规则，做好共同海损的清算。

2. 单独海损

单独海损是指仅涉及船舶或货物所有人单方面的利益的损失。单独海损与共同海损的主要区别是：①造成海损的原因不同。单独海损是承保风险所直接导致的船、货损失；

共同海损则不是承保风险所直接导致的损失,而是为了解除或减轻共同危险,人为地造成的一种损失。② 承担损失的责任不同。单独海损的损失一般由受损方自行承担;而共同海损的损失,则应由受益的各方按照受益大小的比例共同分摊。

三、保障的费用

海上风险还会造成费用上的损失。由海上风险所造成的费用,主要有施救费用和救助费用。所谓施救费用,是指被保险货物在遭受承保范围内的灾害事故时,被保险人或其代理人与受让人,为了避免或减少损失,采取各种抢救或防护措施而支付的合理费用。救助费用则有所不同,它是指被保险货物在遭受承保范围内的灾害事故时,由保险人和被保险人以外的第三者采取有效的救助措施,在救助成功后由被救方付给救助人的一种报酬。

案例 5-1

某货轮满载货物驶离 TL 港口。开航后不久,由于老化的电线短路引起大火,将装在货舱 A 的毛毯完全烧毁。船到 YF 港口卸货时发现,装在同一货舱中的烟草和茶叶由于羊毛燃烧散发出的焦糊味道而遭受了不同程度的串味损失。其中,烟草由于包装较好,经过特殊的加工处理,仍保持了其特性,但是等级已大打折扣。而茶叶则完全失去了其特有的芳香,只能按照廉价的填充物处理。后来,该船不幸又与另一艘货轮相撞,船舶严重受损,货舱 B 破裂,大量海水进入舱内,剧烈的震动和海水浸泡导致舱内装载的精密仪器严重受损。为了救险,船长命令用亚麻临时堵住漏洞,造成大量亚麻损失。在船舶停靠在避难港进行修理时,船方就受损精密仪器的抢修整理事宜向岸上有关专家进行了咨询,发现整理恢复费用十分高昂,已经超过了货物的保险价值。为了方便修理船舶,船方不得不将货舱 C 和货舱 D 中的部分纺织品货物卸下,在卸货时造成一部分货物钩损。试分析各部分损失属于什么类型和性质。

分析:在货舱 A,毛毯的损失属于火灾引起的实际全损。而烟草的串味损失属于火灾引起的部分损失,因为烟草在经过特殊的加工处理后仍可以出售。烟草的贬值正是烟草的部分损失,烟草加工处理的费用属于施救费用。至于茶叶的损失则属于实际全损,因为火灾造成了"保险标的丧失属性"。虽然实体还在,但是已经完全不是投保时的标的物。

在货舱 B,精密仪器的损失属于意外事故碰撞所造成的推定全损。亚麻的损失是在危急时刻为了避免更多的海水进入货舱威胁到船货的共同安全而被用来堵塞漏洞所造成的,这种损失属于共同海损,由受益各方共同分摊。

在货舱 C 和 D,纺织品所遭受的损失,是为了方便船舶修理而被迫卸下时造成的,也属于共同海损。

第三节　我国海运货物保险的险别

保险险别是指保险人对风险和损失的承保范围。在保险业务中,各种险别的承保责任是通过各种不同的保险条款规定的。为了适应国际货物海运保险的需要,中国人民保险公司根据我国保险实际情况并参照国际保险市场的习惯做法,分别制定了各种条款,总称为中国保险条款(China Insurance Clauses,CIC),其中包括海洋运输货物保险条款、海洋运输货物战争险条款以及其他专门条款。投保人可根据货物特点和航线与港口的实际情况自行选择投保适当的险别。

一、基本险别

中国人民保险公司所规定的基本险别包括平安险(Free from Particular Average,FPA)、水渍险(With Average or With Particular Average,WA or WPA)和一切险(All Risks)。

（一）平安险

投保人投保了平安险,保险公司就对下列损失负赔偿责任：

（1）被保险的货物在运输途中由于恶劣气候、雷电、海啸、地震、洪水等自然灾害造成整批货物的全部损失或推定全损。若被保险的货物用驳船运往或运离海轮,则每一驳船所装的货物可视作一个整批。

（2）由于运输工具遭到搁浅、触礁、沉没、互撞,与流冰或其他物体碰撞以及失火、爆炸等意外事故所造成的货物全部或部分损失。

（3）在运输工具已经发生搁浅、触礁、沉没、焚毁等意外事故的情况下,货物在此前后又在海上遭受恶劣气候、雷电、海啸等自然灾害所造成的部分损失。

（4）在装卸或转船时由于一件或数件甚至整批货物落海所造成的全部或部分损失。

（5）被保险人对遭受承保责任内危险的货物采取抢救、防止或减少货损的措施而支付的合理费用,但以不超过该批被毁货物的保险金额为限。

（6）运输工具遭遇海难后,在避难港由于卸货引起的损失,以及在中途港或避难港由于卸货、存仓和运送货物所产生的特殊费用。

（7）共同海损的牺牲、分摊和救助费用。

（8）运输契约中如订有"船舶互撞责任"条款,则根据该条款规定应由货方偿还船方的损失。

上述责任范围表明,在投保平安险的情况下,保险公司对由于自然灾害所造成的单独海损不负赔偿责任,而对因意外事故所造成的单独海损则要负赔偿责任。此外,如在运输过程中运输工具发生搁浅、触礁、沉没、焚毁等意外事故,则不论在事故发生之前还是之后由于自然灾害所造成的单独海损,保险公司都要负赔偿责任。

案例 5-2

某外贸公司按 CIF 术语出口一批货物,装运前已向保险公司按发票总值的 110% 投保平安险,6 月初货物装妥顺利开航。载货船舶于 6 月 13 日在海上遇到暴风雨,致使一部分货物遭受水渍,损失价值 2 000 美元。数日后,该轮又突然触礁,致使该批货物又遭到部分损失,价值为 8 000 美元。试问:保险公司是否应对该批货物的损失进行赔偿?为什么?

分析: 根据规定,平安险的承保范围包括在运输工具已经发生搁浅、触礁、沉没、焚毁等意外事故的情况下,货物在此前后又在海上遭受恶劣气候、雷电、海啸等自然灾害所造成的部分损失。因此,在本案中,保险公司对该批货物的损失均应给予赔偿。由于货主按发票总值的 110% 投保,保险公司将赔付 11 000 美元。

(二)水渍险

投保水渍险后,保险公司除担负上述平安险的各项责任外,还对被保险货物由于恶劣气候、雷电、海啸、地震、洪水等自然灾害所造成的部分损失负赔偿责任。

(三)一切险

投保一切险后,保险公司除担负水渍险的各项责任外,还对被保险货物在运输途中由于外来原因而遭受的全部或部分损失负赔偿责任。

从上述三种基本险别的责任范围来看,平安险的责任范围最小,它对自然灾害造成的全部损失和意外事故造成的全部和部分损失负赔偿责任,而对自然灾害造成的部分损失一般不负赔偿责任。水渍险的责任范围比平安险的责任范围大,凡因自然灾害和意外事故所造成的全部和部分损失,保险公司均负责赔偿。一切险的责任范围是三种基本险别中最大的一种,它除包括平安险、水渍险的责任范围外,还包括被保险货物在运输过程中由于一般外来原因,如货物被盗窃、钩损、碰损、受潮、发热、淡水雨淋、短量、包装破裂和提货不着等所造成的全部或部分损失。由此可见,一切险是水渍险加一般附加险的总和。

需要特别指出的是,一切险并非保险公司对一切风险损失均负赔偿责任,它只对水渍险和一般外来原因引起的可能发生的风险损失负责,而对货物的内在缺陷、自然损耗以及由于特殊外来原因(如战争、罢工等)所引起的风险损失不负赔偿责任。

(四)基本险除外责任

《中国海洋运输货物保险条款》除规定上述基本险的责任范围外,还规定了下列除外责任,即对下列原因造成的损失不负赔偿责任:①被保险人的故意行为或过失所造成的损失;②属于发货人责任所引起的损失;③在保险责任开始前,被保险货物已存在的品质不良或数量短差所造成的损失;④被保险货物的自然损耗、本质缺陷、特性以及市价跌落、运输延迟所引起的损失或费用;⑤海洋运输货物战争险条款和货物运输罢工险条款规定的责任范围和除外责任。

(五) 基本险保险责任的起讫

《中国海洋运输货物保险条款》对基本险保险责任的起讫做了具体规定。在海运保险中,保险责任的起讫主要采用"仓至仓"条款,即保险责任自被保险货物运离保险单所载明的起运地仓库或储存处所开始运输时生效,包括正常运输过程中的海上、陆上、内河和驳船运输在内,直至该项货物到达保险单所载明目的地收货人的最后仓库或储存处所或被保险人用作分配、分派或非正常运输的其他储存处所为止。如未抵达上述仓库或储存处所,则以被保险货物在最后卸载港全部卸离海轮后满六十天为止。如在上述六十天内被保险货物需转运到非保险单所载明的目的地,则以该项货物开始运转时终止。由于被保险人无法控制的运输延迟、绕道、被迫卸货、重新装载、转载或承运人运用运输契约赋予的权限所做的任何航海上的变更或终止运输契约,致使被保险货物运到非保险单所载明目的地的,在被保险人及时将获知的情况通知保险人并在必要时加缴保险费的情况下,保险仍继续有效。

案例 5-3

印度尼西亚某商业有限公司(A 公司)与中国某公司(C 公司)订立 CIP 上海合同,销售烟叶 500 吨,由 A 公司向保险公司投保以合同标的价格加 10%为保险金额的一切险(包括"仓至仓"条款)。7 月 21 日,货到上海港,当日货物被卸下,港口管理部门将货物存放在其所属的仓库中。C 公司开始委托他人办理排港、报关和提货的手续,从 7 月 21 日至 7 月 24 日,已陆续将 300 吨烟叶灌包运往各用户所在地。7 月 24 日晚,港口遭遇特大海潮,未提走的 200 吨烟叶受到浸泡,全部损失。C 公司向保险公司办理理赔手续时被保险公司拒绝,理由是港口仓库就是 C 公司在目的港的最后仓库,故保险责任已终止。试问:保险公司的理由是否充分?

分析:本案例中的争议在于保险公司的保险责任在何时终止。由于 C 公司已经开始将货物运往各用户处,即已开始分配、分派货物,因此,虽然港口仓库不是 C 公司的仓库,但 C 公司实际上已将其当作最后仓库使用,并以此为基础开始运输。因此,保险责任在此时已中止,此后由于天气造成的损失应由 C 公司自行负担。保险公司拒绝理赔是符合规定的。

二、附加险别

在海运保险业务中,进出口商除了投保货物的上述基本险别,还可根据货物的特点和实际需要,酌情选择若干适当的附加险别。附加险别包括一般附加险(General Additional Coverage)、特殊附加险(Special Additional Coverage)和特别附加险(Specific Additional Coverage)。

(一) 一般附加险

一般附加险不能作为一个单独的项目投保，而只能在投保平安险或水渍险的基础上，根据货物的特性和需要加保一种或若干种一般附加险。如加保所有的一般附加险，就叫投保一切险。可见，一般附加险被包括在一切险的承保范围内，故在投保一切险时，就不必再加保一般附加险。

由于被保险货物的品种繁多，货物的性能和特点各异，而一般外来风险又多种多样，所以一般附加险的种类也很多，其中主要包括：偷窃、提货不着险（Theft, Pilferage and Non-delivery Risk）、淡水雨淋险（Fresh Water and Rain Damage Risk，F. W. R. D.）、渗漏险（Leakage Risk）、短量险（Shortage Risk）、钩损险（Hook Damage Risk）、混杂沾污险（Intermixture and Contamination Risk）、碰损破碎险（Clash and Breakage Risk）、锈损险（Rust Risk）、串味险（Taint of Odor Risk）、受潮受热险（Sweat and Heating Risk）、包装破裂险（Breakage of Packing Risk）。

(二) 特殊附加险

中国人民保险公司的保险条款规定，特殊附加险不能作为一个单独的项目投保，只能在投保三种基本险别之一的基础上加保。

1. 战争险

战争险（War Risks）的责任范围包括：①直接由于战争、类似战争行为和敌对行为、武装冲突或海盗行为所致的损失；②由于上述①条款引起的捕获、拘留、扣留、禁制、扣押所造成的损失；③各种常规武器，包括水雷、鱼雷、炸弹所致的损失；④本条款责任范围引起的共同海损的牺牲、分摊和救助费用。

战争险的除外责任包括：①由于敌对行为使用原子或热核制造的武器所致的损失和费用；②由于执政者、当权者或其他武装集团的扣押、拘留引起的承保航程的丧失而提出的任何索赔。

战争险的保险责任起讫和货物运输基本险不同，它不采取"仓至仓"条款，而是只负责水面风险，即保险责任自被保险货物装上保险单所载起运港的海轮或驳船时开始，到卸离保险单所载目的港的海轮或驳船时为止。如果被保险货物不卸离海轮或驳船，则保险责任最长期限以海轮到达目的港的当日午夜起算满15天为限。如果货物在中途港转船，则不论货物在当地卸载与否，保险责任均以海轮到达该港或卸货地点的当日午夜起算满15天为止，待再装上续运海轮时恢复有效。如运输发生绕道、改变航程或承运人运用运输契约赋予的权限所做的任何航海上的改变，在被保险人及时将获知情况通知保险人，并在必要时加缴保险费的情况下，保险仍继续有效。

案例 5-4

江苏省某实业公司 A 与拉美地区某国 B 公司签订一份 CIF 合同，A 公司按约定以发票价值的110%投保了海洋运输的水渍险和战争险。货到该国某港口卸货时,适逢当地发生内战,导致卸到岸上的部分货物和在船上的部分货物受损。B公司认为货物是因类似战争的敌对行为引起的,于是持单向保险公司索赔。试问:索赔能否成功?

分析:本案涉及战争险的保险责任起讫问题。由于战争险的保险责任仅限于水面风险,因此,保险公司仅对在船上的受损货物给予赔偿,而对卸到岸上的受损货物拒绝赔偿。

2. 罢工险

罢工险(Strikes Risk)对被保险货物由于罢工者、被迫停工工人或参加工潮、暴动、民动、民众斗争的人员的行动,或任何人的恶意行为所造成的直接损失和上述行动或行为所引起的共同海损、牺牲、分摊和救助费用负赔偿责任。但是对下列各项不负赔偿责任:在罢工期间由于劳动力短缺或无法使用劳动力所致的保险货物的损失,包括因此而引起的动力或燃料缺乏使冷藏机停止工作所致的冷藏货物的损失。罢工险的保险期限与海运货物基本险相同,即以"仓至仓"条款为准。

根据国际保险市场的习惯做法,一般将罢工险与战争险同时承保。如果投保了战争险又需加保罢工险,则仅需在保单中附上罢工险条款即可,保险公司不再另行收费。但是如果在投保基本险的基础上只加保罢工险,则须按战争险费率缴付保险费。

(三)特别附加险

为了适应对外贸易货运保险的需要,保险人除承保上述各种附加险外,还承保交货不到险(Failure to Deliver Risk)、进口关税险(Import Duty Risk)、舱面险(On Deck Risk)、拒收险(Rejection Risk)、黄曲霉素险(Aflatoxin Risk)以及出口货物到香港地区(包括九龙在内)或澳门地区存仓火险责任扩展条款(Fire Risk Extension Clause for Storage of Cargo at Destination Hong Kong, including Kowloon or Macao, F. R. E. C)等特别附加险。

第四节 陆运、空运货物保险与邮包运输保险

陆运、空运货物保险与邮包运输保险是在海运货物保险的基础上发展起来的。由于陆运、空运与邮运和海运可能遭受的货物损失的风险种类不同,因此陆运、空运与邮包运输保险和海上货运保险的险别及其承保范围也有所不同。现分别进行简要介绍。

一、陆运货物保险

(一)陆运风险与损失

货物在陆运过程中可能遭受各种自然灾害和意外事故。常见的风险有:车辆碰撞、倾覆和出轨,路基坍塌、桥梁折断和道路损坏,以及火灾和爆炸等意外事故;雷电、洪水、地震、火山爆发、暴风雨以及霜雪冰雹等自然灾害;战争、罢工、偷窃、货物残损、短少、渗漏等外来原因所造成的风险。这些风险会使运输途中的货物出现损失。货主为了转嫁风险损

失,就需要办理陆运货物保险。

(二)陆运货物保险的险别

根据中国人民保险公司制定的《陆上运输货物保险条款》的规定,陆运货物保险的基本险别有陆运险(Overland Transport Risks)和陆运一切险(Overland Transport All Risks)两种。此外,还有陆上运输冷藏货物险,它也具有基本险的性质。

陆运险的承保范围同海运水渍险相似。陆运一切险的承保范围同海运一切险相似。上述承保范围均适用于铁路和公路运输,并以此为限。陆运险与陆运一切险的责任起讫也采用"仓至仓"条款。

陆运货物在投保上述基本险之一的基础上可以加保附加险。如投保陆运险,可酌情加保一般附加险和战争险等特殊附加险;投保陆运一切险,只能加保战争险,而不能再加保一般附加险。陆运货物在加保战争险的前提下,再加保罢工险,不另收保险费。陆运货物战争险的责任起讫,是以货物置于运输工具时为限。

二、空运货物保险

(一)空运风险与损失

货物在空运过程中有可能因自然灾害、意外事故和各种外来风险而导致货物全部或部分损失。常见的风险有:雷电、火灾、爆炸、飞机遭受碰撞、倾覆、坠落、失踪、战争破坏,以及被保险货物因飞机遇到恶劣气候或其他危难事故而被抛弃等。为了转嫁上述风险,空运货物一般都需要办理保险,以便当货物遭到承保范围内的风险损失时,可以从保险公司那里获得赔偿。

(二)空运货物保险的险别

空运货物保险的基本险别有航空运输险(Air Transport Risks)和航空运输一切险(Air Transport All Risks)。这两种基本险都可单独投保,在投保其中之一的基础上,经投保人与保险公司协商可以加保战争险等附加险,加保时须另付保险费。在加保战争险的前提下,再加保罢工险,则不另收保险费。

航空运输险和航空运输一切险的责任起讫也采用"仓至仓"条款。航空运输货物战争险的责任期限,是自货物装上飞机开始至卸离保险单所载明目的地的飞机时止。

三、邮包运输保险

(一)邮包运输风险与损失

邮包运输通常须经海、陆、空辗转运送,实际上属于"门到门"运输,在长途运送过程中遭受自然灾害、意外事故以及各种外来风险的可能性较大。寄件人为了转嫁邮包在运送过程中的风险损失,须办理邮包运输保险,以便在发生损失时能从保险公司那里得到承保范围内的经济补偿。

（二）邮包运输保险的险别

根据中国人民保险公司制定的《邮政包裹保险条款》的规定，邮包运输保险有邮包险（Parcel Post Risks）和邮包一切险（Parcel Post All Risks）两种基本险，其责任起讫自被保险邮包离开保险单所载起运地点寄件人的处所运往邮局时开始生效，直至被保险邮包运达保险单所载明的目的地邮局发出通知书给收件人当日午夜为止，但在此期限内，邮包一经递交至收件人处所，保险责任即告终止。

在投保邮包运输基本险之一的基础上，经投保人与保险公司协商可以加保邮包战争险等附加险。加保时，须另加保险费。在加保战争险的基础上，如加保罢工险，则不另收费。邮包战争险承保责任的起讫，是自被保险邮包经邮政机构收讫后自储存处所开始运送时生效，直至该邮包运达保险单所载明的目的地邮政机构送交收件人为止。

第五节 伦敦保险协会海运货物保险条款

在世界海上保险业中，英国是一个具有悠久历史的发达国家，英国伦敦保险协会所制定的《协会货物条款》（Institute Cargo Clause，ICC）对世界各国有着广泛的影响。目前，世界上的许多国家在海运保险业中都直接采用该条款，还有许多国家在制定本国保险条款时参考其内容。我国出口企业和保险公司对国外商人投保ICC的要求，一般均可接受。

一、《协会货物条款》概述

《协会货物条款》最早制定于1912年。为了适应不同时期法律、判例、商业、贸易、航运等方面的变化和发展，《协会货物条款》经常进行修订和补充。2009年1月1日，联合货物保险委员会（Joint Cargo Committee）出台了新的条款 ICC 1/1/09，共8项19条。其中（A）、（B）和（C）条款，每一条款均分8项，即①承保范围（Risks Covered），内分3条；②除外责任（Exclusions），内分4条；③保险期间（Duration）；④理赔（Claims），内分4条；⑤保险利益（Benefit of Insurance），内分3条；⑥减少损失（Minimising Losses），内分2条；⑦防止延迟（Avoidance of Delay）；⑧法律与惯例（Law and Practice）。

与ICC 1/1/82相比，ICC 1/1/09扩展了保险责任起讫期，对保险人援引免责条款做出了一定的限制，对条款中易产生争议的用词做出了更加明确的规定。新条款中的文字、结构等也更加简洁、严密，便于阅读和理解。新条款共有七种险别：①协会货物条款（A）（Institute Cargo Clauses（A），ICC（A））；②协会货物条款（B）（Institute Cargo Clauses（A），ICC（B））；③协会货物条款（C）（Institute Cargo Clauses（A），ICC（C））；④协会战争险条款（货物）（Institute War Clauses（Cargo））；⑤协会罢工险条款（货物）（Institute Strikes Clauses（Cargo））；⑥恶意损害险条款（Malicious Damage Clauses）；⑦偷窃、提货不着险条款（Institute Theft, Pilferage and Non-delivery Clause）。

在上述七个险别中，前五个险别条款结构统一，系统清晰，都包含承保范围、除外责任、保险期间、理赔、保险利益、减少损失、防止延迟和法律与惯例八项内容，可以单独投保。而恶意损害险和偷窃、提货不着险条款属于附加险，不能单独投保。

二、协会货物保险主要险别的承保范围与除外责任

（一）ICC(A)的承保范围与除外责任

1. 承保范围

ICC(A)条款的责任范围广，采用"一切风险减去除外责任"的方式，对约定和法定的除外事项，在"除外责任"部分全部予以列明，对未列入"除外责任"项下的损失，保险人均予以负责。

从承保范围看，本保险主要承保海上风险和一般外来风险。此外，本条款还承保共同海损和救助费用，对根据运输合同中"船舶互撞责任"条款规定的由被保险人承担比例责任的部分，保险人也予以负责。

2. 除外责任

ICC(A)的除外责任包括法定除外责任和约定除外责任两大类，具体包括一般除外责任、不适航不适货除外责任、战争除外责任和罢工除外责任四个条款。

3. 保险期间

协会货物保险条款中，对保险期间的规定包括以下三个条款：

（1）运输条款。本条款规定保险责任自货物运离保险单所载明的起运地仓库或储存处所开始运输时起生效，包括正常运输过程，直至运到下述地点时终止：①保险单所载明的目的地收货人或其他最后仓库或储存处所；②在保险单所载明的目的地之前或目的地的任何其他仓库或储存处所，由被保险人选择用作在正常运输过程之外储存货物，或分配或分派货物，或者被保险货物在最后卸载港全部卸离海轮后满60天为止。以上各款以先发生者为准。如果货物在本保险责任终止前于最后卸载港卸离海轮，需转运到非保险单载明的其他目的地，则保险责任仍按上述规定终止，但以该项货物开始转运时终止。

在被保险人无法控制的运输延迟，任何绕道、被迫卸货、重行装载、转运，以及船东或租船人运用运输契约赋予的权限所做的任何航海上的变更的情况下，本保险仍继续有效。

（2）运输契约终止条款。本条款规定如由于被保险人无法控制的情况，致使运输契约在非保险单载明的目的地的港口或处所终止，或者运输在按上述运输条款规定发货前终止，本保险亦应终止，除非被保险人立即通知保险人并提出续保要求，并在必要时加缴保险费的情况下，本保险继续有效。直至货物在该港口或处所出售和交货，或除非有特别约定，在被保险货物抵达该港口或处所后满60天为止，以先发生者为准。

（3）变更航程条款。本条款规定在本保险责任开始后，被保险人变更目的地的，应立即通知保险人，经另行商定保险费和条件，本保险仍然有效。

（二）ICC(B)的承保范围与除外责任

ICC(B)条款承保的责任范围比ICC(A)的责任范围小，故其采用承保"除外责任"之外列明风险的办法，即将其承保的风险一一列举出来。这种方法既便于投保人选择适当的险别，又便于保险人处理损害赔偿。

1. 承保范围

按此条款，保险人对下列原因所致的保险标的的损失和损害负责赔偿：火灾或爆炸；船舶或驳船遭受搁浅、触礁、沉没或倾覆；陆上运输工具的倾覆或出轨；船舶、驳船或其他运输工具同除水以外的任何外界物体碰撞或接触；在避难港卸货；地震、火山爆发或雷电；共同海损牺牲；抛货或浪击落海；海水、湖水或河水进入船舶、驳船、其他运输工具、集装箱或海运集装箱储存处所；货物在船舶或驳船装卸时落海或跌落造成任何整件的全损。

2. 除外责任

ICC(B)条款的除外责任与ICC(A)条款大致相同，但有以下两点主要区别：

第一，在ICC(A)险中，仅规定保险人对归因于被保险人故意的不法行为所致的损失或费用，不负赔偿责任；而在ICC(B)险中，则规定保险人对被保险人以外的其他人的故意非法行为所致的风险不负责任。可见，在ICC(A)险中，恶意损害的风险被列为承保风险；而在ICC(B)险中，保险人对此项风险却不负赔偿责任。被保险人如想获得此种风险的保险保障，就需加保"恶意损害险"。

第二，在ICC(A)险中，标明"海盗行为"不属于除外责任；而在ICC(B)险中，保险人对此项风险不负保险责任。

3. 保险期间

ICC(B)条款关于保险期间的规定与ICC(A)相同。

（三）ICC(C)的承保范围与除外责任

本条款是协会保险条款中承保范围最小的一种。与ICC(B)条款相同，采用逐一列明的方式。

1. 承保范围

按此条款，保险人对下列原因所致的保险标的的损失和损害负责赔偿：火灾或爆炸；船舶或驳船遭受搁浅、触礁、沉没或倾覆；陆上运输工具的倾覆或出轨；船舶、驳船或运输工具同除水以外的任何外界物体碰撞；在避难港卸货；共同海损的牺牲；抛货。

2. 除外责任及保险期间

ICC(C)条款关于除外责任及保险期间的规定与ICC(B)相同，在此不再赘述。

（四）协会货物战争险条款

战争险主要承保由于下列原因造成的标的物的损失：①战争、内乱、革命、叛乱、造反或由此引起的内乱，或交战国的或针对交战国的任何敌对行为；②由于上述承保风险引起的捕获、拘留、扣留、管制或扣押及其后果，或任何有关企图、威胁；③遗弃的水雷、鱼雷、炸弹或其他遗弃的战争武器；④上述原因导致的共同海损和救助费用。

(五) 协会货物罢工险条款

罢工险主要承保由于下列原因造成的标的物的损失:①罢工者、被迫停工工人或参与工潮、暴动或民变所致的灭失或损坏;②任何恐怖主义行为或与恐怖主义行为相联系的行为,任何组织通过暴力直接实施的旨在推翻或影响法律上承认的或非法律上承认的政府的行为引起的灭失或损坏;③由任何人出于政治、信仰或宗教目的实施的行为引起的灭失或损坏;④为避免以上承保风险或与避免以上承保风险有关的行为所造成的共同海损或救助费用。

(六) 恶意损害险条款

恶意损害险属于附加险别,它所承保的是被保险人以外的其他人(如船长、船员等)的故意破坏行为所致被保险货物的灭失或损坏的风险。但是,恶意损害如果是出于政治动机等的人为的行为,则不属于该险别的承保范围。

恶意损害的风险,除了在ICC(A)条款中被列为承保风险外,在ICC(B)和ICC(C)条款中均被列为"除外责任"。因此,如果被保险人想要对该风险取得保障利益,则应在投保ICC(B)和ICC(C)的同时,加保恶意损害险。

(七) 偷窃、提货不着险条款

偷窃、提货不着险条款也是附加险别。同恶意损害险条款一样,投保ICC(A)时被保险人无须加保。

本条款承保两类风险,一是偷窃(Theft, Pilferage),二是提货不着(Non-delivery)。所谓"偷"是指海上袭击性偷窃,须伴有暴力或暴力威胁,不包括暗中进行的小偷小窃。而"窃"(Pilferage)是指暗中进行的小偷小摸。提货不着是由于任何不明原因造成的整件货物不知去向,或者误交给不知姓名的其他提货人而无法追回。而货物短量或者件数不足的短交则不属于这个范畴。另外,如果交货不到的原因和货物所在的处所是知道的,那么也不属于"提货不着"的范畴。

三、协会货物保险的保险期间

保险期间又称保险期限或保险有效期,是指保险人对保险标的发生的事故须负损失赔偿责任的起讫时间,即保险合同效力开始至终止的期间。ICC(A)、ICC(B)、ICC(C)与罢工险的保险期间相同,均采用"仓至仓"条款。与ICC 1/1/82相比,ICC 1/1/09扩展了"仓至仓"保险责任的起点和终点,对被保险人更为有利。此外,ICC 1/1/09增加了一个终点,限制被保险人或其受雇人在非正常运输过程中的临时仓储。

战争险保险期间的规定与中国保险条款相同,采取承保"水上危险"的原则,而不采取承保"仓至仓"条款的原则,亦即把保险人对保险货物的责任期间规定为从货物装上海轮开始,直至卸离海轮为止。若载货海轮到达最后港口或卸货港口当日午夜起满15天仍不从海轮卸下货物,保险责任亦告终止。

第六节 买卖合同中的保险条款

在国际货物买卖合同中,为了明确交易双方在货运保险方面的责任,通常都订有保险条款,其内容主要包括:保险投保人、保险公司、保险险别、保险金额和保险费率的约定等事项。

一、保险投保人

每笔交易的货运保险,究竟由买方投保还是由卖方投保,完全取决于买卖双方约定的交货条件和所使用的贸易术语。由于每笔交易的交货条件和所使用的贸易术语不同,故对投保人的规定也相应有所不同。

例如,按 FOB 或 CFR 条件成交时,在买卖合同的保险条款中,一般只订明"保险由买方自理"。如果买方要求卖方代办保险,则应在合同保险条款中订明"由买方委托卖方按发票金额的 ××% 代为投保 ×× 险,保险费由买方负担"。

凡按 CIF 或 CIP 条件成交时,由于货价中包括保险费,故在合同保险条款中,需要详细约定卖方负责办理货运保险的有关事项,如约定投保的险别、支付保险费和向买方提供有效的保险凭证等。

二、保险公司和保险条款

在按 CIF 或 CIP 条件成交时,保险公司的资信情况与卖方关系不大,但与买方却有重大的利害关系。因此,买方一般要求在合同中限定保险公司和所采用的保险条款,以利于日后保险索赔工作的顺利进行。例如,我国按 CIF 或 CIP 条件出口时,买卖双方在合同中通常订明:"由卖方向中国人民保险公司投保,并按该公司的保险条款办理。"

三、保险险别

按 CIF 或 CIP 条件成交时,运输途中的风险本应由买方承担,但一般保险费则约定由卖方负担,因为货价中包括保险费。在双方未约定险别的情况下,按惯例,卖方可按最低的险别予以投保。值得注意的是,在 CIF 或 CIP 货价中,一般不包括加保战争险等特殊附加险的费用,因此,若买方要求加保战争险等特殊附加险,则其费用应由买方负担。

出口商在投保时通常会综合考虑以下因素来选择保险险别:①货物的种类、性质和特点;②货物的包装情况;③货物的运输情况,包括运输方式、运输工具、运输路线等;④发生在港口和装卸过程中的损耗情况等;⑤目的地的政治局势。

四、保险金额和保险费率

(一)保险金额

按 CIF 或 CIP 条件成交时,根据保险市场的习惯做法,保险金额一般都是按 CIF 价或

CIP 价加成计算,即按发票金额再加一定的百分率。此项保险加成率,主要是作为买方的预期利润,一般按 CIF 价的 10% 估算。因此,如果买卖合同中未规定保险金额,则习惯上是按 CIF 价或 CIP 价的 110% 投保。如果买方要求保险加成超过 10%,卖方也可酌情接受。如果买方要求的保险加成率过高,卖方应同有关保险公司商妥后方可接受。

(二)保险费率

保险费(Premium)是被保险人向保险人缴纳的费用。保险费率(Premium Rate)是由保险公司根据一定时期、不同种类的货物的赔付率,按不同险别和目的地确定的。保险费则根据保险费率表按保险金额计算,其计算公式是:

$$保险费 = 保险金额 \times 保险费率$$

案例 5-5

一批出口货物 CFR 价为 1 980 美元,现客户来电要求按 CIF 价加 20% 投保海上一切险,我方照办,当保险费率为 1% 时,我方应向客户补收多少保险费?

分析: CIF 价 = CFR 价/(1 - 加成投保 × 保险费率)

保险费 = 保险金额 × 保险费率
　　　 = CIF 价 × 加成投保 × 保险费率

保险费 = CFR 价 × 加成投保 × 保险费率/(1 - 加成投保 × 保险费率)
　　　 = 1 980 × 120% × 1%/(1 - 120% × 1%)
　　　 = 24.05(美元)

取整,保险费应为 24 美元。

五、保险单据

在买卖合同中,如约定由卖方投保,通常还规定卖方应向买方提供保险单据,如被保险的货物发生承保范围内的损失,买方即可凭卖方提供的保险单据向保险公司索赔。

保险单据的形式主要有:

1. 保险单

保险单俗称"大保单",是保险人和被保险人之间订立的正式保险合同的书面凭证。在海运货物保险中,保险人根据投保人逐笔投保逐笔签发。不同的保险公司有其固定格式的保险单。但在使用时,可以根据双方当事人的约定进行修改,以调整双方当事人的义务。

2. 保险凭证

保险凭证俗称"小保单",是保险人签发给被保险人的,用以证明保险合同已经生效的文件。在采用预约保险的情况下,经常使用保险凭证。它和保险单具有同等的作用和效力。

本章提要

1. 在国际贸易运输中,办理国际货物运输保险后,被保险人可以在货物遭到承保范围内的损失时,从有关保险公司及时得到经济上的补偿。

2. 海运货物保险所承保的范围包括海上风险、海上损失和费用以及外来原因引起的风险损失。海上风险包括自然灾害和意外事故。海上损失按照损失的程度可分为全部损失和部分损失;按照造成损失的原因可分为共同海损和单独海损。海上风险还会造成费用上的损失,按照采取措施的主体可分为施救费用和救助费用。

3. 中国保险条款的海运货物保险总体上可分为基本险别和附加险别。基本险别包括平安险、水渍险和一切险。附加险别包括一般附加险、特殊附加险和特别附加险。

4. 伦敦保险协会海运货物保险条款主要包括七种:协会货物条款(A),协会货物条款(B),协会货物条款(C),协会战争险条款(货物),协会罢工险条款(货物),恶意损害险条款,偷窃、提货不着险条款。前五种险别均可单独投保。

思考题

1. 在海运货物保险中,保险公司承保哪些风险、损失和费用?
2. 何谓共同海损?它与单独海损有何区别?
3. 在国际保险业务中所使用的"仓至仓"条款是什么意思?
4. 国际货物运输为什么要加保战争险?中国人民保险公司关于战争险的保险期限是如何规定的?
5. 伦敦保险协会货物保险条款规定承保哪几种险?在保险实务中如何具体运用?
6. 采用 CIF 条件成交时,按照国际惯例,保险金额应如何确定?
7. 中国人民保险公司关于进出口货物投保陆运险、航空运输险和邮包险是怎样规定的?

案例讨论

北京某外贸公司按 CFR 马尼拉价格出口一批仪表,投保的险别为一切险"仓至仓"条款。我方将货物由北京运到天津港发货,但在运输途中,一辆卡车翻车,致使卡车上所载的部分仪表损坏。请问:该项损失应由哪方负责?

21世纪经济与管理规划教材

国际经济与贸易系列

第六章

国际货物买卖的价格

【学习目标】

通过本章的学习,学生将能够:
1. 了解进出口商品价格制定的原则和方法;
2. 熟悉影响价格的各种因素、出口换汇成本和盈亏率的计算;
3. 理解主要贸易术语的价格换算,佣金和折扣的含义及计算方法;
4. 掌握国际货物买卖合同中价格条款的规定办法和计价货币的选择。

【素养目标】

通过学习国际货物买卖中关于国际市场价格等相关知识,学生应能够深入了解准确报价与成本核算的标准与科学方法,正确认识我国在对外贸易中的比较优势,树立规范经营的职业意识,增强参与国际市场竞争的本领。

【重点难点】

重点是根据国际金融市场汇率的波动趋势,合理确定进出口报价;难点是掌握多种外汇风险的规避手段,并根据公司业务发展需要合理搭配贸易币种。

【引导案例】

案情: 我国某出口公司拟向中东某国出口化妆品。正好该国中间商主动来函与该出口公司联系,表示愿为推销化妆品提供服务,并要求按每笔交易成交金额给予5%的佣金。不久,经该中间商介绍,我国出口公司与当地进口商达成CIFC5,总金额为5万美元的交易,装运期为订约2个月内从中国港装运。合同签订后,该中间商即来电要求我国出口公司立即支付佣金2 500美元。我国出口公司复电称:佣金需待装运并收到全部货款后才能支付。于是,双方发生了争议。请分析:这起争议发生的原因是什么?我国出口公司应吸取什么教训?

分析: 由此案例可以看出,争议发生的原因就是在签订合同时未明确佣金在何时支付,因此出口公司在签订合同时若涉及佣金问题则要多加注意。

在国际贸易中,商品的价格关系到买卖双方的直接利益。从理论上讲,货物的价格主要包括卖方自身的经营成本和预期利润。但在贸易实务中,由于使用的贸易术语不同,其价格构成有很大的差别。此外,货物价格还可能涉及运费、保险费、佣金、折扣等问题,从而使报价更复杂。因此,贸易商应掌握正确报价的原则和价格的核算方法,以维护自身利益。

第一节 国际贸易商品价格的掌握

一、国际商品作价的原则

(一)按照国际市场价格水平作价

国际市场价格是以商品的国际价值为基础在国际市场竞争中形成的,它是交易双方都能接受的价格,是我们确定进出口商品价格的客观依据。

(二)要结合销售目的国、地区的市场价格作价

在参照国际市场价格水平的同时,需考虑销售目的国、地区的市场价格,以便获得最大的利润和价格竞争性。

(三)要结合购销意图作价

进出口商品价格在国际市场价格水平的基础上,可根据购销意图来确定,即可略高或略低于国际市场价格。

二、影响国际商品价格的因素

由于价格构成因素不同,影响价格变化的因素也多种多样。因此,在确定进出口商品价格时,必须充分考虑各种因素。

(一)商品的质量和档次

在国际市场上一般都贯彻按质论价的原则,即好货好价,次货次价。商品品质的优

良、档次的高低、包装的规格、品牌的知名度等因素都会影响商品的价格。

（二）使用的贸易术语

贸易术语又称价格术语，买卖双方成交时选用的贸易术语不同，也会影响商品价格。例如，采用出口地术语成交的商品价格一般比采用目的地术语成交的商品价格低一些。此外，根据买卖双方各自承担的责任和费用的不同，货价也有所不同。

（三）季节性需求的变化

国际市场上的一些季节性商品，如果在重大节日前到货，就能在旺季卖上好价，而过了节令，往往售价很低，甚至低于成本价格。因此，商品定价时也要结合季节性需求掌握好价差。

（四）产品的生命周期

产品的生命周期一般分为四个阶段：成长期、成熟期、标准期和衰退期。处于成长期特别是创新期的商品往往价格最高，随着产品不断地成熟，价格会趋于下降，而处于衰退期的商品价格最低。对于高科技产品的出口报价，要特别考虑其生命周期的状况。

（五）成交数量

按照国际惯例，成交数量的大小会影响商品价格。成交数量大时，卖方可适当给予买方价格上的优惠，或者给予折扣；反之，如果成交数量过少，也可适当提高价格。

（六）供求关系

国际市场上某种商品的供求关系会导致商品价格的波动。一般来说，供大于求的商品，价格会看跌；而供小于求的商品，往往处于卖方市场，价格有上涨的趋势。

（七）交货条件

在国际贸易中，由于交货条件不同，买卖双方承担的风险、责任和费用有所不同，采用的运输方式和运输距离也不同，这些在商品定价时都需要考虑。

（八）国家的价格限制和退税

有些国家对于特殊的商品，比如关系到国计民生的重要物资的出口或是国家重点扶持的出口商品，在价格上会有一些限制政策或出口退税等优惠措施。因此，在商品定价特别是进行盈亏核算时，要把这类因素考虑到。

（九）支付条件和汇率波动的风险

支付条件是否有利和汇率波动的风险都会影响商品的价格。例如，同一商品在其他交易条件相同时，采用预付货款或货到付款的支付条件，其价格应当有所区别。在选择计价货币时也要争取采用对自身有利的货币成交；否则，就要将汇率波动造成的影响及补救措施在合同中予以订明。

此外，市场销售习惯和消费者的喜好等因素，也会不同程度地影响价格。

三、出口商品定价策略的选择

（一）高价定价策略

对于技术和工艺水平不高且容易被模仿的商品应采用高价销售的策略，以求在最短的期限内获得预期利润。

（二）渗透定价策略

通过渗透定价策略，一是可以帮助企业将其产品打入竞争激烈的市场，以低价渗透策略争夺市场份额；二是通过长期低价渗透策略逐步将其他竞争对手逐出该市场，获得市场垄断地位。但这一策略的使用不应违反正当竞争原则，并符合市场所在国的法律规定。

（三）尾数定价策略

对于需求价格弹性较大的商品，运用尾数定价策略，如99.98元/件，会令消费者感觉更划算并乐于购买。

（四）整数定价策略

与尾数定价策略不同的是，对于一些高档商品，通过将实际价格由99.98元提升为100元的方法，会影响消费者的购买心理。

（五）声望定价策略

对于一些知名企业的名牌商品，企业通常制定较高的价格，以使消费者对其产生质优的印象，并使部分消费者乐于购买。

（六）习惯定价策略

对于日用品、服装、鞋帽、礼品、食品等商品，消费者已经习惯或接受的价格水平不能轻易调整，否则会使消费者产生购买顾虑而影响销售。

四、进出口商品价格的构成

（一）出口商品价格的构成

出口商品价格通常由三大部分构成，包括货物成本、营运成本和预期利润。

（1）货物成本：出厂价格扣除利润，包括原材料费用、人工费用、制造费用等一切按照比例分摊的生产、管理及财务成本。

（2）营运成本（国内费用）：包括出口包装费、特殊标签与容器费用、唛头费用、内陆费用、检验或证明费用、装载费用、通关费用等。

（3）预期利润：依据出口货物的种类、市场行情、交易数量、进口商的信用、付款条件及其复杂程度而定。

（二）进口商品价格的构成

进口商品价格通常由四大部分构成，包括商品成本、进口费用、进口杂费和预期利润。

（1）商品成本：又称购货成本或基本价格，是指国外商品的购货价格，即供应商、厂商或出口商的报价。最常见的就是 FOB 价格。

（2）进口费用：通常包括运费、货物运输保险费、上岸费用、检验检疫费用、清关费用、码头仓租和搬运费用、内陆运费和保险费等。

（3）进口杂费：向银行买汇清偿货款之外所产生的相关费用，包括银行手续费及利息、通信费用、各种税费和预计损失、港口建设费、营销费等其他杂费。

（4）预期利润：在计算上述费用后，还要加上预期利润，由于影响因素不同，利润多少也不同，一般在 3% 至 20% 之间，或依具体情况而定。

第二节　主要出口价格及其换算

在国际贸易业务中，买卖双方在洽商交易时，经常会出现一方当事人以某种贸易术语报价后，另一方当事人不同意而要求用其他贸易术语进行改报，这就涉及价格换算问题。以下是国际贸易中最常见的几种贸易术语的价格构成和换算方法。

一、常见贸易术语的价格构成

（一）FOB、CFR、CIF 贸易术语

FOB、CFR、CIF 这三种贸易术语仅适用于海运和内河水运。计算公式如下：

FOB 价格 = 进货成本价 + 国内费用 + 净利润

CFR 价格 = 进货成本价 + 国内费用 + 国外运费 + 净利润

CIF 价格 = 进货成本价 + 国内费用 + 国外运费 + 国外保险费 + 净利润

其中，国内费用包括银行手续费、银行押汇贴现利息、港口建设费用、贸易服务费用等。

（二）FCA、CPT、CIP 贸易术语

FCA、CPT 和 CIP 这三种贸易术语适用于任何运输方式，包括国际多式联运。计算公式如下：

FCA 价格 = 进货成本价 + 国内费用 + 净利润

CPT 价格 = 进货成本价 + 国内费用 + 国外运费 + 净利润

CIP 价格 = 进货成本价 + 国内费用 + 国外运费 + 国外保险费 + 净利润

二、常见贸易术语的价格换算

（一）FOB、CFR 和 CIF 之间的换算

1. FOB 价换算为其他价

$$CFR 价 = FOB 价 + 国外运费$$

$$CIF 价 = (FOB 价 + 国外运费)/(1 - 保险加成 \times 保险费率)$$

2. CFR 价换算为其他价

$$FOB 价 = CFR 价 - 国外运费$$

$$CIF 价 = CFR 价/(1 - 保险加成 \times 保险费率)$$

3. CIF 价换算为其他价

$$FOB 价 = CIF 价 \times (1 - 保险加成 \times 保险费率) - 国外运费$$

$$CFR 价 = CIF 价 \times (1 - 保险加成 \times 保险费率)$$

（二）FCA、CPT 和 CIP 之间的换算

1. FCA 价换算为其他价

$$CPT 价 = FCA 价 + 国外运费$$

$$CIP 价 = (FCA 价 + 国外运费)/(1 - 保险加成 \times 保险费率)$$

2. CPT 价换算为其他价

$$FCA 价 = CPT 价 - 国外运费$$

$$CIP 价 = CPT 价/(1 - 保险加成 \times 保险费率)$$

3. CIP 价换算为其他价

$$FCA 价 = CIP 价 \times (1 - 保险加成 \times 保险费率) - 国外运费$$

$$CPT 价 = CIP 价 \times (1 - 保险加成 \times 保险费率)$$

案例 6-1

中国 A 公司某商品对外报价为每箱 USD 100 CIFC5 伦敦，英国 B 公司要求改报 FOBC5 天津新港。已知每箱货物运费为 USD 10，保险加成一成，保险费率为 0.5%。请问 A 公司应如何改报？

分析：

解法 1：$I = CIFC5 \times 保险加成 \times 保险费率$
$= 100 \times 1.1 \times 0.5\% = 0.55（美元）$

$CIF = CIFC5 \times (1 - 佣金率)$
$= 100 \times (1 - 5\%) = 95（美元）$

$FOB = CIF - I - F = 95 - 0.55 - 10 = 84.45（美元）$

$FOBC5 = FOB/(1 - 佣金率)$
$= 84.45/(1 - 5\%) = 88.89（美元）$

解法 2：$CIF = CIFC5 \times (1 - 佣金率)$
$= 100 \times (1 - 5\%) = 95（美元）$

$I = CIF \times 保险加成 \times 保险费率$
$= 95 \times 1.1 \times 0.5\% = 0.52（美元）$

$FOB = CIF - I - F = 95 - 0.52 - 10 = 84.48（美元）$

$FOBC5 = FOB/(1 - 佣金率)$
$= 84.48/(1 - 5\%) = 88.93（美元）$

第三节　价格条款的制定

一、合同中的价格条款

（一）价格条款的具体内容

价格条款是确定买方支付货款数额的依据，条款内容应当完整、明确、具体、准确。国际货物买卖合同中的价格条款一般包括商品的单价和总值两项基本内容。其中，商品的单价通常由四个部分组成：计量单位、单位价格金额、计价货币和贸易术语。此外，还需要规定作价方法和计价货币。

例如，Per Set USD 60 CFR New York（每件60美元，CFR 纽约）；或者，Per M/T USD 12.00 FOBST New York，total USD 200 000（每公吨12美元，FOB 平仓费与理仓费在内，装运港纽约，总价200 000美元）。

（二）规定价格条款时的注意事项

（1）做好市场调研，合理确定商品价格，防止定价偏高或偏低。

（2）价格条款中涉及的计量单位、计价货币、装卸地等要书写规范、正确。

（3）恰当选择贸易术语，明确买卖双方的基本权利和义务。

（4）争取选择有利的计价货币，以免遭遇汇率波动的风险，必要时可加订保值条款。

（5）灵活运用不同的作价方法，避免承担价格变动的风险。

（6）参照国际贸易的习惯做法，注意佣金和折扣的合理运用。

（7）如果交货品质和数量存在机动幅度或包装费存在另计等情况，应一并订明机动部分的作价和包装费计价的具体办法。

二、计价货币的选择

在国际货物买卖中，买卖双方通常在价格条款中对于使用何种货币作为计价货币进行明确规定。通常选用的计价货币可以是出口国货币或进口国货币，也可以是双方同意的第三国货币。计价货币可以与支付货币一致，也可以不一致。中国对外出口时通常采用国际上通行的计价货币（如美元）。选择计价货币时，可遵循以下原则：

（1）尽量使用国际上可自由兑换的货币，如美元、欧元、英镑、日元等。

（2）出口采用硬币计价较有利，进口采用软币计价较有利。

（3）若采用不利货币，可根据该货币今后的变动幅度，相应调整报价。

（4）若采用不利货币，也可争取订立有关的货币保值条款，如黄金条款或汇率波动的价格调整条款。

三、作价方法

在国际贸易中，商品的作价方法很多，归纳起来主要有固定价格和非固定价格两类。

（一）固定价格

在国际货物买卖合同中规定固定价格是一种常规的做法,即交易双方通过协商就计量单位、计价货币、单位价格金额和使用的贸易术语达成一致,在合同中以单价条款的形式确定下来。固定价格适合于国际市场行情比较稳定的货物贸易,作价方法简单、方便。在实际业务中,该方法又可分为:

1. 净价

货价中不包含佣金则称为净价(Net Price),如 Per M/T USD 60 net CFR New York。

2. 含佣价

货价中含有佣金的价格通常被称为含佣价(Price Including Commission),如 Per M/T USD 60 CFRC3 New York。

3. 平均价

平均价(Average Price)多用于含有多种规格的商品。例如衬衣,每打分为大、中、小号,三种规格的售价分别为 5 美元、4 美元、3 美元。如果按 4/5/3(即大号 4 件,中号 5 件,小号 3 件)搭配成交 100 打,则平均每打 49 美元。

4. 直接价

直接价(Direct Price)是指进口商只购买某种商品中一种规格的商品的单位价格。如上例中的衬衣,每打全部为大号,则每打价格为 60 美元。

（二）非固定价格

非固定价格又称"活价",适合于国际市场行情变化较快、价格涨落不定且交货期较长的货物贸易。这种作价方法可使买卖双方避免由于价格波动较大带来的风险。

在实际业务中,该方法又可分为以下两种:

1. 暂定价格

在某些价格波动较大且交货期较长的国际货物买卖中,为避免价格风险,买卖双方可在合同中规定一个暂时价格作为开立信用证或初步付款的依据,等到交货期前某一段时间,双方再按当时的行情确定最终价格。具体做法包括以下两种:

(1) 滑动价格:$P = PO \times F(X)$。式中,P 为交货价格;PO 为合同确定的基本价格;$F(X)$ 为合同确定的交货价格计算函数。

(2) 协商价格:在合同中规定价格的协商条款,但一定要明确在协商无结果时采用何种价格。

2. 具体价格待定

这种做法又称"暂不固定价格",适合于国际市场价格波动频繁且幅度较大,或交货期较长,买卖双方对价格走势难以确定,且已经签订意向书的货物买卖。此时双方可不确定商品价格,只需规定作价方法即可。具体做法包括:

(1) 按交货或装运时的国际市场行情确定价格;

(2) 以××××年××月某地的有关商品交易的收盘价格为基准加(或减)×美元;

(3) 部分固定价格,部分非固定价格。

这种方法适合于分期交货的货物,可以在订约时确定交货期较近的货物价格,在其交货期前一段时间根据当时的市场行情再确定其他货物价格。

第四节　佣金和折扣的运用

在国际贸易的价格条款中,有时会涉及佣金和折扣。正确运用佣金和折扣,有利于扩大交易并调动中间商的积极性。

一、佣金

(一) 佣金的定义

佣金(Commission)是代理人或经纪人为委托人进行交易而收取的报酬。它适用于与代理人或佣金商签订的合同,往往表现为出口商付给销售代理人和进口商付给购买代理人的酬金。佣金又可分为明佣和暗佣。明佣是指在合同条款中明确规定佣金率;暗佣是指在合同中不标明佣金,甚至连"佣金"字样都不体现出来,关于佣金由双方当事人另行约定。货价中是否含有佣金以及佣金比例的大小,都会影响商品的价格。显然,含佣价要高于净价。

(二) 佣金的表示方法

(1) 规定佣金率。例如,USD 1 000.00 per metric ton CFR New York including 3% commission(CIFC3)。

(2) 规定佣金的绝对数。例如,USD 20.00 commission per metric ton。

(三) 佣金的计算

佣金可以按交易金额或交易数量或 FOB 价格计算,也可以按 CFR 价格或 CIF 价格扣除运费(10%)及(或)保险费(1%)计算。计算公式如下:

$$单位货物佣金价 = 含佣价 \times 佣金率$$

$$净价 = 含佣价 - 单位货物佣金额$$

$$含佣价 = 净价 / (1 - 佣金率)$$

案例 6-2

(1) 中国某公司对外报价某商品每公吨 1 200.00 美元,CFRC3 旧金山,国外进口商要求改报 CFRC5 价格,试计算中国出口商应报价多少美元?

分析: 根据含佣价 = 净价 / (1 - 佣金率)

CFR 净价 = 1 200 × (1 - 3%) = 1 164.00(美元)

CFRC5 = 1 164 / (1 - 5%) = 1 225.26(美元)

所以,出口商应该报每公吨 1 225.26 美元,CFRC5 旧金山。

(2) 中国某出口公司按每箱 200.00 美元,FOB 新港报价,国外客户要求改为 CFRC5 报价,试计算出口商应报价多少？(设每箱运费为 22 美元。)

分析：CFRC5 = (FOB + F)/(1 - 佣金率)
= (200 + 22)/(1 - 5%) = 233.68(美元)

所以,出口商按 CFRC5 报价应为每箱 233.68 美元。

(四) 佣金的支付方法

佣金的支付方法主要有三种：一是出口商收到货款后另行支付佣金；二是中间商在买方付款时直接从货款中扣除佣金；三是出口商在达成交易后即向中间商支付佣金。

二、折扣

(一) 折扣的定义

折扣(Discount, Allowance)是指卖方按原价给予买方一定比率的减让,即在价格上给予适当的优惠。凡在价格条款中明确表示折扣的,被称为明扣；如果没有在合同中明确表示折扣,而双方已就折扣达成协议的,称为暗扣。货价中是否含有折扣会影响商品的价格,一般折扣率越高,价格越低。正确运用折扣,有利于调动买方的积极性,扩大销路。

(二) 折扣的表示方法

(1) 规定折扣率。例如,USD 1 000.00 per metric ton CFR New York including 3% discount(CIFD3%)。

(2) 规定折扣的绝对数。例如,USD 20.00 discount per metric ton。

(三) 折扣的计算

折扣一般按发票的实际金额乘以约定的折扣率计算。公式如下：

单位货物折扣金额 = 含折扣价格(或原价) × 折扣率

出口商实际净收入 = 含折扣价格(或原价) - 折扣金额

案例 6-3

我国某公司以"每公吨 520.00 美元 CIF 香港,含折扣 2%"的价格条件对外出口一批货物,试计算我方的净收入。

分析：净收入 = 含折扣价格(或原价) - 折扣金额
= 520.00 × (1 - 2%) = 509.60(美元)

(四) 折扣的支付方法

折扣的支付方法主要有两种:一是进口商支付货款时预先扣除;二是若采用暗扣,则按双方达成的协议,由出口商另行向进口商支付。

第五节 对外报价的核算

一、对外报价的计算

(一) 成本计算

1. 出口商为贸易商

实际采购成本(退税后成本) = 出口商品购货成本(含增值税) − 出口退税收入

其中,出口退税收入 = 出口商品购货成本(含增值税) ÷ [(1 + 增值税税率) × 退税率]

2. 出口商为生产厂商

实际成本(退税后成本) = 生产成本 − 出口退税收入

其中,出口退税收入 = FOB 价格 × 银行外汇买入价格 × 退税率

(二) 各种费用的计算

1. 因出口而产生的各种费用,包括前述的国内费用和国内出口费用及国外费用。
2. 国内费用和国内出口费用通常由出口企业按购货成本的 5%～10% 自行核定。

(三) 预期利润的计算

计算预期利润的三种方法:

1. 以生产成本或购货成本为基数计算

预期利润 = 生产成本(购货成本) × 利润率

2. 以出口成本(生产成本或购货成本+各种费用)为基数计算

预期利润 = 出口成本 × 利润率

3. 以对外销售价格(成交价格)或对外报价为基数计算

预期利润 = 对外销售价格(成交价格或对外报价) × 利润率

(四) 对外报价的计算

FOB 报价 = (退税后成本 + 国内各种费用)/(1 − 预期利润率)

CFR 报价 = (退税后成本 + 国内各种费用 + 国外运费)/(1 − 预期利润率)

CIF 报价 = (退税后成本 + 国内各种费用)/[1 − 保险费率 × 保险加成 + 预期利润率]

FOB 报价 = (退税后成本 + 国内各种费用)/[1 − (预期利润率 + 佣金率)]

案例 6-4

某出口商拟出口一批轻货 6 000 件到美国纽约,每件成本为人民币 300 元,CIF 纽约,包装为每箱 60 件,共 100 箱,每箱容积为 4 立方英尺,设美元对人民币的汇率为 1∶6.50,

内陆运费为 60 元/箱，检验费、标志费等为人民币 5 200 元，报关费、搬运费、验关费等为人民币 3 200 元，邮电费为人民币 1 600 元，银行贴现息、手续费等为人民币 6 300 元，预期利润为 FOB 价格的 10%，海运费率为每立方米 96 美元，投保 ICC（A），保险费率为 1.35%。试计算每件 CIF 纽约报价。

分析：

表 6-1　对外报价计算

费用项目	内容	总计
购货成本	300 元/件，共 6 000 件	￥1 800 000
内陆运费	60 元/箱，共 100 箱	￥6 000
检验费	检验费、标志费等	￥5 200
报关费	报关费、搬运费、验关费等	￥3 200
邮电费	电话费、邮费、传真费等	￥1 600
银行费	贴现息、手续费等	￥6 300
		共计：￥22 300
	退税后成本+国内各种费用	￥1 822 300
FOB 报价	FOB = 1 822 300/(1−10%) = 2 024 778	￥2 024 778
	设 USD 1.00 = ￥6.50	
	2 024 778÷6.50 = 311 504	USD 311 504
海运运费	USD 96×4×100÷35.3	USD 1 088
	（每立方米＝35.3 立方英尺）	
CFR 报价	FOB+F	USD 312 592
保险费	$I = (CFR×1.1×1.35\%)/(1−1.1×1.35\%)$	USD 4 712
	= USD 4 712	
CIF 报价	FOB+F+I = 311 504+1 088+4 712	USD 317 304
每件 CIF 报价	USD 317 304÷6 000 = 53	USD 53

二、出口盈亏核算

（一）出口总成本

出口总成本是指出口商品的购货成本加上出口前的一切费用和税金。

　　出口总成本＝出口商品购货成本（或生产成本）＋出口前国内费用＋
　　　　　　　国内税款−出口退税款

（二）出口收入

出口销售外汇净收入是指出口商品按 FOB 价出售所得的外汇净收入。

　　　　　　　出口销售外汇净收入＝FOB 净价

出口销售人民币净收入是指出口商品的 FOB 价按当时的外汇牌价折成人民币的数额。

出口销售人民币净收入＝出口销售外汇净收入 × 银行外汇买入价

出口退税收入指出口方从国家那里获得的退税收入。

出口退税收入＝出口购货成本/(1＋增值税税率) × 退税率

(三) 出口盈亏率

出口盈亏率是盈亏额与出口总成本的比例,用百分比表示,它是衡量出口盈亏程度的一项重要指标。若计算结果为正,则为盈利率;若为负,则是亏损率。

盈亏额＝出口销售人民币净收入－出口总成本

盈亏率＝盈亏额/出口总成本 × 100%

案例 6-5

某公司以每公吨 1 000 美元 CIF 价格出口某种商品,已知该笔业务每公吨需要支付国际运输费用 100 美元,保险费率为 0.1%,国内商品采购价格为 5 000 元人民币,其他商品管理费为 500 元人民币,试计算该笔业务的出口盈亏率(设汇率为 1∶6.85)。

解:出口成本＝5 000 ＋ 500＝5 500(元)

$$
\begin{aligned}
出口销售外汇净收入(FOB) &= CIF － F － I \\
&= CIF － F － 110\% CIF × 0.1\% \\
&= 1\,000 － 100 － 1.1 × 1\,000 × 0.1\% \\
&= 898.9(美元)
\end{aligned}
$$

出口销售人民币净收入＝898.9 × 6.85＝6 157.47(元)

出口盈亏率＝(6 157.47 － 5 500)/5 500 × 100%＝11.95%

(四) 出口换汇成本

出口换汇成本是指某出口商品换回一单位外汇所需的人民币成本,即用多少元人民币的"出口成本"可换回单位外币的"净收入外汇"。

出口换汇成本＝出口商品总成本(人民币)/出口销售外汇净收入(外币)

其中,出口商品总成本(退税后)＝出口商品购进价(含增值税)＋定额费用

案例 6-6

某公司以每公吨 1 000 美元 CIF 价格出口商品,已知该笔业务每公吨需要支付国际运输费用 100 美元,保险费率为 0.1%,国内商品采购价格为 5 000 元人民币,其他商品管理费为 500 元人民币,试计算该笔业务的出口换汇成本(设汇率为 1∶6.85)。

解:出口成本＝5 000 ＋ 500 ＝ 5 500(元)

出口销售外汇净收入(FOB) = CIF − F − I
　　　　　　　　　　　　= CIF − F − 110%CIF × 0.1%
　　　　　　　　　　　　= 1 000 − 100 − 1.1 × 1 000 × 0.1%
　　　　　　　　　　　　= 898.9(美元)

换汇成本 = 5 500 / 898.9 = 6.12 人民币元/美元，所以该笔交易盈利。

(五) 出口创汇率

出口创汇率，又称外汇增值率，是指加工后成品出口的外汇净收入与原料外汇成本的比率。该指标主要用于计算用国外原材料或国产原材料加工再出口的业务。其计算公式如下：

出口创汇率 =(成品出口外汇净收入 − 原料外汇成本)/原料外汇成本 × 100%

其中，进口原料无论以何种价格术语成交，一律折算为 CIF 价；出口成品无论以何种价格术语成交，一律折算为 FOB 价；若原料是国产品，其外汇成本可按出口原料的 FOB 价计算。

案例 6-7

某公司进口原材料 FOB 1 000 美元，经过加工后出口 CIF 1 700 美元。假设进口和出口的运费均为 50 美元，进口和出口的保险费率均为 0.1%，试求外汇增值率。

分析: 原料外汇成本(CIF) = FOB + F + I = FOB + F + CIF(1 + 10%) × 0.1%

$$= 1\ 000 + 50 + \frac{1\ 000 + 50}{1 − 0.1\%} × 0.1\%$$

　　　　　　　　　　= 1 051(美元)

原料外汇净收入(FOB) = CIF − F − I
　　　　　　　　　　　= CIF − F − 110%CIF × 0.1%
　　　　　　　　　　　= 1 700 − 50 − 1.1 × 1 700 × 0.1%
　　　　　　　　　　　= 1 648.13(美元)

外汇增值率 = (1 648.13 − 1051)/1 051 = 56.8%

本章提要

1. 由于价格构成因素不同，影响价格的因素也多种多样。因此，在对外报价时必须充分考虑影响价格的各种因素，合理掌握差价。

2. 国际货物买卖合同中的价格条款，一般包括商品的单价和总价两项基本内容。商品的单价通常包括计量单位、单位价格金额、计价货币和贸易术语。总价则是单价与成交商品数量的乘积。此外,在合同条款中还要订明计价货币和作价方法。

3. 我国出口企业对外报价时,要熟练掌握不同贸易术语项下各种价格之间的换算以及含佣价、折扣价与净价之间的计算方法。企业在合理对外报价的同时,还必须进行有关指标的核算,包括出口总成本、出口收入、出口盈亏率、出口换汇成本、出口创汇率等。

思考题

1. 进出口商品价格的制定原则是什么?确定进出口商品价格时应考虑哪些因素?
2. 如何进行不同贸易术语项下各种价格的换算?
3. 如何计算出口盈亏率、出口换汇成本?
4. 国际贸易中的作价方法有哪些?非固定价格有哪些优缺点?
5. 浮动汇率制对国际贸易业务有哪些影响?
6. 什么是佣金和折扣?在国际贸易中应该如何正确使用佣金与折扣?

案例讨论

我国某出口公司向法国某进口公司就某类出口商品询盘,法方的报价为每公吨400欧元 CIF 马赛,而我出口公司对该商品的内部掌握价格为每公吨人民币 1 978 元 FOB 大连。当时中国银行的外汇牌价为每 100 欧元的买入价为人民币 728.12 元,卖出价为人民币 730.35 元。我国出口公司备有现货,只要不低于公司内部掌握价格即可出售。目前,该商品自中国大连港至马赛港的运费为每公吨人民币 598 元,保险费为每公吨人民币 102 元。请问:我国出口公司是否能接受此报价?为什么?

21世纪经济与管理规划教材

国际经济与贸易系列

第七章

国际贸易结算中的支付票据

【学习目标】

通过本章的学习,学生将能够:
1. 明确汇票、本票和支票的定义、种类、内容及使用程序;
2. 理解汇票的背书人应承担的义务及汇票与本票的异同点;
3. 掌握在行使票据追索权时应注意的问题。

【素养目标】

通过学习国际贸易结算中的支付票据等相关知识,学生应能够深入了解改革开放以来我国国际收支状况所发生的巨大变化,正确认识我国不断增长的国际储备规模,坚持在国际贸易经营中遵守商业伦理和职业道德,树立严谨细致的工作作风,践行教育的初心和使命。

【重点难点】

重点是根据国际贸易的交易对象,在不同的国际贸易条件下选择最佳的支付工具;难点是汇票、本票和支票三种票据的制作与比较。

【引导案例】

案情：A公司（卖方）与B公司（买方）订立一份买卖合同，将其进口的一批电脑售予B公司，货值为40万元人民币，B公司向A公司签发了一张以其开户银行C银行为付款人的远期汇票，收款人为A公司。A公司取得汇票后要求C银行办理承兑手续，后因A公司向D公司购买建筑材料，便将汇票背书转让给D公司。不久后，B公司得知因A公司进口的电脑是走私的，在运输途中被海关查获并没收，即通知C银行拒付。试问：C银行可否对D公司行使拒付权？若D公司遭拒付，应如何维护自身的合法权益？

分析：C银行不得对D公司行使拒付权。票据权利一经成立，便与其基础关系相分离，票据产生的原因有效与否与票据权利的存在无关。也就是说，持票人不必证明也无义务证明其取得票据的原因，其仅依票据上所载明的文义就可以向付款人请求给付票据上所记载的金额。如果票据债务人认为持票人取得票据是由于欺诈、恶意或重大过失等不正当原因，那么该债务人应当对此负举证责任。在本案中，虽然汇票原因关系有缺陷，但由于汇票本身与其基础关系（这里是原因关系）相分离，因此对于持票人D公司而言，不必证明取得汇票的原因，仅凭汇票上文字的记载，即可要求汇票上的债务人C银行支付汇票规定的金额，C银行不能对D公司行使拒付权。《中华人民共和国票据法》第六十一条规定，汇票到期被拒绝付款的，持票人可以对背书人、出票人以及汇票的其他债务人行使追索权。所以，若D公司遭拒付，可对A公司和B公司行使追索权。

第一节　票　据

一、票据的含义和特点

（一）票据的含义

广义的票据泛指商业上的权利凭证（Document of Title），即凡赋予持有人一定权利的凭证（如提单、存单、股票、债券等）都是票据。由于广义的票据之间，无论是在性质上还是在形式上都有很大的差异，难以用明确的概念将它们统一，因此产生了狭义的票据概念。

狭义的票据是指以支付一定数额金钱为目的、用于清偿债权债务的凭证，即由出票人在票据上签名，无条件地规定自己或他人支付确定金额的、可流通的证券。国际贸易结算中通常所说的票据即指狭义的票据。

（二）票据的特点

作为一种非现金结算工具，票据主要具有以下特点：

1. 无因性

票据上权利和义务的发生都是由某种原因引起的，这种原因被称为票据的基础关系。但是在票据开立之后，票据上权利和义务即与产生票据的原因相脱离；不论其原因关系是否存在、是否有效,均不影响票据的效力。也就是说,持票人不必询问开立或者转移票据的各种原因,只要票据本身没有问题,持票人就可以取得票据所赋予的权利;即使票据的基础关系有缺陷也不能影响当事人之间根据票据记载所产生的权利义务关系。否则,人们在接受票据时就会顾虑重重。票据的无因性使得票据可以广泛流通。

2. 要式性

票据的要式性是指票据的记载事项、记载方式等必要条件必须按照法律的规定进行。各国票据法对票据的形式和内容都做了详细的规定,使其规范化。从票面文义上可以明确当事人的权利、义务,并且完全以票面文义为依据,而不能进行任意解释或根据票据以外的其他文件确定。只有这样,才能减少票据纠纷,保证票据的顺利流通。

3. 流通性

票据是可流通证券,票据的权利可以凭背书交付而转移。在票据流通中,受让人的权利优于让与人的权利。例如,A 开票给 B,B 可以通过背书将此票据交付给 C,C 同样也可以通过背书将票据交付给 D。

总之,无因性、要式性和流通性是票据的三个最基本的特性。但是,在某些情况下,流通票据也可能失去流通能力。如果票据被加上限制性批注,如"不得转让"(Not Negotiable)、"只能记入收款人账户"(Account Payee)、"只能付某人"(Pay ××× only)等,那么这些票据就不再具有流通性了。

二、票据的当事人

一般来说,票据涉及三方面的当事人,即出票人、受票人和收款人。票据进入流通领域之后,又派生出流通中的关系人,即背书人、承兑人、持票人等。每个关系人在票据上签名后,即对票据的正当持票人负付款或担保付款的责任。

出票人(Drawer)是开立票据并交付给他人的人。受票人(Drawee),又称付款人(Payer),是根据出票人的命令支付票款的人。收款人(Payee)是收取票款的人,也是票据的债权人。背书人是指收款人或持票人在票据反面签字,并把票据转让给他人的人。付款人对票据做出承兑,即成为承兑人。持票人是持有票据的人;票据的收款人或被背书人是票据的持票人。

在许多情况下,上述票据的当事人有可能会重复。例如,票据上若以出票人自己或者受票人的名称为抬头,那么出票人或者受票人也就是票据的收款人。

三、票据种类及票据行为

国际贸易结算中使用的票据包括汇票、本票和支票,以汇票为主。各国的法律对票据种类的规定并不完全一致;但是,现在国际上一般都认为票据应包括汇票、本票和支票。我国票据法也只包括汇票、本票和支票三种。

票据行为(Acts under a bill)是指以票据上规定的权利和义务所确立的法律行为。根据票据法的一般规则,每个票据行为不因其他票据行为的不合法而受到影响。

票据行为可以分为主票据行为和从票据行为。前者为出票,是制作票据的原始行为;后者为提示、承兑、背书、参加承兑、保证、付款、参加付款等。汇票、本票和支票常见的票据行为的基本原理和法律规则基本一致。

第二节 汇 票

一、汇票的概念

汇票是国际贸易结算中使用最为广泛的一种支付工具。在使用托收、信用证或票汇的结算方式中,通常需要提交汇票,特别在承兑信用证、议付信用证业务中必须要有汇票。按照英国票据法的定义,汇票(Bill of Exchange, Draft)是由一个人向另一个人签发的、要求即期或于一定日期或在可以确定的将来时间,向某人或其指定人或持票人无条件支付一定金额的书面支付命令。

根据《中华人民共和国票据法》第十九条的规定:"汇票是出票人签发的,委托付款人在见票时或者在指定日期无条件支付确定的金额给收款人或者持票人的票据。"

二、汇票的基本当事人

一般来说,汇票有三个基本当事人。

1. 出票人

出票人是指签发命令或委托付款的人,一般是指出口商或信用证中的受益人。

2. 付款人

付款人又称受票人,是指接受出票人命令或委托支付票款金额的人,一般为进口商或信用证中的开证申请人、开证银行或付款行或承兑行。

3. 收款人

收款人又称受款人,是指凭汇票享有受领票据金额的人,一般为出口商或信用证中的受益人或议付行。

三、汇票的种类

按照不同的分类标准,汇票通常可以分为以下几种:

(一) 银行汇票和商业汇票

按照出票人的不同,汇票可以分为银行汇票和商业汇票。

银行汇票是指出票人和付款人均为银行的汇票。银行汇票一般用于汇付业务,即票汇。汇票由银行签发后交给汇款人,由汇款人自行寄给国外收款人向付款银行取款。在信用证业务中的索汇可以使用银行汇票,即议付银行议付单据后,根据信用证的规定,开立一张由指定银行(议付行或付款行)为付款人的汇票,凭以索取垫款。

商业汇票是指由企业、商号或个人签发的,付款人可以是企业、商号、个人或银行的汇票。在国际贸易中,出口商开立的汇票就是商业汇票,如果采用托收方式,通常汇票的付款人是进口商或其指定的银行,如果采用信用证结算,该汇票的付款人一般为开证行或其指定的银行。

(二) 跟单汇票和光票汇票

按照是否附有单据,汇票可以分为跟单汇票和光票汇票。

跟单汇票又称押汇汇票或信用汇票,是指附有货运单据的汇票。在信用证业务项下的跟单汇票可卖给银行,并以单据为抵押取得资金的融通。托收项下的跟单汇票由于没有银行信用做担保,风险较大,因此银行通常不提供融资,仅以托收的方式代收货款。

光票汇票是指未附有任何货运单据的汇票。光票汇票一般不用于收取货款,只用于运费、保险费和利息的收取。出口商采用寄售方式推销新产品时,大多签发不附有单据的光票汇票,委托银行寄往国外向代理商提示收款。由于银行信用较高,所以银行汇票多为光票汇票。

(三) 银行承兑汇票和商业承兑汇票

按照承兑人的不同,汇票可以分为银行承兑汇票和商业承兑汇票。

银行承兑汇票是指由公司、企业或者个人进行承兑的以银行为付款人并经过付款承兑的远期汇票。银行承兑汇票的特点如下:①无金额起点限制;②第一付款人是银行;③出票人必须在承兑(付款)行开立存款账户;④付款期限最长达 6 个月;⑤可以贴现;⑥可以背书转让。

商业承兑汇票是以公司、企业或个人为付款人,并由公司、企业或个人进行承兑的远期汇票。

(四) 即期汇票和远期汇票

按照付款时间的不同,汇票可以分为即期汇票和远期汇票。

即期汇票是指以提示日为到期日,持票人持票到银行或其他委托付款人那里,后者见票必须付款的一种汇票。这种汇票的持票人可以随时行使自己的票据权利,在此之前无须提前通知付款人准备履行义务。

远期汇票是指约定一定的到期日付款的汇票。远期汇票的付款日期一般有以下四种规定方法:①规定见票后若干天付款;②规定出票后若干天付款;③规定在提单签发后若干天付款;④规定在某一特定时期付款。

(五) 一般汇票与变式汇票

以当事人中是否有一人兼任两种及以上身份为标准,汇票可以分为一般汇票与变式汇票。汇票的基本当事人身份有三种:发票人、收款人、付款人,三种当事人身份分别为不同的人所具有的,其汇票为一般汇票;三种当事人中有两种及以上身份是由一人兼任的,其汇票为变式汇票。

(六) 记名汇票、指示汇票和无记名汇票

按照记载收款人姓名方式的不同,汇票可以分为记名汇票、指示汇票和无记名汇票。

记名汇票又称抬头汇票,是指发票人在汇票上写明收款人的姓名或商号的一种汇票。对于这种汇票,发票人发票后,只有将该汇票交给票面上记载的收款人,才产生票据的效力。同时,作为收款人的持票人,可以依法背书进行转让。

指示汇票是指在票面上不仅记载收款人的姓名或商号,并且附加"或其指定人"字样的汇票。对于这种汇票,发票人可以依背书交付而转让,但不得对持票人的背书转让加以禁止。

无记名汇票是指在票面上没有记载收款人的姓名或商号,或仅记载"来人"字样的一种汇票,这种汇票仅完成交付行为即可转让。

四、汇票的记载事项

(一) 汇票的绝对记载项目

绝对记载事项是指票据上必须记载的事项,否则票据便会无效。绝对记载事项大致有以下几种:

1. 出票日期

出票日期是大陆法系各国及我国票据法规定的绝对记载事项之一。汇票上的出票日期仅符合形式上的要求即可,至于与实际日期是否相符,对出票行为的效力无任何影响。

汇票出票日期之所以是绝对记载事项,是因为它具有以下重要意义:第一,决定见票即付的付款提示期限;第二,决定出票日后定期付款的到期日;第三,决定利息的起算日期;第四,决定见票后定期付款的承兑提示期间;第五,确定出票人为出票行为时有无行为能力及代理人有无代理权等的标准;第六,未记明保证日期时,决定保证成立日期。

2. 收款人或其指定人的姓名

由于我国票据法及日内瓦《统一汇票本票法》均不承认无记名汇票,所以汇票上必须记载收款人或其指定的人。

收款人是最初的权利人。而指定人一般是指票据的受让人,该受让人的姓名也必须记在汇票上。一般对收款人有以下三种写法:

(1) 限制性抬头。例如,"仅付给甲公司"(Pay A Co. only)或"付××公司,不准流通"(Pay ×× Co. not negotiable)。这种抬头的汇票不能流通转让,只限定指定的收款人收取票款,因此在国际贸易结算中很少使用。

(2) 指示性抬头。例如,"付给××公司或指定人"(Pay ×× Co. or order 或 Pay to the order of ×× Co.)。这种抬头的汇票除了××公司可以作为收款人,也可通过背书转让给第三者。因此,在国际贸易中被广泛使用。

(3) 持票人或来人抬头。例如,"付给来人"(Pay Bearer)。这种抬头的汇票无须由持票人背书,仅凭交付汇票即可转让。但是,这种来人汇票风险很大,在国际贸易结算中也很少使用。

3. 出票人签章

出票人签章是重要的事项,出票人于汇票上签章意味着出票人对汇票之文义记载的责任负责,否则,票据便失去意义,应为无效。

4. 票据文句

票据文句是表明票据为汇票的文字。汇票必须有表明其为汇票字样的文句,目的是与其他票据相区别。日内瓦《统一汇票本票法》要求使用与出票所用的文字相同的文字,但英美票据法不要求在票据上写明这一点。这是两大法系的区别。

大陆法系国家及我国票据法一般都要求写明,并且作为标题印在票据上方。

5. 确定的金额

作为金钱证券的汇票,必须记载一定的金额,并且金额必须确定,不能出现"付人民币若干"或"付人民币一千元左右"的字样。

至于记载的方式,可以用文字,也可以用数字。当数字与文字不一致时,以文字记载为准。

6. 支付文句

汇票上必须记载"无条件支付委托"的字样,称为支付文句。在我国常用"凭票即付"或"请于到期日无条件支付"等类似文字。

票据之所以强调无条件支付,是为了使票据关系简单化,增强票据付款的确定性,进而增强票据的流通性。所谓无条件支付,是指单纯的委托支付,若附有条件,例如在支付文句中加上"收到货后付款"等就不是无条件支付,与票据性质相背,应为无效票据。

两个以上的出票人在票据上签名时,一般认为各出票人应对全部汇票债务负连带责任。因此,持票人可以对其中一人,或对其全体请求支付票据金额。如果一人做了清偿,其他出票人的责任即可免除。清偿人向其他连带责任人的求偿按一般民法规定执行。

缺少上述记载内容之一的汇票,视为无效汇票。汇票的样本如表 7-1 所示。

表 7-1　汇票样本

```
                        Bill of Exchange
No._____(汇票号码)
Drawn under(出票依据)_____  L/C No._____  Dated_____
Exchange for(小写汇票金额)_____  Beijing, China(出票日期、地点)_____
At(见票)_____ sight of this FIRST of Exchange(Second of Exchange being unpaid)
Pay to the order of(收款人)_____
The sum of(大写汇票金额)_____
To(付款人)_____
                                                    _____(出票人签章)
                                                              (signed)
```

(二) 汇票的相对记载事项

相对记载事项是指,票据法规定的行为人从事票据行为时应该在票据上记载,如果未记载,则依票据法的规定执行,票据并不因此无效的记载事项。如《中华人民共和国票据法》第二十三条第二款规定:"汇票上未记载付款日期的,为见票即付。"

1. 付款地

付款地是汇票上记载的支付汇票金额的地方,也是拒绝付款时持票人请求做成拒绝证书的地方。付款地的记载必须单一,如果记载甲地或乙地,或者记载一部分在甲地支付,另一部分在乙地支付,则此种记载无效,付款地与出票地可以为同一地。

汇票上如果缺乏付款地的记载,根据尽量使票据有效的原则,各国法律一般均不认定其为无效汇票,而是规定了补救方式。如《中华人民共和国票据法》第二十三条第三款规定:"汇票上未记载付款地的,付款人的营业场所、住所或者经常居住地为付款地。"

汇票上之所以要求记载付款地,其意义主要表现在以下方面:第一,可以确定票据诉讼的管辖法院;第二,在票据上未记明货币种类时,可确定支付票据金额所用的货币种类;第三,确定票据金额提存的提存法院;第四,可避免持票人与付款人就票据权利与义务的行使与履行因付款地而发生纠纷。

2. 付款人姓名

付款人姓名为绝对记载事项或相对记载事项,各国票据法规定不一。我国票据法将其作为绝对记载事项。汇票的付款人可以是法人,也可以是自然人。

3. 付款日期

付款日期又称到期日,是票据权利人行使票据权利的日期。根据各国票据法的规定,付款日期大致有见票即付、见票后定期付款、出票后定期付款、定日付款四种。

到期日在票据关系中占有十分重要的地位,因为它关系到票据权利义务的行使,但是,如果票据上欠缺到期日的记载,各国票据法均规定将其视为见票即付。

4. 出票地

出票地是票据上记载的出票人签发汇票的地点。票据法要求出票地的记载仅符合形式要件即可。汇票上所记载的出票地与出票人实际签发票据的地点不一致时,也不影响汇票的效力。此时以汇票上所记载的出票地为准。

出票地的重要作用在于确定适用于出票行为的票据法,故应为汇票记载的事项。若汇票上欠缺出票地的记载,各国法律并不认为其为无效汇票,一般都规定了补救方式。如《中华人民共和国票据法》第二十三条第四款规定:"汇票上未记载出票地的,出票人的营业场所、住所或者经常居住地为出票地。"

(三) 其他可以记载的事项

汇票上可以记载的事项是指依当事人意思自由决定的事项,若当事人不记载,则票据仍然有效;若当事人记载,则记载事项具有票据上的效力。我国票据法对汇票中可以记载的事项规定如下:

1. 免除担保承兑责任的记载

出票人担保承兑的责任可以通过特别约定来免除,但担保付款的责任不得免除,汇票上有免除担保付款责任记载的,其记载无效。因为当事人通过特别约定免除出票人担保承兑责任的,只不过使票据债权人在遇到付款人拒绝承兑的情形时,不得于票据到期日前向出票人行使追索权而已。至于付款,乃是汇票的目的,出票人无论如何都不能免除其担保责任,否则便使出票人成为非票据债务人了,故法律不允许免除。而根据《中华人民共和国票据法》第二十六条的规定,出票人担保承兑的责任不能通过特别约定加以免除。

2. 免除做成拒绝证书的记载

有的国家的票据法及国际公约规定,出票人可在票据上记载"退票时不承担费用"或"免除做成拒绝证书"以及其他同义文句,并经其签名。若票据上有此记载,则持票人可不必做成拒绝付款证书或拒绝承兑证书而直接行使追索权。

3. 禁止背书的记载

禁止背书的记载是指汇票上记有"禁止以背书转让"的文句后,背书人对被背书人的后手不再承担担保责任。

五、主要票据行为

（一）出票

出票(Issue)是指出票人在汇票上填写付款人、付款金额、付款时间、付款地点以及收款人等项目,签字后交付给持票人的行为。出票由两个行为构成,一是出票人写成汇票并在汇票上签字,二是出票人要将汇票交付给持票人。只有经过交付,汇票才开始生效。

汇票通常需要签发一式两份(银行汇票只签发一份),其中一份写明"正本"(Original)或"第一份汇票"(First of Exchange),另一份写明"副本"(Copy)或"第二份汇票"(Second of Exchange)。两份汇票具有同等法律效力,但只对其中一份承兑或付款。为了防止重复承兑或付款,汇票上均写明"付一不付二"或"付二不付一"(Second or First unpaid)。

（二）提示

提示(Presentation)是持票人将汇票提交付款人要求承兑或付款的行为,是持票人要求取得票据权利的必要程序。提示又分付款提示和承兑提示。

付款提示是指汇票的持票人向付款人或承兑人出示汇票要求付款的行为。承兑提示是指远期汇票的持票人向付款人出示汇票,要求付款人承诺到期付款的行为。对于远期汇票,应先履行承兑提示,再到汇票到期日履行付款提示。即期汇票只有付款提示。

值得注意的是,付款提示和承兑提示都应在法定期限内进行。《中华人民共和国票据法》规定,定日付款或者出票后定期付款的汇票,持票人应当在汇票到期日前向付款人提示承兑。见票后定期付款的汇票,持票人应当自出票日起一个月内向付款人提示承兑。见票后付的汇票无需提示承兑。持票人应当按照下列期限提示付款:(1)见票即付的汇票,自出票日起一个月内向付款人提示付款;(2)定日付款、出票后定期付款或者见票后定期付款的汇票,自到期日起十日内向承兑人提示付款。

（三）承兑

承兑(Acceptance)是指付款人在持票人向其提示远期汇票时,在汇票上签名,承诺于汇票到期时付款的行为。具体做法是付款人在汇票正面写明"承兑"字样,注明承兑日期,于签章后交还持票人。付款人一旦对汇票做出承兑,即成为承兑人,以主债务人的地位承担汇票到期付款的法律责任。

(四) 付款

付款人在汇票到期日,向提示汇票的合法持票人足额付款(Payment)。持票人将汇票注销后交给付款人作为收款证明,汇票所代表的债务债权关系即告终止。

(五) 背书

背书(Endorsement)是转让票据权利的一种法定手续。根据《中华人民共和国票据法》的规定,除非出票人在汇票上记载"不得转让",汇票的收款人可以以记名背书的方式转让汇票权利。所谓背书,是指持票人在汇票背面签上自己的名字,并记载被背书人的名字,然后把汇票交给被背书人即受让人,受让人便成为持票人,是票据的债权人。受让人有权以背书方式再行转让汇票的权利。在汇票经过不止一次转让时,背书必须连续,即被背书人和背书人名字前后一致。对受让人来说,所有以前的背书人和出票人都是他的"前手",对背书人来说,所有他转让以后的受让人都是他的"后手",前手对后手承担汇票得到承兑和付款的责任。在金融市场上,最常见的背书转让为汇票的贴现,即远期汇票经承兑后尚未到期,持票人背书后由银行或贴现公司作为受让人。银行或贴现公司从票面金额中扣减按贴现率结算的贴息后,将余款付给持票人。

(六) 拒付和追索

持票人向付款人提示,付款人拒绝付款或拒绝承兑,均称拒付(Dishonor)。另外,付款人逃匿、死亡或宣告破产,以致持票人无法实现提示,也称拒付。

出现拒付时,持票人有追索权(Recourse),即有权向其前手(背书人、出票人)要求偿付汇票金额、利息和其他费用的权利。在追索前必须按规定做成拒绝证书和发出拒付通知。拒绝证书用以证明持票人已进行提示而未获结果,由付款地公证机构出具,也可由付款人自行出具退票理由书,或有关的司法文书。拒付通知用以通知前手关于拒付的事实,使其准备偿付并进行再追索。

值得注意的是,汇票的出票人或背书人为了避免被追索的责任,在出票时或背书时加注"不受追索"(Without Recourse)字样,一般这样的汇票在市场上很难流通。

第三节 本票与支票

一、本票

(一) 本票的定义和内容

根据《中华人民共和国票据法》第七十三条的规定,本票(Promissory Note)是出票人签发的,承诺自己在见票时无条件支付确定的金额给收款人或者持票人的票据。第七十四条又规定,本票的出票人必须具有支付本票金额的可靠资金来源,并保证支付。

根据英国票据法的规定，本票是一个人向另一个签发的，保证于见票时或定期或在可以确定的将来的时间，对某人或其指定人或持票人支付一定金额的无条件的书面支付承诺。

简言之，本票是出票人对收款人承诺无条件支付一定金额的票据。

本票的基本当事人只有两个：出票人和收款人。本票的付款人就是出票人本人。《中华人民共和国票据法》第七十七条规定，本票的出票人在持票人提示见票时，必须承担付款的责任。

（二）本票的记载事项

各国票据法对本票内容的规定各不相同。《中华人民共和国票据法》第七十五条规定："本票必须记载下列事项：①表明"本票"的字样；②无条件支付的承诺；③确定的金额；④收款人名称；⑤出票日期；⑥出票人签章。本票上未记载前款规定事项之一的，本票无效。"

本票的样本如表7-2所示。

表7-2 本票样本

```
                        PROMISSORY NOTE
（本票金额）_____          _____（出票日期、地点）
On the_____（付款时间）fixed by the Promissory Note
We promise to pay to the order of_____（收款人）
The sum of（大写金额）_____
                                        _____（出票人签章）
                                                      （signed）
```

（三）本票的种类

1. 商业本票和银行本票

按照本票出票人的不同，本票可以分为商业本票和银行本票。

商业本票是由工商企业或个人签发的本票，也称为一般本票。商业本票可分为即期和远期的商业本票，一般不具备再贴现条件，特别是中小企业或个人开出的远期本票，因信用保证不高，所以很难流通。

银行本票是银行签发的，承诺自己在见票时无条件支付确定的金额给收款人或者持票人的票据。银行本票都是即期的。在国际贸易结算中使用的本票大多是银行本票。《中华人民共和国票据法》第七十三条第二款规定："本法所称本票，是指银行本票。"所以，我国票据法只调整银行本票，而不调整商业本票。

2. 即期本票和远期本票

按照本票付款期限的不同，本票可以分为即期本票和远期本票。

即期本票是见票即付的本票；远期本票包括定日付款本票、出票后定期付款的本票和见票后定期付款的本票。《中华人民共和国票据法》第七十三条第一款规定："本票是出票人签发的,承诺自己在见票时无条件支付确定的金额给收款人或者持票人的票据。"因此,我国票据法只调整"见票时无条件支付"的即期本票,而不调整远期本票。

3. 记名本票和无记名本票

按照本票上是否记载收款人的名称,本票可以分为记名本票和无记名本票。

《中华人民共和国票据法》第七十五条规定,本票必须记载收款人名称,否则,本票无效。

(四) 本票与汇票的异同点

本票和汇票属于票据的范畴,都可以作为支付工具,但是两者也存在较大的区别,主要体现在票据的基本当事人不同、远期票据有无承兑手续、票据的主次债务人不同等方面,具体如表 7-3 所示。

表 7-3　本票与汇票的关系①

关系		本票	汇票
相同点	1. 两者都是票据的主要形式,都是必须以货币表示的、金额一定的、以无条件的书面形式做成的 2. 两者的付款期限都可以采用即期的或远期的形式 3. 两者的收款人都可以采用记名的或不记名的形式 4. 本票的收款人与汇票的收款人相同 5. 本票的出票人类似于汇票的承兑人 6. 本票的第一背书人类似于已承兑汇票的收款人		
不同点	付款性质	无条件支付承诺	无条件支付命令
	当事人	出票人和收款人	出票人、付款人和收款人
	主债务人责任	出票人始终是主债务人	承兑前出票人是主债务人,承兑后承兑人是主债务人
	是否承兑	没有承兑和参加承兑	有承兑和参加承兑
	出票人与收款人关系	出票人不可以为收款人	出票人可以为收款人
	份数	一式一份	一式两份或一式多份
	退票处理	国际本票遭到退票时,不需要做成拒绝证书	在英国,国际汇票遭到退票时,必须做成拒绝证书

二、支票

(一) 支票的定义

支票是指以银行为付款人的即期汇票(A check is a bill of exchange drawn bank payable on demand),即支票是银行存款户对银行签发的授权银行对某人或其指定人或持票人即期

---

① 叶陈云,叶陈刚.国际结算[M].上海:复旦大学出版社,2007.

支付一定金额的无条件书面支付命令。

（二）支票的必要项目

(1) 写明其为"支票"字样；

(2) 无条件支付命令；

(3) 付款银行名称；

(4) 出票人签章；

(5) 出票日期和地点（未载明出票地点的，出票人名字旁的地点视为出票地）；

(6) 付款地点（未载明付款地点的，付款银行所在地视为付款地点）；

(7) 写明"即期"字样，如未写明即期，仍视为见票即付；

(8) 一定金额；

(9) 收款人或其指定人。

支票上未记载规定事项之一的，支票无效。支票的样本如表7-4所示。

表7-4 支票样本

THE BANK OF COMMUNICATION（出票人开户行）
＿＿＿＿＿＿（支票号码）
（支票金额）＿＿＿＿＿＿＿＿＿＿ ＿＿＿＿＿＿＿＿（出票日期、地点）
Pay against this Check to the order of（收款人）＿＿＿＿＿＿＿＿＿＿
The sum of（大写金额）＿＿＿＿＿＿＿＿＿＿
＿＿＿＿＿＿＿（出票人签章）
（signed）

（三）支票的种类

1. 记名支票

记名支票（Check Payable to Order）是在支票的收款人一栏写明收款人姓名，如"限付某甲"（Pay A Only）或"指定人"（Pay A Order），取款时须由收款人签章，方可支取。

2. 不记名支票

不记名支票（Check Payable to Bearer）又称空白支票，支票上不记载收款人姓名，只写"付来人"（Pay Bearer）。取款时，持票人无须在支票背面签章即可支取。此项支票仅凭交付而转让。

3. 划线支票

划线支票（Crossed Check）是在支票正面划两道平行线的支票。划线支票与一般支票不同，划线支票非银行不得领取票款，故只能委托银行代收票款入账。使用划线支票的目的是在支票遗失或被人冒领时，还有可能通过银行代收的线索追回票款。

4. 保付支票

保付支票（Certified Check）是指为了避免出票人开出空头支票，保证支票提示时付款，支票的收款人或持票人可要求银行对支票"保付"。保付是付款银行在支票上加盖"保付"

戳记的行为,表明在支票提示时一定付款。支票一经保付,付款责任即由银行承担。出票人、背书人都可免于追索。付款银行对支票保付后,即将票款从出票人的账户转入一个专户,以备付款,所以保付支票提示时不会退票。

5. 银行支票

银行支票(Bank's Check)是由银行签发并由银行付款的支票,也是银行即期汇票。银行代顾客办理票汇汇款时,可以开立银行支票。

6. 旅行支票

旅行支票(Traveler's Check)是银行或旅行社为旅游者发行的一种固定金额的支付工具,是旅游者从出票机构用现金购买的一种支付手段。

(四) 支票与汇票的异同点

支票与汇票同属于狭义的票据范畴,其构成要素大致相同,都具有出票、背书、付款这些流通证券的基本条件,都是可以转让的流通工具。其关系如表 7-5 所示。

表 7-5 支票与汇票的关系①

关系		支票	汇票
相同点		1. 支票和汇票都是无条件的支付命令,是出票人命令他人付款的依据 2. 支票和汇票各有三个基本当事人,即出票人、付款人和收款人 3. 支票和汇票都是支付手段、流通手段和融资工具	
不同点	当事人关系	支票在签发时,出票人与付款人之间必须先有资金关系	汇票的出票人与付款人之间没有这方面的要求
	主债务人	支票的主债务人是出票人	汇票有两种情况,即期汇票和承兑前的远期汇票的主债务人是出票人,承兑后远期汇票的主债务人是承兑人
	出票人责任	支票的出票人要担保付款一定付款	汇票的出票人要担保付款人承兑和付款
	期限	支票是出票人要担保付款人一定付款	汇票有远期和即期之分,一般应记载到期日
	出票份数	只开单张	可开成一式多份
	付款性质	支票的付款人必须是银行	汇票的付款人既可以是银行,也可以是企业和个人
	票据行为	支票无承兑、参加承兑和参加付款的行为	汇票则有承兑、参加承兑和参加付款的行为

---

① 叶陈云,叶陈刚.国际结算[M].上海:复旦大学出版社,2007.

本章提要

1. 在国际贸易中,支付工具主要是票据,票据的主要特性有无因性、要式性和流通性。

2. 在国际贸易中使用的支付工具是票据,包括汇票、本票和支票,其中汇票是国际结算的核心票据。汇票可分为银行汇票和商业汇票、光票汇票和跟单汇票等。汇票行为一般包括出票、提示、背书、承兑、付款等,其基本原理和法律规则同样适用于本票和支票。

3. 本票是出票人自己的无条件承诺,故无须提示承兑。本票可分为商业本票和银行本票。

4. 支票是银行存款户向银行签发的授权银行对某人或其指定人或持票人即期支付一定金额的无条件书面支付命令。支票的种类大致可以分为记名支票、不记名支票、划线支票、保付支票等。

 **思考题**

1. 票据具有哪些法律特点?
2. 各国票据法对汇票内容的规定有所不同,一般应包括哪些基本内容?
3. 汇票的使用一般要经过哪些环节?
4. 汇票的背书人应承担什么义务?汇票与本票有何不同?
5. 在行使票据追索权时应当注意哪些问题?

案例讨论

某年5月20日,A公司与B公司签订了一份价款为68万元的沙发购销合同。合同约定以汇票进行结算。5月27日,B公司向A公司签发了一张金额为68万元、到期日为11月27日的汇票。A公司根据合同约定发送了沙发,接受了汇票。5月29日,A公司将汇票背书转让给C公司,C公司又将汇票于7月20日背书转让给D公司,以抵消所欠货款。D公司在汇票到期日,向B公司提示付款,因B公司在开户银行存款不足而遭退票。D公司向C公司追索票款,未果。D公司遂以票据债务人即出票人B公司,背书人A公司、C公司为被告向法院起诉,要求被告承担连带责任,偿清票款。

试分析D公司的要求是否合理,并根据票据法的有关规定说明理由。

第八章

国际贸易结算中的支付方式

【学习目标】

通过本章的学习,学生将能够:
1. 理解汇付和托收的含义、涉及的当事人以及操作流程;
2. 熟练掌握信用证的运作程序、性质、特点以及 UCP 600 的主要内容;
3. 认知银行保函和备用信用证的作用及 URDG 758 的主要特点。

【素养目标】

通过学习国际贸易结算中的支付方式等相关知识,学生应能够深入了解国际贸易结算及货款收付工作的重要性,正确认识跨境人民币结算是推进人民币国际化的重要抓手,在复杂多变的国际经贸环境中构建风险意识及诚信经营素养。

【重点难点】

重点是在不同的国际贸易条件下选择最佳的付款方式;难点是巧用结算方式规避和防范贸易风险。

【引导案例】

案情：某年5月，中国A公司向国外B公司出口化工产品，合同中约定采用FOB术语，D/P at sight（即期付款交单）付款。货物装船起运后，B公司以己方负责办理货物运输为由，要求A公司将提单上的托运人与收货人均注明为B公司，并将海运提单副本寄给B公司。货到目的港后，恰逢当地化工市场行情波动，B公司以资金暂时不足为由拒不付款赎单，要求A公司将付款方式改为D/A，并允许其先行提取货物，否则将拒绝收货。由于提单收货人记名为B公司，A公司无法将货物转卖给其他客户，只得答应B公司的要求。之后B公司出具保函、营业执照复印件以及海运提单副本向船公司办理提货手续。货物被提走后，B公司不但没有按期向银行付款并且失去联系，A公司蒙受货款两空的巨大损失。

分析：本案中B公司使用了一个连环套方式即"D/P—记名提单—D/A"诈骗A公司的货物。无论是D/P还是D/A均为托收的方式，其中D/A对卖方的风险最大。而买方则期望从D/P变成D/A，这样对其资金周转比较有利，同时也掌握了付款环节的主动权，可根据市场行情和国家有关政策的变化决定是否付款、何时付款以及如何付款。而实现这一路径转变的重要载体，一是FOB合同，二是记名提单。由于本案采用FOB合同成交，给了B公司充分的理由以负责运输事宜为借口将提单转为记名提单，并利用记名提单的性质即可不凭正本提单提取货物。A公司以为自己持有正本提单，B公司见票后会立即付款，收汇有保证，却忽略了记名提单与通常使用的指示提单的差异，从而受制于人，蒙受了巨大的损失。

第一节 汇付与托收

一、汇付

（一）汇付的概念

汇付（Remittance）作为目前国际贸易结算的主要支付方式，又称汇款，通常是指付款人或债权人通过银行或其他途径，运用各种结算工具将货款汇交国外收款人的结算方式。

在汇付业务中，债务人主动将资金和汇款申请书交给当地的一家银行，由其根据债权人的要求，制作付款委托书作为结算工具寄送债权人所在地的银行，同时将资金转移给该银行，委托其转交给债权人。在这一过程中，结算资金的流转方向和业务工具的流转方向一致，属于顺汇结算。

（二）汇付的特点

（1）汇付是国际贸易中最早的结算方式，是其他各种结算方式的基础。

（2）汇付是一种商业信用的支付方式，即银行只提供服务而不提供信用。在国际贸易中，买卖双方订立合同后，通常是卖方先将货物发运给买方并自行将有关单据寄送给买方,买方则通过银行将货款汇给卖方。在汇付业务中,办理汇款业务的银行只是按照汇款人的指示行事,对贸易中的货物、与货物有关的单据以及单据在传递过程中的延误、遗失等概不负责。卖方能否及时、安全地收回货款完全取决于买方的信用。

(3) 汇付应用面较广,适用于诸如寄售的货款归还、预付货款和订金、汇付佣金、带垫运费等贸易结算,还可以用于非贸易结算。凡是外汇资金的转移都可以采用汇付的方式。

(三) 汇付的当事人

(1) 付款人,通常是指国际贸易中的买方,即进口方。

(2) 收款人,通常是指国际贸易中的卖方,即出口方。

(3) 汇出行,通常是指接受汇款人申请,代其汇款的银行。汇出行一般是进口地银行。

(4) 汇入行,通常是接受汇出行的委托,对收款人付款的银行。汇入行一般是出口地银行。

(四) 汇付的基本分类

汇付根据汇出行向汇入行发出汇款委托的方式分为三种形式:

1. 电汇

(1) 电汇的定义

电汇(Telegraphic Transfer, T/T)是指汇出行接受汇款人委托后,以电传方式将付款委托通知收款人当地的汇入行,委托它将一定金额的款项解付给指定的收款人。

(2) 电汇的特点

第一,属于顺汇结算方式。电汇是以电报或电传作为结算工具,因其传递方向与资金流动方向相同,所以电汇属于顺汇结算。

第二,收款迅速及时。电汇是收款速度最快的一种汇付方式,银行一般均当天处理,交款迅速,但汇出行无法占用邮递过程的汇款资金,所以一般在金额较大或比较紧急的情况下才适用。

第三,程序安全可靠。由于目前电汇大部分采用电传和SWIFT(全球银行金融电信协会)系统发出,而这两种方式又是银行之间的直接通信手段,并有密押核实,减少了邮递环节,因此产生差错的可能性很小。加上电传是按分钟计价,比按字计价的电报费用低;SWIFT系统是由非营利组织打造的,费用也不高。因而,在目前的汇款业务中,电汇所占的比例有扩大的趋势。

第四,汇款人承担的费用较高。所以,通常只有在金额较大或情况紧急时才使用电汇方式。

(3) 电汇业务的基本流程

当结算双方商定以电汇结算资金后,电汇的具体操作程序如图8-1所示。

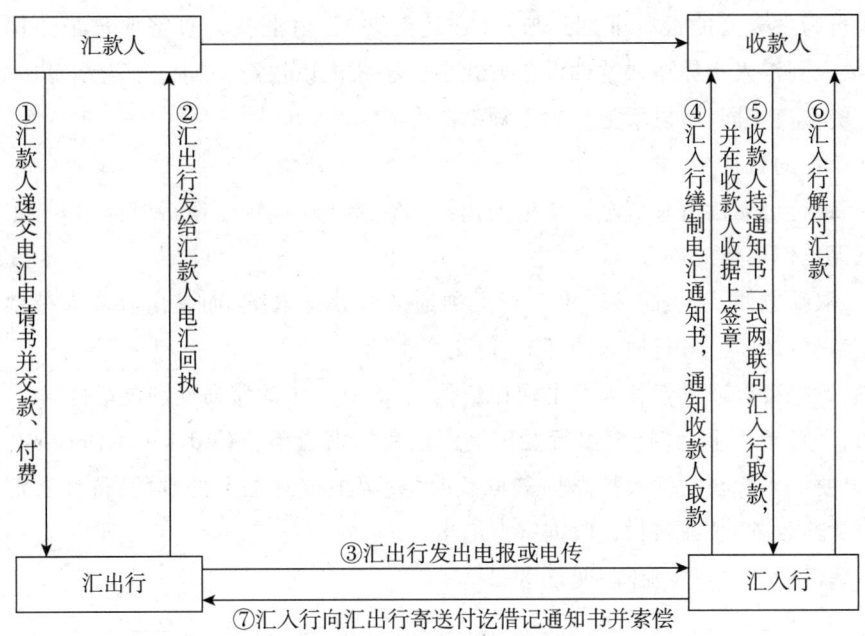

图 8-1 电汇业务流程

2. 信汇

(1) 信汇的含义

信汇(Mail Transfer, M/T)是指汇出行应汇款人的申请,用航空信函的方式指示汇入行解付一定金额给收款人的一种汇款方式。

(2) 信汇业务的特点

第一,银行可短期无偿利用信汇资金。由于信汇邮递在途时间较长,因此汇出行可占用邮递时间内的信汇资金。

第二,信汇费用相对较低。由于信汇的成本低于电报、电传,并且银行收取的手续费用也较低,因此在以前的汇款中信汇所占的比例较大。

第三,信汇资金的转移速度较慢。信汇通过航空邮寄至汇入行,汇款在途时间较长,收款时间较长。

(3) 信汇业务的基本流程

信汇业务的流程与电汇基本相同,但汇款人必须填写信汇申请书。信汇与电汇的唯一差别是,汇出行应汇款人的申请,以航空信函邮寄信汇委托书(M/T Advice)或支付委托书(Payment Order)给汇入行作为结算工具,委托其解付。

应注意的是,信汇委托书或支付委托书上须加具有权签字人的签章,汇入行收到委托书后,凭汇出行的印鉴样本核对无误后,即按委托书的地址通知收款人前来领取汇款。收款人领取汇款时,必须持证明自己身份的证件,并在汇款收据上签名或盖章。

3. 票汇

(1) 票汇的定义

票汇(Remittance by Banker's Demand Draft, D/D)是指汇出行应汇款人的申请,代其开

立以汇入行为付款人的银行即期汇票,并交还汇款人,由汇款人自寄或自带给国外收款人,由收款人到汇入行凭票取款的汇款方式。由于票汇以银行即期汇票为结算工具,其传送方向与资金流相同,所以票汇也属于顺汇。

(2) 票汇的特点

第一,银行可无偿占有资金。票据的出票、寄(带)或者转让所占时间较长,银行在此期间可以无偿使用票汇资金。

第二,取款方便,手续简便。汇入行无须通知收款人取款,而是由收款人持票亲自到汇入行取款,省却了汇入行通知的环节,简化了手续。

第三,票据可以通过汇款人背书转让给他人,具有一定的流通性和灵活性。

第四,办理票汇业务时,汇出行要出具汇票通知书或票根(Advice of Drawing)并寄至汇入行,以便汇入行在收款人持票向其取款时,凭票根核对汇票的真伪,待证实汇票无误后解付票款给收款人,并将付讫收据寄至汇出行。

(3) 票汇业务的基本流程(见图 8-2)

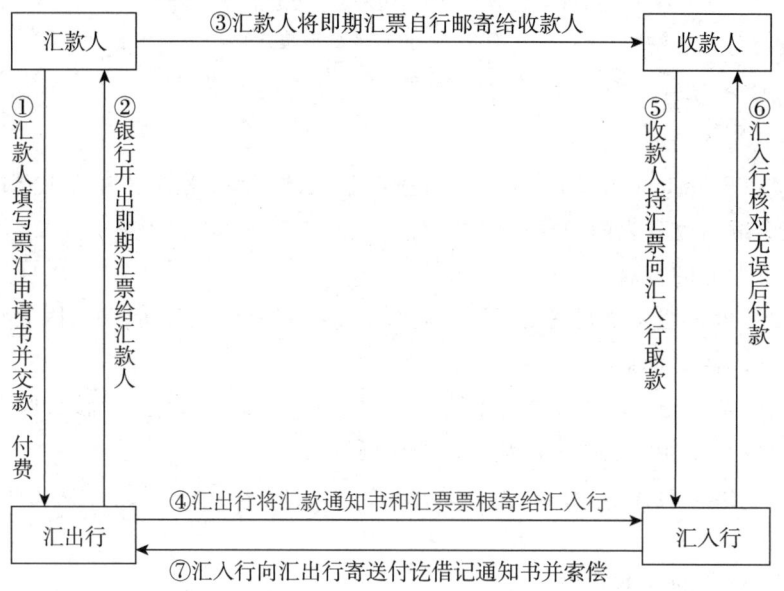

图 8-2 票汇业务流程

(五) 合同中的汇付条款示例

买方应将全部货款的 15% 在装运前 20 天内以电汇方式汇付给卖方。(Buyer should pay 15% amount to seller by T/T within 20 days before shipment.)

买方应将全部货款的 15% 在货到后 30 天内以电汇方式汇付给卖方。(Buyer should pay 15% amount to seller by T/T within 30 days after arrival of the goods.)

(六) 汇付的具体应用

在国际贸易中利用汇款结算买卖双方的债权债务时,有预付货款和货到付款两种方式。

1. 预付货款

（1）预付货款的含义与特点

预付货款（Payment in Advance）是指进口商将货款的一部分或全部支付给出口商，出口商收到货款后再发货。

预付货款是一种对出口商有利、对进口商不利的结算方式。因出口商在货物出口前就得到了货款，无须自己垫付，等于利用了他人的款项，有利于资金的周转；等收款后再发货，降低了货物出售的风险，如果进口商毁约，出口商可没收预付货款。而进口商未收到货物却先行垫款，积压了资金，一旦出口商不发货，或货物的品质有问题，就将遭受损失；进口商在货物到手前付出货款，还会造成其资金周转困难及利息损失。

因此，这种方式只适用于双方关系密切或货物畅销、货源有限的情况。这时，进口商要确信出口商能按自己的要求发货，确信自己付款后出口商所在国家不会禁止该批货物出口，并且本国的外汇管制允许预付。预付货款还可以用在进口商向出口商支付订金方面，出口商在出口大宗商品或成套设备时，根据惯例，往往要求进口商预付货款的一定比例作为订金。出口商在收到订金后才安排出口或制造、购买出口设备。

（2）预付货款的使用条件

第一，出口商货物畅销，出口商与进口商初次成交，出口商对进口商的资信不甚了解，担心进口商收货后不按合约履行付款义务，为了收汇安全，出口商提出预付货款作为发货的前提条件。

第二，进出口双方关系密切，相互了解对方的资信状况，进口商愿以预付货款购入货物。

第三，当出口商的商品是进口国市场上的抢手货时，为取得高额利润，进口商迫切需要购买商品，愿意预付货款。

（3）预付货款风险的防范

进口商采用预付货款方式时，为保障自身资金的安全，减少预付货款的风险，一般要通过银行与出口商达成解付的条件协议，常称为解付条件。它由进口商在汇出汇款时提出，由解付行在解付时执行。主要的解付条件是：收款人取款时，要出具个人书面担保或银行保函，担保收到货款后如期履约交货，否则退还已收到货款并附加利息；或保证提供全套货运单据等。除了解付条件，进口商在签订合同时有时还会向出口商提出对进口商品在价格上给予一定的优惠或折扣，以抵付预付货款造成的利息损失。

2. 货到付款

（1）货到付款的含义与特点

货到付款（Payment after Arrival of the Goods）是指出口商先发货、进口商收到货后再付款的结算方式。此方式实际属于赊账交易（Open Account Transaction），或延期付款（Deferred Payment）结算。

与预付货款相比，货到付款结算方式对进口商有利，对出口商则是不利的。对进口商有利的原因在于：第一，进口商不承担资金风险，货未到或货不符合合同要求则不付款，在整个交易中进口商占据主动地位;第二,进口商常在收到货物一段时间后再付款,无形中占用了出口商资金。使出口商承担风险的原因是:第一,出口商先发货,必然要承担进口商不付款的风险;第二,由于货款常常不能及时收回,出口商资金被占用,造成一定损失。

(2) 货到付款的具体应用

售定(Goods Sold),是指货价已定,双方签订合同后,出口商先发货,即进出口双方成交条件已经谈妥并已签订成交合同,同时确定了货价和付款时间,一般是货到付款或货到若干天付款,由进口商用汇款方式通过银行汇交出口商。这种特定的延期付款方式习惯上称为"先出后结",又因价格事先已经确定,故亦称售定。目前,售定只适用于我国内地对港澳地区出口鲜活商品的贸易结算。

寄售(Consignment),是指由出口商先将货物运至国外,委托国外商人在当地市场代为销售,货物售出后,受托人将货款扣除佣金后通过银行汇交出口商。进出口双方欲做寄售交易时,首先要签订寄售协议。货物单据可通过银行传递,也可直接寄给海外受托人。寄售对于进口商而言是"先进后结",即先进口后付汇。目前我国经营的先进后结业务有国外进口寄售业务和在国外授权国内提货业务。后者是为了方便旅游者,避免我国外贸出口商品倒流,旅游者在国外获得经我国设立的授权机构授权后,由本人携带入境,经海关验证盖章,方能提货。经营这种业务的目的是争取外汇收入,减少运输保险与佣金开支,方便归侨、侨眷及港澳同胞。该项经营所得的外汇收入,经境外银行汇入境内,属于汇入汇款的性质。

二、托收

(一) 托收的概念

国际商会制定的《托收统一规则》(URC 522)第 2 条对托收做了如下定义:托收是由接到托收指示的银行根据所收到的指示处理金融单据和/或商业单据以便取得付款或承兑,或凭付款/承兑交付商业单据,或凭其他条款或条件交付单据。简言之,托收是债权人(出口商)出具汇票及/或单据委托银行通过它的分行或代理行向债务人(进口商)代为收款的一种结算方式。

为了给办理托收业务的有关各方提供一套可循的有关规则,国际商会成立了专门小组,认真研究托收业务和做法,于 1958 年首次草拟了《商业单据托收统一规则》(Uniform Rules for Collection of Commercial Paper),作为国际商会第 192 号出版物公布于世,建议各银行采用,以期成为托收各方共同遵守的惯例,这是国际商会对托收业务所做的最早规范。随后,国际商会于 1967 年修订了该规则,并在 1978 年再次进行了修订,更名为《托收统一规则》(Uniform Rules for Collections),即国际商会第 322 号出版物,该修订本自 1979 年 1 月 1 日起生效。为确保国际商会规则符合不断变化的国际贸易做法,国际商会银行惯例委员会参考了国际贸易实际业务人员和其他人士的意见,于 1993 年开始了对《托收统一规则》的修订工作。最终修订稿于 1995 年 5 月由国际商会银行惯例委员会一致通过,并定名为国际商会第 522 号出版物,简称 URC 522,自 1996 年 1 月 1 日起实施。URC 522 的制定反映了十几年来银行托收业务的发展,并且进一步明确了托收业务各当事人的权责划分。URC 522 公布实施以来,对减少当事人在托收业务中的误解、争议和纠纷起了很大的作用。我国银行在采用托收方式结算时,也参照 URC 522 办理。

(二)托收的当事人

托收业务的基本当事人有四个,即委托人、托收行、代收行和付款人。

(1)委托人,是开出汇票委托银行向国外付款人收款的出票人。委托人通常是卖方。

(2)托收行,是接受委托人的委托,转托国外银行向国外付款人代为收款的银行。托收行通常是出口地银行。

(3)代收行,是接受委托行的委托,代付款人收款的银行。代收行通常是进口地银行。

(4)付款人,是汇票的受票人。付款人通常是买方。

(5)提示行,是向付款人提示汇票和/或其他单据的银行,在一般情况下,可由代收行兼任。如果代收行与付款人之间无往来关系,为了便利收款,代收行可应付款人要求或主动委托付款人的往来银行充当提示行。

(6)需要时代理,是在托收业务中出现拒付情况时,委托人可指定在付款当地的代理人代为料理货物存仓、转售、运回等事宜。按照国际惯例,委托人若拟指定需要时代理,则须在托收委托书上写明此代理人的权限,否则代收行可不受理代理人的任何指示。

(三)托收当事人之间的法律关系

(1)委托人与托收行之间是委托代理关系。托收行应严格按照委托人的托收委托指示进行托收业务,根据 URC 522 的规定,银行应以善意和合理的谨慎行事。但是,托收行对托收的款项并不承担必须收回的义务。

(2)托收行与代收行之间是委托代理关系。代收行应按托收行的指示,及时向汇票上的付款人做付款提示或承兑提示以收取货款,如遭拒付则应及时通知托收行,并保管好单据。如果代收行违反托收指示,在付款人未付款的情况下擅自将单据交给付款人,就违反了合理谨慎义务,应对托收行承担违约责任。

(3)委托人与代收行之间不存在直接的合同关系。

(4)代收行与付款人之间不存在任何法律上的权利义务关系。

(四)托收的特点

1. 托收是一种商业信用

对于出口商来说,他面临收不到货款的风险。这是因为,在托收方式下,出口商委托银行向进口商收取货款,能否收到货款完全取决于进口商的信用。这是因为,按照《托收统一规则》的规定,银行办理托收业务时,只是作为委托人的代理人身份行事,既没有检查货运单据是否齐全或正确的义务,又没有承担付款人必须付款的责任。如果进口商信用较差,就有可能存心挑剔、无理拒付,迫使出口商降价让步。如果进口商拒不付款赎单提货,除非事先约定,否则银行也无代为提货、存仓和保管货物的义务,因此出口商仍须关心货物的安全,直到对方付清货款为止。所以,采用托收方式收取货款,对出口商而言有相当大的风险。

对于进口商来说,也同样面临来自出口商的信用风险。在很多情况下,进口商只是依据合同与单据来付款,货物尚未运到目的地,无法了解货物的真实状况。有时出口商提交的货物存在以次充好、数量不足等问题,进口商无法回避这种来自出口商的信用风险。

2. 托收的费用比较低

由于在托收方式下,银行提供的只是一种服务而不是银行信用,而且托收的程序比较简便,所以同信用证方式相比,托收的费用比较低。因此,在市场竞争激烈、市场行情对出口商不利时,进口商通常都会要求使用托收的方式结算。但是由于托收的风险比较大,出口商需要谨慎行事。在比较熟悉、可靠的贸易伙伴之间,托收是一种比较好的结算方式。

案例 8-1

上海申达股份有限公司(以下简称"申达公司")委托香港汇丰银行有限公司上海分行(以下简称"汇丰分行")向美国万隆公司收取货款 140 393.55 美元,托收方式根据国际商会 URC 522 为付款放单。申达公司向汇丰分行提供全套单据,但因汇丰分行错写了收件行地址,将原应寄给美国加利福尼亚州联合国民银行(以下简称"加州银行")的托收单据误寄给了美国佛罗里达州梅隆联合国民银行(以下简称"佛州银行")。佛州银行收到托收单据后,未收妥托收款即将单据寄交万隆公司。由于万隆公司提取货物后拒绝付款,故申达公司诉请法院判令汇丰分行赔偿其托收款 140 393.55 美元及利息和退税损失人民币 268 750.89 元。原审法院以汇丰分行办理托收虽应尽善意和谨慎的义务,但不负有对申达公司先行赔偿的义务为由,判决不予支持申达公司的诉讼请求。申达公司不服,提出上诉。二审中,双方当事人在法院主持下达成了调解协议:汇丰分行赔偿申达公司托收货款 98 275.49 美元;申达公司将对万隆公司的债权转让给汇丰分行,如果汇丰分行经追索兑现债权超过 98 275.49 美元,则其应将该款额超过部分在不超过 42 118.06 美元(140 393.55-98 275.49)的范围内返还申达公司。试问:在托收业务中,汇丰分行作为托收行对申达公司负有何种责任?

分析:根据 URC 522 的规定,代收关系不能依托收行的单方意思表示成立,而需双方合意。本案中佛州银行虽然收到了汇丰分行错寄的单据,并将其交给万隆公司,但由于该行未对收款做出任何表示,故应当属于无因管理上的不适当,与汇丰分行不存在代收法律关系。汇丰分行制作单据发生收件行地址错误,系善意的但不谨慎的过失;该单的错误直接导致托收单据误寄给了非代收行的佛州银行,与托收事故有因果关系;托收事故虽然由佛州银行不妥当的无因管理、美国万隆公司的违背诚实信用交易原则等诸因素形成,但汇丰分行误寄单据行为系起因;根据《中华人民共和国民法典》的有关规定,汇丰分行作为有偿托收的受托方,对委托人申达公司首先负有赔偿责任。

(五)托收方式的种类及业务流程

1. 光票托收和跟单托收

按照是否随附单据的不同,托收可以分为光票托收和跟单托收。

(1)光票托收。光票托收是指不附有商业单据的金融单据的托收。例如,为向买方收取货款尾数、代垫费用、样品费等,卖方仅向买方开立索款汇票借以委托银行收取上述款项,而不附带任何货运单据,该项托收即为光票托收。

(2)跟单托收。跟单托收是指附有提单、商业发票等货运单据的托收。一般贸易上指的托收都是跟单托收,目的是把代表货物的货运单据与货款的支付作为对流条件。按照交单条件的不同,跟单托收可以分为付款交单和承兑交单:

第一,付款交单(Document against Payment,D/P),是指卖方的交单以买方的付款为条件,即买方付款后才能向代收行领取货运单据。付款交单托收方式又有即期和远期之分。即期付款交单是指卖方开具即期汇票(或者不开汇票),通过银行向买方提示汇票和货运单据(或者只提示单据),买方如果审核无误,即须于见票或见单时付款,在付清货款时领取货运单据,即所谓的"付款赎单"。远期付款交单是指由卖方开具远期汇票(或者不开汇票),通过银行向买方提示汇票和货运单据(或只提示单据),买方审核无误后即在汇票上承兑(或不承兑汇票),并于汇票到期日付款赎单。汇票到期前,汇票和货运单据由代收行保管。D/P业务流程如图8-3所示。

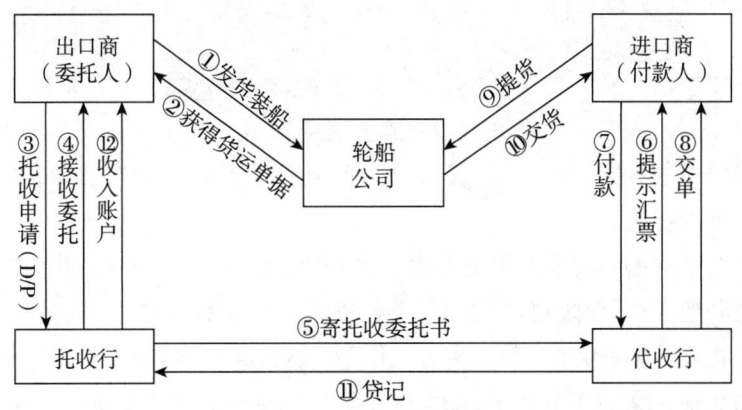

图8-3 D/P业务流程

第二,承兑交单(Document against Acceptance,D/A),是指卖方以买方承兑汇票为交单条件的方式,即买方在汇票上履行承兑手续后,即向代收行取得货运单据,凭以提取货物,于汇票到期日付款。所以,承兑交单方式只适用于远期汇票的托收。D/A业务流程如图8-4所示。

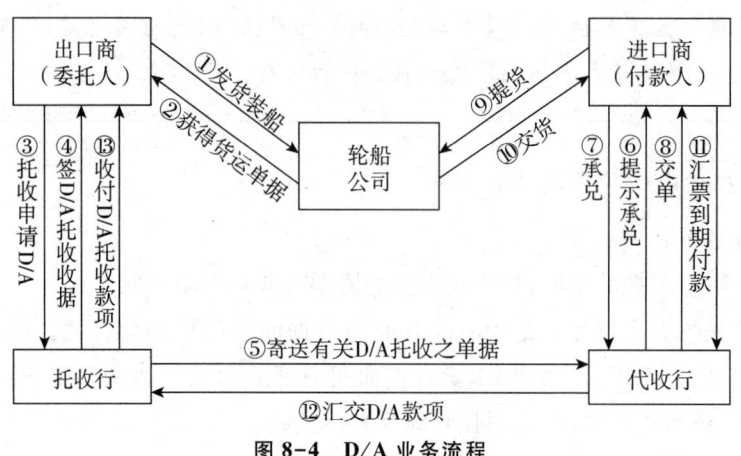

图 8-4 D/A 业务流程

案例 8-2

山东某贸易公司与巴西某商家签订了价值 23 236 美元的电子产品出口合同。货物到港后,巴方提出由于资金问题暂时无法尽快到银行赎单提货,要求中方更改 D/P at sight 付款方式为 D/A 30 天。为配合巴方尽快提货,中方同意并通过银行更改了付款方式。后经银行查询,巴方已经承兑汇票并且提到货物,但至今没有付款,并在提货 3 个月后告诉中方仓库失火货物造成很大的损失。经有关机构协助调查,巴方目前所有的联系方式均已无效。试问:卖方如何慎重采用托收才能规避风险?

分析: 托收是商业信用,无论是 D/P at sight 还是 D/A 30 天的方式,卖方能否收到货款都取决于买方的信用。但是两者相比,D/A 30 天的风险要远远高于 D/P at sight 的风险。

2. 商业单据附有金融单据的托收和商业单据不附有金融单据的托收

按照随附单据的不同,跟单托收还可分为商业单据附有金融单据的托收和商业单据不附有金融单据的托收。

(1) 附有金融单据的商业单据的托收。在 CIF 术语下,卖方于发运货物后向买方开立汇票并随附已装船提单、保险单、发票等,委托银行向买方代收款项的托收业务即属于此例。该种跟单托收下委托方(一般为卖方)出具汇票的原因有三:①将汇票作为付款人履行付款义务的凭证。②D/A 方式下,卖方凭买方对远期汇票的承兑交单,因此 D/A 方式下卖方必须出具远期汇票。另外,在远期付款交单方式下,如买卖双方约定远期付款日期为见票后××天或出票日后××天,则卖方必须出具远期汇票,代收行收到附有远期汇票的商业单据后,立即向买方做承兑提示,买方认为单据符合买卖合同规定后承兑远期汇票,即在远期汇票上注明"承兑"字样、承兑日期并签名,在付款到期日买方付款后代收行再将单据交给买方。因此,在见票后若干天或出票日后若干天付款的远期付款交单方式下,委托方也须开立远期汇票以确定远期付款的起算日。③跟单托收方式下委托方出具汇票便于保护托收各方,特别是汇票的背书人、受让人等在票据法下所享有的包括追索权在内的法律权利。

(2) 不附有金融单据的商业单据的托收。托收单据中仅有发票、运输单证、保险单等商业单据,而不附有汇票等金融单据。由于有些国家规定汇票要征收印花税,所以这些国家的进口商要求出口商不开立汇票,以逃避印花税。值得注意的是,URC 522中跟单托收的"单"是指除金融单据以外的任何其他单据,而并不一定要求该单据中必须包括海运提单等物权凭证。但在实际进出口业务中,为掌握货物所有权,出口商通常均将物权凭证(如全套正本海运提单)附于跟单托收项下。此时,买方在未付清货款前拿不到物权凭证,提不走货物,货物的所有权仍属卖方。如买方到期拒不付款赎单,卖方除可与买方交涉,还可将货物另行处理或再装运回。值得注意的是,在空运、国际铁路联运等运输方式下签发的空运单、铁路运单不是物权凭证,进口商不能凭空运单、铁路运单提货,而要凭航空公司、铁路部门在目的地向进口商签发的到货通知和有关身份证明提货。此时,出口商掌握空运单、铁路运单等非物权凭证时并不能控制货物。如以此类非物权凭证作为跟单托收的随附单据,进口商不用赎单即可提走货物,出口商利益得不到任何保证。海运方式下签发的海运单、邮寄方式下签发的邮包收据也不是物权凭证。在上述情况下,出口商不宜采用托收方式,而应要求买方预付货款或凭信用证付款,以确保自身利益。

(六) 合同中的托收条款示例

1. 即期付款交单范例

买方应凭卖方开具的即期跟单汇票,于见票时立即付款,付款后交单。(Upon first presentation, the buyers shall pay against documentary draft drawn by the sellers at sight. The shipping documents are to be delivered against payment only.)

2. 远期付款交单范例

买方对卖方开具的见票后60天付款的跟单汇票,于提示时即予承兑,并应于汇票到期日即予付款,付款后交单。(The buyers shall duly accept the documentary draft by the sellers at 60 days sight upon first presentation and make payment on its maturity. The shipping documents are to be delivered against acceptance.)

3. 承兑交单范例

凭到期日为提单装船日后60天的汇票付款,承兑交单。(Payment by draft payable 60 days after on board B/L date, documents against acceptance.)

(七) 托收的风险及防范

1. 托收的风险

由于托收建立在商业信用的基础上,因此卖方能否及时收回货款取决于两个基本条件,一要看卖方提供的收款单据能否被买方接受,二要看付款人的资信状况和资金能力。在跟单托收项下,买卖双方都会面临一定的风险,但卖方面临的风险更大。因此,如何避免结算风险、加强风险防范是交易双方和银行都特别关注的问题。

卖方的信用风险主要体现在:①买方倒闭,丧失付款能力;②行情下跌,买方故意不履行合同,拒不付款;③买方资信较差,财务状况恶化,特别是在 D/A 方式下,汇票承兑后货物便被提走,而到期时买方拒付货款,导致卖方货款两空;④交易期间汇率、利率、物价等因素波动造成卖方盈利减少,甚至货款不能收妥等。

买方的信用风险主要体现在:①买方付款赎单后,发现货物与合同及单据不符;②卖方伪造单据骗取买方钱财等。

总之,在跟单托收项下,买卖双方都会面临一定的风险,但卖方面临的风险更大。这种方式对买方比较有利,可以减少买方的费用支出,有利于资金融通。因此,在贸易中采用托收的结算方式有利于调动买方的购货积极性,帮助卖方开拓市场、扩大出口。许多出口商都把托收作为推销库存或加强对外竞争的手段。

2. 风险防范措施

由于托收项下,卖方面临较大风险,因此在采用这种结算方式时,可以通过以下措施进行风险防范:

(1)认真考察买方的资信状况和经营作风,并根据买方的具体情况妥善掌握成交金额,不宜超出其信用程度。

(2)充分了解出口货物的市场行情、进口国的外汇管制及贸易管制措施,以免货到后无法入境或收不回货款。

(3)充分了解进口国的商业惯例,以免由于当地的习惯做法影响安全、及时收汇。例如,欧洲许多国家的银行不办理远期付款交单,拉美国家的银行则把远期付款交单按承兑交单处理。中东地区一些国家的海关规定,货进公共仓库后 60 天内无人提取货物即允许公开拍卖。

(4)必须按照合同规定交付货物,做到单单一致、单同一致,以免授人以柄遭到拒付。

(5)可将托收与其他结算方式搭配使用,例如分批付款分批交单,或是部分信用证部分托收等。

(6)遭到拒付时要尽快做成拒付证书,以便诉讼有据可依,并事先找好代理料理货物,以免货物抵港后被进口国海关高额租仓甚至被拍卖。例如,我国企业出口办理跟单托收时,可在托收指示书中要求"If documents are not duly taken up on arrival of goods, please store goods and insure against fire and/or all available risks"(如果货物到达时未按规定提取单据,请存放货物并投保火险和/或所有可能的风险)。

(7)合理掌握付款的到期日,因为北欧和拉美许多国家的买方经常要求按照当地习惯把"单到付款或承兑"改为"货到付款或承兑",甚至有的国外买方在合同中规定货到付款或承兑,或是在即期付款交单的情况下拖延见票。如果遇到上述类似情况,卖方可采取以下做法:

第一,在合同中明确规定托收项下的即期 D/P,买方应在汇票被提示时立即付款。托收银行也可按卖方的要求在托收指示书中加注这一时间要求,即"D/P at sight upon first presentation made by the collecting bank"。

第二,对于见票后远期付款条件,卖方可要求改为"出票后远期付款"或"提单日期后若干天付款",并要求托收行在托收指示书中加注"D/P at ×× days after date"。

(8) 出口合同应争取按 CIF 或 CIP 术语成交,由卖方负责办理货运保险;或是投保出口信用保险,避免有关的经济风险或政治风险。如果不采用 CIF 或 CIP 术语成交,则卖方最好投保卖方利益险。

(9) 对于进料、来件等加工贸易,可将 D/P 和 D/A 搭配使用。对于进料和来件,采用承兑交单的远期付款方式;对于出口的成品,可要求采用即期付款交单的方式。这样,可用成品的货款支付进料和来件的远期托收项下的货款,节约资金。

第二节 信 用 证

信用证是随着国际贸易、运输、保险以及金融行业的快速发展而产生的一种主要的结算方式。由于其结算的安全性受到进出口企业的重视,因此在国际贸易中被广泛使用。信用证以银行信用为基础开立,一方面,进口地银行为出口商提供付款保证,在一定程度上消除了出口商担心货款无法收回或不能足额收回的顾虑,但前提是出口商必须提供符合信用证规定的单据;另一方面,由于银行在结算环节中履行审单、审证的职责,并保证单单一致、单证一致,因此大大降低了进口商的收货风险。

一、信用证的定义

根据《跟单信用证统一惯例》2007 年修订本国际商会第 600 号出版物(The Uniform Customs and Practice for Documentary Credits, 2007 Revision, ICC Publication NO. 600,简称 UCP 600),信用证意指一项约定,无论其如何命名或描述,该约定不可撤销并因此构成开证行对于相符提示予以兑付的确定承诺。

简言之,信用证是一种银行开立的有条件的承诺付款的书面文件。当然,信用证既可以应客户的要求对外开立,也可以不经客户申请,由开证行根据自身业务需要,直接向受益人开立,这种情况主要是银行为了向他人融资或购买物品时开立的备用信用证。

为了规范信用证业务的运作,国际商会在 1933 年制定了《商业跟单信用证统一惯例》,此后进行了多次修订,最新文本是 2007 年的《跟单信用证统一惯例》,即 UCP 600。该惯例在世界各国银行处理信用证业务时适用。该惯例第一条明确指出,UCP 600 适用于所有在正文中标明按本惯例办理的跟单信用证(包括本惯例适用范围内的备用信用证)。除非信用证中另有规定,本惯例对一切有关当事人均具有约束力。

二、信用证的特点

从信用证的概念以及国际商会银行委员会对信用证的有关规定来看,信用证具有如下特点:

1. 银行信用

信用证是商业信用危机的产物,是银行作用不断增大并参与国际结算的结果。当商业信用每况愈下时,便需要一个双方信任的第三方来做担保人,保证买方付款后可以收到货物,卖方交货后可以收取货款。银行充当了担保人的角色,用信用证作为保证付款的凭证,这样银行信用便代替了商业信用,本应由买方承担的付款责任,转由银行来承担,增加了交易的安全性。

2. 文件独立

信用证业务的实质是"三方三合同关系",所谓三方就是开证申请人、开证行和受益人,所谓三合同就是开证申请人与开证行之间的开证申请书、开证行与受益人之间的信用证、开证申请人与受益人之间的贸易合同。信用证交易是以开证申请人与受益人之间的合同为基础的,申请人总是尽量使开证申请书与载有信用证条款的合同保持一致,而开证行总是尽量使信用证与开证申请书保持一致。可见,信用证与基础合同有密切的关系,但是信用证一经开立,即脱离了基础合同,而成为开证行与受益人之间的一项独立契约,不再受基础合同的制约。基础合同只能约束该合同的当事人,而不能约束信用证的当事人。只要受益人提交了符合信用证规定的单据,并满足信用证的其他条件,开证行就必须兑现其在信用证中做出的承诺。开证行不能以买卖合同对卖方的抗辩对抗受益人,受益人也不能以买卖合同为依据要求开证行接受不符合信用证规定的单据。同样,开证行也不能以它与申请人之间的关系中所存在的抗辩事由对抗受益人;受益人也不能利用开证行与申请人间存在的关系从中受益。

信用证的独立性,是信用证的支柱与基石。信用证使开证行负第一性的付款责任,既为买卖双方提供了交易安全保障,又提供了融资方面的便利。而只有保证信用证的独立性,才能使银行愿意参与信用证的交易,才能使受益人的收款安全得到真正的保障。

3. 单据交易

信用证交易虽然产生于基础合同关系,但一旦形成即与基础合同关系相分离,成为一种独立的交易——单据买卖。在信用证交易中,银行从卖方购进单据,再由买方付款赎单。信用证交易各方当事人只处理单据,而不处理单据所代表的货物、服务或行为。受益人只要提供了符合信用证要求的单据,开证行就必须履行其付款义务。即使银行在支付款项前知悉货物、服务或行为不符合要求,银行也必须履行付款义务,开证申请人也必须偿还银行垫付之款。同样,受益人不能因货物、服务或行为符合要求而得到支付,除非受益人如期向银行提交了符合信用证要求的单据。

4. 严格相符

严格相符,又称单证相符原则,是指受益人在向银行提交单据要求付款时,这些单据必须在表面上完全符合信用证的要求,银行才予以付款。信用证是单据交易,开证行承诺付款的条件是受益人提交符合信用证规定的单据,开证行获得偿付的前提条件也是在审查单据时实行严格相符的原则。但银行只审核单据表面上是否与信用证的要求相符,至于单据所代表的货物的描述、数量、状况、包装及价值与实际情况是否相符,货物是否存在缺陷等,银行概不负责。只要受益人提交的单据符合信用证规定的条件,银行就必须付款。

案例 8-3

出口商 A 向进口商 B 出口一批货物,分两批交付,分别开立两份信用证,其中合同中的检验条款规定如下:进口商 B 有权在货到目的港后对货物进行复验,如所交货物与合同规定不符,可凭商检机构出具的检验证书向出口商 A 索赔。这笔交易开始时非常顺利,进口商 B 为第一批货物向开证行 C 申请开证,出口商 A 发货。在第一批货物到达目的港之前,进口商 B 又根据合同规定开立第二份信用证。但是当第一批货物到港后,进口商 B 发现此批货物与合同严重不符,随即要求开证行拒付第二张信用证项下的款项,但是遭到了开证行的拒绝。开证行在审核议付行提交的单据与信用证的规定无误后,将款项支付给议付行。当开证行向进口商 B 提示付款时,遭到了拒绝。试问:进口商 B 有无理由拒付?为什么?

分析:在本案例中,进口商 B 没有理由拒付。案例的重点在于必须明确认识开证行的主要职责以及合同与信用证之间的关系。首先,根据 UCP 600 中对开证行责任的描述,开证行仅对信用证表面是否做到单单一致和单证一致进行审核,而不对货物进行审核。只要出口商提供了符合信用证要求的单据,开证行就必须向出口商履行付款责任。其次,信用证以合同为基础开立,但一经开立就独立于合同,银行按照信用证的规定行事,而对于交货品质方面的争议应由进口商根据合同相关条款的规定向出口商进行索赔。因此,进口商没有理由对开证行拒付。

三、信用证的当事人

信用证可能涉及的当事人有很多,其中开证申请人、开证行和受益人是最为基本的三个当事人。但是,信用证通常还需要通知行、议付行、付款行、保兑行、偿付行等当事人的配合和协作,才能顺利完成一宗信用证业务。现就这些当事人在信用证业务中的地位及主要权利和责任进行分述。

(一)开证申请人

开证申请人(Applicant)是向开证行申请开立信用证的人,是信用证业务的发起人。在国际贸易结算中,开证申请人通常是进口商,因此它受两个合同的约束:一个是与出口商签订的买卖合同,另一个是与开证行签订的开证申请书。

开证申请人的权利与义务主要包括以下几点:

(1)按照合同的规定向银行交押金,要求开立与合同相符的信用证。

（2）如果信用证与合同不符，受益人（出口商）提出修改，开证申请人有义务对信用证进行必要的修改。但是如果提出的修改不符合合同的规定，就没有必须修改的义务。

（3）根据信用证的规定，在接到银行的付款赎单通知时，应及时到银行履行承兑手续或付款赎单。

（4）在赎单前有权检验单据，如发现单证不符，有权拒付；但在开证行破产或无力支付时，申请人有义务向受益人付款，因为这是合同赋予买方的义务。

（二）开证行

开证行(Issuing Bank)一般为进口方银行，是应开证申请人的要求开立信用证的银行。作为信用证的发出者，开证行受三个合同的约束：第一个是与申请人签订的开证申请书；第二个是对受益人的付款承诺，即信用证；第三个是与通知行或议付行签订的代理合同。

开证行的权利与义务主要包括以下几点：

（1）开证行接受开证申请人的开证申请后，即承担了开证责任和由此而引起的风险，有权向开证申请人收取手续费和预收押金。

（2）收取的押金不能用于抵充开证申请人的其他债务而取消开证。

（3）收到单据后不能擅自转卖处理，只有在开证申请人拒绝赎单或无法向开证申请人索回开证金额时，才能行使这种权利。

（4）对受益人有凭表面正确单据付款的义务。

（5）不能对议付行交来的正确单据无理拒付。

（6）开证行开出信用证后不能以开证申请人无付款能力、未交付押金或手续费、有欺诈行为等为由表示对信用证不再负责。

（7）在议付行对开证行使用电报索偿方式时，开证行在单到后发现与信用证不符，有权追回已付给议付行的款项及利息。

（8）有对议付行所收下的错误单据行使拒付的权利。

（9）开证行验单付款后无追索权，除非在某些特殊的情况下，即当付款足以构成"误付"（一般指付错金额）时，方可例外。

（10）对邮寄过程中遗失、延误的单据，享有不负任何责任的权利。

（三）受益人

受益人(Beneficiary)是指信用证上指定的有权使用该证的人，是信用证金额的合法享有人，一般是出口商。

受益人的权利与义务主要包括以下几点：

（1）受益人应按照合同的规定向进口商发货，并提交符合合同与信用证要求并与货物相符的单据，如果货物到达后，进口商发现货物与合同的规定不符，出口商应赔偿进口商的损失。

（2）如果议付行议付出口商提交的单据后却遭到偿付行的拒付,则受益人有责任向议付行偿还已议付的金额。

（3）根据 UCP 600 的规定,受益人有权决定是否接受及要求修改信用证。

（4）受益人最大的权利就是可以要求开证行付款,如果开证行不能或不愿付款,出口商仍可要求进口商付款。

（四）保兑行

保兑行（Confirming Bank）是根据开证行的授权或请求在不可撤销信用证上加注保证条款或加具"保兑"注记的银行。开证行有时为了使自己的信用证有较高的可接受性,就要求另一家银行（一般是出口地信誉良好的银行,通常是通知行）加保兑。保兑行因为自己签过字,就和信用证的开证行一样承担第一性的付款责任,只要与信用证条款相符的单据一到,就必须付款。

具体而言,保兑行的权利与义务主要包括以下几点：

（1）保兑行一旦加保就成为信用证的第一付款人,并且一旦付款就丧失了追索权,必须对受益人负独立责任。如果开证行无理拒付或破产倒闭、丧失偿付能力,保兑行也不能拒绝承担付款责任。

（2）被要求加具保兑的银行具有选择加与不加的权利,如决定不加具保兑,则须不延误地通知开证行。

（3）保兑行一旦付款,有权向开证行提示符合信用证条款的单据,并要求开证行履行偿付责任。

（五）议付行

议付行（Negotiating Bank）是根据信用证开证行的邀请,并根据受益人的要求,按照信用证的规定对单据进行审核,核实相符后向受益人垫款,并向信用证规定的银行索回垫付款项的银行。议付行对受益人的付款,实务中一般被称为出口押汇。

议付行的权利和义务主要包括以下几点：

（1）由于议付行仅仅是受开证行的邀请,而不是其本身做出的承诺,因此有权不议付。

（2）议付行在信用证有效期内接受受益人提交的单据,并对汇票支付款项。

（3）对议付行而言,当收到受益人提交的单据时需要严格审单,只有这样才能保全自己的利益,按期收回自己垫付给受益人的款项。

（4）议付行对受益人具有追索的权利,而且不论开证行以何理由对受益人进行拒付,这种权利都是存在的。

（六）通知行或转递行

通知行（Advising Bank）是将开证行开立的以其为收件人的信用证或开证电报的内容,另以自己的通知书格式照录全文而通知受益人的银行。转递行（Transmitting Bank）是将开证行开立的以受益人为收件人的信用证原件转给受益人的银行。事实上这两种银行的区别已经不是很明显了,主要是看收件人是谁,一家银行可能在某一笔信用证业务中是通知行,而在另一笔业务中充当转递行的角色。

通知行或转递行的权利与义务主要包括以下几点:

(1)一家银行一旦充当通知行或转递行,它就必须验明从开证行寄来的信用证的真实性。通知行收到信用证之后必须核对签字与密押,确定真实无误后才通知受益人。

(2)通知行需要及时澄清它所收到的信用证中的所有疑点。事实上,在通知行收到的信用证不完整或不清楚时,如缺行漏字、用词不准确等,根据 UCP 600 的规定,通知行只可向受益人做"仅供参考"的预先通知,并要求开证行提供必要的内容。

(3)通知行或转递行均无义务对受益人进行议付或加具保兑。如通知行或转递行接受开证行之委托担任议付行、保兑行,即产生议付行、保兑行相应的权利与义务。

(4)通知行或转递行在完成通知和转递责任后,有权要求开证行支付通知或转递过程中所产生的费用。

(七)付款行

付款行(Paying bank)是被开证行指定为信用证项下汇票付款人或代开证行履行付款责任的银行。信用证规定由开证行自己付款时,开证行就兼为付款行。

付款行一经接受开证行的代付委托,就有验单付款的责任,付款后无追索权,只能向开证行索偿。有时付款行也可根据开证行的指示不必验单,只凭议付行单证相符的证明付款,付款后对受益人也无追索权。

如果开证行资信极差,付款行付款后可能得不到它的偿付,则付款行有权拒付。

(八)偿付行

偿付行(Reimbursement Bank)即在信用证中被指定的代开证行向议付行、付款行或承兑行清偿垫款的银行。通常为开证行的存款行或分支行,有时开证行也可能规定向诸如某一特别基金或政府代理机构等"非银行"索偿。通过偿付行进行偿付,往往发生在开证行和被指定银行没有与信用证币别相同的账户,被指定银行在开证行也无该种账户的情况下。

偿付行的权利与义务主要包括以下几点:

(1)偿付行受开证行的委托进行偿付。如果开证行意欲被指定银行向另一方索偿,则应及时向偿付行发出有关指示或授权,偿付行只有得到指示或授权,才有可能做出偿付;如果索偿行未能从偿付行那里获得偿付,开证行仍应对索偿行履行偿付之责并负责偿付索偿行的利息损失。

(2)偿付行只是开证行的偿付代理,因此没有理由及责任审单。而且偿付行与退款无关,如果开证行收到单据后发现单证不符,可以要求索偿行退款。

(3)除非信用证另有规定,偿付行的偿付费用由开证行支付。

四、信用证业务流程

（一）信用证业务流程的说明

1. 进出口双方签订合同

虽然信用证业务相对于合同具有独立性，但合同毕竟是信用证的基础，是申请人申请开证和受益人审证的依据，很多合同条款都要在信用证中反映出来，因此合同的签订以及签订的内容将直接影响信用证业务本身的开展。

2. 进口商向开证行申请开证

以信用证为支付方式的贸易合同签订后，进口商必须在合同规定的期限内，或合同签订后的合理期限内，向本地信誉良好的银行申请开立信用证。申请开证的进口商或开证申请人应填写开证申请书，以此作为开证行开立信用证的依据。开证申请书一般包括以下内容：应被提示的单据、支付金额及方式、受益人名称及地址、信用证到期日或有效期、货物的描述、装运细节、是否需要保兑以及进口商为明确与开证行的责任所做的声明及保证。

3. 开证行开立信用证

开证行接到申请人完整明确的指示后，一旦决定开展这项业务，就应立即按指示开出信用证。开立信用证的银行即为开证行。开证行一旦开出信用证，在法律上就与开证申请人构成了开立信用证的权利和义务关系，开证申请书也就成了两者之间的契约。

在开立信用证时，应明确三种关系，即信用证与合同的关系、开证行与开证申请人的关系以及单据与货物的关系。信用证虽然以合同为依据，但信用证在开立后即成为一个独立的保证支付承诺，凡是合同内需要在信用证上明确的条款，都应当在信用证上明确列明，而不能使用参阅合同某某条款的字样，即使信用证中包含有关合同的任何援引，银行也与该合同无关，并不受其约束。

4. 通知行通知信用证

当通知行收到开证行发来的函电或电开的信用证后，要合理、审慎地鉴别信用证表面的真伪，如果是采用函电开立信用证就核对印鉴，采用电开时就核对密押。这是因为一家银行一旦决定接受开证行委托通知受益人，就负有证明其表面真伪的义务，在未核对审核之前就通知信用证时要向受益人讲明。

5. 受益人审证发送货物，制单

受益人接到信用证通知书后，先要对信用证进行审核，在确定信用证符合合同的规定之后，就可以在信用证的装运期内发货。

受益人取得货运单据、保险单据后，就要按照信用证的要求缮制发票、装箱单、产地证明、装船通知等单据。信用证交单一定要抓紧并保证所交单据与信用证条款和条件相一致，否则即使完全按照要求履约，由于单证不符也不能从开证行处取得货款。

6. 受益人交单议付

受益人备妥全部单据后应立即到议付行交单，并保证所提交的单据与信用证条款相符。除自由议付信用证外，受益人可到信用证指定的银行交单，也可到保兑行或直接到开证行柜台交单。

7. 议付行审单垫付

根据信用证的要求，受益人按照信用证的规定向议付行交单，议付行即按信用证条款对受益人提交的单据进行审核，在确定相符后，按信用证规定将货款垫付给受益人。议付行对受益人的垫款是有追索权的，除非根据事先签订的协议，议付行放弃追索权。当然还有一种情形就是议付行同时也是保兑行，这时自然就没有追索权了。

议付行如果发现单证不符，可采取下述措施之一：①单据退给受益人修改；②接受受益人保函并议付；③接受受益人往来银行的保函后议付；④发电开证行要求授权议付；⑤按托收办理；⑥如单证只是轻微不符，根据以往经验，无拒付危险时可议付；⑦单据退回受益人，由其他银行处理。

8. 议付行寄单索汇

议付行凭与信用证相符的单据向受益人垫款后，就可以在向开证行寄单的同时，向偿付行索汇。如果没有偿付行，就在给开证行的寄单面函中加注付款指示。

9. 开证行向议付行付款

开证行接到议付行寄来的单据后，应立即审核单据，并在合理的时间内（从收到单据的翌日起算五个工作日）付款或提出拒付。开证行的义务是审核单据，并凭表面与信用证条款相符的单据付款。

10. 申请人审单付款

开证行在接到议付行付款后，马上通知申请人赎单。申请人在接到开证行的赎单通知后，必须立即到开证行付款赎单，在赎单前应审查单据，如果发现不符点，也可以提出拒付，但拒付理由一定是单单之间或单证之间的问题，而且必须按照 UCP 600 条款提出拒付，所以从这个方面可以看出掌握 UCP 600 这种国际惯例的重要性。如果存在一些不符点，则申请人也可以自行决定接受或不接受，但若接受则不能有其他条件，并且必须在合理的时间内向开证行付款赎单。

11. 开证行交单

在申请人付款的前提条件下，开证行才将信用证中所规定的单据交付给申请人，这也就是银行愿意为企业开立信用证的原因。因为在申请人付款之前，银行持有代表货物物权的单据，可以在一定程度上保障其收款安全。

12. 申请人提货

申请人赎单后就可以安排提货、验货、仓储、运输、索赔等事宜。一笔以信用证为结算工具的交易即告结束。

(二) 信用证业务流程的图示

信用证业务流程如图 8-5 所示。

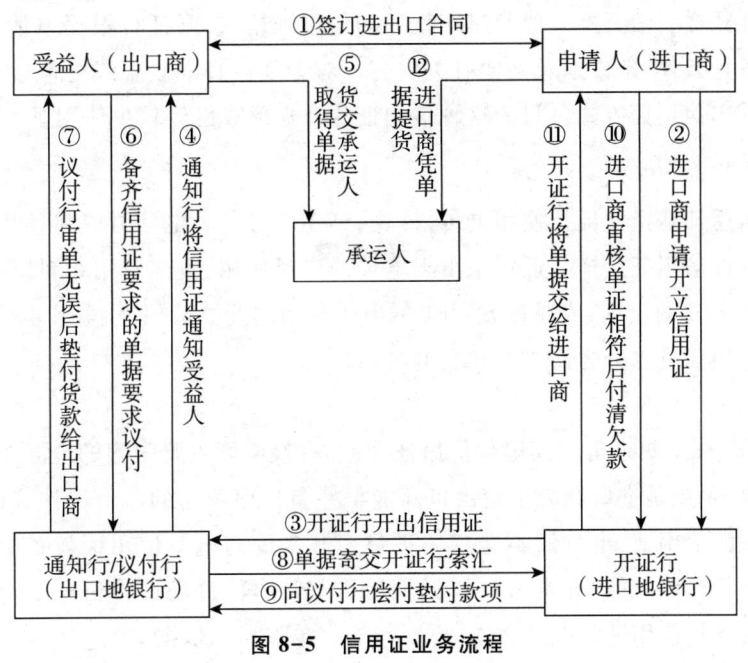

图 8-5 信用证业务流程

案例 8-4

国内的 A 进出口公司向国外的 B 贸易公司出口一批货物,采用空运方式,信用证对部分条款要求全套正本空运单,以 B 贸易公司为收货人,并且注明信用证号码,而且信用证没有明确规定重量证明必须是单独的单据。A 进出口公司按照信用证的要求取得空运单,连同其他单据向议付行交单议付。数日后,开证行提出如下单证不符的异议:(1)信用证要求提交全套的正本空运单,但是 A 进出口公司所提交的一份空运单的最末行标明"3.original",说明有三份正本空运单,既然这样,就应该有第一份与第二份。由于只提交了一份正本,所以不符合信用证要求。(2)运输单据上只有重量声明,没有提交重量证明。试问:开证行提出的不符点是否有道理? 为什么?

分析: 根据 UCP 600 第 23 条第 a 分条的有关规定,所谓的全套正本只要是受益人将自己的一联正本提交给银行即可。此外,原信用证没有明确规定重量证明必须是单独的单据,所以运输单据只有重量声明是可以的。因此,开证行提出的两个不符点没有道理。

五、信用证的样式

根据开立信用证方式的不同,信用证主要分为信开本信用证与电开本信用证,现分述如下:

(一)信开本信用证

信开本信用证是指采用印就的信函格式的信用证,开证后以航空方式邮寄给通知行的一种信用证式样。信开本一般都有印就好的信用证格式,开证行根据申请人的指示,在格式中填制各种条款、条件以及其他有关内容。对于装运日期较长或金额较少的信用证,通常采用信开本信用证方式。目前这种信用证的开立形式已经较少使用了。

(二) 电开本信用证

电开本信用证是指开证行使用电传、传真、SWIFT 等各种电信方式将信用证条款传达给通知行的一种信用证式样。近年来由于电传的广泛使用,电信费用相对降低,特别是随着计算机以及 EDI 的使用,或通过 SWIFT 的电子通信网开立信用证,电开本信用证被广泛使用。电开信用证可以分为简电本和全电本两种。

1. 简电本

简电本(Brief Cable)是指仅记载信用证金额、有效期等主要内容的电开本。简电本的内容比较简单,主要是进口商为了使出口商能早些备货而开立的。值得注意的是,这种信用证不是有效的信用证,出口商不能仅凭进口商开来的简电本信用证就备货发运。该简电本通知中必须注明"随寄证实书"或"详情后告"等字样,并随即将信开本形式的证实书寄出。证实书才是信用证的有效文本,可以作为交单议付的依据。

2. 全电本

全电本(Full Cable)是指开证行以电信方式开证,把信用证的全部条款传达给通知行。全电本信用证本身是一个内容完整的信用证,因此是交单议付的依据。有的银行在电文中注明"有效文本"以明确该电文的性质。如果在电文中注明"随寄证实书",那么就以邮寄的证实书作为有效文本,交单议付以证实书为依据,但在实践中,由于电传的可靠性已经很高了,因此这种形式的应用越来越少。

案例 8-5

某银行电报开出一份不可撤销信用证,电文中并未声明"以邮寄文本为准"的字句。受益人按照电报信用证文本已将货物装运,并备好符合信用证要求的单据,在向当地通知行议付收款时,当地通知行出示刚收到的开证行寄出的"邮寄文本",并以电开文本与邮寄文本不符为由拒绝议付。后来,议付行与开证行联系,开证行复电称"以邮寄文本为准",拒绝付款。试问:在这种情况下,开证行有无拒付的权利?

分析: 根据 UCP 600 的规定,开证行以电信传递方式指示通知行通知信用证或修改信用证,该电文应被视为有效信用证文件或有效修改书,且无须再以邮件确认,如邮寄证实书终究被发出,则该邮寄证实书也是无效的,通知行也没有义务将邮寄证实书与通过电信方式传递收到的有效信用证文件或修改书进行核对。本案例中,开证行并未声明"以邮寄文本为准",因此电开文本是有效的,邮寄文本应被不予理会。所以,开证行无拒付的权利。

目前,申请全电开证的客户占大多数,银行做全电本信用证时采用电传和 SWIFT 方式居多。随着通信技术的发展,SWIFT 正逐渐取代电传方式开证。所谓 SWIFT 信用证,就是依据国际商会所制定的电报信用证格式,利用 SWIFT 系统所设计的特殊格式来传递信用证的信息。采用 SWIFT 方式开立信用证可以有效地避免过去采用电报和电传方式开证所带来的标准不一与烦琐的缺点,使开立的信用证具有标准化、固定化、统一化的优点,而且速度较快,成本也较低,所以应用也越来越广泛。

六、信用证的主要内容

信用证的内容是买卖合同条款的单据要求加上银行的付款保证,主要有以下各项:

(1) 对信用证本身的说明,包括信用证的种类、性质、信用证号码、开证日期、有效期、到期地点和交单期限等。

(2) 对汇票的说明。在信用证项下,如使用汇票,要明确汇票的付款人、汇票金额、汇票期限、主要条款等内容。

(3) 对装运货物的说明。在信用证中,应列明货物名称、规格、数量、单价等,且这些内容应与买卖合同规定一致。

(4) 对运输事项的说明。在信用证中,应列明货物起运地、目的地、装运期限以及可否分批、转运等项内容。

(5) 对装运单据的说明。在信用证中,应列明所需的各种装运单据,主要规定应提交哪些单据(如发票、提单、保险单、装箱单、重量单、产地证及商检证书等)、各种单据的份数,以及这些单据应表明的货物的名称、品质规格、数量、包装、单价、总金额、运输方式、装卸地点等。

(6) 其他事项。包括开证行对议付行的指示条款;开证行保证承付的文句;开证行的名称及地址;其他特殊条款,例如限制由××银行议付,限制船舶国籍和船舶年龄,限制航线和港口等。

(7) 统一惯例文句。例如,本信用证根据国际商会 2007 年修订本第 600 号出版物《跟单信用证统一惯例》办理。(This credit is subject to the Uniform Customs and Practice for Documentary Credits UCP International Chamber of Commerce Publication NO. 600.)

七、信用证的种类

(一) 按照信用证项下的汇票是否附有单据分为跟单信用证和光票信用证

跟单信用证(Documentary L/C)是指凭跟单汇票或规定的单据付款的信用证,国际结算中使用的信用证一般都是跟单信用证。单据在国际贸易结算中一般是不可缺少的,付款条件通常包括出口商提供一定的单据。

光票信用证(Clean L/C)是指凭不附有单据的汇票付款的信用证。有时,信用证也要求提供发票、垫款清单等非货运性质的票据,这也属于光票信用证。贸易结算中的预支信用证和非贸易结算中的旅行信用证都属于光票信用证。

（二）按照开证行对开出信用证所负的责任分为可撤销信用证和不可撤销信用证

可撤销信用证（Revocable L/C）是指开证行有权在信用证开出之后，不征求受益人的同意甚至不通知受益人随时撤销的信用证。

不可撤销信用证（Irrevocable L/C）是指信用证一经开出，在其有效期内未得到有关当事人的同意，开证行就不能单方面撤销或修改其条款的信用证。此时，开证行负有第一性的付款责任，只要受益人提交的单据符合信用证规定，开证行就必须履行付款义务。如果信用证中未注明"不可撤销"或"可撤销"字样，应视为不可撤销信用证。

（三）按照信用证有无开证行以外的其他银行加以保兑分为保兑信用证和非保兑信用证

保兑信用证（Confirmed L/C）是指另一家银行接受开证行的要求，对其开立的信用证承担兑付责任的信用证。信用证一经保兑，便有开证行和保兑行的双重付款保证。保兑行与开证行一样都承担第一付款人的责任。因此，使用保兑信用证对受益人比较有利，但保兑行要收取较高的手续费。

非保兑信用证（Unconfirmed L/C）是指不经过另一家银行加以保兑的信用证。非保兑信用证是相对于保兑信用证而言的，既可以是可撤销信用证，也可以是不可撤销信用证。

（四）按照交单结算方式分为即期付款信用证、议付信用证、承兑信用证、延期付款信用证和假远期信用证

即期付款信用证（Sight Payment L/C）是指受益人根据开证行的指示开立即期汇票，或不需要汇票仅凭运输单据即可向指定银行提示请求付款的信用证。

议付信用证（Negotiation L/C）是指指定某一银行议付或任何银行都可议付的信用证。如果信用证不限制由某一银行议付，可由受益人选择任何愿意议付的银行，提交汇票、单据给所选银行请求议付，则称为自由议付信用证，反之为限制性议付信用证。

承兑信用证（Acceptance L/C）是指开证行或付款行在收到符合信用证条款的汇票和单据后，先办理承兑手续，等汇票到期时才履行付款的信用证。

延期付款信用证（Deferred Payment L/C）是指不需要汇票，仅凭受益人交来的单据，指定银行审核相符后即承担延期付款责任，但直至到期日才付款的信用证。

假远期信用证（Usance L/C Payable at Sight）又称买方远期信用证，是指买方为了获得票据贴现市场的资金融通，以即期交易价格报价，开立远期汇票并申请开立以票据贴现市场所在地银行为汇票付款人的信用证。

（五）按照受益人使用信用证的权利分为可转让信用证和不可转让信用证

可转让信用证（Transferable L/C）是开证行向中间商（受益人）提供对信用证条款权利履行转让便利的一种结算方式。根据 UCP 600 的规定，在信用证中明确标明"可转让"

(Transferable)字样时,信用证方可转让。它是指受益人(第一受益人)可以请求授权付款、承担延期付款责任、承兑或议付的银行(转让行),如果是自由议付信用证可以要求信用证特别授权的转让行,将信用证的全部或部分一次性转让给一个或多个受益人(第二受益人)使用的信用证。可转让信用证只能转让一次,即只能由第一受益人转让给第二受益人,第二受益人不得将信用证转让给其后的第三受益人,但可以转让给第一受益人。按照 UCP 600 的规定,可转让信用证在转让时只能按照原证转让,但信用证金额、任何单价、到期日、交单最后日期以及装运期可以减少或缩短,保险加成比率可以增加。

不可转让信用证(Non-transferable L/C)是指受益人不能将信用证权利转让给他人的信用证。通常信用证都是不可转让的。

案例 8-6

某年 8 月 5 日,某国的 K 银行开来即期、可转让信用证一份,金额是 50 000 美元,购买 100 立方米木板,CIF 价为每立方米 500 美元,最晚装运期是 9 月 1 日,有效期至 9 月 10 日,允许分批装运。应受益人某木器公司的要求,信用证全部转让给第二受益人。第一受益人要求更换发票,单价改为每立方米 495 美元,总金额为 49 500 美元,保险比例相应提高,以满足原证 110%的保额要求,其他条款未变。由于第二受益人急需货款,经第一受益人同意,允许受让地银行对第二受益人议付。9 月 7 日,转让行收到第二受益人银行寄来的单据,装运日为 8 月 27 日,议付日为 9 月 3 日。经审核,单据符合信用证条款,转让行随即通知第一受益人换单,然而,由于经营及其他问题,第一受益人已宣告破产,换单事宜无人过问。于是,转让行于 9 月 7 日将全套单据寄开证行索汇。数日后,开证行来电提出如下不符点,进而拒付:(1)发票非以申请人的名称为抬头;(2)发票非信用证受益人出具;(3)保险比例为发票价值的 110%;(4)单价与信用证规定不同。试问:上述不符点是否成立? 为什么?

分析:本案例主要是考察可转让信用证的使用。首先,当转让行于首次要求第一受益人替换单据,而第一受益人未能照办时,或第一受益人提交的发票导致第二受益人的交单出现本不存在的不符点,而其并没有在第一次要求时修正,则转让行有权将所收到的第二受益人提交的包括发票及/或汇票在内的单据直接交给开证行,而不对第一受益人负责。因此,转让行对第二受益人进行议付的行为没有过错,并应该得到开证行的付款,第(1)和第(2)个不符点也不成立。其次,可转让信用证在转让时,投保的保险比例可以增加、规定的任何单价可以减少,因此,第(3)和第(4)个不符点也不成立。

(六)按照进出口业务及国际贸易方式分为对背信用证、预支信用证、循环信用证和对开信用证

对背信用证(Back to Back L/C)又称转开信用证,是指受益人要求原证的通知行或其

他银行以原证为基础,另开一张内容相似的新信用证。对背信用证的受益人可以是国外的,也可以是国内的,开证行只能根据不可撤销信用证来开立对背信用证。对背信用证的开立通常是中间商转售他人货物从中图利,或两国不能直接办理进出口贸易时,通过第三者以此种方法来沟通贸易。

预支信用证(Anticipatory L/C)是指允许受益人在货物装运和交单前预支全部或部分货款的信用证。在该证项下,受益人既可以向开证行预支(即受益人在货物装运前开具以开证行为付款人的光票汇票,由议付行买下向开证行索偿),也可以向议付行预支(即由议付行垫付货款,待货物装运后交单议付时,扣除垫款本息,将余额支付给受益人,但如果货物未装运,则由开证行负责偿还议付行的垫款和本息)。为引起注意,这种信用证通常用红字标明预支货款的条款,故习惯上被称为"红色条款信用证"(Red Clause L/C)。

循环信用证(Revolving L/C)是指信用证金额被全部或部分使用后,无须经过信用证修改,根据一定条件就可以自动、半自动或非自动地更新或还原再被使用,直至达到规定的使用次数、期限或规定的金额用完为止的信用证。循环信用证可以分为按时间循环的信用证和按金额循环的信用证两种。这类信用证通常适用于分批交货的情况。

对开信用证(Reciprocal L/C)是指两张信用证的开证申请人互以对方为受益人而开立的信用证,多用于易货贸易或加工贸易。两张信用证的金额大致相等。

八、信用证结算的风险及防范

(一)信用证结算存在的主要风险

尽管在信用证结算过程中银行会对单据进行审核,做到"单单一致"和"单证一致",相对比较安全,但银行只是对单据进行表面的审核,并不对货物予以审查。这就使得一些不法商人利用信用证的这一特点,伪造单据,进行欺诈。因此,在进行国际贸易时,要特别警惕信用证欺诈。

在实践中,常见的信用证结算风险包括:①使用伪造的信用证或随附的单据、文件欺诈。②使用作废的信用证欺诈。③骗取他人已开出的信用证。④加列软条款。例如,开证申请人在开立信用证时,没有经过受益人同意,在信用证中加列一些软条款。这些软条款使开证申请人或开证行具有单方面的主动权,从而使开证行第一性的付款责任随时因开证行或开证申请人单方面的行为而解除,以达到不付款或少付款的目的。这类信用证通常被称为软条款信用证。买方可凭软条款信用证骗取卖方的保证金、质押金、履约金、开证费等。⑤利用假远期信用证进行诈骗。有些不法分子利用信用证到期付款前的一段时间制造付款障碍以达到骗取货物的目的。

(二)信用证结算风险的防范措施

(1)在订立合同时,必须进行深入的资信调查,包括买方和卖方之间相互资信的了解,银行与开证申请人、受益人之间的资信了解。其中,最重要的是买方和卖方的资信调查,在没有搞清对方的资信和经营能力等情况前不要轻易交易。

（2）认真缮制买卖合同。由于信用证是根据合同开立的，因此在缮制合同时要将关键条款制定详细、明确，避免因信用证条款过于烦琐而给对方可乘之机。同时，签订的买卖合同应有买卖双方承担风险的责任担保，最好有第三方或第三国做担保人并进行公证。

（3）我国出口企业订立合同时，要力争让客户同意在我国的商检机构进行商品检验，争取一定的主动权。

（4）认真审核信用证。卖方收到信用证后，应及时、认真地对信用证与合同条款进行审核，对于软条款要特别警惕。发现信用证中存在不符之处以及无法接受的条款时，应立即向买方提出改证要求，否则将陷入极其被动的局面。

（5）要与银行保持密切联系，内部建立一套完整的业务操作规则，特别是有关信用证结算的工作流程，提高业务能力。这是避免因工作失职或能力不够而导致信用证欺诈的有效手段。

（6）尽量要求买方从一些大的、信誉较好的银行开证。这些银行一般会注意保持自身良好的声誉，业务操作相对规范，也会严肃、谨慎地处理"软条款"问题。

案例 8-7

我国内地某银行曾收到一份由我国香港地区 WDK 银行开出的金额为 170 万美元的信用证，申请人为新加坡 GK 公司，受益人为湖北省某进出口公司，出口货物为玻璃器皿。经审证，发现该证有如下"软条款"："本证尚未生效，除非运输船名已被申请人认可并由开证行以修改书形式通知受益人。"该内地银行在通知受益人时提醒其注意这一"软条款"，并建议其修改信用证，以避免可能出现的风险。后来，经过磋商，申请人撤销了该证，另由香港 IB 银行开出同一金额、同一货物、同一受益人的信用证，但信用证中仍有这类"软条款"："装运只有在收到本证修改书，指定运输船名和装运日期时，才能实施"，可谓"换汤不换药"，主动权仍掌握在申请人手中，而受益人却面临若申请人拒发装运通知，则无法提交全套单据给银行议付的风险。此时，该内地银行了解到与该进出口公司联营的某工贸公司已将 60 万元人民币质保金汇往申请人在香港的代表名下，而且该进出口公司正计划向其申请打包贷款 600 万元人民币作为订货之用。于是，该内地银行果断地采取措施，一方面暂停向该公司贷款，另一方面敦促其设法协助工贸公司追回质保金。后经多方努力和配合，最终免遭损失。通过该案，阐述对信用证中"软条款"的认识。

分析：本案例中，进口商在信用证中规定了开出后暂不生效，需待开证行或开证申请人通知后生效的"软条款"，这使得出口商必须取得其发出的本证修改书才能够取得货款，增加了出口商的收汇风险。此类条款使出口货物能否装运完全取决于进口商，出口商则处于被动地位，而且一旦单据有错，修改就变得极不方便。在信用证业务中，应大力加强审证工作，如发现"软条款"，要坚决删除或修改，保持高度的警惕。

九、合同中的信用证支付条款范例

1. 即期信用证支付条款

买方应于装运月份前××天通过卖方可接受的银行开立并送达卖方不可撤销的即期信用证,有效期至装运月份后第 15 天在中国议付。(The buyers shall open through a bank acceptable to the sellers an Irrevocable Sight L/C to reach the sellers ×× days before the month of shipment, valid for negotiation in China until the 15th day after the month of shipment.)

2. 远期信用证支付条款

买方应于××年×月×日前(或接到卖方通知后××天内或签约后××天内)通过××银行开立以卖方为受益人的不可撤销(可转让)的见票后××天(或装船日后××天)付款的银行承兑信用证,信用证议付有效期延至上述装运期后第 15 天在中国到期。(The buyers shall arrange with ×× bank for opening an Irrevocable(Transferable) banker's acceptance L/C in favor of the sellers before…(or within ×× days after receipt of seller's advice; or within ×× days after signing of this contract. The said L/C shall be available by draft(s) at sight(or after date of shipment) and remain valid for negotiation in China until the 15th day after the aforesaid time of shipment.)

第三节 银行保函和备用信用证

一、银行保函

(一) 银行保函的含义和基本内容

银行保函(Letter of Guarantee, L/G)是由银行开立的承担付款责任的一种担保凭证,银行根据保函的规定承担绝对付款责任。银行保函大多属于"见索即付"(无条件保函),是不可撤销的文件。

银行保函的内容根据交易的不同而不同,在形式和条款方面也无固定格式。但就基本内容而言,银行保函一般包括以下内容:

(1) 基本栏目,包括保函的编号、开立日期、各当事人的名称和地址、有关交易或工程项目的名称、有关合同或标书的编号和订约或签发日期等。

(2) 责任条款,是指开立保函的银行或其他金融机构在保函中承诺的应承担的责任条款,这是银行保函的主体。

(3) 保证金额,是出具保函的银行或其他金融机构所承担的责任的最高金额。保证金额可以是具体金额,也可以是合同或有关文件金额的某个比例。如果保证人可以按委托人履行合同的程度减免责任,则必须做出具体说明。

(4) 有效期,是最迟的索赔期限,或称到期日,可以是具体日期,也可以是在某一行为或某一事件发生后的一个时期。

（5）索偿方式,也称索偿条件,是指受益人在何种情况下可向保证人提出索赔。对此国际上有两种处理方式:一是无条件的,称为见索即付保函;二是有条件的保函。按照国际商会的规定,即使是见索即付保函的受益人在索偿时也必须提交一份申明书。

（二）银行保函的特点和作用

1. 银行保函的特点

（1）以银行信用作为保证,便于商业交易及其他经济活动的顺利进行;

（2）适用范围广,几乎凡是需要银行信用介入的经济活动,都能使用银行保函;

（3）在作为支付工具时,保函既可以独立使用,又可以与其他结算工具(如信用证、托收、汇款业务等)组合使用;

（4）种类繁多,不同经济活动的需求推进了保函品种的不断创新;

（5）国际通行的保函是独立性担保,即银行保函是依据商务合同开出的,但又不依附于商务合同,是具有独立法律效力的文件,是银行独立的承诺,且担保银行的赔付依据基本上是约定的单证。

2. 银行保函的作用

（1）可作为支付工具,担保受益人在履行合同义务后获得合同价款的支付;

（2）可作为补偿工具和惩罚手段,担保申请人履行合同义务,并在申请人违约时对受益人做出赔偿。

（三）银行保函的当事人

银行保函业务中涉及的主要当事人有三个,即申请人、受益人和担保人,此外往往还有通知行、转开行、保兑行和反担保人等当事人。

1. 申请人

申请人又称委托人,是指向银行提出申请,要求银行出具保函的一方,通常为债务人。其主要职责是履行合同中所规定的有关义务,并在担保人为履行担保责任而向受益人做出赔付时向担保人补偿其所做的任何支付。

2. 受益人

受益人是指接受保函,并有权按照保函规定的条款向担保人提出索赔的一方。其主要职责是履行合同中所规定的责任和义务,并在保函规定的索偿条件具备时,有权按照保函规定出具索款通知或连同其他单据,向担保行索取款项。

3. 担保人

担保人又称保证人,是指根据申请人的要求,向受益人开立保函的一方,通常是银行。其主要责任是处理单据或证明,但对保函所涉及的合同标的不负责任,对单据或证明的真伪以及在邮递过程中出现的遗失、延误均不负责。

（四）银行保函的种类

1. 银行进口保函

银行出具的进口保函主要有以下四种:

(1) 成套设备进口即期付款保函。进口商按合同规定,预付给出口商一定比例的订金(一般为10%),其余货款由进口地银行开立保函,保证进口商的大部分货款可凭货运单据即期付款,小部分货款(约5%)在设备正常运转期满,凭厂方设备运转期满证书支付。如果进口商无力付款,则银行承担付款责任。

(2) 成套设备进口远期付款保函。进口商按合同规定,预付给出口商一定比例的订金(一般为5%),其余部分由进口地银行开立保函,保证进口商凭出口商交来的货运单据先支付小部分(约10%),剩下的85%货款作为远期付款,分期偿付。

(3) 租赁保函。租赁保函是由担保银行向出租人出具的担保文件,保证承租人一定按照租赁协议的条款支付租金。如果承租人不付租金,则担保银行支付。

(4) 加工装配保证。进口地银行应进口商的要求,向出口商保证,进口商如期加工出口成品偿还机器设备价款,否则由担保银行代为偿付。相对来说,进口商也可要求出口商提供银行保函,保证负责支付工缴费。

2. 银行出口保函

银行出具的出口保函主要有以下四种:

(1) 投标保函。投标人向招标人递交投标书时,必须随附银行的投标保函。开标后,中标的投标人先前附来的银行投标保函立即生效。投标保函的金额一般为招标金额的2%～5%。担保银行的责任是:当投标人在投标有效期内撤销投标,或者中标后不能同业主订立合同或不能提供履约保函时,担保银行就自己负责付款。

(2) 履约保函。招标人和中标的投标人在合同签订后,即成为接受承包人和承包人。承包人必须向接受承包人提供银行开立的履约保函,金额一般为合同金额的10%～15%,以确保承包人按合同条款履约。否则,由银行负责赔偿一定的金额,最高不超过履约保函的总金额。

(3) 还款保函。国际上对金额较大的成套设备或工程项目交易,出口商常要求进口商预付一定金额的订金。进口商在支付订金前,要求出口商提供银行的还款保函,以担保出口商履行合约。否则,出口商银行负责将预付订金及利息退还给进口商。

(4) 维修保函、质量保函。维修保函多用于造船、工程项目,质量保函多用于货物买卖。两种保函的金额约为合同金额的5%。如果承包人所完成的工程质量或出口商所提供的货物的质量不符合合同规定,而承包人或出口商又不愿进行维修或调换,则银行应向业主或进口商赔付一定的金额,以便业主或进口商对工程或货物进行维修,以保证质量。

(五) 关于银行保函的国际惯例

目前,见索即付独立保函适用的国际规则主要是《见索即付保函统一规则》(The Uniform Rules for Demand Guarantees,简称URDG)及其修订本,其中,于2010年7月1日实施的URDG 758是国际商会最新制定的一部适用于见索即付保函的统一规则,是针对1992年URDG 458的修改。这部新规则,一方面继承了URDG 458的基本精神,坚持了独立性原则,强调了表面相符;另一方面改进了URDG 458的具体操作,突出了单据化特征。

1. 保函的独立性更加明显

URDG 758 专门列明了一条(第5条),论述保函/反担保函的独立性,非常清晰地界定了其所规范的保函是独立保函。见索即付保函一方面独立于申请人与受益人之间的基础合同,另一方面独立于申请人向担保人发出的委托开立保函的申请。

比较而言,URDG 458 第 2 条也提及了保函/反担保函的独立性,但相对简略。此外,URDG 758 在对保函操作的具体规定中也体现了这一特征,突显了保函的独立性。

2. 保函单据化要求更加严格

URDG 458 第 2 条、第 9 条、第 10 条等条款体现了保函的单据化特性,与之相比,URDG 758 对单据化的要求更加严格:一方面,详细规定了保函各个环节要求的单据化条件;另一方面,在增加非单据化条件补救措施的同时,严格限制了非单据化条件的处理。

(1) 严格要求单据化条件。URDG 758 第 6 条对保函单据化做出了明确规定,担保人处理的仅限于单据,而不管单据可能涉及的货物、服务或履约行为。此外,URDG 758 在规定保函的具体实务操作中,也体现了单据化条件的严格要求。例如,第 2 条对到期事件的定义,第 19 条、第 20 条对审单标准和审单时间的规定等。

(2) 限制非单据化条件。非单据化条件一直以来困扰着见索即付保函的操作实务,因为其在独立保函的条件下,又用一定的条件要求担保人审查相关事实。URDG 458 未对非单据化条件做出规定,与之不同,URDG 758 增加了第 7 条非单据化条件的规定。但是,URDG 758 对非单据化条件的补救措施有严格的限定:保函应避免包含非单据化条件;如果出现了非单据化条件,除非通过担保人自身记录或者根据保函中规定的指数能够证明非单据化条件得以满足,否则非单据化条件将不予理会。

此外,URDG 758 采用逐条论述的方法。URDG 758 共 35 条,每一条着重论述保函实务的某一具体方面。整个规则按照实务操作的一般规律展开,从开立、修改到交单、索赔再到赔付、终止。规则的这种结构形式不但逻辑清晰、论述具体,而且更加符合实务操作流程。

案例 8-8

某年 4 月,X 银行应出口商 A 公司申请,开立了以进口商 B 公司为受益人的履约保函。保函规定:保函金额为合同总金额,保函自签发之日起生效;保函于生效后 180 天或 A 公司装船交货后失效;索赔条件为"由于 A 公司的主观原因而未能按合同规定的最迟装运期按时装船交货,银行赔付"。A、B 公司之间的基础合同规定:A 公司出口商品的样品须由 B 公司确认,B 公司将以电汇方式支付货款。

8 月交货期临近,A 公司告知 X 银行,B 公司对 A 公司多次提交的样品一再挑剔不予确认;且 B 公司不接受 A 公司提出的延长装货期要求。随后,X 银行收到 B 公司的索赔要求,称 A 公司"未能按合同规定的最迟装运期按时装船交货"。X 银行将这一索赔请求立即通知 A 公司,A 公司回复说未按时装船交货不是由其主观原因造成的,而是由于 B 公司的故意刁难,并随附了商检局出具的"商检证书"。

X银行据此回复B公司:A公司未能在装运期内按时交货不是由其主观原因造成的,索赔条件不符,因此银行不赔付;建议B公司与A公司协商解决。最后,A、B公司多次协商后决定保函失效。

试问:URDG 758对"非单据化条件"是如何规定的?

分析:本案争议的焦点在于保函中规定的"由于A的主观原因而未能按合同规定的最迟装运期按时装船交货,银行赔付"这一非单据条件——"由于A的主观原因"。

很显然,此例是在URDG 458下的处理方式。由于URDG 458并未对"非单据化条件"的处理做出明确规定,所以担保人采取了如上的处理方式。

如果此保函应用URDG 758,X银行将不能采取此种处理方式。在URDG 758下,此保函规定的"由于A的主观原因"这种非单据条件将不予置理。因为URDG 758明确规定,保函中不能约定"未规定表明满足该条件要求的单据"条件。

此案例中保函只规定了"由于A的主观原因"这种条件,而未规定表明能佐证"由于A的主观原因"应提交的单据,而且也不能通过担保人的自身记录或保函规定的指数来证明非单据化条件满足,因此不能构成"非单据条件"的例外。

因此,依照URDG 758的规定,担保人对此条件可以不予置理。

二、备用信用证

(一)备用信用证的定义

备用信用证(Standby L/C)是一种跟单信用证或安排,不论其如何命名或描述,它都代表了开证人对受益人的以下责任:①偿还开证申请人的借款;②支付由开证申请人承担的任何债务;③支付由开证申请人违约所造成的任何损失。

在备用信用证下,只要受益人向指定银行提交备用信用证规定的汇票及/或开证申请人未履约的声明或证明文件,即可取得开证人的偿付。由于UCP 600的"跟单信用证"定义中的"单据"一词意指信用证规定的任何单据,而不特指代表货物的商业单据,因此,按照UCP 600的规定,备用信用证属于跟单信用证的一种,它是相对于一般附有商业单据的商业信用证(Commercial L/C)而言的。商业信用证由受益人将货物装运出口并提交符合信用证要求的单据这一履约行为而使信用证成为可使用的结算方式;备用信用证则由于开证申请人的违约而支持了受益人,如到时开证申请人履约无误,则备用信用证就成为"备而不用"的结算方式,故称为备用信用证。备用信用证因其具有的担保性质,有时也被称作担保信用证(Guarantee L/C)。商业信用证和担保信用证合称跟单信用证。

1983年国际商会制定的UCP 400首次明确规定该惯例适用于备用信用证。UCP 600第一条也明确规定,UCP 600适用于所有在正文中标明按本惯例办理的跟单信用证(包括本惯例适用范围内的备用信用证)。"本惯例适用范围内"这句话的含义是指:只有UCP

600 中适用于备用信用证的条款方能适用于备用信用证,而其他条款不适用于备用信用证。这是因为 UCP 600 主要是为商业信用证制定的,备用信用证在做法上与商业信用证有诸多不同之处,所以 UCP 600 中有些条款对备用信用证不适用。为此,1998 年 4 月 6 日,在美国国际金融服务协会、美国国际银行法律与实务学会和国际商会银行技术与实务委员会的共同努力下,《国际备用信用证惯例》(International Standby Practices,简称 ISP 1998,为国际商会第 590 号出版物)终于公布,并自 1999 年 1 月 1 日起正式实施,它填补了备用信用证在国际规范方面的空白。

按照 ISP 1998 的规定,只有明确注明依据 ISP 1998 开立,备用信用证方受 ISP 1998 的管辖。一份备用信用证可同时注明依据 ISP 1998 和 UCP 600 开立,此时 ISP 1998 优先于 UCP 600,即只有在 ISP 1998 未涉及或另有明确规定的情况下,才可依据 UCP 600 解释和处理有关条款。

(二) 备用信用证的种类

备用信用证通常用于履约、投标、还款的担保业务。按照用途的不同,备用信用证主要可分成以下几种:

1. 履约备用信用证

履约备用信用证(Performance Standby L/C)用于担保履行责任而非担保付款,包括对申请人在基础交易中违约所造成的损失进行赔偿的保证。在履约备用信用证有效期内如发生申请人违反合同的情况,开证人将根据受益人提交的符合备用信用证的单据(如索款要求书、违约声明等)代申请人赔偿规定的金额。

2. 投标备用信用证

投标备用信用证(Tender Bond Standby L/C)用于担保申请人中标后执行合同的责任和义务。若投标人未能履行合同,开证人须按备用信用证的规定向受益人履行赔款义务。投标备用信用证的金额一般为投保报价的 1%～5%。

3. 预付款备用信用证

预付款备用信用证(Advance Payment Standby L/C)用于担保申请人对受益人的预付款所应承担的责任和义务。预付款备用信用证常用于国际工程承包项目中业主向承包人支付的合同总价 10%～25%的工程预付款,以及进出口贸易中进口商向出口商的预付款。

4. 直接付款备用信用证

直接付款备用信用证(Direct Payment Standby L/C)用于担保到期付款,尤指到期没有任何违约时支付本金和利息。直接付款备用信用证主要用于担保企业发行债券或订立债务契约时的到期支付本息义务。

(三) 备用信用证与跟单信用证的区别

1. 功能不同

跟单信用证只是一种供受益人使用的付款机制,它首先充当的不是担保合同履行的手段,而是合同价款支付的手段,它常常作为货款收付形式出现在基础合同的支付条款之中。而备用信用证则一般用来作为货款收付的保证手段,并且作为贸易合同所规定的托收、汇款、寄售等商业信用结算方式的一种信用补充手段和额外担保形式载入基础合同。

2. 适用范围不同

跟单信用证主要适用于国际货物买卖领域,从其产生那天起就与国际贸易领域紧密相连。而备用信用证不仅大量使用于国际贸易领域,而且已发展成为适用于各种用途的融资工具,可用于货物买卖以外的多方面交易。

3. 付款责任不同

在跟单信用证业务中,开证行的付款责任是第一性的。而备用信用证则是开证人形式上承担着见索即付的第一付款责任,但其开立意图实质上是第二性的,具有银行担保的性质。

4. 要求单据不同

跟单信用证一般要求正本货运单据,开证行在支付货款后便控制了该物权凭证,因此,跟单信用证能切实保障开证行取得偿付的权益;而在备用信用证下,要求的单据既可以是货运单据,也可以不是货运单据,故备用信用证不能较好地保障开证行取得偿付的权益。在实践中,银行一般只给具有良好信誉的客户开具备用信用证。

5. 开立的主体要求不同

根据 UCP 600 的规定,跟单信用证的开立者在绝大多数情况下只能是银行,而根据 ISP 1998 的规定,备用信用证的开立者并不限于银行,还可以是自然人、合伙组织、保险公司等非银行机构,因此,ISP 1998 以"开证人"(Issuer)代替了"开证行"(Issuing Bank)这一概念。

6. 转让要求不同

信用证的转让实际上是信用证项下支款权的转让。根据 UCP 600 的规定,除非信用证另有规定,可转让信用证只能转让一次。但是只要信用证不禁止分批装运/分批支款,可转让信用证就可以分为若干部分分别转让,其总和不得超过信用证金额,这称为分割转让。与此相反,在备用信用证交易中,信用证转让通常是多次的全部转让。由于受益人并不需要申请人履行义务,因而多次转让对申请人并无不利。而分割转让在备用信用证中是极为罕见的,因为多个第二受益人各凭其受让的部分支款权向银行支款将产生诸多问题。

三、银行保函与备用信用证的比较分析

如前所述,备用信用证最初是以银行保函的替代形式出现的,在英美法系国家甚至认为银行保函与备用信用证在法律上没有什么区别。但近年的发展,尤其是直接付款备用信用证的出现,使得备用信用证不再仅仅发挥传统的担保作用,而是也像商业信用证一样充当支付工具,这就使得人们不得不改变过去将备用信用证在很大程度上等同于银行保函的观点。因此,对备用信用证和银行保函做出明确区分,就成为一个重要而现实的问题。

（一）银行保函与备用信用证的相同之处

1. 定义和法律当事人基本相同

银行保函和备用信用证虽然在定义的具体表述上有所不同，但总的来说，它们都是由银行或其他实力雄厚的非银行金融机构应某项交易合同的当事人（申请人）的请求或指示，向交易的另一方（受益人）出立的书面文件，承诺对提交的在表面上符合其条款规定的书面索赔声明或其他单据予以付款。银行保函与备用信用证的法律当事人基本相同，一般都包括申请人、担保人或开证人（两者处于相同地位）、受益人。三者之间的法律关系是，申请人与担保人或开证人之间是契约关系，两者之间的权利义务关系以开立保函或备用信用证申请书和银行接受申请而形成；担保人或开证人与受益人之间也是契约关系，银行开出保函或备用信用证，受益人接受保函或备用信用证条款即形成契约关系。

2. 使用目的相同

银行保函和备用信用证都是国际担保的重要形式，在国际经贸往来中发挥着相同的作用，达到相同的目的。在国际经贸往来中，交易当事人往往要求提供各种担保，以确保债务的履行，如招标交易中的投标担保、履约担保、设备贸易的预付款还款担保、质量或维修担保、国际技术贸易中的付款担保等，这些担保都可通过银行保函或备用信用证的形式实现。备用信用证正是作为银行保函的替代方式而产生的，因此它所达到的目的自然与银行保函有一致之处，实践的发展也正是如此。

3. 性质相同

国际经贸实践中的银行保函大多是见索即付保函，它吸收了信用证的特点，越来越向信用证靠近，使见索即付保函与备用信用证在性质上日趋相同。具体表现在：第一，担保人或开证人的担保或付款责任都是第一性的，当申请人不履行债务时，受益人可以不找债务人承担责任，而凭银行保函或备用信用证直接从银行那里取得补偿；第二，它们虽然是依据申请人与受益人订立的基础合同开立的，但一旦开立，就独立于基础合同；第三，它们是纯粹的单据交易，担保人或开证人对受益人的索赔要求是基于银行保函和备用信用证条款规定的单据，即凭单付款。因此，有人将银行保函称为担保信用证。

（二）银行保函与备用信用证的不同之处

1. 银行保函有从属性保函和独立性保函之分，备用信用证无此区分

银行保函作为金融机构担保的一种，与所凭以开立的基础合同之间的关系既可以是从属性的，也可以是独立的，是否独立完全由银行保函本身的内容决定。备用信用证作为信用证的一种形式，并无从属性与独立性之分，它具有信用证"独立性、自足性、纯粹单据交易"的特点，受益人索赔时以该信用证约定的条件为准，开证人只根据信用证条款与条件来决定是否支付，而不考虑基础合同订立和履行的情况。

2. 适用的法律规范和国际惯例不同

银行保函适用各国关于担保的法律规范。由于各国关于银行保函的法律规定各不相同，因此到目前为止，没有一个可为各国银行界和贸易界所广泛认可的银行保函国际惯

例。独立性保函虽然在国际经贸实践中有广泛的应用,但大多数国家对其性质在法律上并未有明确规定,这在一定程度上阻碍了银行保函的发展。备用信用证则适用统一的国际惯例,一般在开立信用证时,都要明确记载该信用证所适用的国际惯例的名称。

目前,备用信用证适用的国际规则主要有三个:《国际备用信用证惯例》(ISP 1998)、《跟单信用证统一惯例》(UCP 600)、《联合国独立担保和备用信用证公约》(United Nations Convention on Independent Guarantees and Standby Letter of Credit)。

银行独立保函可适用的国际规则主要有:国际商会制定的《见索即付保函统一规则》和联合国国际贸易法委员会制定的《联合国独立担保和备用信用证公约》。但前者尚未被世界各国广泛承认和采纳,而后者也只对参加公约的国家生效。

3. 开立方式不同

备用信用证的开立是由开证行通过受益人当地的代理行(即通知行)转告受益人的方式,代理行需审核信用证表面的真实性,如不能确定其真实性,则有责任不延误地告之开证行或受益人。

银行独立保函的开立可以采取直接保证和间接保证两种方式。如果采取直接保证方式,担保行和受益人之间的关系与备用信用证开证人和受益人之间的关系相同,但《见索即付保函统一规则》对通知行没有做出规定,因此银行独立保函可由担保行或委托人直接递交给受益人;如果担保行通过一家代理行转递,则按常规这家转递行就负责审核保函签字或密押的真实性。

如果采取间接保证的方式开立银行独立保函,委托人(即申请人)所委托的担保行作为指示方开出的是反担保函,而作为反担保函受益人的银行(受益人的当地银行)再向受益人开出保函并向其承担义务,开立反担保函的指示方并不直接对受益人承担义务。

4. 生效条件不同

按照英美法的传统理论,银行提供独立保函必须要有对价才能生效,但开立备用信用证则不需要有对价即可生效。

5. 兑付方式不同

备用信用证可以在即期付款、延期付款、承兑、议付四种方式中规定一种作为兑付方式,而银行独立保函的兑付方式只能是付款。相应地,备用信用证可指定议付行、付款行等,受益人可在当地交单议付或取得付款;银行独立保函中只有担保行,受益人必须向担保行交单。

6. 融资作用不同

备用信用证适用于各种用途的融资:申请人以其为担保取得信贷;受益人在备用信用证名下的汇票可以议付;以备用信用证作为抵押取得打包贷款;银行可以没有申请人而自行开立备用信用证,供受益人在需要时取得所需款项。而银行独立保函除了借款保函的目的是以银行信用帮助申请人取得借款外,不具有融资功能,而且不能在没有申请人(委托人或指示方)的情况下由银行自行开立。

7. 单据要求不同

备用信用证一般要求受益人在索赔时提交即期汇票和证明申请人违约的书面文件。银行独立保函则不要求受益人提交汇票,但对于表明申请人违约的证明单据的要求比备用信用证下提交的单据要严格一些。例如,受益人除了要提交证明申请人违约的文件,还需提交证明自己履约的文件,否则,担保行有权拒付。

第四节　各种支付方式的合理安排

在国际贸易中,一笔交易的货款结算,可以采用一种结算方式,也可以根据不同的交易商品、交易对象、交易条件等,将各种结算方式搭配使用,从而有利于促进交易的进行并能够安全、及时地收汇。

一、主要结算方式的比较

在国际贸易中,汇付、托收和跟单信用证是最基本也最常用的三种结算方式,表 8-1 是对这三种结算方式在结算方式、手续繁简、费用负担、买卖双方的资金占用和安全性(买方风险与卖方风险)等方面所做的比较。

表 8-1　汇付、托收与跟单信用证的比较

结算方式		手续繁简	费用负担	买卖双方的资金占用	买方风险	卖方风险
汇付	预付货款	简单	最少	不平衡	最大	最小
	赊账交易	简单	最少	不平衡	最小	最大
跟单托收	付款交单	稍繁	稍多	不平衡	较小	较大
	承兑交单	较繁	稍多	不平衡	极小	极大
跟单信用证		最繁	最多	较平衡	稍大	较小

二、影响结算方式选择的因素

1. 客户资信

在国际贸易中,合同能否顺利圆满地得到履行,在很大程度上取决于客户的信誉。因此,要在贸易中安全、及时地收汇或是安全地用汇就必须事先做好对客户的资信调查,如客户的性质、规模、经营范围、往来银行名称及账号、与中国其他公司有无业务关系、公司有无网站等。进行资信调查时,一方面,可请客户自我介绍,然后从侧面加以证实;另一方面,可通过银行、保险部门和驻外机构进行调查,也可委托中国银行对客户进行专门的资信调查。此外,对不同地区的客户,应采用不同的做法。例如,欧、美、日、澳、新地区的客户,一般而言,资信比较好,国家金融运作体系正常,D/P 远期风险不大。南美、非洲、中东、苏联和东欧地区是高风险地区,即便是 D/P 即期或远期付款,也要求投保出口信用险。

还需要考虑合同金额的大小以及对新、老客户进行区分,灵活采用结算方式。如果是老客户,以前配合得很好,涉及合同金额又比较小,可以接受 D/A 远期或后 T/T;如果是新客户,或者合同金额较大,对 D/A 托收和后 T/T 业务则要求必须投保出口信用险。总之,需要对客户资信进行动态掌握、连续考察,随时注意调整结算方式。

2. 经营意图

在国际贸易中结算方式不仅仅起到货款结算的作用,甚至可以成为卖方扩大销路、调动买方积极性的"促销"手段。因此,需要充分了解双方的经营意图。如果卖方销售的是畅销货物,则既可以提高售价,又可以选择对自己最有利的结算方式与资金占用方式,比如信用证结算。如果卖方销售的是滞销货物或市场竞争激烈的货物,则除了需降低售价,在结算方式上也需做必要的让步,谨慎利用汇付或托收的方式。

3. 贸易术语

在国际货物买卖合同中采用不同的贸易术语,由于合同的交货方式和运输方式不同,其所适用的结算方式也不完全相同。例如,对象征性交货的术语(如 CIF、CFR),可采用 L/C 或 D/P 方式;对实际交货的术语(EXW、DPU、DAP、DDP),一般不能使用托收方式;对 FOB、FCA 合同,虽然可凭运输单据交货与收款,但由于运输由买方安排,卖方较难控制货物,因此一般也不宜采用托收方式。

4. 运输单据

在国际贸易中采用不同的货物运输方式,卖方掌握的运输单据的性质就不同,从而影响结算方式的选择。例如,采用海运方式时,卖方装运货物后得到的是海运提单,而提单具有物权凭证的作用,提单在交付给买方之前,卖方能够通过控制提单来控制货物,因此可以选择信用证结算或托收结算。当货物采用航空运输、铁路运输以及邮政运输方式时,相应的运输单据是航空运单、铁路运单或邮包收据,这些单据都不是物权凭证,因此卖方不宜做托收。若采用信用证结算,也须规定必须开立以开证行作为运输单据的收货人,以便银行可以控制货物。

三、各种结算方式的选用

在国际贸易业务中,一笔交易的货款结算,可以只使用一种结算方式(通常如此),也可根据需要(例如不同的交易商品、不同的交易对象、不同的交易做法),将两种以上的结算方式结合使用,以有利于促成交易,或安全、及时收汇,或妥善处理付汇。

1. 信用证与汇付结合

这是指一笔交易的货款,部分用信用证方式支付,部分用汇付方式结算。这种结算方式的结合形式常用于允许其交货数量有一定机动幅度的某些初级产品的交易。对此,经双方同意,信用证规定凭装运单据先付发票金额或在货物发运前预付金额的若干,余额待货到目的地(港)后或经再检验的实际数量用汇付方式支付。使用这种结合形式必须首先订明采用的是何种信用证和何种汇付方式以及按信用证支付的金额比例。

2. 信用证与托收结合

这是指一笔交易的货款,部分用信用证方式支付,部分用托收方式结算。这种结合形式的具体做法通常是:信用证规定受益人(卖方)开立两张汇票,属于信用证项下的部分货款凭光票汇票支付,而其余金额则将货运单据附在托收的汇票项下,按即期或远期付款交单方式托收。这种做法,对卖方来说收汇较为安全,对进口人来说可减少垫资,易为双方所接受。但信用证必须订明信用证的种类和支付金额以及托收方式的种类。

3. 汇付与银行保函或信用证结合

汇付与银行保函或信用证结合使用的形式常用于成套设备、大型机械和大型交通运输工具(飞机、船舶等)等货款的结算。这类产品交易金额大,生产周期长,往往要求买方以汇付方式预付部分货款或订金,其余大部分货款则由买方按信用证规定或开具银行保函分期付款或迟期付款。

4. 跟单托收与预付押金相结合

这是指采用跟单托收并由买方预付部分货款或一定比例的押金作为保证。卖方收到预付款或押金后发运货物,并从货款中扣除已收款项,将余额部分委托银行托收。托收采取 D/P 方式。如托收金额被拒付,卖方可将货物运回,并从已收款项中扣除来往运费、利息及合理的损失费用。

5. 备用信用证与跟单托收相结合

采用这种方式的主要目的是当跟单托收项下的货款遭到买方拒付时,可凭备用信用证利用开证行的保证追回,即在备用信用证项下由卖方开立汇票与签发买方拒付的声明书,要求开证行进行偿付。

本章提要

1. 国际贸易中,常用的结算方式包括汇付、托收和信用证。

2. 汇付是付款人通过银行,使用各种结算工具将货款汇交收款人的一种结算方式,属于商业信用。由于使用的结算工具不同,汇付可分为电汇、信汇和票汇。汇付方式多用于预付货款和货到付款的交易方式。

3. 托收是由卖方委托银行向买方收取货款的一种结算方式。跟单托收分为付款交单和承兑交单。托收是一种商业信用,因此在国际贸易中只是有条件地使用。

4. 信用证结算对出口商而言是一种较为安全的收款方式,由于其建立在银行信用的基础上,同时又具有独立性和单据买卖的特点,在国际贸易中被广泛使用。此外,银行保函和备用信用证也是国际贸易中常出现的两种结算方式,多用于工程项目。

思考题

1. 汇付方式的性质及其在国际贸易中的作用是什么？
2. 托收有何特点？采用托收方式时，出口商应注意什么？
3. 信用证结算有何优越性？信用证有哪些主要内容？
4. 信用证支付方式的特点如何？
5. 信用证结算存在的主要风险有哪些？简述信用证结算风险的防范措施。
6. 简述银行保函和备用信用证的异同点。

 **案例讨论**

1. 某公司接到一份经 B 银行保兑的不可撤销信用证。当该公司按信用证规定办完装运手续后，向 B 银行提交符合信用证各项规定的单据要求付款时，B 银行却声称：该公司应先要求开证行付款，如果开证行无力偿付，则由其保证付款。试问：B 银行的要求合理吗？

2. 某开证行按照其所开具信用证的规定，对受益人提交的、经审查符合要求的单据履行了付款责任。但进口商在向开证行赎单后发现单据中的提单是倒签的，于是立即要求开证行退回货款并赔偿其他损失。试问：进口商的要求合理吗？

21世纪经济与管理规划教材
国际经济与贸易系列

第九章

国际贸易结算中的单证实务

【学习目标】

通过本章的学习,学生将能够:
1. 认知国际贸易单证实务的重要性;
2. 理解各种贸易单据的含义、涉及的当事人以及操作流程;
3. 熟练掌握结算方式下贸易单据的缮制方法。

【素养目标】

通过学习国际贸易结算中的单证实务等相关知识,学生应能够深入了解各种支付方式的结合使用、取长补短和相辅相成,正确认识在国际贸易中国家利益高于一切,具有严谨规范的工作态度和精益求精的精神,懂得细节决定成败的道理。

【重点难点】

重点是信用证项下各个单据的制作技巧;难点是单证不符点的审核与处理。

【引导案例】

案情：我国 TS 公司对美国 FV 公司出口了一批商品。10 月 19 日收到买方通过当地银行开来的信用证，信用证单据条款中规定"Duplicate/photocopy of original certificate of China origin GSP Form A issued by competent authority"（由官方机构出具的 GSP 产地证正本一式两份或正本影印件）。TS 公司根据信用证特殊条款中的要求，将 GSP 正本直接寄给客户，副本随附其他单据和汇票一起交银行议付。国外开证行收到单据后于 11 月 5 日来电，提出单证不符即"GSP 副本代替了正本一式两份/正本影印件"。TS 公司随后对信用证条款和公司所提供的单据进行了研究，认为所交单据没错，于 11 月 11 日向开证行提出如下反驳意见：(1) 信用证规定 GSP 产地证的"Duplicate"（副本）交银行议付，正本寄交客户，这不符合实际操作的要求。因为一套 GSP 产地证均为一正两副，商检局不出具"Duplicate"字样的产地证。(2) 根据 UCP 600 的规定：如果信用证要求多份单据，诸如正副两份或以上，可以提交一份正本，其余份数以副本单据来满足，但单据本身有显示者除外。因此，我方提供的产地证并未违反国际惯例规定。11 月 13 日，开证行又来电提出："你方单据已有副本的字样，Copy 与 Duplicate/Photocopy 是有区别的，我方仍不接受此单据。"因此，单据仍在我行暂时保管。请速告处理意见。TS 公司与开证行经过多次交涉未果，再加上商品在当地正值滞销时期，最终同意 FV 公司少付 10%的货款而结案。

分析：从本案来看，商品滞销、价格下跌是客户拒付的主要原因，但 TS 公司在审证和制单中确有不少疏漏之处。本案中，TS 公司在收到信用证后应认真审核，如果不能取得 GSP 产地证正本两份，则应速请客户修改信用证，或是先从商检局取得一正两副产地证，将注有正本字样的产地证复印一份，而后将复印件和副本交银行议付即可。因此，在信用证业务中，我们必须熟练掌握 UCP 600 的条文，并认真地制单结汇，不给对方以商品滞销为由拒绝付款的可乘之机。

第一节　汇票与发票

一、汇票

汇票属于票据范畴，是一种金融票据。但是在信用证交易中，出口商支取货款出具的汇票被视作信用证所要求提供的商业单据之一，受信用证有关条款的约束。因此，汇票的填制应格式齐全，既符合票据法的规定，又符合信用证的规定。汇票缮制的要点如下：

1. 汇票名称

汇票应有名称，一般使用 Bill of Exchange，也可以使用 Exchange 或 Draft，一般已印妥。有的国家出具的汇票没有汇票名称，英国的票据法就没有规定汇票必须注明名称。

2. 汇票编号

汇票一般都有编号，以便于业务处理。汇票编号由出票人自行填入，一般都以相应的发票编号兼作汇票编号。由于汇票编号不是汇票的必要项目，所以有些汇票没有编号。

3. 无条件支付命令

因为是"支付命令",所以必须用命令的语气,而不能用商量或请求的语气。不能用"Would you please pay…"或"We would be pleased if you will pay…"等之类的说法。又因为是"无条件的"支付命令,所以,不应有附加或假设的条件,如"In case you receive the goods pay…"或"Pay…upon your approval"等说法都不符合汇票的定义。通常支付命令的表示方式是以祈使句的形式,用动词"pay"加收款人名称和金额,如"Pay to the order of Bank of China U. S. DOLLARS FIVE THOUSAND ONLY"。

4. 出票条款

出票条款又称为出票根据,主要包括三个方面的内容:开证行完整名称、信用证号和开证日期。这三项内容应正确填入汇票相应的空格内:Drawn under(填开证行完整名称)、L/C No.(填信用证号)、dated(填开证日期)。若为托收,则在空白处填写"D/P at ×× days sight"或"D/P at sight"。

5. 出票地点及出票日期

出票地点一般应是议付地点。通常位于汇票的右上方,与出票日期相连。出票日期一般填制议付日期,该日期不能早于跟单单据的签发日期,例如发票的制单日或运输单据的签发日;也不得迟于信用证或 UCP 600 规定的交单限期,无论如何,最晚不得迟于信用证的有效期。一般出票日期由出票人留空,由银行在寄单前加注。

6. 金额

汇票的金额与币制必须准确无误,金额不能模棱两可,并应注意以下几点:

(1) 如信用证没有特别规定,则其金额应与发票金额一致。

(2) 如信用证规定汇票金额为发票金额的百分之几,例如 97%,那么发票金额应为 100%,汇票金额为 97%,其差额 3%一般为佣金。

(3) 如信用证规定以贷记通知单(又称贷项通知单,Credit Note)扣应付佣金的,那么发票金额开 100%,而汇票金额应是发票金额减去《贷记通知单》金额后的余额。

(4) 如信用证规定部分信用证付款,部分托收,则应分做两套汇票:信用证下支款的按信用证允许的金额支取,以银行为付款人;托收部分的以客户为付款人,发票金额是两套汇票金额之和。

(5) Exchange for 后面填写小写金额,由货币名称和阿拉伯数字表示的金额数构成,金额数要保留两位小数。The sum of 后面填写大写金额,如 PAY U. S. DOLLARS FIVE THOUSAND ONLY。汇票上的金额小写和大写必须一致。汇票金额不得涂改,不允许加盖校正章。

案例 9-1

H 公司向 B 公司出口一批初级产品,规定采用即期信用证方式付款。B 公司按规定开出信用证,信用证中规定了受益人需提交的单据,其中包括"the beneficiary's draft at sight, pay to ABC Bank only"。H 公司审查信用证后,认为信用证条款与合同规定相符,即在合同规定的装运期发货,然后将信用证所要求的单据向议付行交单议付,却遭到开证行拒付,理由是受益人提交的汇款收款人是"Pay to ABC Bank",与信用证规定不符,而H公司却认为仅一词之差,没什么区别,银行不应拒付。试问:受益人是否属于不符点交单?

分析:本案中,信用证规定受益人将汇票的收款人做成"只限(Only)付给ABC银行",是限制性抬头的汇票,这种汇票仅限汇票所规定的收款人使用,不能流通转让。而H公司提交的汇票在收款人一栏中漏写了"Only"一词,仅这一词之差就将汇票变为指示性抬头的汇票,汇票收款人可以对其进行背书转让。因此本案中,受益人提交的单据不符合信用证规定,开证行有权拒付。

7. 付款期限

付款期限是汇票的重要项目,凡没有列明付款期限的汇票,均应被认为无效。按照不同的付款期限,一般可采用下列方式缮制:

(1) 即期付款,在汇票的付款期限处,打 AT ×× SIGHT。

(2) 远期付款,在汇票的付款期限处,打 AT(天数)AFTER SIGHT,如果是固定期限付款,则打上 AT(日期)FIXED。

计算汇票的时间,不包括见票日,应"算尾不算头"。

8. 收款人

收款人又称为汇票抬头人。按国际惯例,填法有以下三种:

(1) 指示性抬头,汇票上写明"付给××的指定人(PAY TO THE ORDER OF ××)"。××是该汇票的收款人,经其背书,汇票可以转让。这是目前出口业务中使用最广泛的类型。

(2) 限制性抬头,汇票上写明"凭××命令支付(PAY TO THE ORDER OF ×× ONLY)"或"限制给××,不得转让(PAY TO ×× ONLY NOT TRANSFERABLE)"。这类汇票不能流通转让。

(3) 来人抬头,汇票上写明"付给持票人(PAY TO THE BEARER)"。这类汇票不需要背书,交付即是转让,安全性低,在出口业务中很少使用。

跟单信用证项下汇票的收款人可以是受益人本身,也可以是议付行。如果信用证未做规定,一般应填写议付行且采用指示性抬头,如"PAY TO THE ORDER OF ×× BANK(议付行、开证行、偿付行名称)"。

9. 付款人

付款人一般都位于汇票的左下角,即"TO(付款人)",可以是开证行或开证行指定的其他银行,付款人名称必须填写完整。如果是开证行,汇票的付款人一般写"drawn on us(ourselves or this bank)at our counters"或"issued on ourselves";如果是以通知行为付款人,则写"drawn...yourselves(通知行)"。按照UCP 600的规定,信用证不应开立以申请人为付款人的汇票,如开立了该汇票,也仅视为一种附加单据,而不能作为金融票据。如果是托收,则应填写进口商及其详细地址。

10. 出票人

签章位置在汇票右下角的空白处。跟单信用证项下的汇票出票人只能是信用证指定的受益人。只有可转让信用证经转让后,汇票出票人才有可能是其他人(第二受益人)。出票人必须填写受益人的全称,并有公司负责人签字或盖章,而且还要同其他相应的签署人名称相符。

二、发票

发票是卖方对买方签发的载有货物细节的货款价目总清单,是装运货物的总说明,也是进出口双方交接货物和结算货物的凭证。发票全面系统地反映了合同内容,虽然不等同于物权凭证,但是如果单据中缺少了发票,就不可能了解一笔业务的全貌。从广义上来讲,发票包括商业发票、银行发票、海关发票、领事发票、形式发票等。从狭义上来讲,发票通常是指商业发票。买方一般通过信用证规定卖方提供某种类型的发票,未明确发票类型的,则一般是指商业发票。

(一) 商业发票的概念及作用

1. 商业发票的概念

商业发票是出口商在发出货物时开立的凭以向进口商索取货款的价目清单。发票是货运单据的中心和装运货物的总说明,是出口商必须提供的单据之一。

2. 商业发票的作用

商业发票的主要作用是供进口商凭以收货、支付货款,以及作为进出口商记账、报关缴税的主要依据。具体包括以下几点:

(1) 交易的证明文件。商业发票是出口商在发出货物后专为说明履约情况而提供的单据,是交易的证明文件。商业发票对所装货物的情况做了全面的表述,因而在全部单据中起中心单据的作用。

(2) 记账凭证。对出口商来说,通过发票可以了解货物销售收入,核算盈亏,掌握经济效益;对进口商来说,通过发票可以逐笔记账,按时结算货款,履行合同义务。

(3) 报关纳税的依据。货物装运前,出口商需向海关递交商业发票作为报关发票,发票中载明的价值和有关货物的说明是核定税款的依据。因此,海关可以凭借发票的内容准确地确定应纳税金,并作为验关放行的凭证之一。国外进口商同样需要向当地海关呈送供货人的发票,海关凭以核定税款金额,并促使进口商迅速清关提货。

(4) 付款的依据。在信用证业务中,如果对跟单汇票的作用不做具体要求,在不用汇票结算的业务中,发票就可以代替汇票进行结算,出口商可以凭借发票向进口商收款。

除了以上几点,发票还可以作为统计的凭证、保险索赔时价值的证明等。

(二) 信用证项下商业发票的内容及其缮制

在进出口贸易中,发票的格式并不一致,但是其基本内容是一致的,其缮制都需要遵循一定的原则。

1. 出票人的名称和地址

出票人的名称和地址在发票的正上方表示。发票的出票人应是出口商,按照 UCP 600 的规定,发票出票人的名称是信用证受益人的名称。受益人的名称、地址有变动时,信用证和单据也要相应更改。

一般来说,出票人的名称与地址是相对固定的,因此大多数企业在制作空白发票时就已印刷上这一内容,或在电脑制单时已将这一内容编入程序。

2. 发票名称

商业单据作为主要单据之一,应该标明其名称。一般在出口业务中使用的、由出口商出具的发票都是商业发票,所以并不要求一定标出"COMMERCIAL"(商业)的字样,但一定要醒目地标出"INVOICE"(发票)字样。如果信用证规定"SHIPPING INVOICE"(装船发票),或"TRADE INVOICE"(贸易发票),则均可以按商业发票处理,前面的修饰语都不必加。

3. 发票抬头人

按照 UCP 600 的规定,商业发票必须以开证申请人的名称为抬头。但在信用证被转让的情况下,允许用第一受益人的名称替代原开证申请人的名称。当采用托收时,除非合同另有规定,商业发票的抬头一般应填写进口商或收货人的名称。

一般信用证中表示抬头人的常用语有:

(1) At the request and on the instruction of _____ (name and address of the applicant). We hereby issue ×××Credit…

(2) By order and for account of _____ (name and address of the applicant), We hereby issue ×××Credit…

(3) By order of N trading Co.(中间商)and for account of M manufacture(制造商), We issue…

4. 发票号码、发票日期、合同号码

发票号码由出口商统一编制,一般采用顺序号,便于查对。发票的出单日期可以早于信用证的开证日期,但不能迟于信用证有效期。发票的签发日期不应迟于提单的签发日期。

合同号码与信用证上列明的应一致,一笔交易有几份合同的,都应打在发票上。

5. 起讫地点

起讫地点包括起运港、目的港及转运条款等。本部分内容必须明确具体,可参照提单的有关部分,按照货物运输的实际起讫地点填写。

在实际业务中经常发现发票上的起运港或目的港与提单不一致的情况。起运港不一致可能是由于原计划港口无合适的船只,后改为其他港口装运;目的港不一致可能是由于客户选港有变,或与其他发运批次相混淆等。在这种情况下,为避免单单不符,发票应按提单进行修改。

6. 货物描述

发票上的货物名称必须符合信用证中的说明,省略或增加货名和字或句,都会造成单据表面不符。如果信用证上列明的商品较多,又冠以统称,制单时在具体品名上就要按照信用证打上统称。要是信用证上只列明具体品名,没有统称,制单时就只打具体品名。有些信用证跟随附件,货名就参照附件规定的内容缮制。

7. 货物规格

规格是货物品质、特征的标志,如一定的大小、长短、轻重、精密度、性能、型号、颜色等。信用证一般都明确了对规格的要求和条件,所制发票必须与信用证规定完全一致。

8. 货物的包装、件数和数量

货物的包装、件数和数量必须在发票中列明,并与其他单据相一致。凡是"约""大概""大约"或类似的词语用于信用证数量,均应理解为有关数量不超过10%的增减幅度。

9. 货物重量

出口货物的重量,在单据中是一项不可忽略的内容,除了重量单、装箱单上应注明毛、净重外,商业发票上也应有总的毛重、净重。信用证明确要求在发票上需列明货物重量或以重量计价的商品,在缮制发票时,应详细列明毛、净重。

发票上的重量应与其他单据上的重量相一致。

10. 价格条件

发票中的价格条件十分重要,因为它涉及买卖双方责任的承担、费用的负担和风险的划分等问题;另外,也是进口地海关核定关税的依据。

信用证中的价格条件如与合同中规定的有出入,应及时修改信用证;如果事先没有修改,则应按照信用证的规定制单,否则会造成单证不符。

11. 单价和总值

单价和总值是发票的主要项目,必须准确计算、正确缮打,并认真复核,特别要注意小数点的位置是否正确,金额和数量的横乘、竖加是否有矛盾。

凡是"约""大概""大约"或类似的词语用于信用证金额,均应理解为有关金额可有不超过 10%的增减幅度。

如信用证规定的数量已装完毕,而发票金额还有一些余额,在议付行表示接受的情况下,可采取"扣除""放弃"的办法处理,即在总额下减除差额零头,减除后的发票总金额不超过信用证所允许的金额。

12. 唛头

唛头内容包括名称的缩写、合同号码(或发票号码)、目的港、件号几部分。如果货物运至目的港后还要转运到内陆城市,可在目的港下面加打"IN TRANSIT TO ××"或"IN TRANSIT"等字样。编制唛头,应以信用证为依据,信用证如有具体规定则应按规定刷唛和制定单据,无规定则依据合同编制;如果合同也没有具体规定,则可按交易双方商订的方案,或者受益人单方面决定。

13. 发票上加注各种证明

国外信用证有时要求发票上加注各种费用金额、特定号码、有关证明句等，一般可将这些内容打在发票商品栏以下的空白处，大致有以下几种：

（1）加注运费、保险费和 FOB 金额；

（2）注明特定号码，如进口证号、配额许可证号码等；

（3）缮打证明句，如澳大利亚来证要求加注原料来源证明句，有些国家来证要求加注非××国的证明等。

14. 出单人名称

除非信用证另有规定，否则，商业发票只能由信用证中规定的受益人出具。如果以影印、自动或电脑处理或复写方法制作的发票作为正本，应在发票上注明"正本"（ORIGINAL）字样，并由出单人签字。UCP 600 规定商业发票可不必签字，但信用证规定发票需要签字的则要签字。

案例 9-2

出口商向进口商出口一批黄豆米，很快就收到了进口商所在国开证行开来的即期付款信用证。出口商的业务员在审查完信用证后，即通知储运部门按信用证要求办理装运手续，并于 3 月 15 日向议付行交单办理议付。议付行审查单据后认为单证相符并向开证行寄单。3 月 25 日，议付行收到开证行的拒付通知，理由如下：（1）信用证规定"Commercial invoices in triplicate"（商业发票一式三份），但是出口商提供的单据名称却为"Invoice"；（2）信用证中规定的货物重量单位是公吨，但是包装单上却以公斤为单位，即信用证上是 15 公吨，但包装单上是 15 000 公斤。出口商根据开证行上述复电对照 UCP 600 的规定并与议付行研究，认识到单据确实有不符点。通过与进口商反复沟通，出口商最终以降价处理结案。试问：以上述案例中，我们可以吸取什么教训？

分析： 必须按照信用证的规定缮制单据，并保证单单一致、单证一致。对于品名、数量、单价等重要内容，一定要保证单据与信用证的统一。

（三）其他类型的发票

在实际业务中，出口商经常遇到进口商要求提交各种不同类型发票的情况，这些发票从性质及作用来看，与商业发票有所不同，主要有如下几种：

1. 海关发票

海关发票是某些国家或地区规定的一种固定格式的、由出口商填制的、供进口商报关的一种特殊的发票。它的作用主要表现在：①供进口国海关审查货物原产地，以便按不同的国别政策使用不同的关税；②供进口国海关审查货物价格，以确定该货物是否为低价倾销和进口商是否虚报价格；③作为进口国海关估价定税和海关统计的依据。

2. 领事发票

领事发票又称签证发票,是出口商根据进口国规定的固定格式填写并经进口国驻出口国的领事馆签章的发票。它的作用主要表现在:①根据现行市价来审核销售以保证不发生"倾销"或保证进口商不外逃资金;②与海关发票一样便于进口国海关贸易管理机构做统计之用;③代替产地证明书以核定货物的原产地,从而对不同国家的商品实行特殊待遇政策;④代替进口许可证,限制或禁止商品进口,有些国家对没有领事发票的货物课以最高税率或完全禁止进口。

3. 形式发票

形式发票又称预开发票,是出口商在货物出运前向进口商开立的供其申请进口许可证和外汇的发票。它的作用主要表现在:它不是表示债务的单证,出口商不能凭形式发票托收或在信用证项下议付货款。但它具有合同的效力,有时比合同还重要。在某些国家,虽然有了买卖合同,但进口商必须有形式发票才可以申请开立信用证。例如,伊朗银行在开立信用证时,将形式发票直接附在信用证后作为信用证的一个组成部分。

4. 厂商发票

厂商发票是由出口货物的生产厂商出具给出口商的,以本国货币表示出厂价格的销售货物的凭证。来证要求提供厂商发票,其目的是检查是否有削价倾销行为,以便确定是否征收"反倾销税"。其作用与海关发票类似,可作为进口地海关估价、课税的依据。

5. 证实发票

证实发票是根据信用证的要求,在发票上加注一个声明证明该商业发票的真实性的发票。它的作用主要表现在:①进口商可以借以证明佣金之类没有包括在价格内,从而索取价外报酬;②可以向进口国海关证明出口商未向进口商开立第二张内容不同的发票。有些地区可凭证实发票代替海关发票办理清关或取得关税优惠。

6. 样品发票

样品发票又称小发票,是出口商为了便于客户挑选,便于客户了解商品的价格、费用等,便于向市场推销以及报关取样,在交易前发送样品后,缮制的一份寄给进口方的说明所寄样品的具体品名、规格、价值以及运费和保险费等内容的清单凭据。

第二节　运输单据

运输单据是承运方收到托运方货物的收据,又是承运方与托运方之间运输契约的证明,如以可转让形式出具的港至港海运提单;它还具有物权凭证的作用,经过合法背书,可以不止一次地转让,其受让人即为货权所有人。正因如此,它成为国际贸易中买卖双方最为关注的一种单据。运输单据种类繁多,名目不一,UCP 600 按运输方式把它分为七大类,主要有:海运提单,不可转让海运单,租船提单,多式联运单据,空运单,公路、铁路、内陆水运单据,专递或邮政收据。

由于海运提单在国际贸易中的应用最为广泛,其作用远远高于其他运输单据,因此在此将详细讨论海运提单,而其他运输单据只做简单介绍。

一、海运提单

海运提单(Bill of Lading)是承运人在收到货物或货物装船后签发给托运人、约定将该货物运往目的地交与提单持有人的物权凭证。海运提单由各船公司自己设计制作,其内容虽不完全相同,但提单的主要条款基本上一致。从总体上讲,海运提单的内容包括正面和背面条款两大部分。

(一)提单正面条款的主要内容

1. 承运人

承运人(Carrier)是指与托运人订立运输合约的关系人,负有按提单记载将货物运到目的地交给收货人的义务。承运人包括其名称及主要营业场所。作为运输合约的一方,在提单上,承运人的名称是不可缺少的,提单一般都有承运人的印戳,即将承运人的名称事先印在提单上。

2. 托运人

托运人(Shipper)是与承运人订立运输合约的关系人,一般是出口单位(即信用证中的受益人)。如果开证申请人为了贸易上的需要,要求做第三者提单也可照办,例如请运输公司做托运人。

3. 收货人

收货人(Consignee)俗称提单抬头,一般有三种写法:

(1)记名抬头,"consigned to ××"(指定收货人)。

(2)来人抬头,"to bearer"。

(3)指示抬头,即在收货人栏内有指示(Order)字样,意即承运人凭指示放货,这种提单可以通过指示人的背书而进行转让。主要有以下几种指示:①不记名指示(也称为空白抬头)"to order";②托运人指示"to the order of shipper";③银行指示"to the order of ×× bank";④收货人指示"to the order of buyer"。

4. 被通知人

被通知人(Notify Party)是承运人为方便收货人提货,在货到后免费通知的对象。信用证内有规定时,按规定填写;没有规定时,可填写开证申请人或进口商。

5. 提单号码

提单号码(B/L NO.)一般列在提单右上角,这个号码与装货单、大副收据或场站收据的号码是一致的。

6. 船名

船名(Name of Vessel)应填列货物所装船只的船名及航次。

7. 装运港

装运港(Port of Lading)要填具体的港口,如上海、天津,而不能笼统地填中国港口。

8. 卸货港

卸货港(Port of Discharge)填列货物实际卸下的港口名称。若是直达运输,填写目的港;若转船,则填写第一程海运船只将转船货物卸下的地点,即转运港,最后目的地填入"Final Destination"栏,港口要明确、具体,且须与发票的目的地相符合。

9. 唛头

唛头(Shipping Mark)填列时,信用证有规定的按信用证规定,信用证没有规定的则可按发票上所列。

10. 货物描述

货物描述(Description of Goods)应包括货物标志、件数、数量或重量、货物名称、货物表面状况。货物的一般性质标志、件数、数量或重量、体积由托运人申报。如果承运人对某些内容有怀疑,可不做记载,且不用对此负责。但货物的表面状况必须在提单上说明,因为承运人应对货物的表面状况负责,并在目的地向收货人交出表面状况与提单描述相同的货物。

11. 运费和费用

运费和费用(Freight and Charges),此栏一般只填运费支付情况,CFR 或 CIF 出口填运费预付(Freight Prepaid),漏列或错列就会造成船方拒绝货主提货而导致纠纷;FOB 成交货物则应列运费到付(Freight Collect),除非发货人代付运费。定程租船则往往只打上按约定(As Arranged)。一些特殊货物,如舱面货、冷藏货、散装液体、活牲畜、鲜货等,必须预付货款。

12. 提单正本数

提单正本数(Number of Original B/L)应按信用证规定签发,且表示数字的英文字母须全部大写(如 ONE、TWO、THREE),如信用证仅规定 FULL SET,可按习惯做两份或三份正本,UCP 600 实行后,一份正本即可视为 FULL SET。

13. 提单的签发日期和地点

提单的签发日期和地点(Place and Date of Issue):提单签发日期除收妥备运提单外均为装货完毕日期,装货日期不能迟于信用证规定的装运日期;提单的签发地点一般应按装运地点填列。

14. 承运人或其代理人签字

提单上应由有权签字的人签字,一般是作为承运人的运输公司,作为承运人的代理,作为承运人当然代表的船长或其代理。

15. 契约文句

契约文句是承运人表示收到货物的正面印定的契约文字,一般包括四项条款:

(1)装船条款。提单上一般都印有"已装船"(Shipped on board)字样,表示货物已装船,签发提单的日期就是装船完毕的日期。如果是收妥备运提单,则在货物装上指定的船后,承运人在提单上加注"Shipped on board"字样和装船日期,则该日期视为装运日期。

(2)内容不知悉条款。印明托运人在提单上填写的货物重量、数量、内容、价值等,承运人概不知悉,表示船方对于填写货物的重量、数量等正确与否不负核对之责。

(3) 承认接受条款。印明托运人、收货人、提单持有人表示同意接受提单背面印定的条款、规定、免责事项。

(4) 签署条款。印明承运人或其代理人所签发提单一式几份,其中一份凭以提货后其余各份即行失效。

案例 9-3

某国 A 出口商向另一国 B 进口商出口一批货物,国外开来的信用证规定"Shipment from Harbin, China to A port. Multimodal transport document acceptable"(装运从中国哈尔滨至 A 港,多式联运单据可以接受)。A 出口商在办理装运手续从哈尔滨装火车陆运至大连,再改为海运至 A 港,并取得当天签发的多式联运单据。单据经议付行审查后,即向开证行寄单。数天后,开证行拒付,理由如下:A 出口商所提供的提单没有已装船船名,不符合 UCP 600 的规定。试问:开证行是否有权拒付?为什么?

分析:根据 UCP 600 第 20 条规定:如果提单载有"预期船只"或类似限定船只的有关词语,装上指定船只就必须由提单上的装船批注来证实。该项装船批注除注明货物的装船日期外,还应注明实际装船的船名,即使实际装船船只的名称为"预期船只",亦是如此。本案例中,提单上所表示的船名有"预期"(Intended)字样,却没有提供已装船船名,所以不符 UCP 600 的有关规定,开证行有权拒付。

(二) 提单背面条款的主要内容

1. 定义条款

定义条款对"承运人""托运人"加以限定。

2. 管辖权条款

管辖权条款规定当提单发生争执时,哪个法院有审理和解决案件的权利及依照何国法律审理。

3. 承运人责任条款

承运人责任条款亦称首要条款,规定提单受何种国际法制约,目前许多提单仍应用 1924 年的《海牙规则》,因为该规则对承运人最有利。

4. 责任范围条款

一般海运提单规定承运人的责任期从货物装上船舶起至卸离船舶为止。集装箱提单则规定从承运人接受货物至交付指定收货人为止。

5. 承运人费率条款

承运人费率条款规定了费率本中的内容,也是提单条款的一部分。

6. 包装和标志条款

包装和标志条款要求托运人对货物提供妥善包装和正确清晰的标志。因标志不清或包装不良而产生的损失、费用和第三者责任均由托运人负责。

7. 运费和其他费用条款

预付费用及其他费用必须在装船时支付,最迟在取得提单前支付。到付费用应在货物到达后换取提单前支付。即使船货遭到毁灭性的损坏,运费仍应照付。如果不支付运费,承运人可以行使留置权。

8. 责任限额条款

责任限额条款规定承运人对货物灭失或损坏造成的损失赔偿的最高限额,即每一件或每个计算单位货物赔偿不超过多少金额。

9. 共同海损条款

共同海损条款规定了发生共同海损时依照什么规则来进行理算。

10. 美国条款

美国条款规定来往美国港的货物运输适用于美国《1936 年海上货物运输法》(Carriage of Goods by Sea Act 1936),运费按联邦海事委员会登记的费率本执行,与此相抵触的条款均无效。

11. 舱面货、活动物和植物

这三类货物的接受、搬运、运输、保管和装货风险均由托运人(含收货人)承担。

12. 装货、卸货及交货

班轮并不规定每天的装卸货率,但规定船方有权日夜装卸货,包括周日及节假日。货主必须按此供货或提货,否则货主须对短少、残损及延迟负责。船方有权不加通知就卸货,货主不及时提货或拒绝提货,可以卸入仓库或驳船,费用由货主负责,并表明交货完毕。经过合理时间仍未提货的,船方可予以处理,费用及责任仍属于货主。

13. 残短通知

在货物移交给收货人保管之前或当时,遇有货物灭失或损坏,需书面通知船方,否则即作为完好交付的表面证据。

14. 转船条款

规定船方在必要时有权以其他船转运货物,且船方只负责自己运输的一段。

15. 双方有责碰撞条款

船方有权向货主收回碰撞双方赔款中应由本船负责的部分。

16. 特殊货物条款

特殊货物条款,如危险品条款、甲板货条款、活动物及植物条款、集装箱货物条款、冷冻货条款。

案例 9-4

某国 A 出口商向另一国 B 进口商出口一批货物,国外开来的信用证规定:需要提交注明"运费预付"和"清洁已装船"的海运提单。A 出口商在信用证规定日期内装运完毕,并按信用证要求缮制各种单据向指定银行议付。提单到国外,开证行提出异议,认为信用证中规定提单注明"运费预付"和"清洁已装船",但 A 出口商所提交的提单上只注明有 "Freight Prepaid"(运费预付),并未注明"Clean on Board"(清洁已装船),因此与信用证规定不符,银行拒付。试问:开证行的拒付理由是否充分?为什么?

分析: 根据 UCP 600 第 27 条的规定,只要运输单据上没有"瑕疵"或"不清洁"的批注,那么就认为运输单据是清洁的,不需要在单据上做出清洁批注。因此,本案例中开证行的拒付理由不充分。

二、航空运单

(一)航空运单的分类

航空运单通常可以分为航空主运单和航空分运单。

1. 航空主运单

凡由航空运输公司签发的航空运单就称为航空主运单(Master Air Waybill, MAWB)。它是航空运输公司据以办理货物运输和交付的依据,是航空公司和托运人订立的运输合同,每一批航空运输的货物都有自己相对应的航空主运单。

2. 航空分运单

集中托运人在办理集中托运业务时签发的航空运单被称为航空分运单(House Air Waybill, HAWB)。它作为集中托运人与托运人之间的货物运输合同,合同双方分别为货主和集中托运人;而航空主运单作为航空运输公司与集中托运人之间的货物运输合同,当事人则为集中托运人和航空运输公司,货主与航空运输公司没有直接的契约关系。

不仅如此,由于在起运地是集中托运人将货物交付给航空运输公司,在目的地是集中托运人或其代理从航空运输公司那里提取货物,再转交给收货人,因此货主与航空运输公司也没有直接的货物交接关系。

(二)UCP 600 对航空运单的专门规定

UCP 600 第 23 条对空运单据进行了规定,主要有以下几个方面的内容:

1. 对空运单据装运日期的规定

在 UCP 600 中,根据本条 a 分条第三款的规定,空运单据上的装运日期一般是它的签发日期,但是如果信用证明确要求一个实际的发运日期,则应对此日期做一项批注,在空运单据上这种批注所注明的发运日期将被视为装运日期。空运单据方格内所表示的有关航班号和起飞日期的信息将不被视为发运日期,也就不可能作为装运日期来看待。

2. 对空运单据全套正本的规定

空运单据是由航空公司签发的,一式十二联,其中三联是正本,其余都是副本。第一联正本由航空公司留底;第二联正本同货物送交收货人,作为到货通知;第三联正本交托运人,作为货物收据。所谓的全套正本,只是受益人将自己的一联正本提交给银行即可,所以本条 a 分条第五款规定：为开给发货人或托运人的正本，即使信用证规定提交全套正本或写有类似意义的词语。

特别需要注意的是，航空运单都不是物权凭证，不可流通转让。当货物到达目的地机场，经证明身份后，货物即可交给收货人，无须交出正本航空运单。因此银行开出信用证时，如果信用证要求提交空运单，又未收足百分之百的押金，则开证行应规定空运单的收货人为开证行，以便开证行掌握物权。

3. 对航空运输中转运的规定

根据本条 b 分条和 c 分条的规定，转运是指从出发机场到目的机场中，货物从一飞机卸下再装上另一飞机。由于飞机在长途运输中经常发生换机，因此即使信用证规定禁止转运，当同一空运单据包括全程运输时，银行也将接受已经转运或可能转运的空运单据。

（三）航空运单的主要内容和缮制

各航空公司所使用的航空运单大多借鉴国际航空运输协会（International Air Transport Association，IATA）所推荐的标准格式，差别并不大。我们这里只介绍这种标准格式，也称中性运单。下面就有关需要填写的栏目说明如下：

（1）始发站机场，需填写 IATA 统一制定的始发站机场或城市的三字代码。1A：IATA 统一编制的航空公司代码，如中国国际航空公司的代码就是 999；1B：运单号。

（2）发货人姓名、地址（Shippers Name and Address），应填写发货人姓名、地址、所在国家及联络方式。

（3）发货人账号，只在必要时填写。

（4）收货人姓名、地址（Consignees Name and Address），应填写收货人姓名、地址、所在国家及联络方式。与海运提单不同，因为空运单不可转让，所以"凭指示"之类的字样不得出现。

（5）收货人账号，只在必要时填写。

（6）承运人代理的名称和所在城市（Issuing Carriers Agent Name and City）。

（7）代理人的 IATA 代号。

（8）代理人账号。

（9）始发站机场及所要求的航线（Airport of Departure and Requested Routing），此处的始发站应与（1）栏填写一致。

（10）支付信息（Accounting Information），此栏只有在采用特殊付款方式时才填写。

三、公路、铁路或内陆水运单据

公路运输、铁路运输或内陆水运这类运输业务主要集中于欧亚大陆以及内陆相邻国家，其中以铁路运输为主。

铁路运单是铁路运输承运人与货主缔结的运输契约。铁路运单一式两份，正本从始发站随同货物附送至终点站，并交给收货人做提货通知，副本经铁路加盖承运日期戳记后交托运人作为收据,在信用证方式下,托运人凭副本运单收款。铁路运单不是物权凭证,不能转让,只是作为运输合约和货物收据,以及铁路与货主间核收运杂费、索赔和理赔的依据。

UCP 600 第 24 条对这类单据做出如下专门规定:

1. 对单据内容的要求

根据本条 a 分条第一款的规定,公路、铁路或内陆水运单据必须表明承运人的名称,并且由承运人或其具名代理人签署,或以能够表明承运人或其具名代理人身份的签字、印戳或批注表明货物收讫,对于代理人的收货签字、印戳或批注必须表明代理人系代表承运人签字或行事。如果铁路运输单据没有指明承运人,可以接受铁路运输公司的任何签字或印戳作为承运人签署单据的证据。

第二款规定,运输单据上必须标明货物在信用证规定地点的发运日期,或是收妥待运的日期。运输单据的出具日期视为发运日期,除非运输单据上另有说明。

2. 对全套正本的规定

根据本条 b 分条的规定:运输单据上未注明其开具的份数时,银行将接受提交的运输单据作为全套单据。无论运输单据上是否注明正本,银行都将作为正本来接受。因此,可以看出,全套运输单据不用于此类型运输的贸易上,故承运人不发出全套单据,除非单据本身表示发出多于一张正本,交来单份正本就是满足"全套"运输单据的要求。此外,注明"第二联"的铁路运输单据将被作为正本接受。

按照本条 c 分条的规定,如果运输单据上没有注明出具的正本数量,提交的份数即视为全套正本。

3. 对转运的规定

根据本条 d 分条和 e 分条的规定,转运是指从装运地到目的地的货运过程中,货物从一个运输工具卸下再装上另一个运输工具。货物在同一运输方式下从装运地运到目的地需要间接转运的,即使信用证规定禁止转运,银行也接受表明可能或将转运的公路、铁路或内陆水运单据,但要以同一运输单据包括全程运输和使用同一运输方式为条件。

第三节 保险单据

保险单据是保险公司对被保险人的承保证明。在被保险货物遭受损失时,它既是被保险人索赔的主要依据,也是保险公司理赔的主要依据。

保险单记载和印定的内容包括正面与背面两部分。正面是有关保险人、被保险货物、保险险别等有关情况的记载,背面是印定条款。现就信用证项下保险单据的内容及其缮制做一个简单的介绍。

一、被保险人名称

被保险人(Insured)也被称为保险单的抬头,被保险人的身份直接关系到买卖双方的

保险权益,可以说是保险单中最重要的项目。信用证项下保险单的被保险人填制主要包括以下几种:

(1) 如果信用证无特别规定,保险单的被保险人应是信用证上的受益人。由于出口货物绝大部分是由出口商向保险公司投保的,因此除信用证规定要以指定银行或买方的名义等外,均应用有关出口商公司的名称。在交单时,保险单应由被保险人背书转让给保险单的持有人。在实际业务中,有的出口商由于没有在保险单背面背书,最后遭到银行拒付。

(2) 如果信用证上规定保险单的被保险人为受益人以外的公司,则保险单上应直接打上该公司的名称。在交单时,保险单就不用背书。如果信用证上规定被保险人为开证行或指定银行,则保险单的抬头应直接填制为开证行或指定银行。

(3) 如果信用证上规定保险单做成"to order…",可以在抬头栏照写"to order…"或"to order of(受益人的名称)",这两种情况下保险单都需要加以背书。如果信用证上要求在某公司或银行前面加上"to the order of…",则保险单不需要背书。如果信用证上规定"endorsed to order of…"或"endorsed in favor of…",则应以受益人为被保险人,并由受益人在保险单的背面背书"to the order of…"或"in favor of…"。

二、保险货物项目的说明

1. 标记

标记(Marks and Nos.)应参照发票上的货物标记。目前保险公司采取打上"As Per Invoice No…",因为保险索赔时必须提供发票,使两种单据可以互相参照。同时,也应与提单上所载标记一致。

2. 包装及数量

包装及数量(Quantity)栏填制时应注意,有包装的货物要注明包装件数,裸装货物要注明本身件数,散装货物要注明净重,有包装但以重量计价的货物应将包装数量和计价重量都注上,并且要与提单和发票一致。

3. 保险货物项目

保险货物项目(Description of Goods)栏中货物项目应按照信用证与发票中所描述的商品填制。如货名繁多,保险单允许只填统称,但统称不得与发票货名、信用证规定的货名相抵触。

三、保险金额和保险费

1. 保险金额

保险金额(Amount Insured)栏目应严格按照 UCP 600 的规定来填写。根据 UCP 600 的规定:

(1) 除非信用证另有规定,保险单所用的货币必须与信用证规定一致。

(2) 除非信用证另有规定,保险单表明的最低投保金额,应是货物的 CIF 或 CIP 价格的金额加 10%。如果单据不能表明或确定 CIF 或 CIP 价格,则银行接受的投保金额最低为信用证要求付款、承兑或议付金额的110%,或发票毛值的110%,两者之中取金额较大者为最低投保金额。

2. 保险总金额

保险总金额(Total Amount Insured)栏目的填写应注意,这一栏填入保险金额的合计大写,结尾应加上"整"(only)字样以防涂改。记价货币也应以全称形式填入,并且与信用证使用的货币一致。

3. 保险费与保险费率

保险费与保险费率(Premium Rate)一栏中通常不注明具体数字而只注明"As Arranged"(按约定)。保险公司在印刷保险单时一般就已填入"As Arranged"字样。但也有例外,如信用证要求"Insurance Policy Marked Premium Paid"(保险单上注明保费已付),则应将原有的"As Arranged"划掉,加盖校对章后加上"Paid"。

四、保险货物的运输事项

1. 装载工具

装载工具(Per Converyance S. S.)栏中应如实填写装载船的船名,并与提单一致。

2. 开航日期

开航日期(Slg. on or abt.)栏中应填写装运日期,如果填写时不知道准确的提单日期,可以填写准确提单日期前后各5天的任何一天的估计日期,也可填写"as per B/L"。

把根据UCP 600第三条规定的"约于"(on or about)词语用于装运日期前面时,可以解释为在所述日期前后各5天内装运,起讫日期均包括在内。

3. 起讫地点

起讫地点(From…To…)栏中起点指装运港名称,讫点指目的港名称,并应与信用证规定和提单注明的地点一致。

五、承保险别及签署人事项

1. 承保险别

承保险别(Conditions)指的是保险人的责任范围,通常要求保险单所填写的基本险和附加险的险别应符合信用证的规定,如信用证未规定应投保的险别,银行对于投保的险别,将按所提示之保险单予以接受,对未保的任何风险均不负责。填写险别的秩序为:首先是主险,其次是附加险、特别附加险、战争险、罢工险。

2. 赔付地点

赔付地点(Claim payable at)栏应填写保险单上所载明的目的港,因为那里是收货人的收货地点,赔款在此偿付是自然的,另外还要注明检验理赔代理人的名称和地址。

3. 保险日期

保险日期(Date)也称保险单的出具日期。保单的出具日期应早于提单日期,或者至少和提单日期为同一天,以表示在货物发运之前已办理投保。不能晚于提单日期,也不能晚于发票日期,否则将遭到银行拒付。

根据 UCP 600 的规定,除非保险单表明保险责任最迟于装船或发运或接受监管日起生效,银行对载明签发日期迟于运输单据注明的装船或发运或接受监管日期的保险单将不予接受。

4. 保险单签署人

保险单签署人(General Manager)栏中应由保险公司和经理签字盖章。

5. 保险单的背书

保险单背书(Endorsement)的主要作用在于使保险单转让得以实现。保险单的背书应根据信用证的规定来办理。

保险单的背书主要包括空白背书和记名背书两种。如果信用证规定"Endorsed in Blank"或"Blank Endorsed"(即空白背书),则只需在保险单的背面打印上被保险人的名称或盖上公司图章,再加背书人的签字,此外无须做任何批注。如果信用证对保险单的背书无明确规定,也可做成空白背书。记名背书,除了在保险单背面做成上述"空白背书",还应在被保险人的名称上面打印上"Delivery to(The Order of)…Bank(Co.)"(交由……银行或公司指示)。记名背书必须以银行或公司为被背书人。在实务中,应根据信用证对保险单抬头的不同要求相应填制。

案例 9-5

国内某贸易公司 A 向国外 B 公司出口一批货物。在国外开来的信用证中有关保险条款规定"Insurance policy covering W. A. and war risks as per ocean marine cargo clause of P. I. C. C dated 1/1/1981"(根据中国人民保险公司 1981 年 1 月 1 日海洋运输货物保险条款的保险单,投保水渍险和战争险)。贸易公司 A 在 3 月 14 日对货物进行了装运,并取得了 3 月 14 日签发的提单和 3 月 15 日签发的注有"This cover is effective at the date of loading on board"声明的保险单,并于 3 月 16 日交单议付。数天后,开证行提出如下不符点:"贸易公司 A 在 3 月 14 日装运货物,提单签发的日期亦是 3 月 14 日,但是保险单签发的日期为 3 月 15 日,说明贸易公司 A 是先装运后办理保险手续的,所以保险晚于装运日期,此信用证项下的单据存在单证不符。"试问:开证行提出的不符点是否成立?为什么?

分析:根据 UCP 600 第 28 条第 e 分条的规定,除非保险单据上表明保险责任最迟于货物装船、发运或接受监管之日起生效,银行将拒绝接受开立日期迟于运输单据注明的装船、发运或接受监管日期的保险单。因此,本案例中开证行提出的不符点成立。

第四节 其他单据

在信用证项下,其他单据有很多,下面仅着重介绍原产地证明书、商检证书、装箱单和重量单这四种单据。

一、原产地证明书

原产地证明书简称产地证,是一种证明货物原产地或制造地的证件,它是在国际贸易中出口商应进口商的要求而由出口商所在国的特定机构为出口货物出具的一种证明性文件,在国际贸易中有着十分重要的作用。

(一) 原产地证明书的分类

1. 普惠制产地证

普惠制产地证是一种重要的原产地证明书,它与普遍优惠制(简称普惠制)相适应。它是根据给惠国的原产地规则,由受惠国官方出具的具有法律效力的一种证明文件。它可以使受惠国出口的商品在给惠国享受减免进口关税的优惠待遇。

普惠制是工业发达国家给予发展中国家制成品与半制成品(包括某些初级产品)的一种关税优惠待遇,由给惠国(工业发达国家)对受惠国(发展中国家)给予单方面关税优惠。它是为改变发展中国家在同工业发达国家进行工业品贸易中的不利地位,由联合国贸易和发展会议于1964年第一届会议正式提出,经过多次斗争,于1970年10月联合国贸易和发展会议第四届特别会议做出决定,并由《关税与贸易总协定》缔约国于1971年6月25日通过的,发达缔约国做出让步给发展中国家普遍优惠待遇的一种制度。

为了确保普惠制的好处都给予发展中国家,普惠制实行原产地规则。从受惠国向给惠国输出的商品必须符合原产地规则的要求才能享受普惠制待遇。原产地规则的要求有三条:

(1) 原产地标准,即该商品必须是受惠国自产或用受惠国的原材料加工制造的;如系使用进口原料或部件加工制造的,必须经过相当程度的加工,要有实质性的改变。

(2) 运输条件。受惠商品必须由受惠国直接运到给惠国,而不得在中途转卖或进行影响至受惠国发货前原产品特性的再加工。

(3) 证件要求。受惠国向给惠国出口商品时,为了享受约定的关税减免优惠,出口商必须出具普惠制产地证。普惠制产地证由联合国贸易和发展会议规定统一格式,称为格式A。普惠制产地证的签发机构必须由受惠国政府指定,其名称、地址、授权印鉴都必须在给惠国登记,并在联合国贸易和发展会议秘书处备案。在我国,普惠制产地证的签发机构是各地的出入境检验检疫机构。格式A中包含一份正本和两份副本,正本是可以议付的单据,副本仅供参考和留存之用。

2. 一般产地证

向给惠国以外的国家出口商品,出口商只需提供一般产地证。当信用证未规定产地证的签发人时,出口商甚至可以提供由自己签发的产地证。但大多数信用证都要求产地证由有权机构出具,如商品检验局或商会,以维护其准确性和权威性。中国国际贸易促进委员会相当于西方国家的行业商会或类似的民间商业组织,当国外来证要求提供由商会出具的产地证时,我国出口商提供的是由中国国际贸易促进委员会签发的产地证,但从

1989年11月开始启用以"中国国际贸易促进委员会"与"中国国际商会"并列名称的产地证。也有些信用证只要求出口商产地证,但要求该产地证由中国国际贸易促进委员会盖章认证。中国进出口商品检验局出具的产地证与中国国际贸易促进委员会出具的产地证,在内容、格式、项目方面基本上一致,只是出具单位不同而已。

(二)原产地证明书的内容和缮制方法

由海关中国国际贸易促进委员会签发的中国原产地证通常为一式四份,一份正本,三份副本。正本印有 ORIGINAL 字样,副本印有 COPY 字样。签证机构只签一份正本,副本不签章。

一般原产地证书的内容和缮制方法如下:

(1)出口商(Exporter),此栏填写信用证的受益人或合同中的卖方,即发票的出票人,要列明出口商的名称和详细地址、国别/地区。本栏不能留空。

(2)收货人(Consignee),此栏填写最终收货人的名称、地址、国别/地区。收货人可以是信用证的申请人、提单的被通知人或信用证规定的特定收货人。如果采用托收方式,则填写合同中的买方。此栏不得留空。

(3)运输方式和路线(Means of Transport and Route),此栏填写的内容包括装运期、起运地至目的地(from…to…)、运输方式(如 by sea、by air、by rail way 等)、转运地(如 via Hong Kong、W/T Hong Kong)。如果转运地不明确,也可只填写 With Transshipment。

(4)目的地国家或地区(Country/Region of Destination),此栏填写该批货物的最终运抵目的地国家或地区的名称,与最终收货人所在国一致。一般将目的地和国名一起列出,如 Los Angels, USA。

(5)仅供签证机构使用(For Certifying Authority Use Only),此栏出口商不填,由签证机构在必要时加注声明,一般是中国国际贸易促进委员会盖章。

(6)唛头与件号(Marks and Numbers),此栏不能留空,应与发票和运输单据上表示的内容完全一致。若无运输标志则填写"N/M"。

(7)包装件数和种类以及货物描述(Number and Kind of Package, Description of Goods),此栏填写的内容应与发票一致。

(8)商品 H.S.税目号(H. S. Code),此栏不得留空,按照海关《商品名称及编码协调制度》规定的数字填写。

(9)数量(Quantity),此栏填写货物的计量单位,即量值加计量单位,以重量为计量单位还要注明毛重或净重。

(10)发票号码和发票日期(Number and Date of Invoice),此栏不得留空,与发票内容一致。

(11)出口商声明(Declaration by the Exporter),此栏要求申请企业签字并盖章,并且是中英文对照的图章。企业的签字人须事先在签署机构办理等级注册,签字不能与盖章重叠,并填写签署日期和地点。申报日期不得早于发票日期。

(12) 签证机构证明(Certification),此栏由签证机构签字并盖章,填写签署地点和日期,此栏日期不得早于发票日期、申请日期,但应早于货物的出运日期。签字与盖章也不能重叠。

(13) 证书号码(Certification No.),此栏填写签证机关编制的号码。

案例 9-6

某水产食品进出口公司 A 从阿根廷一贸易公司 B 进口一笔鱼粉。A 根据双方所签订的合同,通过开证行向 B 开出不可撤销即期信用证。B 在装运后即向议付行办理议付,开证行收到该证项下的全套单据后,经审查认为单证相符,即贷记议付行账户以偿还垫款。开证行向 A 提示单据,但 A 审查单据后发现单据存在问题,其包装单上的重量计算有误。包装单上的货物数量和重量是这样记载的:总数量 3 013 袋,每袋净重 82.898 公斤,共计总净重 249.773 公吨。首先,如果 3 013 袋乘以每袋 82.898 公斤,总重量应为 249.771 公吨,不应是 249.773 公吨,卖方却以 249.773 公吨计收货款,这是错误之一。其次,每袋 82.898 公斤,即为 82 公斤零 898 克,80 多公斤的大包装货物怎么能够量出多少克的重量,说明每袋 82.898 公斤的重量并不是实际的数字,有虚假情况。综上所述,A 不同意付款。试问:A 所提出的理由是否会导致开证行拒付?为什么?

分析:根据 UCP 600 第 34 条银行关于单据有效性的免责规定,银行对单据上的货物、服务或其他履约行为的描述、数量、重量、品质、状况、包装、交付、价值或是否存在,概不负责。因此,本案例中 A 所提出的理由不会导致开证行拒付。

二、商检证书

商检证书是对外贸易有关各方履行契约义务和处理争议具有法律依据的有效凭证,也是海关通关验放、征收关税的必要证明。

不同机构出具的商检证书的格式和内容并不完全相同,但主要内容大同小异。下面以出入境检验检疫机构签发的检验证书为例,说明其缮制方法。

1. 名称(I/C)

此栏应按买卖合同或信用证的要求填写证明书的名称,如果无特殊要求,Inspection Certificate、Certificate 或类似名称均可。

2. 签发机构(Issuer)

此栏应填写买卖合同或信用证要求的机构,通常由出口国的机构签发。

3. 证书编号(No.)

一般由签发机构填制,或按信用证或买卖合同的要求填制。

4. 发货人名称和地址(Name and Address of Consignor)

此栏按照买卖合同或信用证的规定填写出口商或受益人的名称和地址。

5. 收货人名称和地址（Name and Address of Consignee）

此栏一般填写发票抬头人。

6. 品名（Description of Goods）

此栏按照买卖合同或信用证的要求填写，一般与发票相同栏目内容一致，或填写货物统称。

7. 唛头和号码（Marks and No.）

此栏与发票、提单等单据相同栏目内容一致。

8. 报验数量/重量（Quantity/Weight Declared）

此栏按信用证或买卖合同要求填制，应与发票等单据的内容保持一致。

9. 检验结果（Results of Inspection）

此栏的检验结果必须符合买卖合同或信用证的规定。例如，信用证规定"Inspection Certificate Certifying that the quality is as per Sample, Seal No. 456"，则该栏目相应地填写"The quality is as per Sample, Seal No. 456"。如果信用证仅规定提交质量检验证书，而没有其他规定，则该栏可填写"The quality of the above mentioned goods complies with the stipulations of L/C No.2378"。

值得注意的是，检验证书中不得出现货物瑕疵的记载，否则银行拒付。

10. 签发地点和日期（Place of Issue, Date of Issue）

签发地点一般为签证机构所在地。签发日期通常晚于商业发票的签发日期，但不应晚于提单的签发日期和信用证的有效期。如果信用证要求提交装运前检验证书，而该证书的签发日期晚于提单签发日期，则该证书必须明确表明检验是在装船前实施的。

11. 签章（Official Stamp, Authorized Officer and Signature）

商检证书必须加盖出具机构的印章，由授权人及经授权的人签字。

三、装箱单和重量单

装箱单（Packing List）又称花色码单，列明每批货物的逐件花色搭配；而重量单（Weight Memo）则列明每件货物的净重和毛重。这两种单据都是发票的补充单据。其作用是作为买方收货时核对货物的品种、花色、尺寸、规格和海关验货的主要依据。

在国际贸易中，装箱单一般用于机器零件、服装、纺织品、工艺品和不定量包装的商品，其内容包括：号码及日期，唛头，品名；箱号，规格（包括商品规格和包装规格）；包装单位，逐件列明每件包装的净重和毛重；总合计件数和重量等。而重量单多是粮食类商品或其他以重量为计价单位的商品要求出具的单据。它的内容偏重于该商品的详细重量，一般要具备下列内容：编号及日期、商品名称、唛头、毛重、净重、皮量、总件数。

装箱单和重量单的填制一定要具体、详细，并与发票和其他单据一致。装箱单的出单日期一般不应早于发票日期。重量单只列明每件货物的毛重、净重、皮重及总重即可，但必须与发票和运输单据、产地证、出口许可证的数字相符。

案例 9-7

某出口商 A 与进口商 B 达成一笔买卖合同，采用信用证方式结算，信用证中明确要求包装单一式两份。出口商 A 根据信用证的要求，在装运后备齐所有单据，其中包装单中一份用打字机打印、另一份用复写纸套印，并于 3 月 12 日向议付行办理议付。3 月 25 日，出口商接到开证行来电，说明信用证中明确要求出口商提交两份包装单，但出口商所交的两份单据都没有表明正本字样，因此开证行认为出口商 A 没有提交正本单据，从而违反了信用证要求。试问：出口商 A 制作的包装单有没有违反信用证要求？开证行应不应付款？为什么？

分析：根据 UCP 600 的规定，只要单据注明为正本，如必要时已加签字，银行也将接受影印、自动、电脑处理或按复写方法制作的单据，或者看起来是按照这些方法制作的单据作为正本单据。只有用影印、自动、电脑处理或按复写方法制作的正本单据，单据上面才需要注明为"正本"；如果一份正本单据是原始手写或原始打字的单据，则这份单据不需注明"正本"字样。本案例中，出口商 A 以打印方式出具的单据可视为正本，而采用复写纸套印方式出具的单据必须注明"正本"，否则视为副本处理。

本章提要

1. 国际贸易结算方式下，贸易单据的缮制十分重要，它不仅关系到出口商是否能安全、及时地收回货款，也关系到进口商能否顺利取得合同所规定的货物。

2. 国际结算中常使用的有关票据包括商业发票、汇票、提单、航空运单、保险单、装箱单、检验证书、原产地证书等。

思考题

1. 在出口结汇时经常会用到哪些发票？
2. 简要说明提单正面和背面记载的内容有哪些。
3. 为什么保险单的出单日期不能迟于提单的签发日期？
4. 简述航空运单的主要内容和缮制方法。
5. 简要分析普惠制产地证与一般产地证的异同点。

 **案例讨论**

我国 A 公司向印度 B 公司以 CIF 条件出口一批货物，国外来证中单据条款规定如下：

商业发票一式两份;全套清洁已装船提单,注明"运费预付";保险单一式两份。A 公司在信用证规定的装运期限内将货物装上船,并于到期日前向议付行交单议付,议付行随即向开证行寄单索偿。开证行收到单据后来电表示拒绝付款,理由是单证有下列不符点:(1)商业发票没有受益人的签字;(2)正本提单只有一份,不符合全套要求;(3)保险单上的保险金额与发票金额相等,所以投保金额不足;(4)未提交原产地证明。根据 UCP 600 的相关规定,试分析开证行拒付的理由是否成立。

21世纪经济与管理规划教材

国际经济与贸易系列

第十章

国际贸易商品检验

【学习目标】

通过本章的学习,学生将能够:
1. 认识国际贸易商检工作的重要性;
2. 了解商检条款的具体规定;
3. 掌握进出口商品检验的时间和地点的规定。

【素养目标】

通过学习国际贸易商品检验等相关知识,学生应能够深入了解商品检验工作在保障进出口商品质量和安全方面所发挥的重要作用,正确认识国家持续优化营商环境的各种政策,维护国家利益和消费者权益,具备国际贸易创新思维以及忠于职守、爱岗敬业、遵纪守德的品质。

【重点难点】

重点是出口国检验、进口国复验;难点是商检证书的种类与作用。

【引导案例】

案情： 我国 A 公司某年 8 月向美国 B 公司以 T/T 付款方式出口医疗设备用微型轴承，累计金额达 28 万美元。合同品质条款对微型轴承规格进行了明确规定，但是没有明确检验方法和标准，且买方复验时限只规定买方有复验权，并应在合理的时间内提出质量异议，否则无权就质量问题向卖方提出索赔。B 公司在收到货物后迟迟没有汇付货款，因为经函询得知该商品的最终用户声称收到的产品存在质量问题。A 公司向 B 公司交涉并说明产品根据国际标准检验证明合格，经几次交涉未果，至第二年 11 月，A 公司在美国对 B 公司提出起诉，要求对方付款。B 公司在收到起诉书后随即对 A 公司提出反诉，理由是经检验发现其中价值 2 万美元的商品规格与合同规定存在较大差异。法院经审理，做出如下判决：认定 A 公司提供的价值 2 万美元的产品存在质量问题，货款应扣除该金额，同时支持 B 公司反诉中提出的索赔要求，要求 A 公司支付因质量问题而导致 B 公司蒙受的经济损失 16 万美元。最终判决 B 公司向 A 公司支付 10 万美元。

分析： 本案中有几点值得注意：(1) 产品质量问题。该产品的特性和用途决定了细微的差别就可能导致产品无法使用，甚至可能会因其缺陷导致设备使用时对人身造成伤害。(2) 合同条款中检验方法和检验标准规定的争议。A 公司自行认定产品标准的同时，对检验该产品是否符合其标准和规格要求未详细订明，也没有要求制定合同的补充文件来确定检验方法和检验标准，而是自己决定采用国际标准，做法欠妥。(3) 买方复验的时限问题。本案中在合理的时间内检验存在争议。此标准应根据当事人的业务性质、产品的特性和检验的可行性进行综合判断。这批货物检验十分复杂精细，直至买家使用前并不能确定是否有问题，因此 B 公司可以认为用户使用前均属于在合理的时间内。

第一节　商品检验的重要性

一、约定商品检验的意义

国际货物买卖中的商品检验(Commodity Inspection)简称商检，是指商品检验机构对卖方拟交付货物或已交付货物的品质、规格、数量、重量、包装、卫生、安全等项目所进行的检验、鉴定和管理工作。

商品检验是国际贸易发展的产物。它随着国际贸易的发展成为商品买卖的一个重要环节和买卖合同中不可缺少的一项内容。《中华人民共和国进出口商品检验法》规定：商检机构和依法设立的检验机构，依法对进出口商品实施检验。进口商品未经检验的，不准销售、使用；出口商品未经检验合格的，不准出口。《联合国国际货物销售合同公约》第 38 条则规定："买方必须在按情况实际可行的最短时间内检验货物或由他人检验货物；如果合同涉及货物的运输，检验可推迟到货物到达目的地后进行。"这些都反映出商品检验在对外贸易中的地位及其重要性。但应该指出，买方对货物的检验权并不是强制性的，不是接受货物的前提条件。买方若没有利用合理的机会检验货物,则表示放弃检验权,从而就丧失了拒收货物的权利。鉴于货物的检验权问题直接关系到买卖双方在货物交接方面的权利和义务,而在实际业务中检验又存在各种不同的做法,为慎重起见,买卖双方都愿意在合同中就买方是否行使及如何行使检验权做出明确规定。

二、我国进出口商品实施检验的范围

根据《中华人民共和国进出口商品检验法》及《中华人民共和国进出口商品检验法实施条例》的规定,我国进出口商品的报验分类和范围主要有进口商品法定检验和出口商品法定检验。

1. 进口商品法定检验范围

(1) 列入现行《出入境检验检疫机构实施检验检疫的进出境商品目录》规定的进口商品;

(2) 有关国际条约、协议规定须经商检机构检验的进口商品;

(3) 其他法律、行政法规规定须经商检机构检验的进口商品。

必须经商检机构检验的进口商品的收货人或者其代理人,应当在商检机构规定的地点和期限内,接受商检机构对进口商品的检验。商检机构应当在国家商检部门统一规定的期限内检验完毕,并出具检验证单。法定检验的进口商未经检验的,不准销售,不准使用。

2. 出口商品法定检验范围

(1) 列入《出入境检验检疫机构实施检验检疫的进出境商品目录》的出口商品;

(2) 出口食品的卫生检验;

(3) 贸易性出口动物产品的检疫;

(4) 出口危险物品和《种类表》内商品包装容器的性能检验和使用鉴定;

(5) 装运易腐烂变质食品出口的船舱和集装箱;

(6) 有关国际条约、协议规定须经商检机构检验的出口商品;

(7) 其他法律、行政法规规定须经商检机构检验的出口商品。

法定检验的出口商品的发货人应当在海关总署统一规定的地点和期限内,持合同等必要的凭证和相关批准文件向出入境检验检疫机构报检。法定检验的出口商品未经检验或者经检验不合格的,不准出口。但进出境的样品、礼品、暂准进出境的货物以及其他非贸易性物品,免予检验。

第二节 检验时间和地点

检验时间和地点是指在何时、何地行使对货物的检验权。所谓检验权,是指买方或卖方有权对所交易的货物进行检验,其检验结果即作为交付与接受货物的依据。规定检验

时间和地点,关系到买卖双方的切身利益,是交易双方洽商检验条款的核心。

在国际货物买卖合同中,根据贸易习惯和我国业务实践,有关检验时间和地点的规定办法可归纳如下:

一、在出口国检验

1. 产地(或工厂)检验

由出口国的产地(或工厂)检验人员,或按照合约规定会同买方验收人员于货物在产地或工厂发运前进行检验,卖方承担货物离厂前的责任。在运输途中出现的品质、重量、数量等方面的风险,则由买方负责。这是国际贸易中普遍采用的习惯做法之一。按《中华人民共和国进出口商品检验法》第十四条的规定,对重要的进口商品和大型的成套设备,收货人应当依据对外贸易合同约定在出口国装运前进行预检验、监造或者监装,主管部门应当加强监督;商检机构根据需要可以派出检验人员参加。

2. 装运港(地)检验

装运港(地)检验又称"离岸品质、离岸重量"(Shipping Quality and Weight),是指出口货物在装运港装船前,以双方约定的装运港商检机构验货后出具的品质、重量、数量检验证明,作为决定商品品质、重量和数量的最后依据。所谓最后依据,是指卖方取得商检机构出具的各项检验证书,就意味着所交货物的品质和重量与合同规定相符,买方无权对此提出任何异议,从而否定了买方对货物的复验权。除非买方能证明货到目的地时的变质或短量是由于卖方未能履行合同的品质、数量、包装等条款,或货物存在固有的瑕疵,买方才可提出复验。离岸品质和离岸重量所代表的是风险转移时的质量及重量,至于风险转移后货物在运输途中所发生的货损,买方仍然有权向有关责任方索赔。

二、在进口国检验

1. 目的港(地)检验

目的港(地)检验被习惯称为"到岸品质、到岸重量"(Landed Quality and Weight),是指货到目的港(地)卸离运输工具后,由双方约定的目的港(地)商检机构验货并出具品质、重量、数量检验证明作为最后依据。如果发现货物的品质或重量与合同规定不符而责任属于卖方,则买方可提出索赔或按双方事先约定处理。

2. 最终用户检验

对于精密包装的货物,或规格复杂、精密度高的货物,不能在使用之前拆开包装检验的,或需要具备一定的检验条件和检验设备才能检验的,可将货物运至买方营业处所或最终用户所在地进行检验。由这里的检验机构出具的品质、重量、数量证明将作为最后依据。

三、出口国检验、进口国复验

出口国装运港(地)检验,进口国目的港(地)复验。出口国装运港商检机构验货后出具的检验证明,作为卖方向银行议付或托收货款的单据之一,而不作为最后依据。货到目的港(地)后允许买方以双方约定的检验机构在规定的时间内复验,当发现货物的品质、重量或数量与合同规定不符而责任属于卖方时,买方可以根据检验机构出具的复验证明,向卖方提出异议,并作为索赔的依据。

这种检验办法对买卖双方都有好处,且比较公平合理,符合国际贸易习惯和法律规则,因此在进出口业务中应用广泛,在我国国际贸易业务中也最为常用。

四、装运港(地)检验重量、目的港(地)检验品质

装运港(地)检验重量、目的港(地)检验品质是以装运港检验机构验货后出具的重量证书为最后依据,以目的港检验机构出具的品质证书为最后依据。它被习惯称为"离岸重量、到岸品质"(Shipping Weight and Landed Quality)。这种做法多用于大宗商品交易的检验,以调和买卖双方在检验问题上存在的矛盾。

案例 10-1

某年1月初,韩国A公司和中国B公司签订购销合同,双方约定B公司向A公司购买韩国生产的手机零配件,并就价格问题达成一致意见。合同总金额为13万美元,最迟不应晚于当年2月10日发运。A公司对产品的质量保证期为货物到达目的地后一年。2月7日,A公司向B公司提供合同规定的产品。2月20日货到后,B公司请检验机构进行检验,出具了检验证明。第二年3月18日,B公司在使用过程中发现部分产品有质量问题,于是致函A公司,要求换货,若不能换货,则要求退货,并要求A公司承担有关费用损失。A公司回函称,B公司在货物入库前已详细检查、核对,且已投入使用,因而拒绝赔偿。由于B公司对合同项下的货物品质存在异议,4月初(即在收货13个月后),自行将合同项下的货物送交中国某地商检机构检验。检验机构出具的检验证书证明,该批货物有多项缺陷,发货前已存在,系制造不良所致。4月中旬,B公司要求A公司赔偿6万美元。A公司认为,B公司不能证明第二次送检的产品系交货时的产品,且第二次商检时间已经超过索赔有效期,商检证书不能产生效力。双方协商未果,据此提起仲裁。试问:仲裁庭会如何裁决该案件?

分析:本案涉及检验期限问题。B公司于2月收到货物后,依据合同规定进行了商品检验,获得了中国商检机关出具的检验证书,此商品检验行为符合合同约定,其检验结果应当得到认可。根据合同对货物质量的保证,B公司对货物品质的保证期为货物到达目的地口岸一年。在此期间,B公司并未就货物的品质问题向A公司提出过异议。由于B公司未在合同规定的期限内就质量异议通知A公司,因此B公司丧失了请求质量索赔的权利。所以,B公司提供的质量检验证书不能作为索赔的依据。

第三节　检验机构与检验证书

一、检验机构

国际贸易中的商品检验工作,一般由专业性的检验部门或检验企业来办理,它们的名称很多,其中有的称公证鉴定人,有的称宣誓衡量人或实验室等,统称为商检机构或公证行,有时也由买卖双方自己检验商品。在实际交易中,选用哪类检验机构检验商品,取决于各国的规章制度、商品性质以及交易条件等。检验机构的选择,一般也与检验的时间、地点联系在一起。

在国际贸易中,从事商品检验的机构大致有下述几类:①官方机构,即由国家设立的检验机构;②半官方检验机构,即一些有一定权威的、由国家政府授权、代表政府行使某项商品检验或某一方面检验管理工作的民间机构;③非官方检验机构,即由私人创办的,具有专业检验、鉴定技术能力的公证行或检验公司。此外,世界上许多国家和地区都有由商会、协会、同业公会或私人设立的民间商品检验机构,这些机构担负着国际贸易货物的检验和鉴定工作。由于民间商品检验机构承担的民事责任有别于官方商品检验机构承担的行政责任,因此在国际贸易中更易被买卖双方所接受。目前在国际上比较具有权威性的民间商品检验机构有:瑞士通用公证行、英国英之杰检验集团、日本海外货物检查株式会社、美国安全试验所、美国材料与试验学会、加拿大标准协会、国际羊毛局、中国检验认证集团等。

二、检验证书

检验证书(Inspection Certificate)是检验机构对进出口商品进行检验、鉴定后签发的书面证明文件。

(一)检验证书的种类

国际货物买卖中的检验证书种类繁多。在实际业务中,检验证书的种类和用途主要有:

(1)品质检验证书,是证明进出口商品品质、规格的证件。

(2)重量或数量检验证书,是证明进出口商品重量或数量的证书,也是国外报关征税和计算运费、装卸费用的证件。

(3)兽医检验证书,是证明出口动物产品或食品经过检疫合格的证件。适用于冻畜肉、冻禽、禽畜罐头、冻兔、皮张、毛类、绒类、猪鬃、肠衣等出口商品。

(4)卫生/健康证书,是证明可供人类食用的出口动物产品、食品等经过卫生检验或检疫合格的证件。适用于肠衣、罐头、冻鱼、冻虾、食品、蛋品、乳制品、蜂蜜等商品。

(5)消毒检验证书,是证明出口动物产品经过消毒处理,保证安全卫生的证件。适用于猪鬃、马尾、皮张、山羊毛、羽毛、人发等商品。

（6）熏蒸证书，是用于证明出口粮谷、油籽、豆类、皮张等商品，以及包装用木材与植物性填充物等已经过熏蒸灭虫的证件。

（7）残损检验证书，是证明进口商品残损情况的证件。适用于进口商品发生残、短、渍、毁等情况。

（8）积载鉴定证书，是证明船方和集装箱装货部门正确配载积载货物，作为证明履行运输契约义务的证件。可供货物交接或发生货损时处理争议之用。

（9）财产价值鉴定证书，是作为对外贸易关系人和司法、仲裁、验资等有关部门索赔、理赔、评估或裁判的重要依据。

（10）船舱检验证书，是证明承运出口商品的船舱清洁、密固、冷藏效能及其他技术条件符合保护承载商品的质量和数量完整与安全要求的证件。

（11）生丝品级及公量检验证书，是出口生丝的专用证件。

（12）产地证明书，是出口商品在进口国通关输入和享受减免关税优惠待遇及证明商品产地的凭证。

（13）舱口检视证书、监视装/卸载证书、舱口封识证书、油温空距证书、集装箱监装/拆证书，作为证明承运人履行契约义务、明确责任界限、便于处理货损货差责任事故的证明。

（14）价值证明书，作为进口国管理外汇和征收关税的凭证。

（15）货载衡量检验证书，是证明进出口商品的重量、体积吨位的证件。

（16）集装箱租箱交货检验证书、租船交船剩水/油重量鉴定证书，可作为契约双方明确履约责任和处理费用清算的凭证。

在国际商品买卖业务中，卖方究竟提供何种证书，要根据成交商品的种类、性质、有关法律和贸易习惯以及政府的涉外经济贸易政策而定。因此，为了明确要求，分清责任，在检验条款中应订明所需证书的类别。

（二）检验证书的作用

上述各种检验证书是针对不同商品的不同检验项目而出具的，它们所起的作用基本相同：

（1）检验证书是证明卖方所交货物的品质、数量、包装以及卫生条件等方面是否符合合同规定的依据。如果检验证书中所列结果与合同或信用证规定不符，银行有权拒绝议付货款。

（2）检验证书是办理索赔和理赔的依据。如果买方所收到的货物经指定的商检机构检验与合同规定不符，则买方须在合同规定的索赔有效期内，凭指定的商检机构签发的检验证书向有关责任方提出索赔。

（3）检验证书是海关验关放行的依据。凡属于法定检验范围的商品，必须向海关提供商检机构签发的检验证书；否则，海关不予放行。

（4）检验证书是卖方办理货款结算的依据。当规定在出口国检验、进口国复验时，一般都规定卖方在向银行办理货款结算时所提交的单据必须包括检验证书。

在我国,检验证书通常由海关总署出入境检验检疫局及其设在各地的分支机构签发,也可由中国对外贸易促进委员会或中国进出口商品检验总公司出具。值得一提的是,出口商品经检验后,如果较长时期不出口,商品的质量就有可能发生变化,原来检验的结果可能就无法完全反映商品的实际情况。因此,各种重要的出口商品,特别是出口预验的商品必须规定适当的检验有效期,自验讫日期起开始计算,凡超过检验有效期的,原发的预验合格证单即失效,不能据以办理出口换证,该批商品如仍需出口,必须重新办理报验。

案例 10-2

某年 2 月 10 日,新加坡 B 公司凭样品签订从我国 A 公司进口一批小家电的合同,合同规定 FOB 上海,最迟不应迟于 2 月 20 日装船发运。A 公司对产品的质量保证期为货物到达目的地后的 6 个月。货物到达新加坡后,取得了商检部门的检验证书。由于国际市场价格波动,新加坡 B 公司没有及时出售货物。10 月 26 日,即收货后 8 个月,B 公司自行将合同项下的货物再次送交商品检验机构复验。检验表明:这批货物存在五项缺陷,系出口厂商制造不良所致。随后,B 公司又与澳大利亚 C 公司签订合同,向 C 公司出口从 A 公司进口的这批小家电。12 月,这批货物运至澳大利亚 C 公司指定港口,未能取得商检部门的合格检验证书。B 公司根据复验的货物与合同不符的检验报告向 A 公司提出退货。试问:B 公司要求退货是否合理?

分析: 按照《联合国国际货物销售合同公约》,买方有权在合同规定的期限内对货物的品质要求复验。如果合同没有规定期限,则应当在货物到达目港后的合理期间复验。如果经过一段合理的时间,买方留下了货物且没有向卖方表示拒收货物,则等于买方接受了货物,同时丧失对货物品质提出异议并要求索赔的权利。首先,本案中质保期为六个月,而 B 公司却在质保期期满后重新验货,因为当时 B 公司已丧失声称货物不符合合同规定的权利,所以检验的结果不予考虑。其次,尽管货物与合同不符,但是 B 公司还是把这批货物发运到澳大利亚,行使了对货物的处置权,因此可以视为 B 公司已接受了货物。B 公司不能在 C 公司拒收货物后再要求 A 公司退货。综上所述,B 公司要求 A 公司退货的要求是不合理的。

(三) 买卖合同中检验条款的规定方法

1. 出口合同中的检验条款

目前,我国出口贸易一般采用在出口国检验、进口国复验的办法。具体规定如下:"双方同意以装运港中国海关出入境检验检疫局签发的品质和数量(重量)检验证书作为信用证项下议付单据的一部分。买方有权对货物的品质、数(重)量进行复验。复验费由买方负担。如发现品质和/或数(重)量与合同不符,买方有权向卖方索赔,但须提供经卖方同意的公证机构出具的检验报告。索赔期限为货到目的港××天内。"

2. 进口合同中的检验条款

双方同意以制造厂出具的品质及数量或重量证明书作为有关在信用证项下付款的单据之一。但是,货物的品质及数量或重量检验应按下列规定办理:货到目的港×× 天内,经中国进出口商品检验局复验,如发现品质或数量或重量与本合同规定不符,除属于保险公司或船公司的责任之外,买方可凭中国进出口商品检验局出具的检验证明书向卖方提出退货或索赔。所有因退货或索赔引起的费用(包括检验费)及损失,均由卖方负担。在此情况下,凡货物适合抽样的,买方可应卖方要求将货物的样品寄交卖方。

本章提要

1. 商品检验是进出口商品交接过程中不可缺少的环节。

2. 商品检验的内容包括商品的质量、规格、数量、重量、包装,以及是否安全、卫生。商检的依据主要是买卖合同和信用证的有关规定。

3. 商检条款主要包括检验时间、检验地点、检验机构和检验证书。检验时间和地点可归纳为出口国检验、进口国检验和出口国检验进口国复验等。

4. 检验证书是证明检验结果的书面文件,也是卖方交货或买方索赔不可缺少的法律依据。

思考题

1. 国际货物买卖中商品检验的意义有哪些?
2. 商品检验证书有什么作用?
3. 合同中商品检验条款包括哪些内容?
4. 在国际货物买卖合同中,关于进出口商品的检验时间和地点通常有哪几种规定办法?

案例讨论

T国M商售货给A国甲商,甲商又将货物转售给B国乙商。货抵A国后,甲商虽已发现货物存在质量和数量问题,但仍将货物运往B国。乙商收到货物后,经口岸第三方检验机构检验后发现除货物质量存在问题外,还有100包货物外包装破损且货物短少严重,故乙商向甲商索赔。甲商又向M商提出索赔。试问:M商是否应负责赔偿?为什么?

21世纪经济与管理规划教材

国际经济与贸易系列

第十一章

国际贸易争议与处理

【学习目标】

通过本章的学习,学生将能够:
1. 了解交易双方产生争议进而引发索赔的原因;
2. 熟悉不同法律对违约行为的不同解释;
3. 掌握国际贸易争议预防与处理的方法;
4. 认识国际贸易中不可抗力的重要性,把握不可抗力的法律后果条款。

【素养目标】

通过学习国际贸易争议与处理等相关知识,学生应能够深入了解对外经贸活动的广泛性与复杂性,正确认识在外贸经营中始终坚持独立自主、平等互利、互惠对等的原则,重视对国际经贸法律的学习,严格依照国际和国内法律经营。

【重点难点】

重点是如何处理国际贸易争议;难点是争议索赔、违约金以及定金等条件的订立,以及不可抗力的法律后果。

【引导案例】

案情:某年10月,中国DL公司根据其生产计划,与A公司订立购销合同,要求A公司供应生产咖啡的主要原料——食用植物油和咖啡豆。A公司接受订单后即与法国B公司订立了一份进口食用植物油和咖啡豆的合同,货物价值35万美元。合同约定以CIF条件成交,目的港为我国某港口,收货人为DL公司,并采用不可撤销即期信用证结算。DL公司作为收货人在该合同上副签。合同订立后不久,A公司即委托C银行按合同中的信用证条款开出以法国B公司为受益人的不可撤销即期信用证。同年11月22日,C银行收到法国D银行转来的全套交易单证。与此同时,A公司与DL公司得知货物已到达目的港,DL公司遂与承运人打通环节,凭保函提取了B公司发来的全部货物,结果提货后发现只有咖啡豆,未见食用植物油,无法生产咖啡。DL公司即要求A公司通知C银行拒付全部货款。C银行经审核认为B公司交付的全套单证完全符合信用证的要求,即在规定期限内将货款全数付出。随后将付出的货款从A公司账户上全部扣除。但B公司之后一直未发出食用植物油。为此,DL公司依据原合同约定向A公司提出索赔。A公司与B公司协商未果,只好向当地法院起诉B公司,要求其承担损失。试分析,根据《联合国国际货物销售合同公约》的规定,本案应如何处理?为什么?

分析:根据公约的规定,(1)B公司的行为已构成根本违反合同,A公司有权宣告合同无效,或要求B公司补交食用植物油,并要求B公司给予损害赔偿。(2)如A公司主张宣告合同无效,A公司有权自己补进货物,补进货物的差价损失应由B公司承担。B公司已收的食用植物油货款应退还给A公司,同时应承担A公司相应的利息损失。(3)对于DL公司向A公司的索赔,B公司在订立合同时完全可预见,而且该损失也是由B公司的违约行为所引起的,故A公司向DL公司赔付的损失也应由B公司承担。

第一节 争议与索赔

一、争议与索(理)赔的含义

所谓争议(Disputes),是指交易的一方认为对方未能部分或全部履行合同规定的责任与义务而引起的纠纷。

所谓索赔(Claim),是指遭受损害的一方在争议发生后,向违约方提出赔偿的要求,在法律上是指主张权利,在实际业务中通常是指受损害方因违约方违约而根据合同或法律提出予以补救的主张。所谓理赔,是指违约方对受损害方所提赔偿要求的受理与处理。索赔与理赔是一个问题的两个方面,在受损害方是索赔,在违约方是理赔。

交易中双方产生争议进而引发索赔的原因很多,大致可归纳为以下几种情况:

(一)卖方违约

卖方不按合同规定的交货期交货,或不交货,或所交货物的品质、规格、数量、包装等与合同(或信用证)规定不符,或所提供的货运单据种类不齐、份数不足等。

(二) 买方违约

在按信用证支付方式成交的条件下,买方不按期开证或不开证;买方不按合同规定付款赎单,无理拒收货物;在 FOB 条件下,买方不按合同规定如期派船接货等。

(三) 买卖双方均负有违约责任

买卖双方对合同条款规定得欠妥当、不明确,或同一合同的不同条款之间互相矛盾,致使双方对合同规定的权利与义务的理解不一致,导致合同的顺利履行出现困难,甚至发生争议,引起纠纷。

此外,对合同义务的重视不足,往往也是导致违约、发生纠纷的原因之一。

二、不同法律对违约行为的不同解释

违约(Breach of Contract)是指买卖双方中任何一方不履行合同规定的义务的行为。目前,各国和地区的合同法规都是以立法的形式赋予有效合同的强制力,以保障当事人缔结的合同能够得到严格的执行。所以,当事人中任何一方如果不严格履约,就应承担违约的法律责任,而受损害方有权根据合同或有关法律的规定提出赔偿的要求。

(一) 大陆法的规定

大陆法国家一般将违约的形式概括为不履行合同和延迟履行合同两种情况。前者又称给付不能,是指债务人由于种种原因,不可能履行其合同义务。后者又称给付延迟,是指债务人履行期已届满,而且是可能履行的,但债务人没有按期履行其合同义务。违约方是否要承担违约责任,则要看是否有归责于他的过失。如果有过失,违约方就要承担违约的责任;但当事人不履约时,只要能证明自己无过错,就可不承担任何责任。

(二) 英国法的规定

英国法将违约的形式划分为违反要件(Breach of Condition)和违反担保(Breach of Warranty)两种。前者是指合同当事人违反合同中重要的、具有根本性的条款。依据英国法,买卖合同中关于履约时间、货物的品质和数量等条款都属于合同的要件。后者是指当事人违反合同中次要的、从属于合同的条款。按照英国法的有关规定,在违反要件的情况下,受损害方可以解除合同,并要求损害赔偿;而在违反担保的情况下,受损害方可以要求赔偿损失,但不能拒绝履行合同义务或解除合同。

(三) 美国法的规定

美国法从违约的性质和带来的结果两个方面将违约划分为两类:轻微违约(Minor Breach of Contract)和重大违约(Material Breach of Contract)。前者是指债务人在履约过程中尽管存在一些缺陷,但债权人已经从合同履行中得到该交易的主要利益。例如,履行的时间略有延迟,交付的货物数量和品质与合同略有出入等,都属于轻微违约。后者是指由于债务人没有履行合同或履行合同有缺陷致使债权人不能得到该项交易的主要利益。当一方轻微违约时,受损害方可以要求赔偿损失,但不能拒绝履行合同义务或解除合同;但在重大违约情况下,受损害方可以解除合同,同时还可以要求损害赔偿。

(四) 我国法律的规定

我国有关法律规定,当事人一方不履行合同或者履行合同义务不符合约定条件(违反合同)的,另一方有权要求赔偿损失或者采取其他合理的补救措施。采取其他补救措施后,尚不能完全弥补另一方受到的损失的,另一方有权要求赔偿损失。如果当事人双方都违反了合同,则应各自承担相应的责任。

(五)《联合国国际货物销售合同公约》的规定

《联合国国际货物销售合同公约》将违约划分为根本性违约(Fundamental Breach of Contract)和非根本性违约(Non-fundamental Breach of Contract)。根本性违约是指:"一方当事人违反合同的结果,如使另一方当事人蒙受损害,以致于实际上剥夺了他根据合同规定有权期待得到的东西,即为根本性违约,除非违约方并不预知而且一个同等资格、通情达理的人处于相同情况下时也没有理由预知会发生这种结果。"不构成根本性违约的情况,均视为非根本性违约。至于怎样才构成根本性违约,只能视具体情况而定。从法律结果来看,构成根本性违约,受损害方可解除合同,并提出赔偿要求;反之,则只能请求赔偿。

三、争议和索赔条款

争议和索赔条款是国际货物买卖合同中的条款之一,它不仅约束卖方履行合同义务,也约束买方实际履行合同义务。因此,在一般的商品买卖合同中,多订有此条款。该条款除规定一方当事人如违反合同,另一方当事人有权提出索赔外,还包括索赔依据、索赔期限、处理索赔的办法以及索赔金额等内容。

(一) 索赔依据

根据世界各国有关法律的规定,任何当事人提出索赔时必须有充分的证据。若证据不全或不清、出证机构不符合要求,都可能遭到对方拒赔。这里提到的证据包括法律依据、事实依据以及符合法律规定的出证机构。

法律依据是指一方当事人对违约事实提出索赔事项,必须符合合同和有关国家法律的规定。事实依据是指违约的事实、情节及其证据。各国法律对提供事实依据的要求是一方当事人提出索赔时,必须提供证明另一方违约的充分证据,以证明其违约的真实性。

(二) 索赔期限

索赔期限亦称索赔的通知期限,或索赔有效期,是指受损害方向违约方提出索赔的有效时限。超过索赔期限,受损害方即失去在交货的品质、数量等方面要求赔偿或其他补救措施以及宣告合同无效的权利。营业地处于公约缔约国的买卖双方,在合同中未约定索赔期限的,以《联合国国际货物销售合同公约》规定的两年为索赔期限,自买方实际收到货物之日起算。

索赔期限通常指由当事人双方根据合同货物的种类、性质、检验及港口条件和检验所需时间等因素达成一致意见,并在合同中加以约定。规定方法一般有:

(1) 货物运抵目的港后××天起算。此种规定对买方不甚有利,因为载货的运输工具抵达目的港后,由于港口拥挤而不能及时靠码头卸货时,其等候泊位的时间将计入索赔期限内,买方的索赔期限势必被缩短。

(2) 货物运抵目的港卸至码头后××天起算。此种办法可以使买方充分利用所规定的索赔期限,从而充分保障其行使索赔权。

(3) 货物运抵最终目的地后××天起算。此种办法适用于货物最终目的地位于内陆地区的买方或用户的营业处所或货物储存场所。当货物的最终目的地不在港口城市时,可做此项规定。

(三) 对索赔金额的规定

索赔金额通常在合同中只做笼统的规定。双方当事人在订约时很难预计未来货物受损的程度,因而难以确定索赔金额。而在业务实践中关于索赔事件的发生,可能来自许多不同的业务环节,可供选择的违约补救办法又多种多样,故在订立合同时难以准确规定。但根据以往的法院判例,索赔金额一般包括实际损失加上预期利润。

案例 11-1

中国 A 公司与英国 B 公司于某年 5 月通过函电签订了一份分批装运进出口合同,由 A 公司向 B 公司出售化工原料 5 000 公吨。双方在合同中订明价格条款为 CFR 伦敦,总金额为 185 万英镑,每批等量装运,包装条款为适合于海运性质的包装;索赔条款是货物到达目的港后,数量和规格问题应于 15 天之内,质量问题应于 90 天之内,买方须凭经卖方同意的检验机构证明向卖方提出索赔要求。在货物发运前,B 公司代理人到 A 公司仓库查看了货物包装情况,没有提出疑问。A 公司从 7 月起开始发货,到 11 月货物出运完毕。每批货物装载,船方均出具了清洁提单。货物到达目的港后,B 公司发现每批货物都有部分袋子损坏。于是,B 公司单方面聘请欧洲某公证行检验货物,出具的证明表明破损原因是:托盘木条强度不够,不适宜海上运输,以及包装带捆扎不紧。据此,B 公司两次传真给 A 公司提出索赔,要求 A 公司赔偿重新包装的人工费、材料费及检验费用,索赔金额约 7 万英镑。经过核实,A 公司仅同意赔偿 40% 的损失。双方经过多次协商,均未能达成一致意见。最后经国内某商会调解,双方达成协议,A 公司补偿 B 公司 5.2 万英镑。试问:从该案件中两公司应吸取哪些教训?

分析: 在本案中,应吸取的经验教训是:(1) 合同不应使用"适合海上运输包装"等用语,以免引起纠纷;(2) B 公司索赔须提供经 A 公司同意的检验机构证明,而 B 公司单方面聘请公证行检验后出具的证明不足以作为索赔的证据;(3) A 公司在理赔时轻易承诺赔偿 40%,B 公司就会认为 A 公司包装确实存在问题,导致 A 公司理赔上的失误。

(四) 合同中的争议和索赔条款实例

买方不履行合同规定的任何义务,卖方都有权全部或部分终止执行合同,或延缓装运,或停交在途货物。在任何类似情况下,买方均负有赔偿卖方因此而蒙受的一切损失和所支付的费用的责任。(Should the Buyer fail to perform any of his obligation stipulated in this contract, the Seller shall have the right to terminate all or any part of this contract or to postpone shipment or to stop delivery of the goods in transit. In any of such cases, the Buyer shall be liable for all damage and expense the Seller has sustained therefrom.)

买方对于装运货物的任何索赔,必须于货到提单规定的目的地××天内提出,并须提供经卖方同意的公证机构出具的检验报告。(Any claim by the Buyers regarding the goods shipped shall be filed within ×× days after arrival of the goods at the port of destination specified in the relative Bill of Lading and supported by a survey report issued by a surveyor approved by the Sellers.)

第二节 违约金与定金

一、违约金条款

(一) 违约金条款的含义及适用范围

违约金(Penalty),是指当事人双方中的一方如在未来不履行合同义务,应向对方支付一定数额的罚金。在买卖大宗商品和机器设备这一类商品合同中,除订明索赔条款外,需另订违约金条款。该条款对合同的履行起着辅助与保证作用。只有在违反合同义务的行为发生时,该条款才产生实效。

违约金条款一般适用于卖方延期交货,或者买方延迟开立信用证和延期接运货物等情况。违约金数额由交易双方商定,并规定最高限额。违约金的多少,根据违约时间的长短来确定。例如,双方当事人约定:若卖方不能如期交货,在卖方同意由付款行从议付的货款中或从买方直接支付的货款中扣除违约金的条件下,买方可同意延期交货。延期交货的违约金不得超过延期交货部分金额的 5%,违约金按每 7 天收取延期交货部分金额的 0.5% 计算,不足 7 天的按 7 天计算。如卖方未按合同规定的装运期交货,超过 10 周时,买方有权解除合同,并要求卖方支付上述延期交货的违约金。

关于违约金起算日期的计算方法,应在合同中订明。计算违约金起算日期的方法有两种:一种是约定的交货期或开证日期终止后立即起算;另一种是规定优惠期,即在约定的有关期限终止后再宽限一段时期,在此优惠期内仍可免于罚款,待优惠期届满后再起算违约金。

(二) 规定违约金条款的注意事项

在国际贸易中,规定违约金条款时应注意以下几个问题:

（1）鉴于违约金条款的订立涉及不同国家法律的运用,违约金的数额不宜定得过高,以防产生不被有些国家法律承认的风险。

（2）订立违约金条款时,要结合货物的性质、种类、交易对方所属国别等因素,选用对自己有利的法律作为解决合同争议的法律。

（3）对于违约可能造成的损失比较易于确定的买卖合同,一般不订立该条款,以免因违约金订得过低而失去要求获得全部损害赔偿的权利。

值得注意的是,英美法系国家的法律,只承认损害赔偿,不承认带有惩罚性的违约金。所以在与英国、美国、澳大利亚、新西兰等国进行贸易时,应注意约定的违约金金额的合法性。

（三）违约金条款举例

除本合同第××条所列举的不可抗力原因外,卖方不能按时交货,在卖方同意由付款行在议付货款中扣除违约金或由买方于支付货款时直接扣除违约金的条件下,买方应同意延期交货。违约金按每 5 天收取延期交货部分总值的 0.3% 计算,不足 5 天的以 5 天计算。但违约金不得超过延期交货部分总金额的 5%。当卖方延期交货超过合同规定期限 50 天时,买方有权撤销合同,但卖方仍应不延迟地按上述规定向买方支付违约金。(Unless caused by the Force Majeure Specified in Clause ×× of this contract, in case of delayed delivery, the Sellers shall pay to the Buyers for every five-days of delay a penalty amounting to 0.3% of the total value of the goods whose delivery has been delayed. Any fraction part of a five-days is to be considered a full week. The total amount of penalty shall not, however, exceed 5% of the total value of the goods involved in late delivery and is to be deducted from the amount due to the Sellers by the paying bank at the time of negotiation, or by the Buyers direct at the time of payment. In case the period of delay exceeds 50 days later than the time of shipment as stipulated in the contract, the Buyers have the right to terminate this contract but the Sellers shall not thereby be exempted from payment of penalty.)

案例 11-2

中国 A 公司从新加坡 B 公司订购某种西药 100 瓶,每瓶 600 元人民币,总值为 6 万元。合同规定:B 公司应在 6 月 11 日前将全部货物海运至中国某港口,6 月 12 日在该港船上交货(即 DES 术语成交);交货期如超过规定 2～4 天,A 公司可向 B 公司要求支付总值 1% 的迟交违约金,如超过 5～30 天,除要求支付违约金外,双方还可根据实际情况协商降价。B 公司如约按期发货,结果货物于 6 月 16 日才运抵中国港口,并经检验其中有 40 瓶西药不合格。A 公司随即将货物退给 B 公司,要求换货,但未提出重新议价。8 月 4 日,B 公司将货物换好后如数运交 A 公司。在付款时,A 公司拟扣留下述款项:(1)全部货物第一次迟交 4 天的违约金 600 元(按总值的 1% 计算);(2)对换回的 40 瓶西药重新议价,根据当时的市场价格每瓶减价 120 元,共扣款 4 800 元。对上述两项扣款,B 公司不同意,其理由是:(1)已在合同规定的交货期前将货物运出,船舶迟到系遭遇强风所致,故不应认定为逾期交货;(2)合同未规定如换货要重新议价,应按原定价格结算。试问:该案应如何处理?

分析: 本案双方的争执主要有两点:一是 B 公司是否构成逾期交货?二是换货后可否再重新议价?关于是否逾期交货的问题,合同规定,6 月 11 日前应将货物全部运抵中国港口,12 日在船上交货(DES),由此看来,该合同属于目的地交货性质的合同;而实际履约是在 16 日货物运抵目的港时,B 公司的确已构成违约,其拒罚的理由不成立。关于换货后可否再重新议价问题,合同中有明确规定,在交货的品质规格不符时,双方可根据实际情况协商降价。因此,A 公司的扣款理由充分。

二、定金罚则

(一) 定金的含义

定金(Earnest),是指合同一方当事人根据合同的约定,预先付给另一方当事人一定数额的金额,以保证合同的履行。它是作为债权担保而存在的。在买卖合同中,只要订立了定金条款,无论合同当事人哪一方违约,都要承担与定金数额相等的损失,这种以定金方式确保合同履行的方法称为定金罚则。在通常情况下,定金的数额由当事人约定,但不超过主合同标的额的 20%。

根据有关法律的规定,定金罚则适用的条件有两个:一是以违反有效合同为前提,即它以违约责任的存在为前提,是承担违约责任的一种形式,无违约责任则不适用定金罚则;二是一般只针对不履行这种违约形态,对部分履行的,定金罚则适用于不履行部分。因为合同义务的不履行一般包括拒绝履行、不完全履行、迟延履行、不能履行等多种违约情形,所以定金具有双向担保的作用,根本目的并不在于惩罚违约行为,而在于担保或督促当事人依照诚实信用原则履行合同义务,当事人的任何违约行为均构成对定金担保的违反。

《中华人民共和国民法典》第五百八十七条规定:"债务人履行债务的,定金应当抵作价款或者收回。给付定金的一方不履行债务或者履行债务不符合约定,致使不能实现合同目的的,无权请求返还定金;收受定金的一方不履行债务或者履行债务不符合约定,致使不能实现合同目的的,应当双倍返还定金。"就是说,若是支付定金的一方违约,即丧失定金的所有权,定金归收取定金的一方所有;若是收取定金的一方违约,则除返还支付方支付的定金外,还应支付给支付方与定金相等数额的钱款。

(二) 规定定金条款的注意事项

在国际贸易中,定金罚则被广泛应用,其主要目的是促使合同双方减少合同纠纷的发生。在签订进出口合同时,约定定金条款要充分考虑以下事项:

（1）在定金的约定及罚则的适用上，应当注意以下两点：一是合同中应当明确使用"定金"字样，二是如果未使用"定金"字样，则应明确约定违约应当双倍返还这样的合同内容。以上两种情形均可按照定金处理。如果欠缺上述两项内容，如当事人之间规定交付留置金、担保金、保证金、订约金、押金或者订金等，但没有约定定金性质的，则当事人主张定金权利时，法律不予以支持。

（2）注意区分定金和订金的区别，两者应分别签订，以防产生歧义。实际上，订金（Subscription）并不是一个规范的法律概念，它具有预付款的性质，只是一种支付手段，其目的是解决合同一方资金周转短缺问题；它不具有担保债务履行的作用，也不能证明合同的成立。法律规定，收受订金一方违约，只需返还所收款项，而无须双倍返还。

（3）如果在合同中同时签订了定金和违约金条款，依据我国合同法的有关规定，违约金责任不能与定金责任并用。不能并用是指不能要求违约方既承担违约金责任，又履行定金罚则。不过，受损害方有权选择适用二者之一，要求对方承担。至于选择要求违约方承担哪一种责任，一般以有利于受损害方为原则。

第三节 不可抗力

一、不可抗力的概述

（一）不可抗力的含义

《中华人民共和国民法典》第一百八十条规定："不可抗力是不能预见、不能避免且不能克服的客观情况。"而国际贸易中的不可抗力（Force Majeure）又称人力不可抗拒，是指在货物买卖合同签订以后，不是由于合同任何一方当事人的过失或疏忽，而是由于发生了当事人既不能预见又无法事先采取预防措施的意外事故，以致其不能履行或不能如期履行合同，遭受意外事故的一方可以免除履行合同的责任或延期履行合同。

不可抗力既是合同中的一项条款，也是一项法律的免责原则。这种免责，是指遭受意外事故的一方当事人免除承担损害赔偿之责任；另一方当事人仍有除要求损害赔偿以外的其他任何权利，包括履约、减价和宣告合同无效等。

在国际贸易中不同的法律法规各有其规定。在英美法系中有"合同落空"的原则，意思是说合同签订以后，不是由于当事人双方自身过失，而是由于事后发生了双方意想不到的根本性的不同情况，致使订约目的受到挫折，据此而未履行的合同义务，当事人得以免除责任。在大陆法系国家的法律中有"情势变迁"或"契约失效"的原则，意思也是指不属于当事人的原因而发生了预想不到的变化，致使合同不可能再履行或对原来的法律效力需做相应的变更。《联合国国际货物销售合同公约》也有对免责的规定，表述是，"当事人不履行义务，不负责任，如果他能证明此种不履行义务是由于某种非他所能控制的障碍，而且对于这种障碍，没有理由预期他在订立合同时能考虑到或能避免或克服它或它的后果"。这项解释明确地指出，当事人的免责是因为出现了他不能控制、不能预见和不能避免或克服的障碍。

综上所述,尽管不同法律对不可抗力的确切含义在解释上并不统一,叫法也不一致,但其在国际贸易中的原则大体相同。主要包括以下几点:①意外事故必须发生在合同签订以后;②意外事故不是合同当事人自身的过失或疏忽导致的;③意外事故是当事人双方所不能控制、无能为力的。

(二)不可抗力的范围

不可抗力的范围很广,涉及的领域很多,且情况复杂多变,难以划定其确切的范围,但就其起因而论,可以分为以下几种情况:

1. 自然力量事故

自然力量事故,是指非人类自己造成的事故,通常包括给人类造成灾害的诸多自然现象,如水灾、冰灾、火灾、风灾、暴风雨、雷电、大雪、地震、海啸、干旱、山崩、森林自燃等。

2. 政府行动

政府行动,是指当事人签约后,有关政府当局发布了新的法律法规、行政措施,如颁布禁令、调整政策制度等。政府的这些行动往往会影响国家间经济贸易的正常开展,致使当事人不得不放弃履行原合同。

3. 社会异常事故

社会异常事故,如骚乱、暴动、战争、恐怖事件等,往往构成当事人履约的障碍。这类事故对于普通的合同当事人来说也属于不可抗力,也是他们无法控制、不能预见和无法克服的。

由于不可抗力是一项免责条款,买卖双方(通常主要是卖方)都可以援引它来解释自身所承担的合同义务,这种援引在多数情况下是扩大不可抗力的范围,以减少自己的合同责任。有的卖方除把各种自然灾害列入外,还把生产制作过程中的意外事故、战争预兆、罢工、怠工、货物集运中的事故、原材料匮乏、能源危机、原配件供应不及时等生产过程中的事故,以及航陆运机构未按预定日期出航等,归入不可抗力的范围。因此,在交易中买方应认真分析,区别不同情况进行处理。

二、不可抗力的法律后果及处理

(一)不可抗力的法律后果

根据《中华人民共和国民法典》第五百九十条的规定:"当事人一方因不可抗力不能履行合同的,根据不可抗力的影响,部分或者全部免除责任,但是法律另有规定的除外。因不可抗力不能履行合同的,应当及时通知对方,以减轻可能给对方造成的损失,并应当在合理期限内提供证明。"《联合国国际货物销售合同公约》也规定:"一方当事人享受的免责权利只对履约障碍存在期间有效,如果合同未经双方同意宣告无效,则合同关系继续存在,一国履行障碍消除,双方当事人仍须继续履行合同义务。"所以,不可抗力事件所引起的后果可能是解除合同,也可能是延迟履行合同,应由双方按公约规定结合具体情况商定。

在国际贸易业务中,发生不可抗力事件后,买卖双方应按约定的处理原则和办法,并考虑相应的国际贸易惯例及时进行处理。究竟如何处理,应视事故的原因、性质、规模及其对履行合同所产生的实际影响程度而定。

案例 11-3

国内某贸易商 A 从温州某厂取得报价单后,向意大利某客户 B 对某类服装制衣进行报价。成交后,B 通过国外 C 银行开来信用证,并规定 7 月底以前交货。7 月初,该厂仓库失火,成品、半成品及原料均烧毁,以致无法交货。试问:贸易商 A 可否以不可抗力为由要求免交货物?

分析: 如果本案双方的合同中有明确的不可抗力条款,而且火灾并不是卖方的过失或疏忽造成的,那么火灾是不可抗力事件,否则就不是。但本案中,贸易商 A 不可以不可抗力为由要求免交货物,因为该事故只是在一定期限内阻碍合同的履行,而离合同到期还有一段时期。该项交易的产品是普通货物,而不是特定物。因此,不能免除贸易商的交货义务,而只能暂时终止合同,一旦事故消除后仍须履约,不过可以延迟交货。

(二)合同中的不可抗力条款

订约后发生的当事人双方无法控制的意外事故,能否构成不可抗力、后果如何,国际上并无统一的解释。为了避免一方当事人任意扩大和缩小对不可抗力事件范围的解释,或在不可抗力事件发生后在履约方面提出不合理要求,在货物买卖合同中订明不可抗力条款是非常重要的。

1. 不可抗力事件的范围

关于不可抗力事件的范围,应在买卖合同中订明。通常有下列三种规定办法:

(1)概括式规定。在合同中不具体规定哪些事故属于不可抗力,而只是笼统地规定,"由于不可抗力的原因",至于具体内容和范围并未具体说明。这种方法含义模糊,解释伸缩性大,难以作为解释问题的依据,不宜采用。

(2)列举式规定。在合同中详细列明不可抗力的范围,虽然具体明确,但难以一览无余,且可能存在遗漏情况,这样仍可能发生争执,因此也不是最好的方法。

(3)综合式规定。合同中列明可能发生的不可抗力事件的同时,又加上"其他不可抗力的原因"的文句,这样就为双方当事人共同确定未列明的意外事故是否构成不可抗力提供了依据。因此,这种规定方法既具体明确,又有一定的灵活性,比较科学实用。在我国进出口合同中,大多采用这种方法。

2. 不可抗力的后果

不可抗力事件所引起的后果有两种:一种是解除合同,另一种是延期履行合同。什么情况下解除合同,什么情况下延期履行合同,要视发生事故的原因、性质、规模及对履行合同所产生的影响程度而定,并在合同中明确地规定。

3. 不可抗力发生后通知对方的方式和证明

按照相关法规,当发生不可抗力事件影响合同履行时,当事人必须及时通知对方,对方亦应于接到通知后及时答复,如有异议也应及时提出。尽管如此,买卖双方为明确责任,一般在不可抗力条款中还规定一方发生事故后通知对方的期限和方式。此外,当一方援引不可抗力条款要求免责时,必须向对方提交一定机构出具的证明文件,作为发生不可抗力的证据。在国外,证明文件一般由当地的商会或合法的公证机构出具。在我国,证明文件由中国国际贸易促进委员会或其设在口岸的分会出具。

案例 11-4

我国南方某实业公司在某年初与中东某国签订了一份进口合同,FOB 价格条件。后来中东地区爆发局部冲突,导致我方接货货轮无法驶抵该国装运港。直到海湾战争结束,我方才能派船接货,而外商以我方未能按期接货为由,要求我方赔偿其仓储费。试问:外商的要求是否合理?我方应如何处理?

分析:从实际情况来看,战争是不可抗力且发生在合同签订之后,因此,我方可以免除"船晚到目的港接货"的责任。所以,对方以我方未按期接货为由,要求我方赔偿其仓储费是不合理的,我方应拒绝其赔偿要求。

(三)援引不可抗力条款处理事故应注意的事项

不可抗力事件发生后,合同当事人在援引不可抗力条款处理不可抗力事件时,应注意如下事项:

(1)发生事故的一方当事人应按约定期限和方式及时将事故情况通知对方。根据《联合国国际货物销售合同公约》的规定,在不可抗力事件发生后,"一方当事人必须及时通知另一方,并提供必要的证明文件,而且在通知中应提出处理意见。如果因未及时通知而使另一方受到损害,则应负赔偿责任"。对方亦应于接到通知后及时答复,如有异议也应及时提出。

(2)双方当事人要认真分析事故的性质,看其是否属于不可抗力事件的范围。

(3)发生事故的一方当事人应出具有效的证明文件,以作为发生事故的证据。

(4)双方当事人应就不可抗力的后果,按约定的处理原则和办法协商处理。处理时,应弄清情况,体现实事求是的精神。

此外,还应正确区分商业风险和不可抗力事件。商业风险往往也是无法预见和不可避免的,但它和不可抗力事件的根本区别在于一方当事人承担了风险损失后,有能力履行合同义务,典型情况是对"同种类货物"的处理,此类货物可以从市场中购得,因而卖方通常不能免除其交货责任。

案例 11-5

A 为一家荷兰公司,B 为中国一家实业公司。双方于某年 11 月 12 日先后签订了三份售货合约,由 B 向 A 出售货物,总价值为 46 万美元,价格术语为 CIF 鹿特丹,最后交货期限为当年 12 月 31 日。合同约定在中国仲裁。由于市场发生剧烈变化,B 未能履行交货义务。B 辩称,因为国内、国际市场价格飞涨,国内货源紧缺,到交货时价格已经上升了 1~2 倍。双方订立合同时所持有的根本目的已经落空,因此可以认为 B 依合同价格交货的义务因履行合同时的环境与订立合同时的情况发生本质变化而得以免除。对此,A 诉称,根据《联合国国际货物销售合同公约》,B 应赔偿的损失为交货期满时交货地市场价格与合同价格的差价,且包括 A 应得的利润。请分析此案孰是孰非。

分析:B 的行为已经构成违约,A 有权要求损害赔偿。法律实践中没有合同订立后商品价格的变动是不可抗力事件,或价格上涨的幅度达到了不可抗力的程度的认定。本案中,合同订立后仅仅过了不到 2 个月时间,商品价格已经上涨了超过 1 倍,这种情况并不能成为被申请人免责的理由。B 曾抗辩双方订立合同时的情况已经发生巨大变化,如果在当时的市场情况下继续履行合同,将显失公平。但国际市场价格通常属于商业风险,是国际贸易中必然存在的,显然不能成为拒绝交付货物的理由,否则有违诚信原则。

三、我国进出口合同中常用的不可抗力条款举例

如因战争、地震、水灾、火灾、暴风雨、雪灾或其他不可抗力的原因,卖方不能部分或全部装船或延迟装船,卖方对此均不负有责任。但卖方必须在事故发生时立即电告买方,并在事故发生后 15 天内航空邮寄给买方灾害发生地点的有关政府机关或商会所出具的证明文件证实灾害存在。除因不可抗力导致装船延迟或不能交货外,卖方若不能在合同规定期限内发船,则应赔偿买方直接由于延期交货或不能按合同条件交货所遭受的一切损失及费用。人力不可抗拒事件继续存在 60 天以上的,买方有权撤销合同或合同中未发运部分。(If the shipment of the contracted goods is prevented or delayed in whole or in part by reason of war, earthquake, flood, fire, storm, heavy snow, the Seller not be liable for non-shipment or late shipment of the goods of this contract. However, in such a case, the Sellers shall immediately advise by cable the Buyers of the accident and airmail to the Buyers within 15 days after the accident, a certificate of the accident issued by the competent government authorities or the Chamber of the Commerce which is located at the place where the accident occurs evidence there of. With the exception of late delivery or no-delivery due to Force Majeure causes,

In case the Seller fail to make delivery within the time as stipulated the contract, the Seller should indemnify the Buyers for all losses and expenses incurred to the latter directly attributable to late deliverer failure to make delivery of the goods in accordance with the terms of this contract. If the Force Majeure cause lasts over 60 days, the Buyers shall have the right to cancel the contract or the undelivered part of the contract.)

本章提要

1. 在国际贸易中,由于业务环节多,涉及面广,国际市场变幻莫测,容易产生争议,引发索赔与理赔问题。
2. 引起争议的原因可归纳为卖方违约、买方违约以及买卖双方均负有违约责任。
3. 索赔条款的规定一般有异议索赔条款和罚金条款两种方法。
4. 在买卖合同中,只要订立了定金条款,无论合同当事人哪方违约,都要承担与定金数额相等的损失。
5. 不可抗力是一项免责条款。当发生不可抗力事件致使合同无法履行或无法如期履行时,发生事故一方可据此免除责任。

思考题

1. 在国际贸易中,产生争议的原因有哪些?
2. 争议和索赔条款的主要内容有哪些?
3. 在合同中规定具体索赔期限的方法有哪些?
4. 在国际货物买卖合同中规定违约金条款有何意义?该条款应包括哪些基本内容?规定该条款时应注意哪些事项?
5. 定金与预付款有何区别?在签订进出口合同时,约定定金条款要考虑哪些因素?
6. 不可抗力事件引起的后果有哪些?为什么要在合同中订立不可抗力条款?
7. 简述国际贸易中发生不可抗力事件时的处理原则。

案例讨论

1. 我国 A 公司与某国 B 公司签订了购销合同。B 公司向 A 公司供应一批化工产品,货款价值 10 万美元。A 公司向 B 公司交纳了 1 万美元的定金,并与其约定,任何一方违约,将支付违约金 1.5 万美元。后来,B 公司违约,不能向 A 公司发货。A 公司想通过法律手段维护自己的权益。试问:A 公司是否可以向 B 公司既要求双倍返还定金,又要求承担违约金?应如何选择?

2. 有一份合同,卖方 A 出售一批原料给买方 B,合同规定 6 月份交货。但 5 月 10 日 A 工厂失火,生产设备及仓库全部烧毁。7 月 1 日,B 未见来货,便向 A 查问,并催促交货。这时 A 才把失火的情况通知 B,并以不可抗力为由撤销合同。B 由于急需原料生产,于是立即从市场上补进替代物。根据市场资料表明,5 月 15 日至 6 月 15 日的市场价格与合同价格接近,此后市场价格逐渐上升,到了 7 月 1 日,市场价格与合同价格相比上涨 40%。试问:买方 B 在补进替代品后,能否要求 A 赔偿损失?

21世纪经济与管理规划教材
国际经济与贸易系列

第十二章

国际贸易仲裁

【学习目标】

通过本章的学习,学生将能够:
1. 熟悉解决国际贸易争议的方式;
2. 了解仲裁与其他解决争议方式的不同点及仲裁特点;
3. 掌握国际贸易合同中的仲裁条款。

【素养目标】

通过学习国际贸易仲裁等相关知识,学生应能够深入了解中国国际经济贸易仲裁委员会以仲裁的方式独立、公正地解决国际经济贸易争议,正确认识对外开放以来我国仲裁机构以其仲裁实践和理论活动为我国仲裁事业发展所做出的贡献,具有诚信经营的精神和遵守职业道德与规范,充分保障国家利益和企业利益。

【重点难点】

重点是仲裁协议的必要条件和作用;难点是理解《承认与执行外国仲裁裁决公约》。

【引导案例】

案情：某年7月12日，我国A公司与英国B公司签订一份外贸合同，从B公司订购某贵重金属共计8 000公吨。主要成交条件是：价格条件为FOB，装运口岸为安特卫普，装运日期为当年11月至12月，支付条件为买方在收到卖方确定装运港及备货待运通知后立即开出信用证，以及仲裁条款等。9月7日，A公司在没有收到B公司确定装运港通知的情况下，提前通过中国银行某分行开出了信用证，并多次催促对方尽快确定装运港并通知备货待运情况，以便A公司租船接运货物。在A公司开出信用证并多次电报催促对方尽快确定装运港后，B公司在其答复中除借口其供货人未能交货并对迟延发出通知表示歉意外，还以英镑贬值为由要求提高合同价格并推迟装运期。A公司随后与之交涉，一方面拒绝对方有关提价的要求，另一方面同意将装运期修改为"来年1月至2月份装运完毕"。虽然A公司一再催促，但对方一再不守信用，对自己提出的新的交货安排也不履行义务。第二年4月16日，A公司又通过欧盟某律师转交对方一份律师函，声明允许对方自收到该函之日起45天内履行交货义务，否则将根据合同规定，向我国某仲裁委员会申请仲裁。

仲裁委员会接受申请，并审理了该案件。在经过认真调查和听取双方当事人的意见后，做出如下裁决：确定B公司负违约责任，应赔偿A公司的损失，赔偿额应按装运期最后一天的国际市场价格与合同单价的差价确定，同时承担全部仲裁费用。

分析：A公司最后决定用仲裁方式解决本案纠纷，从而取得胜诉，无疑是正确的。该例告诉我们，今后遇到贸易纠纷时，如果双方通过协商不能达成一致意见，只要我方有理，就可以通过仲裁方式解决，但我们也应吸取经验教训，在签订进出口合同，尤其是大金额的进出口合同时，绝对不能忽视对客户的资信调查。

第一节 仲裁是解决争议的重要方式

一、解决国际贸易争议的方式

在国际贸易中，买卖双方签订合同后，由于种种原因没有如约履行，从而引起争议。而解决争议的方式有很多，既可以由当事人双方自行协商处理，也可以由第三者出面调解，还可以通过仲裁或司法机关审理。这些做法各有特点，也各有利弊。

（一）协商

协商（Consultation），是指在发生争议后，由当事人双方直接进行磋商，自行解决纠纷。在协商过程中，当事人通过摆事实讲道理，弄清是非曲直和责任所在，必要时由双方各自做出一定的让步，最后达成和解，消除分歧。

这种做法可节省费用，而且气氛和缓、灵活性大，有利于双方贸易关系的发展。双方当事人一旦发生争议，一般都愿意采用协商方式加以解决。国际贸易界多以此方式解决争议。但协商方式也存在一定的局限性，当争议涉及的金额巨大时，双方均不肯做较大让步或经反复协商相持不下,致使争议难以解决。

(二) 调解

调解(Conciliation),是指发生争议后,双方协商不成,则可邀请第三者居间调停。调解人的作用是帮助当事人弄清事实,分清是非,并找到一种双方均可接受的解决办法。若调解成功,双方应签订和解协议,作为一种新的契约予以执行;若调解意见不为双方或其中一方所接受,则该意见对当事人无约束力,调解即告失败。

调解在性质上与协商并没有什么区别,最后的解决办法还须双方当事人一致同意。该方式在运用时,是以双方当事人自愿为前提,一方当事人或调解员不得强迫另一方当事人接受调解。另外,调解员一般都具有专业知识或实践经验,有利于公平、公正地解决争议。

(三) 诉讼

诉讼(Litigation),是指由司法部门按法律程序来解决双方的贸易争议。在争议发生后,任何一方当事人,可依照一定的法律程序,向有管辖权的法院提起诉讼,要求法院依法予以审理,并做出公正的判决。通常起诉方大多要求被诉方承担违约责任,或赔偿经济损失,或支付违约金。

该方式的运用通常是由于争议所涉及的金额较大,双方都不肯让步,或者一方缺乏解决问题的诚意,通过协商或调解难以达成协议。

(四) 仲裁

仲裁(Arbitration)亦称公断,是指买卖双方按照在争议发生之前或之后签订的协议,自愿把它们之间的争议交给仲裁机构裁决,并约定裁决是终局的,具有法律的强制性,对双方均有约束力。若对方不执行裁决,另一方有权向法院起诉,要求予以强制执行。

由于仲裁有其自身的立法及程序,断案迅速,仲裁员一般有较丰富的专业知识和审理案件经验,为确切、合理、公正地解决争议提供了有利条件,因此仲裁在解决争议方面得到国际贸易界的普遍承认和广泛应用。

二、仲裁的特点

仲裁是解决国际贸易争议的首选方式。与其他争议解决方式相比,仲裁具有以下优点:

(1) 一裁终局。仲裁裁决对当事人具有约束力并可强制执行。仲裁裁决不同于法院判决,其不能上诉,一经做出即为终局,对当事人具有约束力。

(2) 当事人意思自治。在仲裁中,当事人享有选择仲裁员、仲裁地、仲裁语言以及适用法律的自由。当事人还可以就开庭审理、证据提交和意见陈述等事项达成协议,设计符合自己特殊需要的仲裁程序。在我国,仲裁当事人可以书面形式提交证据和陈述;此外,在我国受理的仲裁案件绝大多数可在仲裁庭组成之后6个月内结案。因此,与法院严格的诉讼程序和较长的诉讼时间相比,仲裁程序更为灵活。

(3) 仲裁具有保密性。仲裁案件不公开审理,一般不损害当事人双方的业务关系,有益于买卖业务的继续开展,从而可以有效地保护当事人的商业秘密和商业信誉。

(4) 仲裁费用合理。与诉讼相比,仲裁一裁终局、程序快捷等特点,使得采用仲裁比采用诉讼对当事人而言更为经济。

三、我国涉外仲裁案件的类型

我国的涉外仲裁案件,主要来自不同合同主体所签经济合同及其法律关系方面的争议。根据《中国国际经济贸易仲裁委员会仲裁规则》第三条的规定,中国国际经济贸易仲裁委员会根据当事人的约定受理契约性或非契约性的经济贸易等争议案件。前款所述案件包括:①国际或涉外争议案件;②涉及香港特别行政区、澳门特别行政区及台湾地区的争议案件;③境内争议案件。

根据《中国国际经济贸易仲裁委员会金融争议仲裁规则》第二条的规定,中国国际经济贸易仲裁委员会以仲裁的方式独立、公正地解决当事人之间因金融交易发生的或与此有关的争议。金融交易包括但不限于下列交易:贷款;存单;担保;信用证;票据;基金交易和基金托管;债券;托收和外汇汇款;保理;银行间的偿付约定;证券和期货。

第二节 仲裁协议

一、仲裁协议的含义

仲裁协议是指当事人在合同中约定或单独订立的提交仲裁的书面协议。它是当事人提请仲裁案件的重要法律依据,是申请仲裁的必备材料。

二、仲裁协议的形式

在我国,解决国际贸易争议的仲裁协议必须是书面的。它既包括当事人双方为解决争议而特意签订的协议,也包括当事人之间以书面达成的其他形式的协议,如相互交换的信函、电子邮件和电传等。此外,在仲裁申请书和仲裁答辩书的交换中,一方当事人声称有仲裁协议而另一方当事人不做否认表示的,则视为存在书面仲裁协议。

根据我国法律,有效的仲裁协议必须载有请求仲裁的意思表示、选定的仲裁委员会和约定的仲裁事项;必须是书面的,当事人具有签订仲裁协议的行为能力,形式和内容合法。

仲裁协议主要有两种形式:一种是由双方当事人在争议发生之前订立的,表示同意把将来可能发生的争议提交仲裁解决的协议,这种协议一般都已含在合同中,作为合同的一项条款,即我们所说的仲裁条款(Arbitration Clause);另一种是由双方当事人在争议发生之后订立的,表示同意把已经发生的争议交付仲裁的协议,这种协议称为提交仲裁的协议(Arbitration Submission)。这两种仲裁协议虽然形式不同,但是其法律作用与效力却是相同的。

此外,根据规定,合同中的仲裁条款或者附属于合同的仲裁协议均应视为与合同其他条款分离的、独立存在的条款或者其中的一个部分;合同的变更、解除、终止、转让、失效、无效、未生效、被撤销以及成立与否,均不影响仲裁条款或仲裁协议的效力。

三、仲裁协议的作用

仲裁协议的作用包括以下三方面:

(1) 约束双方当事人只能以仲裁方式解决争议。由于已签有仲裁协议,当事人之间一旦发生争议,就只能以仲裁方式来解决。向仲裁机构提出仲裁申请,既不得任意改变仲裁机构和仲裁地点,更不得单方面要求撤销仲裁协议。

(2) 排除法院对有关案件的管辖权。双方当事人一经订立仲裁协议,任何一方就不得向法院提起诉讼。如果一方违背仲裁协议,自行向法院起诉,另一方可根据仲裁协议做出抗辩,要求法院予以撤案,并将争议案件退回仲裁机构予以审理。

(3) 仲裁机构取得对有关案件的管辖权。若一方当事人将争议案件提交仲裁,而另一方在规定时限内未出庭应诉,则仲裁机构有权进行缺席审理和做出缺席裁决。

四、仲裁条款

目前,我国进出口贸易合同中的仲裁条款一般包括提请仲裁的事项、仲裁地点、仲裁机构、仲裁程序规则的适用、仲裁裁决的效力以及仲裁费用的承担等内容。

(一) 仲裁事项

仲裁事项是指当事人提交仲裁解决的争议范围,也是仲裁庭依法管辖的范围。当日后所发生的争议超出规定的范围时,仲裁庭无权受理。所以,在仲裁协议中一定要规定清楚。

(二) 仲裁地点

在国际贸易实践中,仲裁地点与仲裁所适用的程序法及合同所适用的实体法关系密切。仲裁地点不同,适用的法律可能不同,对买卖双方权利、义务的解释就会有差别,其结果也会不同。

我国进出口贸易合同中的仲裁地点,一般采用下述三种规定方法之一:①力争规定在我国仲裁;②规定在双方同意的第三国仲裁;③规定在被告所在国仲裁。

(三) 仲裁机构

目前,我国有常设的仲裁机构,即设在北京的中国国际经济贸易仲裁委员会,以及其分别设在全国各地的分会或仲裁中心。

许多国家也都有常设的国际贸易仲裁机构。在国际贸易业务中经常遇到的外国仲裁常设机构有:英国伦敦国际仲裁院、瑞典斯德哥尔摩商会仲裁院、瑞士苏黎世商会仲裁院、日本国际商事仲裁协会、美国仲裁协会、意大利仲裁协会等。俄罗斯和东欧各国商会中均设有对外贸易仲裁委员会。国际组织的仲裁机构有设在巴黎的国际商会仲裁院等。

（四）仲裁程序

仲裁程序主要是规定进行仲裁的手续、步骤和做法，其中包括仲裁申请、仲裁员指定、仲裁庭组成、仲裁答辩与反诉、仲裁审理、仲裁裁决及仲裁费用等内容，为当事人和仲裁机构共同遵守。

我国现行的仲裁程序规则是 2023 年 9 月 2 日由中国国际贸易促进委员会/中国国际商会修订并通过，自 2024 年 1 月 1 日起施行的《中国国际经济贸易仲裁委员会仲裁规则》。根据规定，凡当事人同意将其争议提交中国国际经济贸易仲裁委员会仲裁的，均视为同意按本规则进行仲裁。

（五）仲裁裁决的效力

根据《中国国际经济贸易仲裁委员会仲裁规则》的规定，仲裁庭应当根据事实和合同约定，依照法律规定，参考国际惯例，公平合理、独立公正地做出裁决。仲裁裁决是终局的，对双方当事人均有约束力。

仲裁裁决做出后，通常情况下，败诉方应当依照仲裁裁决书写明的期限自动履行裁决，但也有由于各种原因拒不履行的。当败诉方拒不履行仲裁裁决时，因仲裁机构或仲裁庭不具有强制执行的权力，胜诉方有权向法院提出申请，要求予以强制执行。

（六）仲裁费用的负担

通常仲裁条款中明确规定了仲裁费用由谁来负担。根据规定，仲裁庭有权根据案件的具体情况在裁决书中裁定败诉方应补偿胜诉方因办理案件而支出的合理费用。

（七）中国国际经济贸易仲裁委员会仲裁示范条款

凡因本合同引起的或与本合同有关的任何争议，均应提交中国国际经济贸易仲裁委员会，按照该会现行的仲裁规则，由申请人选定在该会总会或深圳分会（现深圳国际仲裁院）或上海分会（现上海国际经济贸易仲裁委员会）进行仲裁。仲裁裁决是终局的，对双方均有约束力。（Any dispute arising from or in connection with this contract shall be submitted to China International Economic and Trade Arbitration Commission for arbitration which shall be conducted by the Commission or its Shenzhen subcommission or its Shanghai subcommission at the option of the Claimant in accordance with its existing rules of arbitration. The arbitral award is final and binding upon both parties.）

第三节　仲裁裁决的承认与执行

仲裁裁决对双方当事人都具有法律上的约束力，当事人必须执行。但是，如果一方当事人在国外，则涉及一个国家的仲裁机构所做出的裁决要由另一个国家的当事人执行的问题。

为了解决在执行外国仲裁裁决问题上的困难，国际上除通过双方协定就相互承认与执行仲裁裁决问题做出规定外,还订立了多边国际公约,1958年6月10日联合国在纽约召开了国际商事仲裁会议,签订了《承认与执行外国仲裁裁决公约》(Convention on the Recognition and Enforcement of Foreign Arbitral Award,简称《1958年纽约公约》)。《1958年纽约公约》是国际商事仲裁领域内最为成功的一个公约,基于仲裁裁决的承认和执行的重要性,可以说,没有它,就没有国际商事仲裁。

《1958年纽约公约》共16条,它规定了公约的宗旨、执行范围、执行程序、申请执行的条件以及拒绝执行的理由。它强调两个要点:一是承认双方当事人所签订的仲裁协议有效;二是根据仲裁协议做出的仲裁裁决,缔约国应承认其效力并有义务执行。只有在特定的条件下,才根据被诉人的请求拒绝承认与执行仲裁裁决。例如,裁决涉及仲裁协议未提到的,或不包括在仲裁协议之内的一些争议;仲裁庭的组成或仲裁程序与当事人所签仲裁协议不符等。

我国于1986年加入《1958年纽约公约》,开创并建立了在外国执行中国涉外仲裁裁决的机制。但我国在加入的同时,又提出两项声明:①中华人民共和国只在互惠的基础上对在另一缔约国领土内做出的仲裁裁决的承认和执行适用该公约;②中华人民共和国只对根据中华人民共和国法律认定为属于契约性和非契约性商事法律关系所引起的争议适用该公约。

我国政府对上述公约的加入和所做的声明,为我国承认与执行外国仲裁裁决提供了法律依据,同时也有利于我国仲裁机构所做的裁决在国外各公约成员国内的执行。依照《1958年纽约公约》,中国国际经济贸易仲裁委员会做出的仲裁裁决已在数十个国家和地区,包括美国、英国、加拿大、澳大利亚、新加坡、德国、意大利、法国、以色列、日本等,成功地得到了承认和强制执行。

本章提要

1. 解决国际贸易争议的方式包括协商、调解、仲裁和诉讼四种。仲裁的特点决定了它不同于诉讼。

2. 仲裁协议有两种形式:一种是在争议发生前订立的合同中的仲裁条款,另一种是在争议发生后订立的提交仲裁的协议。

3. 仲裁条款通常包括仲裁地点、仲裁机构、仲裁程序、仲裁裁决的效力和仲裁费用等。

4. 仲裁裁决的承认与执行涉及一国的裁决要由另一国的当事人执行的问题。

思考题

1. 为什么仲裁是解决国际贸易争议的重要方式?
2. 仲裁协议有哪几种形式?其作用如何?

3. 在国际货物买卖合同中为什么要规定仲裁条款？仲裁条款应包括哪些主要内容？

4. 我国参加《承认与执行外国仲裁裁决公约》的意义何在？该公约包括哪些基本内容？

 **案例讨论**

我国 A 公司与国外 B 公司订立了一项出口合同,合同中明确规定了仲裁条款:约定在履约过程中如发生争议,在中国北京仲裁。后来,双方对商品的品质发生争议,B 公司在其所在地法院起诉 A 公司,法院发来传票,传 A 公司出庭应诉。你认为 A 公司应如何处理？请简述理由。

21世纪经济与管理规划教材
国际经济与贸易系列

第十三章

国际货物交易前的准备

【学习目标】

通过本章的学习,学生将能够:
1. 认识国际贸易交易前准备工作的重要性;
2. 熟悉国际商品市场环境调研及行情调研;
3. 掌握制订进出口商品经营方案的方法。

【素养目标】

通过学习国际货物交易前的准备等相关知识,学生应能够深入了解我国企业开拓国际市场获得成功的经验,正确认识商标是企业参与竞争的有力武器和保护自身权益的护身符,具备爱国精神,树立风险意识,重视客户资信调查,坚持遵纪守德。

【重点难点】

重点是企业进入国际市场的渠道及对客户的资信调查;难点是出口商品商标的国外注册工作。

第十三章 国际货物交易前的准备

【引导案例】

珠海格力电器股份有限公司(以下简称"格力电器")成立于1991年,1996年11月在深交所挂牌上市,是当前全球最大的集研发、生产、销售、服务于一体的专业化空调企业之一。其旗下的"格力"空调,是中国空调业的"世界名牌"产品,业务遍及全球100多个国家和地区。

格力电器的跨国经营战略主要体现在以下几方面:

(1)做好国际市场调研:格力电器在向国际化企业进军的过程中,对国际空调市场的发展动态、趋势进行深入的分析和研究,随时掌握国际空调市场的变化和需求的第一手资料。

(2)全面分析、缜密设计:格力电器对国际市场的投资环境进行全面分析,从地理位置、投资环境、税务政策、进口管理、外汇管理、金融市场、市场潜力等方面进行可行性分析,并进行多方面的论证,如对巴西市场实地考察,了解当地市场的消费需求特点,并最终做出投资巴西市场的决策。

(3)以己之长,抢占先机:格力电器在投资巴西建厂项目中,以建设分体机的生产线为主,同时兼顾生产窗机,以满足巴西在内的南美空调市场不断增长的需求。

(4)完善销售网络体系:在开拓海外市场时,格力电器选择与当地实力强、营销网络全、有经营电器经验的公司联手进行强强合作,迅速占领当地市场,树立名牌形象,提升格力电器知名度,不断地增强格力空调产品的竞争能力。

研究格力电器的国际化经营,对如何开拓国际市场这一问题具有重要的借鉴意义。

第一节 谈判队伍的组成

一、谈判人员应具备的素质

为了保证交易谈判的顺利进行,事先应选配精明能干的洽谈人员,尤其是对某些大宗交易或内容比较复杂的交易,因事关重大,更应组织一个强有力的谈判队伍。他们要掌握洽谈技巧,善于应战和应变,并善于谋求一致,以确保洽谈成功。

参加交易磋商的人员,一般来说应当具备以下几个条件:

(1)熟悉我国对外经济贸易方面的方针政策,并了解国家关于对外经济贸易方面的具体政策措施。

(2)掌握洽谈交易过程中可能涉及的各种商务知识,如商品、金融、运输和保险等方面的知识。

(3)熟悉我国颁布的有关涉外法律、法令与规则,并了解有关国际贸易、国际技术转让和国际运输等方面的法律法规、惯例以及有关国家的外汇管制和税法等方面的知识。

(4)熟练掌握外语,能处理外文函电并用外语直接洽谈交易。

(5)具有较高的政治素养、心理素质和策略水平,善于机动、灵活地处理洽谈过程中出现的各种问题。

二、谈判队伍的规模和结构

谈判队伍由多方面人员构成,可以满足谈判中对多学科的知识需求,取得知识结构上互补与综合的整体优势;群策群力,取长补短,集思广益,形成集体的进取与抵抗力量。

在通常的商务谈判中,一支谈判队伍应包括以下几种人员:

(1) 技术人员。由熟悉生产技术、产品性能和技术发展动态的技术工程师担任,负责对有关产品性能、技术质量标准、产品验收、技术服务等问题的谈判,也可与商务人员紧密配合,为价格决策做技术参谋。

(2) 商务人员。由熟悉贸易惯例、价格谈判条件,了解交易行情,有经验的业务员或厂长、经理担任。

(3) 法律人员。通常由特聘律师、企业法律顾问或熟悉有关法律规定的人员担任。

(4) 财务人员。由熟悉成本情况、支付方式及金融知识,具有较强的财务核算能力的财务人员担任。

(5) 翻译人员。由熟悉外语和有关知识、善于与人紧密配合、工作积极、纪律性强的人员担任。

三、谈判人员的分工

在挑选出合适的人员组成谈判队伍后,就必须在成员之间进行适当的分工,也就是根据谈判内容和各人专长进行适当的分工,明确各自的职责。

通常情况下,谈判队伍的人员包括三个层次:

1. 第一层次的主谈人

第一层次的谈判人员是谈判小组的领导人或首席代表,即主谈人。他应当是富有谈判经验、兼备领导才能、能应付变幻莫测的环境的谈判人员。依谈判内容的不同,谈判队伍中的主谈人也应有所不同,如购买产品原材料的谈判,可由原料采购员、厂长或生产助理担任;购买工厂设备的重要零部件,可由采购部经理、总工程师、有关部门经理担任;重要销售合同的谈判,可由销售部经理,或资历较深的业务总管,或指定担任此合同谈判的项目经理担任。

2. 第二层次的专业人员

第二层次的谈判人员是懂行的专家和专业人员。他们凭借自己的专长负责某一方面的专门工作。谈判队伍中的主力军——各专业人员要能适应谈判工作的需要,推动谈判顺利进行,既要有熟悉全部生产过程的设计、技术人员,也要有基层生产或管理人员,更要有了解市场信息、善于经营的销售人员。

3. 第三层次的工作人员

第三层次的谈判人员是谈判工作必需的工作人员,如速记员或打字员,虽然不作为谈判的正式代表,但却是谈判组织的工作人员,具体职责是准确、完整、及时地记录谈判内容。

第二节　国际商品市场调研

一、国际商品市场调研的重要性

所谓国际商品市场调研（Marketing Research），是指系统、客观地收集、整理和分析国际市场营销活动的各种资料或数据，用以帮助营销管理人员制定有效的市场营销决策。

国际商品市场是世界各国之间商品流通与交换的场所。由于它与国内商品市场在构成、变动规律、市场环境和交换方式等方面存在差异，因此任何企业若要参与国际商品市场营销活动并期望获得成功，就必须首先进行国际商品市场调研，打开通往国际商品市场的大门。

国际商品市场调研的内容比较广泛，归纳起来有两类：国际商品市场环境调研和国际商品市场行情调研。

二、国际商品市场环境调研

一国或地区的市场环境是客观存在的，要进入该市场并得到发展，就必须适应它，而不能改变它；否则，就无法成功。市场环境通常包括政治环境、法律环境、经济环境、文化环境、人口与自然环境等。

（一）政治环境

在国际商务活动中，企业首先要了解、分析一个国家或地区的政治局势。这一调研的目的是避免政治风险，而政治风险主要来自政局变动、社会动荡、武装冲突与战争等。所以，一个国家的政局是否稳定，直接关系到投资者能否获得收益。

（二）法律环境

法律环境是指当地政府颁布的各种经济法规法令。在现代世界，任何经济活动都将置于一定的法律框架之下。但由于不存在一个统一管理国际商业行为的国际商法，国际营销实际上面临着各国不同的法律体系。

世界各国的法律制度来源于两大法系：一是普通法系，或称英美法系，来源于英国法律。目前英国、美国、加拿大等国均属于此类别，其基础是传统、过去的惯例，法院解释法令、法规和过去的判决所做出的判例等。二是成文法，或称大陆法系，来源于罗马法。目前世界上大多数国家均属于此类别，其基础是以全部成文法规（法典）为根据，条文繁多，包罗万象。因此，国际企业在营销过程中必须了解不同的法律程序，否则将难以利用法律保护自身的利益。

（三）经济环境

经济环境是指一个国家或地区经济发展已达到的水平和未来的发展前景。它与企业经济活动的关系甚密，直接关系到该国家或地区商品市场的现状和发展变动趋势。经济环境包括所进入国家的经济制度、经济发展水平、与国际有关贸易组织的关系等。例如，一个国家所处的发展阶段不同，经济结构、国民收入的水平就会不同，消费者对产品的需求也不一样，从而直接或间接地影响国际商务活动。

（四）文化环境

文化是人类知识、信仰、艺术、道德、法律、美学、习俗、语言文字以及人作为社会成员所获得的其他能力和习惯的总称。文化是人们在社会实践中形成的，是一种历史现象的沉淀；同时，文化又是动态的，处于不断的变化之中。

不同国家的文化环境差异，代表着不同的生活和消费模式，也就必然对经济活动产生不同的影响。只有考虑到这些文化因素，才能解释为什么国民收入水平相似的两个国家，消费格局却有很大的差别。

（五）人口与自然环境

人口是一国经济最基本的因素。在其他条件相同的情况下，一国人口越多，潜在的市场就越大，尤其是那些与人口有关的食品、服装、体育用品等消费品市场。同时，人口的年龄结构和性别结构是决定市场需求结构的一个重要因素。

自然环境包括所进入国家的地理环境、自然资源供给结构、气候条件等。这些自然环境直接影响生产和运输成本，影响市场需求规模和需求结构。例如，电风扇主要销往热带国家，羽绒服装适合寒冷国家，而无冷藏易腐食品、鲜活食品也不易销往热带国家。

三、国际商品市场行情调研

国际商品市场行情调研的内容主要包括市场营销活动的各个方面。目的是帮助企业在真正了解国际市场商品供求关系和情况、出口商品的生产与消费以及选择合适的销售渠道和促销方式之后，使其产品进入国际市场能够取得预期的经济效益。它包括以下几方面：

（一）出口商品生产调研

出口商品是企业为国外顾客提供服务的对象。在调查分析出口商品的生产历史、发展趋势、产品产量和本企业所占份额的同时，还要掌握生产波动的规律以及商品生产的一些特点。出口商品生产调研包括商品的生产周期、商品生产的季节性、商品生产的技术条件等。

（二）出口商品消费调研

商品消费是需求的基础，它的变化会引起需求的变化。在进行市场调研时，除了要分析商品的消费趋势、消费周期和消费对象，还要掌握一些商品消费结构的特点。例如，企业消费的结构一般分为三类：①动力和燃料；②原料和半成品；③机器设备。再如，家庭消费的结构也有三类：①耐用消费品，如汽车、家电、房屋等；②非耐用消费品，如食品、服装、鞋帽等；③劳务，如交通、医疗、教育、娱乐等。

（三）商品价格调研

商品价格直接关系到商品的销售和企业的经济利益。影响价格的因素很多，只有深入分析研究，才能灵活应变。价格调研的具体内容包括：①影响价格变化的具体因素；②商品需求的弹性大小和波动幅度；③国际商品市场供求关系的状况及发展变化趋势；④不同的价格政策对商品定价及销售量的影响；⑤新产品的定价策略；⑥商品生产周期与消费周期不同阶段的定价原则。

（四）营销方式调研

商品的营销方式主要是经销商或企业积极宣传产品并说服消费者购买所进行的一系列活动。其调研的主要内容包括：在国外，市场客户可能进行的营销组合；能促进营销的推广方法，如佣金、折扣、赠样本、赞助各种交易活动等；分析雇用或选派的推销员的素质、水平、训练费用以及所能起到的作用；营销活动中可以使用的有效广告宣传方式等。

以上就是国际商品市场行情调研的主要内容。不同企业在不同时期调研的问题和内容是不同的，因此，每家企业必须有重点地确定自己的市场调研内容。

案例 13-1

美国一家软饮料公司决定选择印度尼西亚作为其最畅销饮料的目标销售市场。印度尼西亚是世界第五人口大国，市场潜力巨大，因此，该公司决定与印度尼西亚达成瓶装与分销协议来服务于这一市场。但不幸的是，销售状况非常糟糕，饮料根本不畅销。虽然公司初期调研，包括对当地竞争状况和政府态度的调研结果非常乐观，但营销活动并不见起色。后经了解，公司董事会忽视了一个重要因素，即大多数印度尼西亚人喜欢甜饮料和以椰子汁为主要原料的软饮料，他们对美国风味的碳酸饮料甚感不习惯。喜欢美国风味并愿意购买美国风味饮料的市场本身并不大。试问：在国际市场调研时应注意哪些内容？

分析：国际市场调研是对市场信息的收集与分析过程，以便对相关产品的营销决策做出正确的判断。另外，在国际市场调研时还应注意一些细节，如界定调研的目的与问题、辨识信息的来源及分析等，以确保得到最可靠的调研结果。

第三节 企业进入国际市场的渠道

企业进入国际市场的渠道多种多样，归纳起来主要有三条，即间接出口、直接出口和国外生产。在每条渠道之下，又有若干进入国际市场的具体方式。

一、间接出口

间接出口是指企业将产品卖给国内的出口商或委托国内的外贸代理机构，由它们负责经营出口业务。通过间接出口，企业可以在不增加固定资产投资的前提下出口产品，费用低,风险小,而且不影响目前的销售利润。此外,企业还可以借助该方式,逐步积累经验,为以后转化为直接出口奠定良好的物质基础。间接出口主要通过以下方式进行:出口管理公司(Export Management Company)、进出口公司(Import & Export Corporation)、外国企业在本国的采购处(Purchasing Agent)、国际贸易公司(International Trade Company)、合作出口(Cooperation Exporting)等。

间接出口主要是中小生产企业进入国际市场所采用的方式。这些企业一般没有足够的人力、物力和财力,海外营销渠道及信息网络也不甚发达,因此,有必要利用别人的优势,将产品打入国际市场,并为其今后单独从事国际营销活动打下坚实的基础。

二、直接出口

直接出口是指生产企业不通过中间人,自己直接从事一切出口营销活动。在直接出口方式下,企业的一系列重要业务活动都是由其自身完成的。直接出口使企业部分或全部控制外国营销计划,可以从目标市场快捷地获取信息,并针对市场需求制定及修正营销计划。采取直接出口方式,标志着企业真正开始了国际营销活动。直接出口有以下形式:直接最终向用户销售(Sale to End-user)、设立驻外办事机构(Branch or Office Abroad)、国外营销子公司(Marketing Subsidiary Abroad)、利用国外代理商(Agent)和经销商(Distributor)等。

直接参与国际营销活动,有利于企业在国际市场上树立形象和声誉,建立营销渠道网络,为今后进一步扩大及占领市场打下良好的基础。

三、国外生产

由于企业进入国际市场和从事国际营销活动的复杂性,企业有时可能放弃传统的出口方式,而改为在目标市场国家或地区就地生产、就地销售。另外,有些国家和地区市场较大,劳动力成本和原料成本较低,当地政府愿意让外国企业前来投资设厂,给本国或本地区的居民提供更多的就业机会等。因此,国外生产也是企业走向国际市场的一条非常重要及有效的渠道。在国外生产的形式多种多样,其中比较重要的形式包括:合同制造(Contract Manufacturing)、交钥匙承包(Turn Key Project)、许可证贸易(Licensing Trade)、海外合资经营(Foreign Joint Venture)、海外独资经营(Overseas Wholly Owned Production)等。表13-1列示了各种进入方式的优缺点。

表 13-1　各种进入方式的优缺点

进入方式	优点	缺点
出口	能够实现区位经济 实现生产成本有规律的下降	较高的运输成本 贸易壁垒 与当地销售代理的摩擦
交钥匙合同	在外国直接投资受到限制的国家可以从工艺技术上获得收益	培养了高效率的竞争对手 无法长期占领市场

(续表)

进入方式	优点	缺点
许可	开发成本和风险低	缺乏对技术的控制 无法实现区位经济和生产成本有规律的下降 无法对业务进行全球战略协调
特许专营	开发成本和风险低	无法对质量进行控制 无法进行全球战略协调
合资企业	可以获得合资伙伴的支持 分摊成本和风险 政治上容易被接受	无法对技术进行控制 无法进行全球战略协调 无法实现区位经济和生产成本有规律的下降
独资子公司	能够保护技术 能够实行全球战略 能够实现区位经济 实现生产成本有规律的下降	较高的成本和风险

资料来源：查尔斯·希尔.今日全球商务[M].孙建秋等译，北京：机械工业出版社，1999。

国外生产的优点是可以利用对方的原料、劳动力，并获得外国政府的支持，降低在目标国家的产品成本、产品价格，增加利润；企业可以根据当地市场特点调整营销策略，创造营销优势。但不足是投入资源多，风险大，而且受外国政府的限制较多，没有当地合作者的协助，应变能力较差。因此，要审慎行事。

总之，企业进入国际市场的方式很多，企业必须根据自身条件、市场状况、竞争特点等因素，并考虑各种方式所具有的优点和局限性，综合分析和评估，选出最佳的进入方式。

案例 13-2

在竞争激烈的国际通信设备市场上，成立于 1988 年的华为是中国通信厂商的代表。作为在全球通信业具有领导地位的供应商之一，华为的国际化事业发展秉承循序渐进的原则，其过程如下：

第一阶段，国际化准备：1994 年，华为首次在北京参加国际通信展；其后，华为参加日内瓦国际电信博览会，同时明确把开拓国际市场作为公司发展战略的重点；1996 年，华为承接了香港和记电信的订单，初战告捷，就此开始了其国际化之旅。

第二阶段，国际化起步：俄罗斯和拉美市场成为华为进入国际市场的首选目标，华为先后组织了数十个代表团出访谈判拿项目，一局占领当地市场，位居国际大型设备供应商的前列。

第三阶段，进入国际市场：进入 21 世纪，华为开始在其他地区全面拓展，包括泰国、新加坡、马来西亚等东南亚市场以及中东、非洲等区域市场；此外，在相对比较发达的地区，如沙特、南非等也取得了良好的销售业绩。

第四阶段,国际化全面展开:华为进入包括德国、法国、英国、西班牙等国家在内的欧洲市场。在法国,华为与 LDCOM 公司合作建设 DWDM 国家干线传输网,覆盖巴黎、里昂等所有法国重要城市;在德国,德国人选择华为设备用于建设骨干网络等。目前,华为助力全球运营商部署了 5G 网络,并与运营商和合作商一起,累计签署了 3 000 多个 5G 合同,在制造、矿山、钢铁、港口、医疗等行业广泛商用。

经过多年的国际化发展,华为已成长为国际知名的跨国企业。试问:华为的成功秘诀是什么?

分析: 成功秘诀是为出口及最终的海外销售制订战略计划。

第四节　进出口商务计划

从事国际商务活动的理性决策者,为了更有效地使对外交易有依据,一般都需要事先制订进出口商务计划,该计划要明确进入的目标、步骤、营销方式和策略,并通过相关渠道对交易客户进行必要的资信调查,以保证经营意图的贯彻实施。

一、进出口商务计划

进出口商务计划是对外洽谈交易、推销商品和安排进出口业务的依据。在制订进出口商务计划时,不仅要充分了解目标国家的市场环境,还需要准确估计本公司的经济实力和产品的竞争力。

进出口商务计划的主要内容大致包括以下几方面:

(1) 商务沿革,包括提供的产品或服务、独特优势、本国市场的经历、国外市场的经历、生产设备、人力、工业结构和竞争。

(2) 货源情况,包括生产能力、可供进出口的数量,以及进出口商品的品质、规格和包装等情况。

(3) 进出口经营情况,包括进出口成本、出口创汇率、盈亏率的情况,并提出经营的具体意见和安排。

(4) 推销计划和措施,包括分国别和地区,按品种、数量或金额列明推销的计划进度,以及按推销计划采取的措施,如贸易方式、收汇方式的运用,对佣金和折扣的掌握。

(5) 营销决策,包括分配策略(间接出口、直接出口、直接投资)、价格战略及促销战略。

(6) 采购市场的安排。根据国别(地区)政策和国内外市场条件,合理安排进出口国别(地区),既要选择有利的市场,又不宜过分集中在某一市场,力争使采购市场布局合理。

(7) 交易对象的选择。要选择资信好、经营能力强并友好的客户作为交易对象。为了减少中间环节和节约外汇,一般应向厂家直接买卖;在直接买卖确有困难的情况下,也可通过中间代理商进行交易。

（8）交易条件的掌握。交易条件应根据商品品种、特点、进出口地区、成交对象和经营意图，在平等互利的基础上酌情确定。

（9）行动时间表。从以上出口商务计划中可分析出口商品进入国际市场所涉及的步骤和相应的策略等内容。

二、对客户的资信调查

在国际贸易中，贸易双方发生索赔纠纷或出现履约障碍，使交易一方遭受风险及损失，都与不了解交易对方的资信情况有直接关系。因此，进行资信调查（Credit Investigation）对于国际贸易的顺利进行具有重要作用。

1. 资信调查的内容

资信调查的内容和范围主要包括：①国外企业的组织机构情况，如企业的性质、创建历史、内部组织机构、主要负责人及担任的职务、分支机构等；②政治情况，如企业负责人的政治背景、与政界的关系以及对我国的政治态度等；③资信情况，如企业的借贷能力、资产负债情况、经营作风、商业道德、履约信誉等；④经营范围，如企业生产或经营商品的品种、业务范围、经营的性质；⑤经营能力，如客户每年的营业额、销售渠道、经营方式等。

2. 资信调查与咨询的途径

资信调查与咨询的途径主要包括：①通过银行调查；②通过国外的工商团体进行调查；③通过举办的国内外交易会、展览会、技术交流会、学术讨论会主动接触客户，并进行了解；④通过实际业务的接触和交往活动，从中考察客户；⑤通过我国驻外机构和在实际业务活动中对客户进行考察所得的材料，其一般比较具体、可靠，对业务的开展有较大的参考价值；⑥通过外国出版的企业名录、厂商年鉴以及其他有关资料，其对了解客户的经营范围和活动情况有一定的参考价值等。

第五节　商标的国外注册与广告宣传

一、商标的国外注册

（一）商标国外注册的意义

商标是企业的无形资产，是企业形象和信誉的象征，也是其参与竞争的有力武器和保护自身权益的护身符。随着国际贸易日益频繁，我国企业已不可避免地融入世界经济大潮之中。想要在全球经济中占有一席之地，我国企业就必须拥有参与国际市场竞争的商战利器，即世界知名商标。

面对日趋激烈的国际竞争，我国企业亟须提升商标国际保护意识，加快商标的国外注册。只有这样，才能使自己的产品销售取得法律保护，才能有效地防止别人抢注自己的商标，避免多年打造的品牌资产在海外流失。

(二) 商标国外注册的途径

商标权具有严格的地域性,只有注册才能在注册国家或者地区受到保护。从现有保护商标的国际公约和惯例来看,中国企业到国外注册商标主要有两条途径:一是直接向所在国逐一申请商标注册,即逐一国家注册;二是通过《商标国际注册马德里协定有关议定书》办理商标国际注册。

1. 商标逐一国家注册

商标逐一国家注册,是指申请人通过代理或其他方式,将自己的商标到需要保护的每一个国家或地区逐一办理注册申请手续的方法。在办理向国外申请商标逐一国家注册时,一般是委托所在国的商标代理人进行。

2. 商标国际注册

商标国际注册,就是我国企业通过马德里协定和有关议定书办理商标国际注册。我国分别于 1989 年 10 月 4 日和 1995 年 12 月 1 日成为《商标国际注册马德里协定》(Madrid Agreement Concerning the International Registration of Marks)和《商标国际注册马德里协定有关议定书》(Protocol Relating to the Madrid Agreement Concerning the International Registration of Marks)的成员国。因此,我国企业可以通过国家商标局向世界知识产权组织国际局提交国际注册申请,在马德里协定和有关议定书的成员国取得商标的法律保护。

案例 13-3

某国内公司已在国家商标局注册"千禧龙"商标,并享有商标专用权。此后,该公司在国内市场上发现某品牌进口相机的机身、包装盒、信誉卡等显著位置上,印有该公司已经注册的商标"千禧龙",遂将该国外相机生产企业告上法院,要求其停止侵权,并索赔经济和商誉损失。试问:如何理解商标权的排他性?

分析: 该案例体现了商标权的排他性。"千禧龙"商标经国家商标局核准注册并享有商标专用权,国外公司未经国内公司许可,在其生产的相机上用与原告商标相同的文字作为装潢使用,因此构成了对国内公司的侵权。

---

3. 商标注册用商品和服务国际分类

商品分类(Classification of Goods Lawpanel)是指某件商标注册申请可同时指定的商品范围。商标注册的商品分类影响到如何判断商品是否相同或相似,相应影响到对商标权的保护。

国际商品分类(International Classification of Goods Lawpanel)是在 1957 年 6 月 15 日,由一些发达国家在法国尼斯会议上正式签订的《商标注册用商品和服务国际分类尼斯协定》确定的,并于 1961 年 4 月 8 日生效。它经过多次修订后,目前称为《商标注册用商品和服务国际分类表》,最近一次的修订版(第十二版)于 2024 年 1 月 1 日正式使用。

国际商品分类是在总结、吸收许多国家商标注册管理经验的基础上逐渐完善起来的,它为各国商标的检索、申请和档案管理提供了统一工具,为实现商标国际注册创造了条件。

（三）商标权的终止

商标权的终止是指注册商标不再受法律保护,商标权人不再享有法律上的专用权。商标权终止后,有的商标仍可以使用,有的商标则不能使用,要视终止原因及其他事实而定。根据《中华人民共和国商标法》和《中华人民共和国商标法实施条例》的有关规定,引起商标权终止的法律事实主要包括:①注册商标因有效期期满而被注销;②注册商标因商标注册人申请被注销;③注册商标因无人继承被注销。

这里需要区别商标权的终止和商标权的失效两个概念。虽然商标权的终止和商标权的失效都是由商标局或者商标评审委员会确定的,但商标权终止的前提是有效的商标权的存在,所以是从公告之日起终止权利;而注册商标争议裁定撤销和注册不当商标撤销,其对象是失效的注册商标,所以视为自始即不存在。

二、国际广告宣传

（一）国际广告的作用

在竞争日趋激烈的今天,国际商业广告是国内产品打入国际市场的有效手段。国际广告(International Advertising)是指卖主为了配合国际营销的需要,对国际市场上的买主所做的商品、服务的广告。国际广告活动的目的,是通过各种适应国际市场特点的广告形式,使出口商品能迅速进入国际市场,赢得声誉,扩大销售。

国际广告对出口商品的宣传意义和作用重大,具体表现在以下方面:

（1）国际广告可以增进消费者对出口商品的了解,广告宣传对国际贸易的发展起着重要的促进作用。

（2）国际广告具有美的和情感上的表现力及感染力,更能吸引国外消费者,从而可以迅速扩大出口商品的知名度。

（3）国际广告可增加国外消费者对企业和产品的可信度,对于进入陌生国家的企业和产品来说尤为重要。

（二）国际广告宣传的媒体及选择

国际广告宣传的媒体,大体可分为以下几种:①国外畅销的期刊、报纸等;②国外视听媒体,如电视、电影、广播、唱片等;③向国外客户寄送样品、样本、图片、说明书、商品目录、模型等;④在国外大城市的街道、人口流动密集的商业区、旅游景点等,进行文字图画宣传,如文字广告、招贴画、路牌、霓虹灯等;⑤商品陈列,如展览会、陈列室、商品橱窗陈列等。

广告宣传方式、渠道很多。要从实际出发,根据不同国别、对象、商品以及媒体的组合等,灵活多样地采用不同的形式,做出正确的选择。例如,对国外广大的消费者可通过报纸、广播、电视、路牌等方式投放广告;对技术含量较高的高新技术产品,可以通过展览会、陈列室、商品橱窗陈列等方式投放广告;对原料、半成品等,则可用寄传单、说明书、相片等,以售前服务的办法做宣传;对中间商、经销商等,主要以提供样本、样品、说明书等方式进行宣传。

案例 13-4

从 2014 年开始,小米手机凭借互联网营销模式及低价策略成功进驻印度市场,并以闪购模式及超高的性价比在中低端手机市场赢得了客户青睐。其实小米在印度市场推行的商业模式经历了从出口、直接投资再到战略合作的模式转变。2014 年 7 月,小米与印度的 Flipkart 电商合作,在该电商网站售卖其手机。随后小米的国际化战略开始由"轻资产"向"重投入"转变,2015—2018 年,小米先后与富士康合作建立 3 家手机工厂,与印度本土企业合作设立 1 家移动电源工厂,并在印度建立首个 PCB 板组装的表面贴装工厂。除此之外,小米还不断加大线下渠道的投资建设,已在线下设立了 40 家小米之家、500 家小米服务中心等。在发展过程中,小米积极寻求与印度本土企业的合作,在当地投资了 10 个发展势头良好的项目,如印度版微信 ShareChat、大学生分期支付平台 KrazyBee 等。小米运用国际化经营发展战略深耕海外市场,并不断提升本土化经营理念,在海外市场取得成功。

分析:小米海外营销成功的原因,一是坚持高性价比策略的同时,积极冲击高端市场;二是执行全球化战略的同时,深入实施本土化营销策略,成功打破了地域界限。

(三) 国际广告代理机构的选择

国际广告可以由广告主直接委托大众媒体发布,也可以委托广告代理商负责全面策划。目前,世界上大多数厂商一般选择国际广告代理机构发布国际广告。

国际广告代理机构就其业务范围及服务能力而言,大致可分为三种类型:

1. 综合型广告公司

综合型广告公司是一种能为广告主提供全面服务的广告公司。其特点是机构健全,规模较大,实力雄厚,人才济济。

2. 专业型广告代理商

专业型广告代理商是指为广告主提供专项服务的广告公司。一般分为两类:一类是专门的产品代理公司,如房地产广告公司、医药广告公司、保险广告公司等;另一类是专门的媒介代理公司,如交通广告公司、影视广告公司、POP 广告公司、图片广告公司等。

3. 国际展览公司

国际展览公司主要承揽国际性的展览会、博览会、交易会展厅的装潢设计和展品陈列。这类代理商做出的广告技术含量较高,价格也更贵些。

（四）出口商品广告宣传应注意的事项

（1）国际广告要广泛地宣传商品的用途和特点。广告宣传不仅对消费者发挥作用，也对批发商、零售商和采购人员发挥作用。只有人人皆知，才会有广阔的销路。

（2）国际广告的宣传要实事求是，生动活泼，大胆创新。要充分运用灵活多变的多媒体技术，通过声、像等不同组合来打动国外消费者，既要保持我国的民族艺术风格，又要适合国外市场的风俗习惯和要求。

（3）国际广告要着重介绍一个商标牌号。商标是一种无形资产。一个商标牌号最好包括多种商品。例如，上海"梅林"牌、辽宁"红梅"牌食品商标，罐头、果汁、味精、糖果等都用同一个商标。消费者往往重视商标牌号胜过商品本身。广告宣传不但可以创造名牌，还可以带动其他商品的销售。

（4）广告宣传的语言文字要简单明了、通俗易懂，并适合当地的文化、风俗习惯。在语言选择上，可采用多种文字；尽管在国际广告业中英文是通用的，但在西欧各国最好用其本国文字。

本章提要

1. 国际商品市场调研包括市场环境调研和市场行情调研。

2. 企业进入国际市场的渠道多种多样，归纳起来主要有三条渠道，即间接出口、直接出口和国外生产。

3. 为了更有效地做好交易前的准备工作，使对外洽谈交易有所依据，一般都需要事先制订进出口商务计划，并保证经营意图的贯彻实施。

4. 中国企业到国外注册商标主要有两条途径：一是逐一国家注册，二是商标国际注册。

5. 国际商业广告是国内产品打入国际市场的有效手段。

思考题

1. 为什么要进行国际市场调研？国际市场调研包括哪些内容？
2. 企业进入国际市场有哪些主要渠道？试比较这些渠道的优缺点。
3. 进出口商务计划的主要内容包括哪几个方面？
4. 试分析我国企业商标国外注册的途径。
5. 简述出口商品广告宣传应注意的事项。

 **案例讨论**

我国某化妆品牌长期以来一直以中档产品形象占据国内市场,现企业欲开拓海外经营业务。经过国际商品市场调研后,发现与该品牌同类的某高档产品在亚洲地区有较高的增长率和利润率,而在低档产品市场也存在对企业有吸引力的市场空隙。企业决定利用这两个机会,对该产品实施向上、向下双向延伸。但在品牌决策上出现了分歧,一种观点认为应沿用中档产品品牌,实施统一品牌决策;另一种观点主张品牌质量决策,即不同品质和档次的产品使用不同的品牌。试分析哪种出口营销策略比较可行,并进行利弊分析。

第十四章

国际货物买卖的磋商与订立

【学习目标】

通过本章的学习,学生将能够:
1. 认识国际货物买卖在国际贸易中的重要地位;
2. 了解国际贸易磋商的复杂性和法律性;
3. 掌握国际货物买卖合同成立的必要条件,在理解有关法律规则的基础上逐步提高签订合同的技术和水平。

【素养目标】

通过学习国际货物买卖的磋商与订立等相关知识,学生应能够深入了解贸易谈判过程的复杂性和法律性,正确认识国际商务谈判的特点和内容,遵守国际惯例与文化习俗,提高职业素养,增强中华民族的文化自信。

【重点难点】

重点是交易磋商的形式以及有效买卖合同的构成条件;难点是发盘、还盘和接受的法律规定。

【引导案例】

案情： 某年10月22日，我国S公司向法国新客户L公司发盘，对外报价某化工商品800吨，每吨CIF伦敦350欧元。L公司两天后回电表示接受，但要求按ICC条款投保（B）险。S公司对外报价商品一直是按中国人民保险公司的《海洋货物运输保险条款》投保水渍险，并以此为基础核算报价。收到客户回电后，S公司业务员觉得如投保ICC（B）险，重新核算报价太麻烦，且要多付保险费，此外该商品属于畅销货，报价又比市场价格低10%～15%，对方不可能仅为了投保险别而放弃成交机会，故未多加思索，当即回电表示拒绝按ICC（B）险投保。10月25日，L公司来电称："我公司多年来在与中国客户交易时，一直都要求按ICC（B）险投保，从未被拒绝，况且不会给你方造成任何不便，不知你方为何不予同意。对此，我方深表遗憾。"10月27日，S公司回电："我公司在与你国其他客户交易时，一直都是按水渍险投保，他们也从未提出异议。我方产品与市场上的同类商品相比品质上佳，且价格要低10%～15%，望你方不要固执己见，错过大好机会。"此后，L公司再未回电。后来S公司得知，L公司以同样价格与国内另一家公司成交。而S公司的这批货物在40天后才觅得客户，但此时市价已跌，成交价格只有每吨332欧元。试分析从上述案件中我们能得到什么启示。

分析： 书面磋商是买卖双方通常采用的方式。采用书面方式磋商时，往来函件的写作需注意遵循以下原则：①简明，商务函电讲究实效，无须许多客套或拐弯抹角的内容，而应以简单明了的语言直接说明要点；②清晰，商务函电的目的是达成合同（交易），函件内容必须清晰、准确；③礼貌，交易的目的是与客户建立长期的业务联系，采用正式而礼貌的用语是必要的；④专业，即应通晓国际贸易实务的专业知识。本案中，按ICC条款投保（B）险与按中国人民保险公司《海洋货物运输保险条款》投保水渍险，从承保的风险与损失来看，实际上相差无几。如果S公司在交易磋商时更专业一些，就不会错失良机。

第一节 国际货物买卖的交易磋商

国际货物买卖交易的达成通常要经过交易磋商（Business Negotiation），即我们常说的业务谈判。交易磋商是买卖双方就交易条件进行洽谈，以求达成协议的过程。它是国际货物买卖过程中的一个重要环节，也是签订买卖合同的基础与前提。

一、交易磋商的形式

交易磋商主要采用口头和书面两种形式，在某些特定情况下，交易双方也可根据双方之间所形成的惯例，通过彼此认可的行为表示磋商的某一环节。

（一）口头磋商

口头磋商包括交易双方通过电话进行的磋商，以及利用商品交易会、博览会、商品洽谈会、贸易代表团出访或客户来华考察等机会，双方当面直接洽谈交易。

口头磋商具有以下特点:①信息传递迅速,从而节省谈判时间;②面对面谈判,可以通过观察对方的举止、反应,及时了解对方的态度,调整谈判策略;③有利于双方更好地沟通,便于交易达成,对于谈判内容复杂、涉及问题多的交易,口头磋商尤为适合;④涉及的费用较高,如参展费、差旅费等,会增加企业成本。

(二) 书面磋商

书面磋商包括交易双方通过信函、电报、电传、传真以及电子商务等方式进行的磋商。随着通信技术的不断发展,书面磋商的形式越来越多,也越来越简便易行。往来函件的写作一般需注意遵循简明、清晰、礼貌等原则。

与口头磋商相比,书面磋商不仅方便、费用低廉,还能更好地为交易执行中可能产生的贸易纠纷提供证据。因此,在国际货物买卖中,通常以书面的洽谈方式为主。

通过口头磋商和书面磋商,双方在交易条件方面达成协议后即可制作书面合同。

二、交易磋商的内容

国际货物买卖交易的磋商,通常包括货物买卖合同中可能涉及的各项交易条件,如商品的品质、数量、包装、价格、支付条件、运输、货运保险、商品检验、争议解决、仲裁、不可抗力等。由于交易双方语言和文字沟通方面的困难,以及各自不同的社会制度、文化背景、价值观念等,为避免误解,或由于贸易习惯不同而产生纠纷,交易双方尤其是新客户在交易磋商时应对上述各项交易条件一一进行协商。

实际业务中,并不是每笔交易都必须对所有交易条件一一进行磋商。很多交易都使用固定格式的合同,货物买卖涉及的商检、索赔、仲裁、不可抗力等通常作为"一般交易条件"(General Terms and Conditions)印就在合同中,只要对方没有异议,就不必重新协商,从而可以缩短洽谈时间并节约费用开支。此外,老客户之间的交易磋商,由于双方已就"一般交易条件"达成一致,或者双方已形成一些习惯做法,因此有些交易条件就不必在每笔交易中一一重新协商。一旦交易达成,这些交易条件就成为合同不可分割的组成部分。

由此可见,交易磋商的具体内容,会因商品本身的特点、交易双方所采用的贸易方式以及双方的熟悉程度等而有所不同。

三、交易磋商的环节

交易磋商一般包括四个环节:询盘、发盘、还盘和接受,其中发盘和接受是达成有法律约束力合同不可缺少的两个基本环节。

(一) 询盘

询盘(Inquiry),是交易的一方向另一方探询购买或出售某商品的交易条件的行为。在实际业务中,尤其是在最初的接触中,询盘的一方往往就成交价格询盘,因此,也有人把询盘称作询价。

在国际货物买卖中,发出询盘的目的,除了探询价格或有关交易条件,有时还表达了与对方进行交易的愿望,希望对方接到询盘后及时发盘,以便考虑接受与否。这种询盘实际上属于邀请发盘(Invitation to Offer),其目的在于使对方发盘,如果交易条件合适,便可与对方达成交易。

实际业务中,询盘可由买方做出,也可由卖方发出。询盘时应注意:

(1)询盘本身并不构成发盘,不具有法律上的约束力。

(2)对外询盘,尤其是大宗订货的询盘,应做到"货比三家",但同时不宜向同一地区的多家企业询盘,以免供应商联合起来,抬高价格。

(3)询盘时不宜过早透露自己希望的交易条件,而应留有余地,以使自己在谈判中处于有利地位。

(4)询盘的内容不应仅局限于成交价格,通常还涉及交易的其他条件,如商品的品质、规格、数量、装运、付款条件等。

询盘不是每笔交易必经的程序,如交易双方彼此了解情况,则不需要向对方探询成交条件或交易的可能性,可直接向对方发盘。

案例 14-1

询盘实例:

1. Please quote lowest price CFR New York for 200 metric tons of walnut.(请报200公吨核桃CFR纽约港最低价。)

2. We are interested in your Forever Brand Bicycle. Please quote your lowest price for 200 pieces CFR New York, for shipment during May/June. Please cable reply promptly.(对贵方永久牌自行车感兴趣,请报200辆CFR纽约港最低价,5、6月份装运,尽快电复。)

3. We can supply DC camera. Please cable us if you are interested.(我方可供数码相机,如有兴趣请电告。)

(二)发盘

1. 发盘的含义

发盘(Offer)又称报盘、发价或报价,在法律上称为要约。《联合国国际货物销售合同公约》第14条第1款规定:"凡向一个或一个以上特定的人提出的订立合同的建议,如果其内容十分确定并且表明发盘人有在其发盘一旦得到接受就受其约束的意思,即构成发盘。"第2款规定:"非向一个或一个以上特定的人提出的建议,仅应视为邀请发盘,除非提出建议的人明确地表示相反的意向。"发盘可根据对方询盘发出,也可由交易一方直接向对方发出。实际业务中,发盘多由卖方提出,有时也由买方提出。买方提出的发盘习惯上称为递盘(Bid)。

案例 14-2

发盘实例：

（1）We offer firm, subject to your reply reaching us by 4pm August 4th, 2024, our time. （兹报实盘，以你方答复于我方时间 2024 年 8 月 4 日下午 4 点复到我处为准。）

（2）We are offering for 200 dozen sport shirts, for shipment during May/June, subject your reply here by May 30th, 2024, our time.（兹向你方报盘 200 打运动衬衫，5、6 月装运，我方时间 2024 年 5 月 30 日复到有效。）

2. 发盘的构成条件

根据上述定义，一项发盘应具备以下基本条件：

（1）发盘是一个订立合同的建议。这种意思可以用发盘、递盘等术语和语句表明，也可按照当时谈判的情形，或当事人之间以往的业务交往情况或双方已经确立的习惯做法来确定。

（2）发盘必须向特定人提出。特定人（Specific Persons）是指有名有姓的商号、企业或个人，发盘可向一个或同时向多个这样的特定人发出。实际业务中，企业为推销产品所做的商业广告及商品价目单等行为，根据《联合国国际货物销售合同公约》的规定，由于没有特定受盘人，其本身并不构成发盘，通常只能视为邀请对方发盘。但是，如果登此商业广告的人明确表示它是作为一项发盘提出来的，如在广告中注明"本广告构成发盘"等，则此类广告也可作为一项发盘。

（3）内容必须十分确定（Sufficiently Definite）。《联合国国际货物销售合同公约》第 14 条第 1 款规定："一个建议如果写明货物并且明示或暗示地规定数量和价格或规定如何确定数量和价格，即为十分确定。"因此，订约建议中没有关于商品品质、交货、付款等其他交易条件，并不妨碍它作为一项发盘，也不妨碍合同的成立。发盘中没有包括的内容，在合同成立后，双方可根据已建立的习惯做法、惯例，或按《联合国国际货物销售合同公约》中关于货物销售部分的有关规定予以补充。

值得注意的是，实际业务中，发盘的交易条件过于简单会给合同的履行带来困难，且容易引起争议，因此建议在发盘中列明主要交易条件。

（4）发盘应表明一旦接受即受约束的意思。发盘一经受盘人有效接受，双方即确立合同关系，要受发盘中列明的各项交易条件的约束。带有如"仅供参考"（for reference only）、"以我方最后确认为准"（subject to our final confirmation）、"以货物未售出为准"（subject to the goods being unsold）等限制或保留条件的订约建议，只能视为邀请发盘，对当事人没有法律约束力。

实际业务中，有人把发盘分为实盘（Firm Offer）和虚盘（Non-firm Offer）。实盘又称有约束力的发盘（Offer with Engagement），经受盘人接受，当事方即可达成交易；虚盘又称无约束力的发盘(Offer without Engagement)，如果发盘人明确表示不受约束或发盘时附有保留条件的订约建议，都属于虚盘，即使使用了"发盘"一词，也不构成有效发盘，对当事方没有约束力。

案例 14-3

某年 7 月底，A 公司向 B 公司报盘某贵金属产品 2 000 公吨，每公吨 3 150 美元 CIF 汉堡(德国)，即期装运，有效期至 8 月 10 日。B 公司接到 A 公司报盘后，请求 A 公司增加数量，降低价格，并延长有效期。经过几次函电往返，A 公司于 9 月 5 日答复，将数量增加到 3 500 公吨，价格降为每公吨 3 100 美元，并规定有效期至 9 月 25 日。B 公司于 9 月 20 日去电表示接受。此时，该产品国际市场价格暴涨。A 公司决定拒绝成交，于是向 B 公司致电称："货物已于接到你方电报前售出。"而 B 公司坚持认为自己已在发盘有效期内表示接受，双方的合同成立，A 公司应按发盘条件执行合同；否则，要求赔偿损失。试问：双方的合同关系是否成立？

分析：本案中，卖方 A 公司的发盘内容完整、明确，而且规定了有效期，在法律上是有效的发盘，只要受盘人在有效期内做出有效接受，双方合同关系即告成立，就应履行各自的权利和义务。本案中，受盘人 B 公司于 9 月 20 日，即在有效期 9 月 25 日之前表示接受，该接受也于 9 月 20 日到达 A 公司。因此，双方合同已经成立，A 公司应按规定向 B 公司供货；否则，应承担违约责任。

3. 发盘的有效期

发盘的有效期是指受盘人表示接受的时间期限。尽管是否规定有效期不是构成发盘必备的条件，但实际业务中，尤其采用函电成交时，发盘通常都会规定一个有效期，超过发盘规定的时限，发盘人即不受约束。

发盘有效期的规定方法有以下几种：

(1) 规定最迟接受的期限。例如，Our offer is subject to your reply here before 4 PM June 10th; Our offer is valid till 4 PM June 10th, Beijing time(我方的发盘以你方在 6 月 10 日下午 4 点前回复到我方为准；我方发盘的有效期截至北京时间 6 月 10 日下午 4 点)。

(2) 规定一段接受的期限。例如，Our offer is valid for ten days; Please reply in ten days(我方发盘 10 日内有效；请于 10 日内回复)。

在实际业务中，规定发盘有效期时应当尽可能明确，如起止时间的计算、以哪方时间为准，避免因理解的不同而产生争议。

如果发盘未规定有效期，则受盘人应在合理时间内接受。所谓合理时间，需根据交易的具体情况而定，如发盘所采用的通信方式等。口头发盘时，《联合国国际货物销售合同公约》第 18 条第 2 款规定，除发盘人另有声明，受盘人"必须立即接受"。

4. 发盘生效的时间及发盘的撤回

《联合国国际货物销售合同公约》第 15 条第 1 款规定:"发盘于送达受盘人时生效。"明确发盘生效的时间具有两方面的重要意义:

(1) 受盘人何时能表示接受。根据《联合国国际货物销售合同公约》的规定,发盘于送达受盘人时生效,因此,受盘人只有在发盘生效之后表示的接受才是有效的。在发盘送达受盘人之前,即发盘生效之前,即使受盘人通过其他途径已经知道发盘的发出及发盘的内容,也不能做出接受。这种情况下做出的接受不是有效的接受,从性质上属于"碰头的发盘",不经过对方确认,不能导致合同成立。

案例 14-4

S 公司于 5 月 10 日向 C 公司报盘某商品,限 5 月 17 日复到有效,该发盘于 5 月 13 日抵达 C 公司。此前,C 公司已通过别的途径得知 S 公司将报盘该商品并且获知其内容,在收到 S 公司报盘前,于 5 月 11 日去电表示接受。S 公司未予答复。此时,该商品价格上涨,C 公司要求 S 公司履行交货义务,而 S 公司则以双方不存在合同关系为由,拒绝交货。试问:本案中双方是否达成合同?

分析:合同不成立,双方不存在合同关系。本案中,S 公司的发盘 5 月 13 日抵达 C 公司,而 C 公司在发盘生效前,于 5 月 11 日去电表示接受,此项接受不是一项有效的接受,性质上属于发盘,S 公司并没有给予确认。因此,交易没有达成,合同不成立。

(2) 发盘人能否撤回。发盘的撤回(Withdrawal),是指在发盘送达受盘人之前阻止其生效。《联合国国际货物销售合同公约》第 15 条第 2 款规定:"一项发盘,即使是不可撤销的,也可撤回,只要撤回通知于发盘送达受盘人之前或同时送达受盘人。"

应当注意的是,关于发盘生效的时间,各国法律规定和做法有所不同,主要有两种:一是投邮生效原则,又称为投邮主义,即认为发盘一经投邮即生效;另一种是到达生效原则,又称为到达主义,即认为发盘必须到达受盘人才生效。《联合国国际货物销售合同公约》采取了到达主义。而我国合同法关于发盘生效时间的规定与《联合国国际货物销售合同公约》的规定一致,也采取到达主义。

5. 发盘的撤销

发盘的撤销(Revocation),是指发盘生效之后将其取消,使其失去效力。《联合国国际货物销售合同公约》第 16 条第 1 款规定:"在未订立合同之前,发盘得予撤销,只要撤销通知于受盘人发出接受通知之前送达受盘人。"

根据《联合国国际货物销售合同公约》的规定,在发盘已经生效,但受盘人尚未发出接受通知之前,只要发盘人及时将撤销通知送达受盘人,就可将其发盘撤销。

然而,发盘人对其发盘的撤销也不是毫无约束的。根据《联合国国际货物销售合同公约》第 16 条第 2 款的规定,下列两种情况下的发盘不得撤销:①发盘中规定了有效期,或以其他方式表示该发盘是不可撤销的;②受盘人有理由信赖该发盘是不可撤销的,并已本着对该发盘的信赖采取了行动。

6. 发盘的失效

《联合国国际货物销售合同公约》第17条规定:"一项发盘,即使是不可撤销的,也于拒绝通知送达发盘人时终止。"

此外,实际业务中,以下情况也可导致发盘失效:①在发盘规定的有效期内未被接受,或虽未规定有效期,但在合理时间内未被接受,则发盘的效力即告终止;②发盘被发盘人依法撤销;③受盘人还盘;④在发盘人发盘后,发生了不可抗力事件,如政府禁令或限制措施;⑤在发盘被接受前,当事人丧失行为能力、死亡、破产等。

(三) 还盘

还盘(Counter Offer)又称还价,在法律上称为反要约,是指受盘人不同意发盘人提出的交易条件,为进一步磋商,向原发盘人提出书面或口头修改意见的行为。

还盘不是交易达成的必要条件,但在实际业务中,双方往往经过多次"讨价还价"才能就交易条件达成一致。还盘可以针对商品价格,也可以针对其他交易条件,如商品数量、交货期、支付方式等。

案例 14-5

还盘示例:

We are in receipt of your letter of April 20 offering us 100 sets of the captioned goods at USD 585 per set. While appreciating the quality of your computers, we find your price is too high. Some computers of similar quality from other countries have been sold here at a level about 30% lower than yours. Should you be ready to reduce your limit by, say 10%, we might come to terms. It is hoped that you would seriously take this matter into consideration and let us have your reply soon.(我方已经收到你方4月20日来信,报100台标题货物每台585美元。计算机质量不错,但是价格太高。其他国家类似质量的产品有些低于你方价格的30%,如果可以降价,如10%,我们就可以成交。请尽快答复。)

还盘产生的法律后果有两个:①原发盘即告失效,原发盘人不再受其约束;②还盘构成一项新的发盘,还盘人成为新发盘人,原发盘人成为新受盘人。

还盘一经原发盘人有效接受,双方即可达成交易。

案例 14-6

A公司3月10日收到B公司某商品的发盘,有效期至3月26日。3月22日,A公司电复:"如能把单价降低5美元,则可以接受。"对方没有回应。后因用货部门急需此货,并且该商品国际市场行情见涨,A公司于3月25日又去电,表示同意对方3月20日发盘所提各项条件,对方称原发盘失效而不予考虑。试问:此项交易是否达成？

分析:双方交易未达成。因为A公司3月22日去电是还盘,按法律规定,发盘一经还盘即告失效,同时原发盘人对还盘又未做出答复。而3月25日去电是对已失效的发盘表示接受,据此不能达成交易。

(四) 接受

1. 接受的含义

接受(Acceptance)在法律上称为承诺,是指受盘人在规定的时限或合理时间内,按照限定的方式,"以声明或做出其他行为"表示同意对方提出的各项条件,并愿意按照这些条件订立合同的意思表示。

2. 接受的方式

《联合国国际货物销售合同公约》第18条规定:"受盘人声明或做出其他行为表示同意一项发盘,即是接受,缄默或不行动本身不等于接受。"

因此,根据《联合国国际货物销售合同公约》的规定,接受既可以采用声明(口头或书面)的方式,也可以通过其他实际行动来表示。例如,依双方所确立的习惯做法,如接受发盘中提出的交易条件,受盘人可用与发货或付款有关的行为来表示,而无须另行通知发盘人。在国际贸易中,受盘人多采用声明的方式表示接受。

但是,缄默或不行动本身并不等于接受。如果受盘人收到发盘后,只是保持缄默,不对发盘做出任何反应,则不能认为是对发盘表示接受。除非双方根据已达成的协议或习惯做法,同意以缄默表示接受。

3. 构成接受的条件

根据接受的定义,一项有效的接受必须具备以下条件:

(1) 接受必须由受盘人做出。发盘是向特定的人提出的,因此,只有特定的人才能对发盘做出接受。由第三者做出的接受,不能视为有效的接受,只能作为一项新的发盘。

(2) 接受必须明确表示。根据《联合国国际货物销售合同公约》的规定,接受必须以声明或根据双方确立的习惯做法以行为明确表示。缄默或不行动本身并不等于接受。

(3) 接受必须同意发盘所提出的交易条件。一项有效的接受必须是同意发盘所提出的交易条件。《联合国国际货物销售合同公约》第19条规定,对发盘表示接受但载有实质性变更发盘的添加、限制或其他更改的答复,或提出有条件的接受,均不能构成接受,而只能被视为拒绝该项发盘,并构成还盘。有关货物价格、质量和数量、交货地点和时间、付款、一方当事人对另一方当事人的赔偿责任范围或解决争端等的添加或不同条件,均视为实质性变更。

但是,并不是任何对发盘内容的添加、限制或更改都构成还盘。若受盘人在表示接受时,对发盘内容提出某些非实质性变更,且发盘人没有在不过分迟延的时间内表示反对其中的差异,则仍可构成有效的接受,从而使合同得以成立。在此情况下,合同的条件就以该项发盘的条件以及接受中所提出的某些更改为准。

案例 14-7

我国 A 公司于 3 月 10 日向美国 B 公司就某农产品发盘,除列明各项交易条件外,还表示"Packing in sound bags"(完好包装)。在发盘有效期内,对方电复"Accept your offer, packing in new bags"(接受发盘,新袋包装)。A 公司收到上述复电后即着手备货。数日后,该农产品国际市场价格猛跌。B 公司来电称"我方对包装条件做了变更,你未确认。合同并未成立"。A 公司坚持合同已经成立,双方发生争执。试问:合同是否成立?

分析:双方当事人受《联合国国际货物销售合同公约》中有关条款的约束。按该公约规定,对发盘表示接受而对发盘内容做非实质性变更的,除非发盘人在不过分迟延的期限内通知反对其中的差异外,仍构成接受。如发盘人未做出反对,合同条件就以该项发盘的条件及接受通知内所载的更改为准。在本案中,包装的改变并不属于实质性改变,B 公司复电已构成接受,合同成立。如 B 公司拒不履约,A 公司应按《联合国国际货物销售合同公约》的有关规定向 B 公司提出索赔。

---

(4)必须在规定的期限内送达发盘人。根据《联合国国际货物销售合同公约》的规定,如果表示接受的通知在发盘规定的时间内(如未规定时间,则在一段合理时间内)未送达发盘人,接受就是无效的。口头发盘,除非当事人另有约定,必须立即接受。至于什么是合理时间,往往有不同的理解,通常需考虑发盘人使用的通信方式等。为了避免争议,最好在发盘中明确规定接受的具体时限。

4. 接受生效的时间

接受生效的时间对当事双方非常重要。因为接受一经生效,合同即告成立,当事人就要受彼此达成的各项交易条件的约束。同规定发盘的生效时间一样,在接受生效的时间问题上,各国法律也有不同的规定,主要有两种:一是投邮生效原则,即接受通知一经投邮立即生效;另一种是到达生效原则,即接受通知必须送达发盘人才能生效。

《联合国国际货物销售合同公约》采取的是到达生效原则。按照规定,以声明表示的接受,于送达发盘人时生效。如果根据发盘或依照当事人业已确定的习惯做法或惯例,受盘人以某种行为表示接受,则接受于该行为做出时生效。

如果接受通知未在发盘规定的时限或未在合理时间内送达发盘人,则该项接受即为逾期接受(Late Acceptance),又称迟到的接受。按各国法律的规定,逾期接受不是有效的接受,只能视作一个新的发盘。

但是,不是所有情况下的逾期接受均无效。根据《联合国国际货物销售合同公约》第 21 条的规定,以下两种情况下的逾期接受仍有效:

（1）发盘人认为该逾期接受仍然有效，并且毫不迟延地以口头或书面形式将此种意见通知受盘人；

（2）载有逾期接受的信件或其他书面文件表明，它在传递正常的情况下是能够及时送达发盘人的，则此项逾期接受仍然有效，除非发盘人毫不迟延地以口头或书面形式通知受盘人，认为其发盘因逾期接受而失效。

因此，逾期接受是否有效，关键要看发盘人如何表态。需要注意的是，如果发盘人不表态，上述两种情况产生的后果就是截然相反的。在第（1）种情况下，原发盘失效，双方不存在合同关系；在第（2）种情况下，逾期接受仍有效，如果发盘人不反对，则当事双方即可达成交易，确立合同关系。鉴于发盘人对于逾期接受是否有效掌握主动权，为避免争议，发盘人最好明确通知受盘人是否承认该逾期接受。

案例 14-8

我国某出口公司于 6 月 11 日就某商品向外商 A 发盘，限 6 月 18 日复到。由于传递过程中的延误，外商 A 表示接受的电传于 6 月 19 日上午送到我方。我方认为答复逾期，未予理睬。此时，该商品国际市场价格已上涨，我方以较高价将该商品出售给另一外商。22 日，外商 A 来电称："信用证已开出，请立即装运。"我方复电"逾期合同不成立"，而外商 A 坚持认为合同已成立。试问：我方与外商 A 是否存在合同关系？

分析： 双方存在合同关系。在本案中，根据《联合国国际货物销售合同公约》规定，外商 A 的逾期接受是由于传递延误造成的，而我公司 6 月 19 日收到该逾期接受时，并没有毫不迟疑地通知对方该逾期接受无效，所以该逾期接受仍具有效力，合同成立，我公司与外商 A 业已存在合同关系。

5. 接受的撤回或修改

《联合国国际货物销售合同公约》第 22 条规定："接受得予撤回，如果撤回通知于接受原应生效之前或同时送达发盘人。"接受在送达发盘人时才生效，所以只要撤回或修改接受的通知先于接受或与接受通知同时送达发盘人，受盘人即可撤回或修改接受。

需注意的是，接受不存在撤销的问题。因为接受一经生效，合同关系即告成立，撤销接受无异于撤销合同。

第二节 国际货物买卖合同的签订

在国际货物买卖交易中，合同成立的时间对买卖双方来说十分重要。合同关系建立后，当事方就要受双方商定的交易条件的约束。一项合同，除了需要有效发盘和还盘两个基本环节，还需要具备一些要件，才能成为受法律保护的有效合同。

一、合同成立的时间

《联合国国际货物销售合同公约》规定,合同于对发盘的接受生效时订立。另外,接受于送达发盘人时或根据发盘或依照当事人交易习惯做出某种行为表示时生效。实际业务中,有的当事方在交易磋商时约定,以签订书面合同的时间或收到对方确认合同的时间作为合同成立的时间,也有的规定必须经双方当事人签字或盖章合同方能成立。

二、有效合同的要件

根据各国合同法的规定,合同成立需具备以下要件:

（一）合同当事人必须具有缔约能力

签订买卖合同的当事人主要为自然人或法人。按各国法律一般的规定,对于自然人,只有精神正常的成年人才能订立合同,未成年人、精神病人、酗酒人或禁产者订立合同必须受到限制;如果是法人,则必须在法人的经营范围内签订合同,越权的合同一般无效。

（二）合同须有对价或约因

对价(Consideration)是指当事人为了获得合同中某项允诺所付出的代价。法律上,对价的作用是对允诺方产生约束力。约因(Cause)是指当事人签订合同所追求的直接目的。按照英美法和法国法的规定,合同只有在有对价或约因时,才能得到法律的保障。

（三）合同的标的必须合法

许多国家往往从广义上解释"合同内容必须合法",其中包括不得违反法律,不得违反公共秩序或公共政策,以及不得违反善良风俗或道德三个方面。《中华人民共和国民法典》第四百六十五条规定:"依法成立的合同,受法律保护。"

（四）合同必须符合法律规定的形式

世界上大多数国家只对少数合同要求必须按法律规定的特定形式订立,而对大多数合同,一般不从法律上规定应当采取的形式。《中华人民共和国民法典》第四百六十九条规定:"当事人订立合同,可以采用书面形式、口头形式或者其他形式。"

（五）合同当事人的意思表示必须真实

各国法律都认为,合同当事人的意思表示必须是真实的,才能成为一项有约束力的合同,否则合同无效。

三、合同的形式

合同的形式是合同当事人内在意思的外在表现形式。根据《联合国国际货物销售合同公约》和多数国家法律的规定,在国际货物买卖中,合同可采用书面形式、口头形式和其他形式,其法律效力是相同的,但是有些国家的法律明确规定合同必须采用书面形式。根据《中华人民共和国民法典》第四百六十九条的规定:"书面形式是合同书、信件、电报、电传、传真等可以有形地表现所载内容的形式。"所以,当事人究竟采用什么形式订立合同,应根据有关法律、行政法规的规定和当事人双方的意愿行事。

实际业务中,书面形式的合同是合同的主要形式。交易双方通过口头形式或书面形式达成协议后,多数情况下还要签订一定格式的书面合同。这主要是因为口头合同空口无凭,书面合同可作为双方履行合同的依据,若双方后期发生争议,书面合同可作为解决争议的法律依据。

书面合同的名称并无统一规定,其格式的繁简也不一致。主要包括以下几种:

(一)合同

合同(Contract)是带有"合同"字样的法律契约。其内容通常全面详细,对双方的权利、义务及不可抗力、争议解决等均有详细规定。根据起草方的不同,合同又可分为:

1. 销售合同

销售合同(Sales Contract)是平等主体的自然人、法人、其他组织之间关于某一标的物的销售而进行的约定或协议,通常由卖方草拟。

2. 购买合同

购买合同(Purchase Contract)是指平等主体的自然人、法人、其他组织之间关于以某一标的物的采购为目的,出卖人转移货物的所有权,买受人支付货物价款的合同,通常由买方草拟。

(二)确认书

确认书(Confirmation)比合同简单明了,是买卖双方在通过交易磋商达成交易后,寄给双方加以确认的列明达成交易条件的书面证明。经买卖双方签署的确认书,是法律上有效的文件,对买卖双方具有同等的约束力。确认书包括销售确认书和购货确认书。

(三)协议

协议(Agreement)在法律上是合同的同义词。只要协议对买卖双方的权利和义务做出明确、具体和肯定的规定,即使书面文件上被冠以"协议"或"协议书"的名称,一经双方签署确认,即对买卖双方具有约束力。有时,协议是主合同中不可分割的组成部分,与主合同一样具有法律效力。此外,根据买卖双方磋商的内容和过程,有时达成的是初步性协议,有时达成的是原则性协议。

四、合同的基本内容

书面合同不论采取何种格式,其基本内容通常包括约首、基本条款和约尾三个组成部分。

(一)约首

约首部分一般包括合同名称、合同编号、缔约双方名称和地址、电报挂号、电传号码等项内容。

(二) 基本条款

基本条款是合同的主体,包括品名、品质规格、数量或重量、包装、价格、交货条件、运输、保险、支付、检验、索赔、不可抗力和仲裁等项内容。这部分内容是合同磋商的主要内容。

(三) 约尾

约尾部分一般包括合同份数、订约日期、订约地点、使用的文字及效力和双方当事人签字等项内容。值得注意的是,合同的订约地点往往涉及合同准据法的问题,因此要慎重对待。

案例 14-9

某年 3 月,我国辽宁 A 进出口公司与美国 B 公司签订销售合同,采用 D/A 90 天方式出口一批家用电器到美国,在货到一个月后,B 公司来电称,由于几家批发商相继毁约,销售遇到困难,但不会延迟付款。然而在应收账款到期日,A 公司并没有收到货款。之后,B 公司突然发来一份据称是美国一家著名电器实验室出具的质检证明,称货物有严重质量问题,要求折价 40%,否则全部退货。

经过了解,由于美国家电市场行情发生变化以及 B 公司自身的原因造成货物滞销,因此 B 公司提出货物存在质量问题,要求 A 公司赔偿损失或折扣货款,从而将原本属于 B 公司的商业风险转嫁给 A 公司。A 公司虽多次据理力争,但由于双方签订的买卖合同中未列明解决争议的方法和时限以及出具有效质检证明的机构,因此 A 公司没有办法找到拒绝 B 公司无理要求的充分理由。最后 A 公司的货款仅以原价的 65% 收回。试问:从该案中应吸取哪些经验教训?

分析:本案的症结在于我国出口公司沿用格式和内容较为统一的售货合同,在该合同中质量争议条款和商品检验条款内容很少,表述也较简单,不能完全保证其正当利益。一旦外商提出质量争议,由于没有合同的约束,我方往往有理说不清,只能吃哑巴亏。从本案可以看出,完善的合同条款和恰当的支付方式对合同的顺利履行非常重要。

本章提要

1. 交易磋商是国际货物买卖过程中的一个重要环节,也是签订买卖合同的基础与前提。交易磋商可采用多种形式,既可口头磋商,也可通过各种书面形式进行。

2. 在磋商交易和订立合同的过程中,通常会经过询盘、发盘、还盘及接受等环节,其中,发盘和接受是达成交易、订立合同不可缺少的基本环节。从法律上看,发盘和接受有特定的含义,必须满足一定的条件才是有效的。

3. 根据各国法律的规定,一项合同,除买卖双方就交易条件通过发盘和接受达成协议外,还需具备一定的要件,才是一项有效的有法律约束力的合同。

4. 在国际货物买卖中,合同可采用书面形式、口头形式和其他形式。应根据有关法律、行政法规的规定和当事人双方的意愿,选择具体的合同形式。

思考题

1. 构成一项法律上有效的发盘必须具备哪些条件?
2. 为什么明确发盘生效时间具有重要的法律和实践意义?
3. 什么是接受?构成一项有效的接受必须具备什么条件?
4. 什么是逾期接受?对于逾期接受,《联合国国际货物销售合同公约》是如何规定的?
5. 合同的有效成立需具备哪些要件?

案例讨论

A 国商人欲将从别国进口的初级产品转卖,向 B 国商人发盘,B 国商人复电,接受发盘,同时要求提供产地证,A 国商人未提出异议。两周后,A 国商人收到 B 国商人开来的信用证,正准备按信用证的规定发运货物,却获商检机构通知,因该货非本国产品,故不能签发产地证。A 国商人电请 B 国商人取消信用证中要求提供产地证的条款,遭到拒绝,于是引起争议。A 国商人提出,其对提供产地证的要求从未表示同意,依法无此义务。而 B 国商人坚持 A 国商人有此义务。试根据《联合国国际货物销售合同公约》的规定,对此案做出裁决。

第十五章

进出口合同的履行

【学习目标】

通过本章的学习,学生将能够:
1. 了解进出口合同履行的一般基本程序;
2. 掌握催证、审证、改证的基本内容和审单付款的基本原则;
3. 熟悉货物托运、报检、报关、投保的具体做法;
4. 明确进口业务中的索赔和理赔工作。

【素养目标】

通过学习进出口合同的履行等相关知识,学生应能够深入了解改革开放以后我国外贸事业所取得的巨大成就,正确认识我国全方位对外开放战略给21世纪的国际合作带来的新理念,具备契约精神,依法开展对外贸易,出口交货时诚实守信、遵纪守法、维护国家的国际形象,进口受损时善用法律武器、维护国家利益。

【重点难点】

重点是出口合同履行中的催证、审证和改证工作及制单结汇;难点是进口索赔的处理。

【引导案例】

案情： 某粮油进出口 A 公司于某年 4 月以 CIF 条件与他国 B 公司成交一笔出售棉籽油的贸易。总数量为 840 公吨，允许分批装运。对方开来的信用证中有关装运的条款规定 "840 M/T of cotton seed oil. Loading port: Guangzhou, Partial shipments are allowed in tow lots, 460 M/T to London not later than September 15; 380 M/T to Liverpool not later than October 15"（840 公吨棉籽油，装运港：广州，允许分两批装运。460 公吨于 9 月 15 日前至伦敦，380 公吨于 10 月 15 日前至利物浦）。A 公司于 8 月 3 日在黄埔港装 305 公吨至伦敦，计划在月末再继续装 155 公吨至伦敦，9 月末再装至利物浦的 380 公吨。第一批 305 公吨装完后即备单办理议付，但单据寄到国外后，8 月 15 日开证行提出单证有如下不符："①信用证只允许分两批装运，即 460 公吨至伦敦，380 公吨至利物浦。你方于 8 月 3 日只装 305 公吨至伦敦，意即至伦敦余 155 公吨准备继续再装，这样就违背了信用证的规定。②信用证规定装运港为广州港，根据提单上记载，其装运港为黄埔，不符合信用证的要求。以上两项不符点，请速告你方的处理意见。"A 公司认为开证行上述异议属于故意挑剔，随即邀请几个单位的单证专业人员共同研究，结果认为开证行所提出的异议是正确的。粮油进出口公司只好与买方商洽，由于没有按对方要求分批装运，最后答应赔偿对方由此造成的损失，对于信用证尚未装运的余额由对方负责修改信用证条款，才告结案。

分析： 审证是一项重要而又细致的工作，需要由对条款有一定理解能力的人员负责，这样才能起到帮企业把关的作用。出口业务从签订合同到备货、审证、改证、租船订舱、报关、报检、投保直至装运，每一个程序出现问题，最后均会在单证工作上暴露出来，造成单证不符，从而被对方拒付货款或拒收货物。

总之，外贸企业在签订合同后主要须抓四项工作，即货、船、证、款。本案例的问题就是"货""船"与"证"没有衔接好，最后造成"款"无法收回。如此看来，审证工作在这个过程中是中心工作。审证工作没有做好，条款理解不清，往往就会造成严重损失，应引以为戒。由此可见，熟练掌握进出口合同履行的基本程序和相关知识必不可少。

第一节 出口合同的履行

我国的出口合同目前大多采用 CFR 或 CIF 贸易术语，又多以信用证方式收取货款。因此，本节侧重介绍该方式下出口合同履行的一般程序，主要包括备货、催证、审证、改证、租船订舱、报检、报关、投保、装船、制单结汇、外汇核销以及出口产品退税等。

一、备货和报检

（一）备货

备货就是根据出口合同的规定，按时、按质、按量准备好应交付的货物，以保证按时出运。备货是履行好合同的基础，因此不能掉以轻心。备货工作大致包括：卖方或者向有关生产部门(或仓储部门)安排准备出运货物,或者向国内供货人订立采购货物合同和催交货物。一旦备齐货物,就应对货物的数量、品质规格和花色品种进行核实,或进行必要的加工整理,或包装、刷唛,准备出口货物必需的文件。

在备货过程中,要特别注意以下问题:

1. 备货时间

备货时间,一般应与信用证规定的装船时间及船期相衔接;严防脱节,或者因在仓库存放而多支付仓储费,或者因船舶等货而造成滞期,或者货物无法装上定期班轮,产生严重后果。

2. 货物本身

卖方要严格按照合同约定备货,使数量、品质规格、花色品种与合同的规定相符;既不要偏低,也不要偏高,更不能以次充好,要将诚信原则贯彻始终。此外,货物还应符合进口国法律法规所要求的品质标准。世界各国对许多商品都规定了严格的品质标准和技术标准,这些强制性的要求即使合同中未做规定,卖方也必须保证货物达到标准,否则就无法进入该国市场。

3. 货物包装

凡是合同中有明文规定的,卖方必须严格照办。对于合同中没有明文规定的,应注意符合有关法律的要求。因此,在备货时除了注意按要求的包装材料、包装方式包装,还要注意对包装尺寸的要求。另外,要认真刷制运输标志,贴好必要的条形码。在刷制运输标志时,一定要注意清楚、醒目、涂料不易脱落、文字大小适当。

(二) 报检

出口货物备齐后,应根据相关法律及信用证的有关规定,向海关申请报检。出口商品在报检时,一般应提供外贸合同、信用证原本的复印件或副本,必要时要提供原本。合同如果有补充协议的,要提供补充协议;合同、信用证有更改的,要提供合同、信用证的修改书或更改的函电。凡属于危险或法定检验范围内的商品,在申请品质、规格、数量、重量、安全和卫生检验时,必须提交商检机构签发的出口商品包装性能检验合格单证,商检机构凭此受理上述各种报检手续。另外,申请委托检验时,报检人应填写"委托检验申请单"并提交检验样品、检验标准和方法;而国外委托人在办理委托检验手续时还应提供有关函电、资料。

二、催证、审证和改证

在采用信用证支付方式时,卖方交货是以买方按约定开来信用证为前提的。因此,买方能否及时、准确地开出信用证就成为卖方按出口合同如期履行交货义务的关键,也是卖方及时收回货款的基本保证。信用证的掌握、管理和使用,主要包括催证、审证和改证这三个重要环节。

(一) 催证

催证是指在采用信用证支付方式下,当买方未按合同规定的时间向卖方开来信用证时卖方向买方进行催促,或者卖方根据货源和运输情况可提前装运时通过通信方式请求买方迅速开出信用证的一种业务行为。买方未能及时开出信用证的原因有很多,但如果是因为市场发生变化企图毁约,卖方应对此提高警惕。在这种情况下,卖方为了能够及时装运货物出口,以便履行交货义务,最好请驻外经商机构或有关银行、金融机构协助代为催证,或者直接向国外客户发函电催促,以引起对方重视。买方无法律依据而拒开信用证,属于违约行为,卖方有权提出索赔或采取其他补救手段。

(二) 审证

审证是指当国外买方开来信用证时,卖方对开证行的背景、资信能力以及信用证的内容进行认真审查和核对。信用证是依据买卖合同开立的,信用证内容应当与买卖合同条款保持一致。但在实践中,由于种种原因,如工作的疏忽、电文传递的错误、贸易习惯的不同、市场行情的变化或买方有意利用开证的主动权加列对其有利的条款,开立的信用证条款往往与合同规定不符;或者信用证中加列了一些卖方看似无所谓但实际上却无法满足的付款条件,即所谓的"软条款"等,使得卖方根本无法按该信用证收取货款。为确保收汇安全和合同顺利执行,防止造成不应有的损失,卖方应依据合同进行认真的核对与审查。

审证工作是银行和受益人的共同责任。现根据 UCP 600 的相关规定,分析审证工作的重点项目。

1. 涉及信用证本身的项目

(1) 信用证的形式(Form of Credit):一切信用证均被视为不可撤销信用证。UCP 600 第 10 条规定,除第 38 条另有规定外,未经开证行、保兑行(如有的话),及受益人同意,信用证既不得修改,也不得撤销。

(2) 信用证号码(L/C Number):开证行需要引用开出信用证的登记号,其他当事人与开证行之间或当事人之间与信用证有关的函件往来也须引用信用证号码。

(3) 开证日期(Date of Issue):因为信用证是开证行出具的一种有条件的付款承诺,只要提交符合信用证要求的合格单据,银行就会付款,而不论开证申请人违约与否。从这个角度来看,开证日期是确定信用证是否生效以及何时生效的重要依据,因此必不可少。

(4) 受益人(Beneficiary):这是唯一可以享有利用信用证支取款项权利的人,因此,必须标明完整的名称和详细的地址。

(5) 开证申请人(Applicant):信用证中有关申请人的记载也必须详细,应有完整的名称和详细的地址。

(6) 信用证金额(Amount of L/C):开证行对受益人的支付承诺不能超过信用证上已经注明的金额,这是开证行付款责任的最高限。在这一项中金额应该用大小写分别记载。

(7) 信用证有效期(Expiry Date):受益人交单议付的最后期限,超过这一期限开证行则不再承担任何责任。根据 UCP 600 第 6 条的规定,信用证必须规定一个交单的截止日。

规定的承付或议付的截止日将被视为交单的截止日。同时,UCP 600 第 36 条也规定,如果由于不可抗力的原因或银行无法控制的任何其他原因造成信用证失效,银行将不对此承担任何责任,只能由进出口双方自己协商解决。

(8)信用证交单地点(Place for Presentation of Documents):交单地点即为受益人提交单据要求银行付款、承兑或议付的地点。UCP 600 第 6 条规定,所有信用证均须规定一个付款、承兑交单地点。

(9)开证行名称(Issuing Bank):在信用证中一般应首先标出开证行名称,名称应该是开证行全称加上其详细地址。注明开证行名称的作用主要在于使信用证的其他当事人知道对此信用证负责的银行,便于与其通信及邮寄单据。

2. 关于汇票的项目

信用证上如规定出口商提示汇票,则列明出票人、付款人、汇票金额、付款期限及出票条款。

信用证的付款人是开立汇票的重要依据,汇票的付款人须根据信用证的规定来办理,但根据 UCP 600 第 6 条的规定:"信用证不得开成凭以申请人为付款人的汇票兑用。"之所以这样规定,主要是由于信用证是一种银行信用,只要单证相符、单单相符,银行就必须付款,因此银行的付款是不以信用证申请人的付款为前提条件的。从这个角度来看,汇票中的付款人应该是指定银行。这里的指定银行就是信用证的付款行,可以是开证行本身,也可以是其委托付款的银行。

3. 关于货物描述、单据及运输项目

(1)关于货物描述部分项目:一般包括货物的货名、数量、单价以及包装、唛头、价格条件等最主要的内容和合同号码。信用证对货物的数量、单价与金额的规定应明确具体,由此可以确定有关当事人的权利和义务。但在国际贸易中由于不同包装条件和装载条件的使用,习惯上在某些条件下允许有若干误差范围,在不超过该范围内的增加或减少,可视为符合规定。UCP 600 第 30 条对其进行了严格的规定。

(2)关于单据部分项目:信用证中一般须列明需要的单据,分别说明单据的名称、份数和具体要求。信用证所要求的单据主要有:①货物单据,主要包括发票以及装箱单、重量单、产地证明书、商检证书等;②运输单据,如提单;③保险单据,如保险单。除了上述单据,有的还要求其他单据,如寄样证明、装船通知等。UCP 600 对有关商业发票、运输单据和保险单据等均有具体规定。

(3)关于运输部分项目:信用证中关于运输的项目通常有装货港(Port of Loading/Shipment)、卸货港或目的地(Port of Discharge or Destination)、最迟装运日期(Latest Date of Shipment),以及可否分批装运(Partial Shipment Permitted/not Allowed)和可否转运(Transhipment Allowed/not Allowed)。对于装货港、卸货港或目的地,在信用证中,这一项的填写必须注意避免缩写;关于装运日期,信用证中一般都明确规定,用以约束出口商交货的时间,除非信用证另有规定,凡用于规定最早及/或最迟装运日期的"装运"一词,其意义应理解为包括诸如装船、发运、接收备运、收取日期和类似表述;关于分批装运和转运,UCP 600

规定,如果信用证中没有明确规定是否允许分批装运与转运,银行将接受分批装运与转运的运输单据,并允许分批支款。

案例 15-1

2024年3月,我国A公司向国外B公司以CIF条件出口一批货物,合同规定5月份装运,付款方式为即期信用证。B公司于5月10日开来信用证,其中规定装运期不得晚于5月15日,并规定本证按现行UCP 600办理。此时,我方已来不及办理租船订舱,于是立即要求B公司将装运期延至6月15日。B公司随后来电称:同意延展船期,有效期也顺延一个月。A公司于6月10日装船,提单签发日为6月10日,并于6月14日将全套单据交银行要求承付。银行以A公司交单不符为由,拒付货款。试问:A公司为什么会遭到银行拒付?

分析: 实际业务中,由于各种原因,往往需要修改信用证。信用证必须由申请人书面提出修改申请,经开证行同意并开出信用证修改通知,银行才对相关修改内容负责。本案中,A公司提出信用证装运期的展期要求仅得到B公司的允诺,未经银行同意并开出信用证修改通知书,所以B公司同意的修改对银行是不产生效力的。A公司要得到开证行付款,必须提交符合信用证要求的各种单据。开证行开出的信用证规定,装运期不得晚于5月15日,而A公司提交的提单签发日为6月10日,与信用证规定不符,即单证不符,因此,遭到开证行拒付。

4. 其他项目

(1) 开证行对议付行、通知行、代付行的指示条款:这一条款对通知行而言,主要是明确它在通知受益人时是加注保兑还是不加注保兑;对于议付行或代付行而言,一般为明确单据的寄送方法、寄送对象以及偿付方式。

(2) 开证行保证条款:开证行通过这一条款表明其付款责任。一般的保证文句是以"We hereby engage…"或"We hereby undertake…"之类的句式开头,表示开证行的承诺。例如,有的信用证规定"We hereby engage with drawers and/or bona fide holders that draft drawn and negotiated in conformity with this credit shall be duly honored on due presentation"(本行保证凡符合本信用证开立及议付汇票向本行提示时,本行将对汇票的出票人或持有人履行付款的义务)。但并不是任何信用证都需要加这句话,SWIFT信用证就省略了这个条款。

(3) 开证行的签字或加押:如果信用证是信开信用证,则需要有开证行的签字方可生效,一般情况下是"双签",即需要两个有权签字的人签字才可以。如果信用证是电开信用证,则需要加注密押,密押经核对无误后,信用证即告生效。

(4) 其他特别条款:信用证特别条款是保证开证行利益的条款,国际商会事实上并不鼓励加列特别条款,而是希望信用证能够按照它指定的格式开立。但是在实务中,各银行在开立信用证时多加注特别条款,以保护其利益。常见的特别条款内容主要有:限制某银行议付、限制某国国籍船只装运、发票须加注信用证号码、受益人须交纳一定的履约保证金方可生效等。

（5）根据 UCP 600 开立信用证的文句：受益人及银行一般比较乐意接受标明这样的字句的信用证，因为一旦出现纠纷，完全可以通过引用 UCP 600 的相关规定进行处理。

案例 15-2

我国 A 公司与外商 B 公司按 CIF 条件签订一笔大宗商品出口合同，合同规定装运期为 10 月份，但未规定具体的开证日期。B 公司拖延开证，A 公司见装运期快到，遂从 9 月底开始连续多次电催对方开证。10 月 9 日，A 公司收到国外某开证行的简电通知，因怕耽误装运期，A 公司即按简电办理装运。10 月 28 日，B 公司通过该开证行开来信用证正本，但正本上做了与合同不符的规定：销售合同规定货物装于木箱之中（to be packed in wooden cases），而信用证则显示商品装于标准出口纸箱中（to be packed in standard export cartons），A 公司审证时未予注意，交 D 银行议付时 D 银行也未发现。但开证行在审单时发现，便以单证不符为由拒绝付款。试问：卖方从本案中应吸取哪些经验教训？

分析：本案中，卖方操作有失误。具体分析如下：①在出口合同中，为了保证受益人的合法权利，一般应明确规定买方开立信用证的期限，而在本合同中却未做出此项规定，A 公司考虑实欠周全；②合同规定的装运期为 10 月份，而 A 公司直到 9 月底才开始催证，给自己留下的余地太小；③即使合同中未规定开证期限，按照惯例，买方也有义务在装运期开始前一天将信用证送达，B 公司显然违反惯例，A 公司理应及时向 B 公司提出异议，但 A 公司对此却只字未提；④收到信用证后应认真、逐字逐句地加以审核，A 公司工作实属疏忽大意。

（三）改证

在信用证业务中，修改信用证是经常发生的事情。改证是指在审证过程中，如果发现信用证的内容与合同规定有重大不符，从而卖方无法接受，则应按照合同的规定让对方修改信用证。在改证的时候，要注意以下几点：

（1）凡是不符合我国对外贸易方针政策、影响合同执行和安全收汇，以及信用证的修改涉及有关方面权利与义务变更的，在征得各方同意后，应要求国外客户通过开证行对信用证进行修改。修改手续费一般由提出修改方承担。

（2）信用证的修改应按照一定的程序进行，可由出口方提出，也可由进口方提出，但必须由进口方向开证行提出修改申请，再由原通知行通知出口方。

（3）经过审查确定下来需要修改的各项内容，一般应一次性向对方提出修改，除非客观情况变化不得不再次提出改证。

（4）当信用证修改后的项目不止一项时，受益人必须全部接受或全部不接受，不能只接受其中一项或几项,而拒绝其他各项。

(5) 对履行合同和安全收汇没有较大影响、可改可不改的内容,要酌情处理,不能因改证而影响到合同的正常履行。

三、货运、报关和投保

(一) 货运

国际物流新理论、新技术的发展和创新,使得国际货运市场发生了天翻地覆的变化;国际货运代理服务也得到了空前的发展,其服务范围、服务手段和运作方式等都有了很大的扩展和提高。出口商在办理货物托运时要注意以下内容:

1. 妥善选择货运代理公司

随着技术的进步,货主越来越少与船公司直接打交道,而是由专业性较强的货运服务机构为其提供"门到门"的运输一体化的中介服务,这大大方便了进出口商,也形成了有序、成本低、效率高的货物供应链。选择良好的货运代理公司不仅涉及货物的安全运送,也涉及贸易关系的长期合作。

2. 托运订舱

托运人编制出口托运单,即可向货运代理公司办理委托订舱手续。货运代理公司根据货主的具体要求按航线分类整理后,及时向船公司或其代理订舱。货主也可直接向船公司或其代理订舱。当船公司或其代理签出装货单(Shipping Order)时,即完成订舱工作。

3. 货物集中港区

在船舶到港装货计划确定后,按照港区进货通知并在规定期限内,由托运人办妥集中托运手续,将出口货物及时运至港区集中等待装船。要注意各个部门的相互联系,按时完成进货,防止因工作脱节而影响装船进度。

4. 装船工作

在装船前,理货员代表船方,收集经海关放行货物的装货单和收货单,经过整理后,按照积载图和舱单,分批接货装船。装船过程中,托运人委托的货运代理公司应在现场监装,随时掌握装船进度并处理临时发生的问题。装货完毕,理货组长要与船方大副共同签署收货单(Mate's Receipt),又称大副收据,交与托运人。

5. 取得海运提单

装船完毕,托运人除向收货人发出装船通知(Shipping Notice)外,还可凭收货单向船公司或其代理换取已装船提单,这时运输工作即告一段落。

案例 15-3

甲国 A 公司在某年 11 月与乙国 B 公司签订了一份出口合同,货物为一次性打火机。不久 B 公司即开来一份不可撤销即期信用证,来证规定装船期限为第二年 1 月 31 日,要求提供"Full set original clean on board ocean Bill of Lading"(全套正本清洁已装船海运提单)。由于装船期太紧,A 公司便要求 B 公司展期,将装船期限改为 3 月 31 日。B 公司接受了 A 公司的要求修改了信用证。A 公司收到信用证并经全面审查后未发现问题,于 3 月 30 日将货物装船,4 月 13 日向议付行交单议付。

4 月 27 日,A 公司接到议付行转来的开证行拒付通知:"你第××××号信用证项下的单据经我行审查,发现如下不符点:提单上缺少'已装船'批注。以上不符点已经与申请人联系,亦不同意接受。单据暂代保管,听候你方的处理意见。"A 公司有关人员立即审查了提单,同时与议付行一起翻阅并研究了信用证惯例的有关规定,证实了开证行的拒付是合理的。A 公司立即电洽申请人:"提单缺少'已装船'批注是我方业务人员疏忽所致,货物确实是被如期装船的,而且货物将在 5 月 3 日左右如期到达目的港,我方同意在收到目的港船代的提货通知书后再向开证行付款赎单。"B 公司回复由于当地市场上一次性打火机的售价大幅下降,只有在 A 公司降价 30% 后方可向开证行赎单。A 公司考虑到自己理亏在先,同时通过国内同行与其他客户了解到,进口国当地市场一次性打火机价格确实大幅下降,由于自身处于十分被动地位,只好同意降价 30%,了结此案。请分析本案带给外贸人员的启示。

分析:本案案情并不复杂,却给我方带来了巨大损失,不得不引起外贸人员的深思。本案例带给我们的启示是,应在信用证的装船期内尽快办理装运,并且严格按照信用证的要求制作与审核单据。

(二)报关

出口报关是指凡我国出口的商品,都应按照我国海关法的规定,向海关申报,经查验后放行,才能出境。这是我国海关对出口商品依法进行的监管。出口货物查验是指海关在接受申报并审核报关单证的基础上对出口货物进行实际校对检查。查验的目的是核对实际出口货物与报关单证所报内容是否相符,有无错报、漏报、瞒报、伪报等情况,审查货物的出口是否合法,确定货物的物理性质和化学性质等。海关查验货物,一般应在海关规定的时间和监管场所进行。

出口货物在出境时,发货人应在装货的 24 小时以前向海关申报。具体地说,一般在出口货物运到码头、车站、机场、邮局等仓库、场地后,在海关规定的 24 小时以前向海关申报。出口货物报关时应填写一式两份的"出口货物报关单"并随附出口许可证、发票、装箱单等货运单证。海关在接受报关后,须对各项单证予以签收和审核。经海关人员依法查验货物,符合我国法律、法规的规定后,海关即在有关装货单及报关单上签章放行。

案例 15-4

A 公司在某年委托其客户指定的船公司出口近 50 万美元的货物,涉及 50 多万元人民币的出口退税。具体情况是,A 公司采购时以"盒"为单位,其提供的报关单上注明

"506 000 BOXES",工厂的增值税发票也是以"506 000 盒"为单位。由于船公司在重新填写报关单时漏打"BOXES",只标明"6 000 KGS",因此海关计算机上该产品的数量为"6 000 千克",导致报关单上的内容与发票上的数量和单位不同,A 公司不能正常退税。A 公司要求船公司改单(修改报关单据),即在品名下注明"506 000 BOXES",由于船公司一再拖延,A 公司无法办理退税手续。A 公司不断催促船公司改单,考虑到改单手续烦琐,需要较长时间,于是要求船公司必须在 3 个月内将改后的单据退还给自己,否则要其承担因不能正常退税而造成的相关经济损失。3 个月后,总算了结此案。试问:卖方在报关时需注意哪些事项?

分析:为了顺利报关,卖方在报关时需加倍谨慎:①要注意报关单上资料的准确性,可能由于一个资料的问题,造成不能正常报关、正常出运、正常退单、正常退税等;②注意报关单上的单位,为了避免这样的类似事情再次发生,在海关计量单位与我们要求的计量单位不同时,需特别加注我们所要求的单位/品名;③有时因为货名的英文品名太长,在报关单品名下加注数量和单位可能会使海关的计算机不能全部显示这些内容,为防止这样的事情发生,注明数量和单位时应尽量简写英文货名。

(三)投保

CIF 出口合同,卖方必须办理货物保险。出口企业应在备妥货物、确定装运日期和运输工具后,按合同或信用证规定向保险公司办理货物运输投保手续。

我国出口货物的投保,一般采取逐笔投保方式,即每发生一笔国际货运业务,出口企业即向保险公司办理一次投保手续。投保时,出口企业首先向保险公司索取空白投保单,按合同或信用证的规定,如实填写货运投保单内容,列明投保人(被保险人)的名称、被保险货物的名称、数量、包装及标志、保险金额、起讫地点、运输工具名称、起讫日期、投保险别等,送交保险公司投保。保险公司根据投保人(被保险人)的投保申请,考虑是否接受承保,如接受应签发保险单。

四、制单结汇

制单结汇是指出口货物装运后,出口商按照合同或信用证的规定,正确缮制各种单据,持单向当地银行结汇,即出口商通过银行收取货款。

根据 UCP 600 的规定,信用证支付方式下,只有出口商交单相符,开证行才履行付款义务。因此,结汇单据的缮制非常重要,直接关系到出口商能否安全、及时收汇。结汇单据的制作和审核,通常遵循下列原则:

(一)正确

单据的内容必须正确,应做到"单证相符、单单相符、单内相符",所提交的单据之间不能相互矛盾。此外,单据与货物也应一致,做到单据真实地代表货物。

（二）完整

单据的种类、份数和单据本身的各项内容及形式，应符合信用证的规定，必须完备，不能缺少。

（三）及时

制单工作具有很强的时效性。各种单据的出单日期应及时、符合规定，例如，海运提单的签发日期不得晚于信用证规定的装运期等。出口商应在信用证的有效期及规定的交单期内，及时提交全套单据。如信用证没有规定交单日期，根据 UCP 600 的规定，交单应在信用证有效期内且不得迟于装运日后 21 天。

（四）简明

单据的内容应按信用证要求和国际惯例填写，力求简明，切勿加列不必要的内容。

（五）整洁

单据的表面要清洁，缮写或打印的字迹要清楚，尽量避免涂改，有的项目如汇票金额等不允许更改。此外，对更改的地方要加盖校对图章。

案例 15-5

某年 4 月份我国 A 公司与科威特某一老客户 B 签订合同，销售其生产的玻璃餐具（名：GLASS WARES），A 公司报价 FOB WENZHOU，温州海运到科威特，海运费到付。合同金额达 25 064.24 美元，支付条件为全额信用证，B 回国后开立信用证到 A 公司，要求 6 月份发货。

A 公司按照合同与信用证的规定在 6 月份按期出了货，并向银行交单议付，但银行在审核单据过程中发现两个不符点：①发票上 GLASS WARES 错写成 GLASSWARES，即没有空格；②提单上提货人一栏 TO THE ORDER OF BURGAN BANK, KUWAIT 错写成了 TO THE ORDER OF BURGAN BANK，即漏写 KUWAIT。A 公司认为这两个是极小的不符点，根本不影响提货。A 公司本着这一点，又认为客户是老客户，就出单了。但 A 公司很快就接到由议付行转来的拒付通知，银行以上述两个不符点为由拒绝付款。A 公司立即与客户取得联系，原来客户认为到付的运费（2 275 美元）太贵（原来 A 公司报给客户的是 5 月份的海运费，到付价大约是 1 950 美元，6 月份海运费价格上涨，但客户并不知晓），拒绝到付运费，因此货物滞留在码头，A 公司也无法收到货款。后来 A 公司经过各方面协调，船公司将运费降到 2 100 美元，客户勉强接受，到银行付款赎单，A 公司收到货款并被扣了不符点费用。解决纠纷的整个过程使得 A 公司推迟收汇大约 20 天。试问：在信用证业务中如何看待不符点问题？

分析：不符点没有大小之分。在本案中，A 公司在事先知道单据存在不符点的情况下还是出单，存在潜在的风险。A 公司认为十分微小的不符点却恰恰成了银行拒付的正当理由。因此,在已知不符点的情况下,最好将其修改正确。另外,FOB 的运费上涨与 A 公司并没有关系,客户主要是借不符点进行讨价还价。

五、出口退税

根据我国现行的对外经济贸易政策,我国出口企业在办理货物装运出口以及制单结汇后,可以及时办理出口退税手续。

出口退税是指对出口产品退还其在国内生产和流通环节实际缴纳的产品税、增值税和特别消费税。出口产品退税制度,是一个国家税收的重要组成部分,它主要是通过退还出口产品的国内已纳税款来平衡国内产品的税收负担,使本国产品以不含税成本进入国际市场,与国外产品在同等条件下进行竞争,从而增强其竞争力,扩大出口创汇。

根据现行税制的规定,我国出口货物退税的税种是流转税范围内的增值税、消费税两个税种。出口货物退税的税款是出口货物在国内生产、流通各个环节已缴纳的增值税和消费税。

根据我国国家税务总局 2005 年 5 月 1 日开始实施的《出口货物退(免)税管理办法(试行)》的有关规定,出口商自营或委托出口的货物,除另有规定者外,可在货物报关出口并在财务上做销售核算后,凭有关凭证报送所在地国家税务局批准退还或免征其增值税、消费税。

出口退税的计算公式如下:

$$退税额 = \frac{税后货值(增值税发票金额)}{1+增值税税率} \times 出口退税率$$

例如,税后货值 100 万元人民币,增值税税率为 13%,出口退税率为 5%,则:

$$退税额 = \frac{1\,000\,000}{1.13} \times 0.05 = 44\,247.79(元人民币)$$

需要注意的是,出口退税率每年都会发生变化,具体可到当地负责出口退税业务的税务机关或中国出口退税咨询网查询。

第二节　进口合同的履行

我国的进口业务多以 FOB 价格条件成交,即期信用证支付。按照这些条件成交的进口合同,履行程序一般包括:开立信用证、租船订舱、通知船期和催装、装运、办理保险、审单付款、接货报关、检验、索赔等。

一、信用证的开立与修改

(一)开立信用证的手续

进口合同签订后,进口商应按照合同规定,到开证行填写信用证申请书,向银行办理开证手续。同时,进口商向开证行交付一定比率的押金及支付开证手续费。

在实际业务中,开证的方法一般有信开本和电开本两种。信开即以邮寄方式开证,分为平邮、航空挂号和特快专递等;电开即以电报、电传或 SWIFT 等电信方式开证,分为全电和简电开证,以及引用旧证的套证方式。

(二)信用证的开证时间

信用证的开证时间应按合同规定办理。如果合同中规定买方应于合同规定的装运期前××日,或规定在该合同签订后××日内开出信用证,则买方应在该日期内开立信用证。如果合同规定在卖方确定交货期后开证,则买方应在接到卖方上述通知后开证;如果合同规定在卖方领到出口许可证或支付履约保证金后开证,则买方应在收到对方已领到出口许可证的通知,或银行通知保证金已收后开证。如果合同未明确买方开立信用证的时间,则买方通常应在装运期前 15~20 天开出,以便卖方备货和办理其他手续,按时装运。

案例 15-6

某年 4 月 20 日,我国食品进出口 HW 公司到国内 A 银行申请开出以美国 B 公司为受益人的信用证,信用证规定最迟装运日期为当年 4 月 30 日。4 月 27 日,HW 公司收到 B 公司的通知,指责其迟开信用证,已经违约在先,要求撤销合同。因为买卖双方在合同中规定:"信用证必须在装运日期以前开到卖方,信用证的有效期应为装船后 15 天在上述装运口岸到期,否则卖方有权取消本售货合同并保留因此而发生的一切损失的索赔权。"经过双方几次协商,B 公司坚持以 HW 公司迟开信用证为由拒绝出货,并要求撤销信用证。鉴于此时市场行情上涨,HW 公司担心因进口货物落空而撤销国内售货合同,从而使企业蒙受更大的损失,不得不用更高的价格买进货物。试问:为什么说信用证中的开证期很重要?从本案中应吸取什么教训?

分析: 此案例中进口商没有在合同规定的期限内开证,给出口商造成可乘之机,因为在进口商拖延开证的同时,市场行情不断上涨,出口商为了以更高的价格出售货物,因而不及时催证;同时,出口商也在寻找新的买主,以便获取更大的利润,最终迫使进口商付出高额代价。此案例的经验教训是:进口商应尽量在合同规定的期限内开证,履行合同。如果发现来不及开证,应尽早在开证日期前与出口商协商修改合同中规定的开证时间,争取主动权。

(三)信用证的修改

信用证开出后,如发现其内容与开证申请书不一致,就需要对信用证进行修改。如果出口商提出修改信用证,经进口商同意后,即可向银行办理改证手续。最常见的修改内容有:延展装运期和信用证有效期、变更装运港口、加列特殊条款等。

按照 UCP 600 的相关规定,信用证经过修改后,银行即受该修改后的信用证的约束。

出口商可自行决定修改内容或拒绝修改,但其应发出是否同意修改的通知。在出口商告知其接受修改之前,原证对开证行继续有效,即原证的条款对出口商仍具有约束力。但如果出口商未发出接受或拒绝的通知,而其提交的单据与原证的条款相符,则视为出口商拒绝其修改;如果出口商提交的单据与经修改后的信用证条款相符,则视为出口商接受其修改。从这时起,信用证就被视为已经修改。总之,出口商是否同意修改信用证可通过结汇提交的单据来表示。

二、运输和保险的安排

（一）租船订舱

履行 FOB 交货条件下的进口合同,应由进口商负责派船到出口商口岸接运货物。出口商在交货前一定时间内,应将预计装运日期通知进口商。进口商接到上述通知后,应及时向货运代理公司办理租船订舱手续。在办妥租船订舱手续后,应按规定的期限将船名及船期及时通知出口商,以便出口商备货装船。对于一些特殊商品,如单件货物超高、超长、超重,或易燃易爆品的装运,出口商还应及时通告,以便进口商在办理运输时,将商品的详细情况通知相关的船公司,确保运输安全。

为了防止出现船货脱节和船等货的情况,应注意催促对方按时装运。对数量多或重要物资的进口,如有必要,也可请驻外机构就地了解、督促对方履约,或派人员前往出口地点检验和监督。

（二）投保货运险

FOB 或 CFR 条件下的进口合同,保险由进口商办理。在实践中,进口企业和保险公司为了简化投保手续,防止因信息传递不及时或失误等情况而来不及办理保险或漏保,大多采用预约保险的方式。

预约保险是进口商或收货人同保险公司签订预约保险合同,其中对各种货物应投保的险别做了具体规定,故投保手续比较简单。按照预约保险合同的规定,所有预约保险合同项下按 FOB 及 CFR 条件进口货物的保险,都由该保险公司承保。一旦发生承保范围内的损失,由保险公司负责赔偿。在预约保险方式下,保险费的支付时间与方式是以"进口货物装船通知书"或其他具有保险要求的单证为依据,由保险公司每月一次计算保险费后向进口商收取。

三、审单付款

审单付款是进口合同履行的重要环节,它是指当出口商装运货物后,将汇票及合同（信用证）规定的单据交银行议付时,银行根据信用证的规定对单据是否齐全、其内容是否符合规定等进行全面的审核,如内容无误,即由银行向国外付款。同时,进出口公司用人民币按照国家规定的有关折算的牌价向银行买汇赎单。

在实际业务中,审单付款中的情况比较复杂,要按照合情、合理、合法的原则审单,并结合上下文的内容进行，避免片面、孤立地看待某一条款。如果审核国外单据发现证、单不符，则应做出适当处理。例如，停止对外付款；相符部分付款，不符部分拒付；货到检验合格后再付款；凭卖方或议付行出具的担保付款；要求国外改证；在付款的同时提出保留索赔权等。

此外，关于银行的审单时间，UCP 600 规定，开证行或付款行应在不超过收到单据次日起的 5 个银行营业日内，审核和决定是否接受单据，并相应地通知交单方。

四、报关、报检和拨交货物

进口企业在收到银行转来的货运单据后，从当事人间的业务流程来说即可向承运人凭提单提取货物，但是还须报关、纳税并经海关查验货物放行后，才可以最终进口其从国外购买的货物。

（一）报关

1. 进口货物的申报

进口货物申报是指在进口货物入境时，由进口企业（收货人或其代理人）向海关申报、交验规定的单据文件，请求办理进口手续的过程。

根据《中华人民共和国海关法》的规定，进口货物的收货人应当自运输工具申报进境之日起 14 日内，在货物的进境地向海关申报。超过规定期限来海关申报的，由海关从第 15 天起按日征收滞报金。滞报金是由于进口货物收货人或其代理人超过法定期限向海关报关而产生的一种费用，不是罚款，海关出具的滞报金收据也不是罚款通知书。滞报金按日征收，日征收额为进口货物到岸价格的 0.05%，滞报金的起征点为 10 元，滞报金以元计收，不足人民币 1 元的部分免收。其计算公式为：

$$滞报金 = 进口货物完税价格 \times 0.05\% \times 滞报天数$$

进口货物的收货人自运输工具申报进境之日起超过 3 个月未向海关申报的，其进口货物由海关提取依法变卖处理，所得价款在扣除运输、装卸、储存等费用和税款后，尚有余款的，自货物依法变卖之日起 1 年内，经收货人申请，予以发还；逾期无人申请的，上缴国库。

进口货物申报时，应填写一式两份的"进口货物报关单"，并随附以下单证：许可证、提单、发票、装箱单、减免税或免验的证明文件等。如果进口国海关认为必要，应交验买卖合同、产地证明和其他有关单证；如果进口货物属于应受动植物检疫管制或受其他管制的，在报关时还应交验有关部门签发的证明。

2. 进口货物的查验

根据《中华人民共和国海关法》的规定，进口货物除特殊原因外都应接受海关的查验。在货物查验时，海关以进口货物报关单、进口许可证等为依据，对进口货物进行实际的核对和检查，这样做一方面是确保货物合法进口，另一方面是通过确定货物的性质、规格、用途等，使海关准确地计征进口关税。海关查验货物一般应在海关监管区域内的仓库、场地进行,进口货物的收货人或其代理人应当在场,并负责搬移货物,开拆和重封货物的包装。海关认为必要时,还可以开验、复验或者提取货样。

3. 进口货物的征税

我国海关按照《中华人民共和国进出口税则》的规定,对进口货物计征进口关税和进口调节税。此外,进口货物还要征收增值税,少数商品要征收消费税。为简化征收手续,国家规定进口货物的增值税和消费税由海关在进口环节代税务机关征收,在实际工作中通常称为海关代征税。

（1）进口关税是货物在进口环节由海关征收的一个基本税种。进口关税以 CIF 价为基数计算,即以 CIF 价为完税价格。如果是 FOB 价格进口,还要加上国外运费和保险费。进口关税的计算公式为:

$$进口关税税额 = CIF 价格 \times 关税税率$$

根据《中华人民共和国关税法》的规定,进口关税设置最惠国税率、协定税率、特惠税率、普通税率。对进口货物在一定期限内可以实行暂定税率。

（2）进口调节税是国家对限制进口的商品或其他原因加征的税种,这是进口货物关税的附加税。进口调节税的计算公式为:

$$进口调节税 = CIF 价格 \times 进口调节税税率$$

（3）进口增值税。增值税是随着社会经济发展的客观需要而产生的一种间接税种,它是以商品和劳务价格中的增值额为课税依据而征收的一种流转税。增值税是以交货的商品或得到的服务所取得的商业发票金额为计征基础的,其中包括与商品或服务有关的所有成本,如运费、包装费、保险费、安装费及佣金等,但销售方以任何方式提供的额外降价(打折优惠、回扣、补偿、佣金等)都可以从税基中予以扣除。

$$进口增值税 = (关税完税价格 + 关税税额 + 消费税额) \times 增值税税率$$

（4）进口消费税,主要用于对从国外进口的汽车、摩托车、能源、酒类和烟草等特殊商品的征收。它通常既可以按照商品价格,也可以按照商品进口数量征税。其计算公式如下:

$$从价消费税额 = (完税价格 + 关税)/(1 - 消费税税率) \times 消费税税率$$

$$从量消费税额 = 应税消费品数量 \times 消费税单位税额$$

完税价格计算到人民币元为止,元以下四舍五入。税费额在人民币 10 元以下的免征。

4. 进口货物的放行

进口货物在办完向海关申报、接受查验、缴纳税款等手续以后,由海关在货运单据上签印放行。收货人或其代理人必须凭海关签印放行的货运单据才能提取进口货物。货物的放行是海关对一般进出口货物监管的最后一个环节,放行就是结关。但对于担保放行货物、保税货物、暂时进口货物和海关给予减免税进口的货物,要在办理核销、结案或者补办进出口和纳税手续后才能结关。

（二）报检

根据规定，凡列入《出入境检验检疫机构实施检验检疫的进出境商品目录》的进出口商品和其他法律、法规规定须经检验的进出口商品，必须经过出入境检验检疫部门或其指定的检验机构检验。进口商品应检验未检验的，不准销售、使用。进口商品检验包括品质检验、安全卫生、数量鉴定、重量鉴定等。

根据《中华人民共和国进出口商品检验法》和《出入境检验检疫报检规定》，进口货物报检的时间和地点有以下几种规定：

（1）属于法定检验的进口商品，在到货后，收货人须向卸货口岸或者报关地的商检机构办理登记，由商检机构在报关单上加盖印章，海关凭此验放。

（2）法定检验范围以外的进口商品，如果合同约定由商检机构检验，在进口到货后应依合同所约定的检验地点向商检机构报检；如果合同没有约定，则在卸货口岸向商检机构报检。

（3）大宗散装商品、易腐变质商品，以及卸货时发现残损或者数量、重量短缺的商品，必须在卸货口岸或者到达地向当地商检机构报检。

（4）需要结合安装调试进行检验的成套设备、机电仪器产品以及在口岸打开包装检验后难以恢复的商品，可在收货人、用货人所在地向商检机构报检。

进口商品在报检时，一般应提供外贸合同、国外发票、提单、装箱单、进口货物到货通知单等有关单证。

（三）拨交货物

经过进口报关、报检等手续后，如进口货物的品名、品质、数量、重量、包装等符合合同的规定，进口商便可提货。如果订货单位或用货单位在卸货港所在地，则可就近转交货物；如果订货单位或用货单位不在卸货港所在地，则可委托货运代理公司或物流公司将货物转运内地并转交给订货单位或用货单位。关于进口关税和运往内地的费用，由货运代理公司向进出口公司结算后，进出口公司再向订货部门结算。

五、进口索赔

进口商常常因货物的品质、数量、包装等不符合合同规定而向有关方面提出索赔。根据造成损失原因的不同，进口索赔的对象主要有三个：

（一）向卖方索赔

凡属于下列情况者，均可向卖方索赔：原装数量不足，货物的品质、规格与合同规定不符，包装不良致使货物受损，未按期交货或拒不交货等。向卖方索赔的依据主要有：合同、公证报告、检验证书、破损证明、提单、装箱单、发票、银行通知等。

值得注意的是，进口索赔必须在一定时限内提出。如果提出索赔要求时已超过索赔时限，则视作索赔方自动放弃索赔的权利。根据《联合国国际货物销售合同公约》的相关规定：无论如何，买方最长的索赔时效均为其收到货物之日起不超过2年。

(二) 向轮船公司索赔

凡属于下列情况者,均可向轮船公司索赔:①原装数量少于提单所载数量;②提单是清洁提单,而货物有残缺情况,且属于船方过失所致;③货物所受的损失,根据租船合约有关条款应由船方负责等。向承运人索赔的依据主要有:公证报告、破损证明或相关机构会签证明、提货单或提单或运输合同、商业发票、商检证书、承运人要求的其他证明文件等。

关于索赔时效,根据《海牙规则》的规定,如果收货人发现货物灭失或损坏,应在提货日起3天之内向运输公司发出索赔的书面通知。如果索赔未被受理,则诉讼时效为货物交付之日起1年之内。

(三) 向保险公司索赔

凡属于下列情况者,均可向保险公司索赔:①由于自然灾害、意外事故或运输中其他事故致使货物受损,且属于承保险别范围内的;②凡船公司不予赔偿、金额不足抵补损失的部分,并且属于承保范围内的。向保险公司索赔的依据主要有:保险单或保险凭证正本、提单正本、托运人开立的发票、装箱单、重量证明书、公证报告、磅码单、修理费用及其估价单、海难报告等。

按照中国人民保险公司关于海洋货物运输保险条款的有关规定,保险公司的索赔时效为2年,即从被保险货物在最后卸货港全部卸离海轮时起算最多不超过2年。

案例 15-7

某公司以 CIF 鹿特丹条件出口食品 1 000 箱,即期信用证付款。货物装运后,凭已装船清洁提单与已投保一切险和战争险的保险单,向银行收妥货款。货到目的港后,进口商复验时发现下列情况:(1)该批货物共有 10 个批号,抽查发现其中 2 个批号 200 箱内含沙门氏细菌超过进口国标准;(2)收货人共收到 998 箱,短少 2 箱;(3)有 15 箱货物外表状况良好,但箱内共短少货物 60 公斤。进口商随即提出相关索赔事宜。试问:上述三种情况应该向谁提出索赔?

分析: 第(1)种情况应向出口商索赔,属于原装货物有内在缺陷。第(2)种情况应向承运人索赔,因为承运人签发清洁提单,货到目的港后应如数交货。第(3)种情况可以向保险公司索赔,属于承保范围内的损失;但如果进口商能举证原装数量不足,也可向出口商索赔。

在进口业务中,办理对外索赔时,需要提供充足的证据。如果证据不足、责任不明或与合同索赔条款不符,都可能遭到理赔方的拒绝。至于索赔金额,受损商品的实际价值是索赔金额的主要部分;此外,有关费用如商品检验费、装卸费、货物运费差价、银行手续费、仓租、利息及市价差额等,都可包括在索赔金额内。

此外,进口货物发生了损失,如属于卖方必须直接承担的责任,买方应根据国际贸易惯例与规则,直接向卖方要求赔偿,并提出相应的补救措施;但应做到以理服人,防止卖方找借口推卸理赔责任,使卖方的理赔工作顺利进行。

本章提要

1. 我国的出口合同目前大多采用 CFR 或 CIF 贸易术语，以信用证方式收取货款。出口合同履行的一般程序，主要包括备货、催证、审证、改证、租船订舱、报检、报关、投保、装船和制单结汇等。

2. 信用证的管理和使用，主要包括催证、审证和改证三个重要环节。审证是一项政策性、法律性和业务性很强的工作，是银行和公司的共同责任。

3. 制单结汇不仅是进出口业务的一项工作，也是收取货款必不可少的环节。缮制结汇单据时，要求做到正确、完整、及时、简明和整洁。

4. 进口合同履行的主要环节，包括开立信用证、租船订舱、通知船期和催装、装运、办理保险、审单付款、接货报关、检验、进口索赔等。

5. 当发现进口货物的质量、数量和包装等方面有问题时，进口商可向有关方提出索赔。

 **思考题**

1. 履行出口合同包括哪些基本程序？
2. 对信用证的审查主要包括哪些项目？修改信用证应该注意哪些问题？
3. 在履行 CIF 出口合同时，应如何办理货物装运？
4. 履行进口合同包括哪些基本程序？
5. 审单付款时要注意哪些问题？
6. 简述出口退税的步骤及计算方法。
7. 买方在办理进口索赔时，应注意的事项有哪些？

案例讨论

我国某化工进出口公司和美国尼克公司以 CFR 青岛条件订立了进口化肥 5 000 吨的合同，依合同规定我方公司开出以美国尼克公司为受益人的不可撤销的跟单信用证，总金额为 280 万美元。双方约定，如发生争议，则提交上海国际经济贸易仲裁委员会仲裁。2024 年 5 月，货物装船后，美国尼克公司持包括提单在内的全套单据在银行议付了货款。货到青岛后，我方公司发现化肥有严重的质量问题，立即请当地商检机构进行了检验，证实该批化肥是没有太大实用价值的饲料。于是，我方公司持商检证明要求银行追回已付款项，否则将拒绝向银行支付货款。根据上述情况，试问：(1)银行是否应追回已付货款？为什么？(2)我方公司是否有权拒绝向银行付款？为什么？(3)上海国际经济贸易仲裁委员会是否有权受理此案？依据是什么？(4)我方公司应采取什么补救措施？

第十六章

跨境电子商务

【学习目标】

通过本章的学习,学生将能够:
1. 了解跨境电子商务的特点和运营模式;
2. 了解跨境电子商务的发展现状和操作实务;
3. 结合不同情况进行风险防范。

【素养目标】

通过学习跨境电子商务等相关知识,学生应能够深入了解跨境电子商务构建的开放、多维、立体的多边经贸合作模式,正确认识国家完善跨境电子商务进出口的政策,逐步建立经世济民、诚信从商、文明服务的职业素养。

【重点难点】

重点是跨境电子商务的操作实务;难点是结合实际情况进行风险防范。

【引导案例】

阿里巴巴国际站 1999 年在浙江杭州成立,作为传统的 B2B(Business to Business)服务平台,为中小企业提供拓展国际贸易出口的营销推广多元化服务,是出口企业拓展国际贸易的首选网络平台之一。阿里巴巴国际站商业模式的核心是平台的收入模型,即平台通过会员费完成商业模式的构建,为不同等级的会员提供不同级别的服务,其涉及的商品包罗万象,既有日用百货快消品,又有化工原材料产品。其商业渠道包括交易平台、广告平台、电子期刊、行业资讯网站、电商网站、外部搜索引擎、电视台、户外广告、手机客户端等。目前,阿里巴巴国际站拥有超过 1.5 亿注册会员,每天在平台上发布 30 万笔跨境采购需求,其活跃的海外买家达到 2 600 多万,覆盖全球近 200 个国家和地区,年出口金额 1 000 多亿美元。阿里巴巴国际站的战略布局就是提供全套数字外贸服务,通过一站式服务,将货物从工厂运到境内港口、报关,通过海陆空进入境外港口、清关与完税,最终完成末端配送,满足贸易商的所有业务流程。在进出口业务方面,阿里巴巴国际站就是通过向海外买家展示、推广供应商的企业和产品来获得商机和订单,在复杂的国际贸易环境中不断地调整自身的国际营销方向和定位。

分析: 阿里巴巴国际站的成功经验:一是建立了全球化的运营体系;二是注重为用户提供优质的网站体验;三是持续创新的商业模式,不断提升自身的竞争力。

第一节 跨境电子商务概述

一、跨境电子商务的概念

跨境电子商务(Cross-Border Electronic Commerce)是指分属于不同关境的贸易主体,通过电子商务平台达成交易、进行支付结算,并通过跨境物流送达商品、完成交易的一种国际商业活动。这种新型贸易方式依托互联网平台,具有门槛低、环节少、周期短等方面的优势,通过制定跨境电子商务综合服务体系以及跨境电子商务进出口所涉及的在线通关、检验检疫、退税、结汇等基础信息标准和接口规范,实现海关、国家税务局、外汇管理局等部门与电子商务企业、物流配套企业之间的标准化信息流通。在从事跨境电子商务的活动中,自然人、法人、组织、官方机构等都是跨境电子商务的主体,如各国消费者、生产者、制造商、供应商、分销商、代理商、平台商、金融机构、国家监管机构(如海关、外汇管理机构等)等。

跨境电子商务的分类如下:①按进出口方向,可分为跨境电子商务出口和跨境电子商务进口。②按交易模式,可分为企业之间的电子商务交易(B2B)、企业对消费者的零售交易(Business to Customer,B2C)和外贸个人对个人的网络零售业务(Customer to Customer,C2C)。目前我国跨境电子商务出口业务以 B2B 和 B2C 为主,进口模式以 B2C 和网络海外代购模式为主。

根据《中华人民共和国电子商务法》第二十六条规定:"电子商务经营者从事跨境电子

商务,应当遵守进出口监督管理的法律、行政法规和国家有关规定。"这明确将跨境电商经营纳入了法律管辖范围,无论其采用何种模式,都必须遵守进出口的法律法规。

二、跨境电子商务的特点

跨境电子商务是基于网络发展起来的,网络空间具有独特的价值标准和行为模式,而这深刻地影响着跨境电子商务,使其具有区别于传统国际贸易方式的特征。基于网络空间的跨境电子商务具有如下特征:

(一)全球性

网络全球性和非中心化的特征使得依附于网络发生的跨境电子商务也具有全球性和非中心化的特征。任何人只要具备一定的技术手段,在任何时候、任何地方都可以让信息进入网络,相互联系进行交易。网络的全球性特征带来的积极影响是信息最大限度的共享,消极影响是用户必须面临因文化、政治和法律的不同而产生的风险。

(二)无形性

网络的发展使数字化产品和服务的传输盛行。数字化产品和服务基于数字传输活动的特性也必然具有无形性。传统交易以实物交易为主,而在电子商务中,无形产品可以替代实物成为交易的对象。以书籍为例,传统的纸质书籍,其排版、印刷、销售和购买被看作产品的生产、销售。在电子商务交易中,消费者只要购买网上的数据权便可以获得书中的知识和信息;而如何界定该交易的性质、如何监督、如何征税等一系列问题也给税务和法律部门带来了新的课题。

(三)匿名性

跨境电子商务的全球性和非中心化特征,使得电子商务用户的身份和其所处的地理位置很难被识别。以 eBay 为例,eBay 是美国的一家网上拍卖公司,允许个人和商家拍卖任何物品。截至 2019 年年中,eBay 在全球已经拥有 1.82 亿用户,每天拍卖数以万计的物品。但是 eBay 的大多数用户很难清楚地界定交易的发生地和交易的详细信息。

(四)即时性

网络信息的传输速度与地理距离无关。传统交易模式下,信息由于交流方式如信函、电报、传真等的不同,其发送与接收之间存在长短不同的时间差。而电子商务中的信息交流,无论实际时空距离的远近,一方发送信息与另一方接收信息几乎是同时的,就如同生活中面对面交谈一样。某些数字化产品(如音像制品、软件等)的交易可以即时清结,订货、付款、交货可以在瞬间完成。即时性提高了人们沟通和交易的效率,减少了中间环节,使交易更加便利。

(五)无纸化

跨境电子商务交易过程中涉及的各种信息和凭证以电子化形式保存,颠覆了传统贸易中单证的重要地位。由于传统法律的许多规范是以"有纸交易"为出发点的,因此,无纸化带来了一定程度上法律的混乱,削弱了税务当局获取跨国纳税人经营状况和财务信息的能力,并增加了税务机关掌握纳税人财务信息的难度。例如,世界各国普遍征收的传统税种之一的印花税,其课税对象是交易各方提供的书面凭证,课税环节为各种法律合同、凭证的书立或做成,而在网络交易无纸化的情况下,物质形态的合同、凭证已不复存在,因而印花税的合同、凭证贴花(即完成印花税的缴纳行为)便无从下手。

(六)跨境化

跨境电子商务相比于境内电子商务,最突出的特征在于其跨境,具体表现在以下四个方面:

(1)通关。主要是指通关手续、缴纳关税和商品检验。进出境的物品和货物都需要办理报关通关手续,并按规定缴纳相关税款。进境邮递物品中,如果有按照国家规定须经审查、鉴定、检疫或者商品检验的物品,由海关按照国家有关规定处理。而出境货物则涉及出口许可证、出口退税等流程。

(2)跨境物流。跨境运输时间长,运输过程中不可控因素多,退换货麻烦,从而风险相对较高。例如,跨境电子商务进口,传统的国际直邮和转运都存在一定的弊端,例如,国际直邮通过 DHL、UPS 等国际快递公司发送的平邮包裹,每单限重低且单号无法跟踪,中国境内由邮政平邮包裹模式配送,到货速度较慢,丢包率较高,而且运费很贵,运送时间长;转运模式邮递过程可跟踪和查询,但是不同转运公司处理时效不同,运输时间可能会较长;如果运输环节出现丢件和破损,难以界定发货方和转运公司的责任。

(3)跨境电子支付比一般电子支付的结算风险高。一般电子支付包括接触式和非接触式的各种各样的信用卡以及在网上流通的"电子钱包";而跨境电子商务结算信用卡需要用双币信用卡,也可以选择第三方平台,如 PayPal。因网络支付的虚拟性,第三方支付对信誉、安全性和可靠性提出了很高的要求;同时,因网络信息传播的快速性,一旦信息泄露,将造成很严重的后果。

(4)跨境电子商务的风险不仅存在于交易过程中,而且与国际形势及各国(地区)的贸易政策、市场管理方式有着密切的关系。

三、跨境电子商务营运方式

根据我国跨境电子商务企业在跨境电子商务交易流通环节中所处的地位和作用的不同,以及商业模式的不同,可将跨境电子商务企业的运营模式划分为 B2B、B2C、C2C、跨境电子商务平台等。

1. B2B

B2B 是指出口企业与进口企业之间通过第三方跨境电子商务平台进行信息发布或信息搜索完成交易的模式,即企业对企业间的营销关系。根据 eBay 发布的《中国跨境电商零售出口产业发展趋势报告》,近年来,我国跨境电子商务零售出口产业发展势头强劲。

在出口产品品类方面,交易额最高的五大产品依次为电子类、时尚类、家居园艺类、汽配类和收藏品类。其中,电子类与时尚类是传统出口的拳头产品;而家居园艺类、汽配类成为增长最快的两类产品。根据 eBay 平台数据,我国跨境电子商务的目的地市场趋势明显,美国、英国、澳大利亚是三大主要市场。阿里巴巴就是典型的第三方 B2B 平台。目前,一些跨境 B2B 平台介入进出口交易后,交易数据形成一个巨大的数据库,企业后期的搜索和匹配变得更加高效,故大数据对跨境 B2B 交易产生了越来越重要的作用。

2. B2C

B2C 是指跨境电子商务企业与境外最终消费者通过第三方跨境电子商务平台完成交易的模式,即企业对消费者的电子商务,又称网上商店,消费者在网上购物、网上支付。这种形式的跨境电子商务一般以网络零售业为主,经营各种书籍、化妆品、电子产品、食品等商品。根据运营方式,第三方跨境电子商务平台可分为开放平台与自营平台;开放平台大多是作为运营管理者,通过整合平台服务资源,共享数据,为买卖双方服务。京东全球购、eBay、亚马逊、全球速卖通等都是这种模式。

3. C2C

C2C 是消费者之间的电子商务。这种模式下电子商务网站为买卖用户双方提供了一个在线交易平台,卖方可在上面发布待出售的物品信息,而买方可从中选择并进行购买,并由卖家通过跨境物流将商品送达消费者手中。淘宝全球购和微信朋友圈海外代购都属于典型的 C2C 模式。消费者选择海外代购的主要原因是商品在海外的价格较低、品质较高、品类更丰富等。此外,C2C 更灵活和自由的购物模式也得到越来越多用户的认可。

4. 跨境电子商务平台

跨境电子商务平台是一个为企业或个人提供网上跨境交易洽谈的平台。企业电子商务平台是建立在互联网上进行商务活动的虚拟网络空间和保障商务顺利运营的管理环境,是协调和整合信息流、物质流、资金流有序、关联、高效流动的重要场所。企业、商家可充分利用跨境电子商务平台提供的网络基础设施、支付平台、安全平台、管理平台等共享资源,高效、低成本地开展国际商业活动。中国跨境电子商务平台主要有全球速卖通、敦煌网等。

第二节 跨境电子商务操作实务

对于不同的市场主体,跨境电子商务操作实务也有所不同。例如,对于跨境电子商务平台来说,就是做好平台,而做好平台需要一系列强大的配套服务的支撑,包括平台网站本身的稳定性和安全性、收付体系、物流信息系统、沟通服务、保险服务、售后服务、纠纷解决机制等,还需要与海关合作,保证产品快速通关;而对于想通过互联网将货物销售到境外或者从境外购买货物的贸易主体来说,可以自己做网站,也可以通过跨境电子商务平台来开展跨境电子商务业务;而对于政府来说,则是跨境电子商务通关服务平台的搭建,从而使通关、检验检疫和税费缴纳更加便利化。

一、跨境电子商务一般流程

(一)选择跨境电子商务平台并注册

我国著名的跨境电子商务平台有阿里巴巴速卖通、敦煌网、中国制造网和中国诚商网等,国际著名的跨境电子商务平台有 eBay 和亚马逊等。想要开展跨境电子商务业务的企业可以根据自己的需要和平台提供的服务选择跨境电子商务平台。其中创立于2010年的全球速卖通,是中国最大的跨境零售电商平台。

(二)店铺装修

店铺装修主要是指让卖家店铺在众多店铺中脱颖而出,吸引买家,营造良好的购物环境,塑造店铺形象和品牌。

(三)订单处理

订单处理就是对订单所进行的核实、整理、分类、备货、发货和收款等各项工作。跨境电子商务的订单处理过程涉及跨境支付、跨境物流和报关等活动。

1. 跨境支付

以全球速卖通平台为例,在买家付款之前,卖家可以调整价格;在买家付款后,卖家不可再调整价格。速卖通平台目前支持买家通过财付通、支付宝、Moneybookers、PayPal、信用卡、借记卡、T/T 汇款等多种方式在线支付货款。若买家在订单生成后20天内逾期不付款,订单将自动关闭。如果卖家只设置了人民币收款账户,没有设置美元收款账户,则只能收到买家通过信用卡方式支付的货款。只有在卖家设置了美元收款账户的前提下,买家使用财付通、支付宝、借记卡、银行汇款方式支付的货款才能被卖家收取。卖家应时刻关注买家付款的剩余时间,提醒买家尽快付款,同时应在买家付款成功后及时发货。但是买家支付的价款并不会直接打到卖家的账户,而是由跨境电子商务平台暂时保管,在买家收到货物并确认收货或者有证据表明买家已经收货时,卖家才能收到款项。

2. 线上发货

以全球速卖通平台为例,线上发货是由全球速卖通、菜鸟网络联合多家优质第三方物流商一起推出的一个物流体系。使用线上发货的全球速卖通卖家,在买家支付货款后,在订单管理中选择"线上发货",就能创建一个物流订单,然后在后台直接选择物流方案,或者让物流商上门揽收或者自己将货物运输到仓库,之后运输到目的地,交到消费者手里。

3. 备货

出口贸易备货工作的主要内容是:在签订合同或收到信用证后向生产部门、供货部门或仓储部门安排或催交货物,核实应交货物的品质、规格、数量,进行必要的加工整理、包装、刷唛头以及申请报检和领证工作。凡列入《出入境检验检疫机构实施检验检疫的进出境商品目录》的出口商品和买卖合同中规定由商检机构出具证明的商品,均应在货物备齐后向商检机构申报检验。只有取得检验合格证书,海关才予放行。凡未列入《出入境检验检疫机构实施检验检疫的进出境商品目录》的出口商品,而且买卖合同中亦未规定有商检机构出具证明的出口商品,也应向商检机构申报,经其在报关单上加盖放行印章后,海关才凭以放行。例如,在符合相关法律法规的前提下,跨境电子商务企业事先在保税区仓库存放一批货物,在消费者下单后再按照订单数量从保税区发货。

4. 收款

在全球速卖通平台,卖家需要设置两个收款账户,一个是人民币收款账户,另一个是美元收款账户。平台根据买家不同的支付方式,由不同的收款账户接收交易款项:①买家通过信用卡(人民币通道)进行支付时,国际支付宝会按照买家支付当天的汇率将美金转换成人民币支付到国际支付宝或银行账户中。②买家通过 PayPal、信用卡(美元通道)、西联、MoneyBookers、Bank Transfer(T/T 汇款)等方式进行支付时,国际支付宝将支付到美元账户。

只有同时满足买家确认收货并同意放款和平台查到货物妥投信息两个条件,平台才会放款给卖家。买家确认放款之后,系统会自动查询订单中货运跟踪号的状态,如状态正常,订单款项将会自动支付给卖家,订单结束。

(1) 对于卖家使用 TNT、UPS、FEDEX、DHL、EMS 五种物流方式发货的,系统会自动核实物流情况:买家收货期内,系统核实物流妥投且妥投信息与买家收货地址信息一致时,会自动提醒买家在七天内确认收货。如果买家超时未确认,系统将默认买家确认收货,将结束订单并放款给卖家。买家收货期内,如果系统显示货物有投递到买家所在国家的物流信息,只是未显示正常妥投,只要买家确认收货且卖家能提供物流出具的妥投证明,系统就会放款给卖家。如果买家没有确认收货,系统会等到收货期满后再放款给卖家。

(2) 对于卖家使用其他物流方式(航空包裹、顺丰国际快递)发货的,系统设定的收货超时时间为 30 天(除卖家延长收货期的订单外,此类订单收货期以实际延长后的期限为准):若买家未在规定时间内确认收货,系统将自动确认买家收货,并核对物流状态。若物流妥投,系统会放款;若未妥投(不包含货物退回情况),系统会将该笔订单冻结 180 天,在此期间客服人员会不断与买家联系询问收货情况,其间,卖家提供物流出具的妥投证明的或者买家逾期未答复的,平台会放款给卖家。

(四) 客户服务

客户服务主要可以分为售前服务、售中服务和售后服务三个阶段。三个阶段的服务都非常重要,而其中最容易让客户不满的是售后服务。售后服务是企业对客户在购买产品后提供多种形式的服务的总称。跨境电子商务的售后服务存在沟通繁杂、售后人员专业性差、退换货效率低、对物流的依赖性强、维权成本高等问题。因此,跨境电子商务企业一般会通过组建网络小型专家团队、完善退货服务流程、建立售后服务处理数据库等方式来进行客户关系处理,提高售后服务处理速度,进而提高客户满意度。

案例 16-1

大龙网成立于 2010 年 3 月,是移动跨境电子商务 B2B 商机平台,曾是海关总署跨境贸易电子商务通关服务平台首个试点电子商务企业,它推出了"移动互联网+外贸"的移动跨境电子商务 B2B 模式,通过全球商人在线沟通交易 App 约商(OSELL)及线下分布在全世界的网贸会,让沟通交易无障碍。大龙网重点筹划移动跨境电子商务 B2B 全套解决方案。其商业模式为:第一,着力为中国品牌商提供移动跨境电子商务 B2B 出口解决方案;第二,为中国各个产业带城市的企业提供跨境电子商务 B2B 基础交付及通关综合服务解决方案,为跨境贸易提供跨境电子商务通关服务、公共服务、综合服务、在线交易、公共监管仓等跨境贸易解决方案。大龙网通过网上产业带,针对境内出口企业实现了对传统外贸冗长产业链条的大幅精简,在提升效率的同时,培育适配跨境数字贸易的服务型企业;以"地推"方式拓展渠道,以海外仓现货模式赢得当地渠道商的认可,并不断完善本地的销售工具,对境外市场进行了本地化深耕。目前,大龙网在数字贸易领域已探索出一条跨境电子商务新业态、新模式、新思路,从而帮助境内厂家和卖家在境外实现阳光化的本地销售,降低物流运输成本,缩短到货时间,提高买家满意度。试分析大龙网在跨境电子商务领域成功的秘诀。

分析: 大龙网的成功秘诀是借助信息技术,与流通产业深度融合,不断创造商机,逐步实现跨境电子商务的全产业链。

二、跨境电子商务的特殊问题

海关检验与关税征收是跨境电子商务的重要环节。目前我国已基本实现电子通关和无纸通关。电子通关的基本步骤是报关申请、海关审单、货物查验、税费征收、货物放行;无纸通关是利用中国电子口岸及现代海关业务信息化管理系统功能,改变海关凭进出口企业递交书面报关单及随附单证办理通关手续的做法,直接对企业联网申报的进出口货物报关电子数据进行无纸审核、验放处理的通关方式。

1. 通关管理

海关总署公告 2018 年第 194 号《关于跨境电子商务零售进出口商品有关监管事宜的公告》(2019 年 1 月 1 日实施)规定,跨境电子商务企业、消费者(订购人)通过跨境电子商务交易平台实现零售进出口商品交易,并根据海关要求传输相关交易电子数据的,按照本公告接受海关监管。电子商务企业及相关的服务方应当分别通过跨境电子商务通关服务平台如实向海关传输交易、支付、收款、物流等电子信息。跨境电子商务零售商品进口时,跨境电子商务企业境内代理人或其委托的报关企业应提交《中华人民共和国海关跨境电子商务零售进出口商品申报清单》(以下简称《申报清单》),采取"清单核放"方式办理报关手续。跨境电子商务零售商品出口时,跨境电子商务企业或其代理人应提交《申报清单》,采取"清单核放、汇总申报"方式办理报关手续。跨境电子商务零售商品出口后,跨境电子商务企业或其代理人应当于每月15日前,将上月结关的《申报清单》依据清单表头同一收发货人、同一运输方式、同一生产销售单位、同一运抵国、同一出境关别,以及清单表体同一最终目的国、同一10位海关商品编码、同一币制的规则进行归并,汇总形成《中华人民共和国海关出口货物报关单》向海关申报。除特殊情况外,《申报清单》《中华人民共和国海关进(出)口货物报关单》应当采取通关无纸化作业方式进行申报。

2. 商品检验

跨境电子商务的商品检验是国际贸易的重要环节和国际买卖合同中不可缺少的内容。按照《中华人民共和国进出口商品检验法》的有关规定:商检机构和依法设立的检验机构,依法对进出口商品实施检验。进口商品未经检验的,不准销售、使用;出口商品未经检验合格的,不准出口。2017年,国家质量监督检验检疫总局出台《质检总局关于跨境电商零售进出口检验检疫信息化管理系统数据接入规范的公告》,其中规定:"跨境电商经营主体(企业)、第三方平台对于其向出入境检验检疫局所申报及传输的电子数据承担法律责任。"目前,在一般贸易中,商品通常是按照批次来进行检验的;在跨境电子商务中,可采取多种方式并行,例如,在直邮模式下,目前基本采取事中和事后的监管抽查,在备货时可以实现事先检验,在需要时也可以取得第三方检测机构的检测数据和报告。

3. 进口税收

根据《财政部 海关总署 国家税务总局关于跨境电子商务零售进口税收政策的通知》(财关税〔2016〕18号)的有关规定,跨境电子商务零售进口商品按照货物征收关税和进口环节增值税、消费税,购买跨境电子商务零售进口商品的个人作为纳税义务人,实际交易价格(包括商品零售价格、运费和保险费)作为完税价格,电子商务企业、电子商务交易平台企业或物流企业可作为代收代缴义务人。代收代缴义务人应当如实、准确地向海关申报跨境电子商务零售进口商品的商品名称、规格型号、税则号列、实际交易价格及相关费用等税收征管要素。

4. 物流监控

跨境电子商务零售进出口商品监管场所经营人、仓储企业应当建立符合海关监管要求的信息化管理系统,并按照海关要求交换电子数据。跨境电子商务零售进出口商品的查验、放行均应当在监管场所内实施。海关实施查验时,电子商务企业或其代理人、监管场所经营人、仓储企业应当按照有关规定提供便利,配合海关查验;发现涉嫌违规或走私行为的,应当及时主动报告海关。在海关注册登记的电子商务企业、电子商务交易平台企业、支付企业、物流企业等应当接受海关的后续管理。

第三节 跨境电子商务风险防范

跨境电子商务的发展模式多样,因此具体的风险和风险防范措施不尽相同。对于海淘用户来说,可通过一定的措施进行风险防范;对于跨境电子商务企业来说,针对操作实务流程的不同环节,也可以采取措施进行风险防范,从而降低风险。

一、境内海淘用户的风险防范

海淘用户能够应对的是一般购物风险,主要有资金风险、功能风险、社会风险、心理风险和身体风险五种。这些风险是消费者在其他购物方式下也可能面临的风险,只是在跨境电子商务交易中这些风险带有境内电子商务购物所不具有的特点。例如,境内交易的产品如果在性能上不能满足消费者的期望或者存在质量缺陷就会形成功能风险,而在跨境电子商务交易中,往往会出现因商品的品质、质量、标识等项适用标准与我国标准存在差异而造成消费者使用效果欠佳的情况。

针对上述一般购物风险,海淘用户应选择正规的购物网站,在交易达成之前要充分了解交易对方的情况和交易条款,避免盲目相信低价和冲动购物。例如,在海淘购物时,消费者应当谨慎地选择海淘网站和海淘网站链接入口,尤其是没有海淘购物经历的消费者,更应保持警惕,避免误入钓鱼网站。同时,消费者在购物时应购买退运保险等,在产品与预期不符时可以由保险公司进行理赔。

二、跨境电子商务企业的风险防范

(一) 国际结算

跨境电子商务采用电子支付方式进行结算,而安全性是电子支付首要考虑的因素。这不仅需要国家对相关支付平台和有跨境支付业务的企业等的资信状况进行监督与管理,也需要办理电子支付的银行或非银行金融机构加强内部监督与管理。

1. 加强对第三方支付平台的监管

(1) 明确市场准入门槛。由于行业的准入门槛较低,从事第三方支付平台的服务商注册资金规模、资质参差不齐,因此容易引发风险。

(2) 加强对第三方支付平台沉淀资金的监管。应规定第三方支付平台的自有资金账户与用户沉淀资金账户相分离,禁止将用户沉淀资金进行放贷、投资或挪作他用,由银行对用户沉淀资金账户进行托管。

(3) 建立第三方支付保证金制度。要求第三方支付平台在其开户银行存有一定金额或交易比例的保证金,一旦其出现问题,银行可以立即冻结这部分资金用以抵御风险,从而在一定程度上保障广大用户的资金安全,不致因第三方支付平台的风险而蒙受过大的损失。

2. 加强内部监督和管理,规范信息披露制度

(1) 银行或非银行金融机构应采用符合有关规定的信息安全标准、技术标准、业务标准。保证电子支付系统的设计和运行不会使电子支付交易数据在传送、处理、存储、使用和修改过程中被泄露和篡改;根据审慎性原则,针对不同客户,在电子支付类型、单笔支付金额和每日累计支付金额等方面做出合理限制。例如,通过互联网为个人客户办理支付

业务,除采用数字证书、电子签名等安全认证方式外,单笔支付金额及每日累计支付金额应不超过若干元人民币。

(2) 建立针对电子支付业务的管理制度,采取适当的内部制约机制,对交易数据保密,在法律法规许可和客户授权的范围内妥善保管、使用各种信息及交易资料。

(3) 有灾难恢复处理能力和应急处理能力,确保电子支付业务处理系统的安全性,确保支付业务处理的及时性、准确性和支付业务的连续性。

(4) 建议使用第三方认证,妥善保管密码、密钥等认证数据。

(5) 建立电子支付业务运作重大事项报告制度,按有关法律法规披露电子支付交易信息,及时向有关部门报告电子支付业务经营过程中发生的危及安全等事项。

(二) 跨境物流

对于跨境电子商务来说,保证产品质量和货运质量是降低物流风险的前提条件。因此,卖家应尽量做到:①在发货前严把质量关,注意产品质量检查,尽可能避免残次物品寄出,从源头上控制产品质量;②加强物流环节把控,认真包装,对于数量较多、金额较大的易碎品,可以对包装发货过程进行拍照或者录像,留做纠纷处理时的证据;③注意产品的规格、数量及配件与订单一致,以防漏发引起纠纷;④买家下单后,应及时告知买家预计发货时间及收货时间,及时发货,主动缩短客户购物的等待时间;⑤在物流过程中及时与买家沟通物流状况及信息;⑥购买退运险等。

有些出口电子商务企业通过海外仓来避免传统电子商务企业仓储管理下周期较长、费用高、结汇烦琐、难以退缴税等问题。海外仓是由网络外贸交易平台、物流服务商独立或共同为卖家在销售目标地提供的货品仓储、分拣、包装、派送的一站式控制与管理服务。卖家将货物存储到当地仓库,当买家有需求时,便可第一时间做出响应,及时进行货物的分拣、包装以及递送,这在一定程度上提高了跨境电子商务的物流体验。

(三) 电子通关

当前中国电子口岸及现代海关业务信息化管理系统的搭建等都为跨境电子商务的快速便利通关提供了有利条件,而跨境电子商务企业所要做的就是按照相关规定,提前将交易数据等信息传输给海关,做好报关申请等工作,并配合海关部门对货物进行检验,及时缴纳关税,从而提高货物的通关效率。

案例 16-2

跨境电子商务海外仓是指根据跨境进口电子商务、跨境出口电子商务企业及跨境物流服务商等商家的需求,在海外设立的提供仓储、分拣、包装、派送、展示等服务的一站式平台。海外仓是跨境电子商务发展的重要布局之一。其优势在于通过集中仓储、大规模批量运输大大降低物流成本,并且缩短物流所需时间,有利于海外市场的拓展。卖家将货物通过海运、空运、陆运等运输方式提前存储到海外仓,当接到买家的订单时,卖家可以在最短的时间内快速对订单做出响应,通知仓库进行货物的分拣、包装,确保货物及时地配送到买家手中。目前海外仓的建设主要分为自营海外仓以及第三方公共服务海外仓两种模式。其中,自营海外仓模式是指由跨境进口/出口电子商务企业自身建设并运营的海外仓库,主要是为本企业销售的商品提供仓储、配送等物流服务。试问:在运作海外仓时,从费用、库存和流程等方面如何进一步提升风险监控?

分析:一是费用方面,只有在选品合适和运营顺畅的条件下,海外仓的综合成本才会低;要精细核算分段成本,不能单纯看仓租优惠。二是库存方面,货物在海外仓要有一定存量,卖家要做好库存分析和销售周期的把握,尽量控制发货节奏及安全库存。三是运营风险方面,首先产品是否符合进口国当地质量标准、是否存在侵权问题;其次要考虑入境关税及在线销售税等问题。

(四)售后维权

跨境电子商务的贸易双方来自不同的国家,其社会文化、法律、语言等都有很大的差异,如果售后出现纠纷,双方沟通时可能会遭遇语言障碍和适用法律不一致的问题,即便协商一致,也会面临退换货时间较长和金钱成本较高的问题。

售后纠纷解决的风险防范工作需要各个市场主体共同努力。出口电子商务企业首先要了解交易对象所在国的消费习惯和市场状况,在备货环节严格控制好产品质量并拍照或者录像作为证据,同时在售前、售中、售后各个环节做好服务和沟通工作,提高消费者的购物体验;海淘用户则应该在交易过程中注意产品规格和交易条款等信息。在跨境电子商务平台开展跨境电子商务活动,在遭遇售后纠纷时,还可以申请跨境电子商务平台介入。同时,政府可以加入相关的国际公约或者地区组织,推动跨境电子商务网络纠纷解决机制的建立。网络纠纷解决机制的具体流程如下:首先,组建网络专家库,这些专家应该来自不同国家;其次,有争议案情的当事人可在专家库随机选定一名专家;最后,当事人通过网络将争议提交给专家,由专家依据相关案情和条款进行裁决。这个过程保证了专家的独立性和公正性。

售后纠纷解决作为消费者购物的重要组成部分,对消费者的购物体验和行业健康发展关系重大,因此市场各主体应充分重视售后纠纷解决机制,使跨境电子商务的发展更加规范。

◉ 本章提要

1. 我国跨境电子商务模式以外贸 B2C 以及网络海外代购模式为主。

2. 根据在跨境电子商务交易流通环节中所处的地位、所起的作用以及商业模式的不同,可将我国跨境电子商务企业的运营模式划分为 B2B、B2C、C2C、跨境电子商务平台四类。

3. 订单处理就是对订单进行核实、整理、分类、备货、发货和收款等各项工作。跨境电子商务的订单处理过程涉及跨境支付、跨境物流和报关等活动。

4. 海淘用户能够应对的是一般购物风险,主要有资金风险、功能风险、社会风险、心理风险和身体风险五种。

5. 跨境电子商务采用电子支付方式进行结算,而安全性是电子支付首要考虑的因素。

思考题

1. 跨境电子商务有哪些特点?
2. 跨境电子商务的运营方式有哪些?
3. 请论述跨境电子商务业务的一般流程。
4. 简述跨境电子商务的风险防范措施。

案例讨论

某年8月17日,A女士在S国的kidsshop网站购买B-smart四轮婴儿车,付款时接到GT银行电话询问"是否有一笔海外258欧元的预授权",在得到肯定答复后,银行工作人员说这笔预授权已经被商家划走了。在之后的24小时,A女士不停地刷新网站,没有发现任何成功的订单与购买记录,与银行确认的结果是预授权的状态还在。8月18日,A女士向网站客服询问,网站回复没有成功购买记录。A女士与银行沟通后得知需要网站取消预授权状态才可以重新购买,否则就是两笔交易预授权。8月19日,A女士与网站沟通时得知,这笔预定的订单已经解除,应重新进行购买。而9月2日,她再次与银行沟通时被告知预授权的钱在8月17日就已经被划走。网站回复并没有划走钱也未见成功订单,而GT银行则确定钱被划走了。A女士只能不安地等待银行进一步的答复。试问:如何防范跨境电子商务操作实务中的风险?在上述情况下,消费者应当如何维护自己的合法权益?

参考文献

1. 国际商会中国国家委员会.国际贸易术语解释通则 2020[M].北京:对外经济贸易大学出版社,2019.
2. 国际商会中国国家委员会.国际贸易术语解释通则 2010[M].北京:中国民主法制出版社,2010.
3. 黎孝先,王健.国际贸易实务[M].7 版.北京:对外经济贸易大学出版社,2020.
4. 周红军,蔡俊峰.解读 URDG758[M].北京:中国民主法制出版社,2010.
5. 吴百福,徐小薇,聂清.进出口贸易实务教程[M].8 版.上海:上海人民出版社,2020.
6. 冷柏军,张玮.国际贸易理论与实务[M].北京:外语教学与研究出版社,2012.
7. 赵承壁.进出口合同的履行与违约救济[M].北京:对外经济贸易大学出版社,2002.
8. 冯大同.国际贸易法[M].北京:北京大学出版社,1995.
9. 杜奇华,冷柏军.国际技术贸易[M].3 版.北京:高等教育出版社,2016.
10. 苏宗祥,徐捷.国际结算[M].7 版.北京:中国金融出版社,2020.
11. 国际商会中国国家委员会.ICC 跟单信用证统一惯例(UCP 600)[M].北京:中国民主法制出版社,2006.
12. 国际商会中国国家委员会.国际商会托收统一规则(URC 522)[M].北京:中国民主法制出版社,2003.
13. 联合国国际贸易法委员会.联合国国际货物销售合同公约[EB/OL].[2024-08-16].https://uncitral.un.org/sites/uncitral.un.org/files/media-documents/uncitral/zh/v1056996-cisg-c.pdf.
14. 李玉刚.出口经典案例分析[M].北京:经济日报出版社,2000.
15. 冷柏军,周婷.国际贸易术语[M].北京:首都经济贸易大学出版社,2008.
16. 叶陈云,叶陈刚.国际结算[M].上海:复旦大学出版社,2007.
17. 鲁丹萍.跨境电子商务[M].北京:中国商务出版社,2015.
18. 杨坚争,杨立钒.国际电子商务教程[M].2 版.北京:电子工业出版社,2013.
19. 徐艳,严怀旭.跨境电子商务模式研究[J].中国市场.2015,16:144-146.
20. 智研咨询集团.2016—2022 年中国跨境电商行业深度调研及投资前景分析报告[EB/OL].[2024-08-16].https://www.chyxx.com/research/201603/396949.html.
21. 曹磊,张周平.跨境电商全产业链时代:政策红利下迎机遇期[M].北京:中国海关出版社,2019.
22. 王永贵,李卅立.从 1 到 M:让企业走出去的国际战略画布[M].北京:中信出版社,2020.
23. WILLSHER R. Export finance: risks, structures and documentation[M]. London: Macmillan Press Ltd, 1995.
24. BRANCH A E. Export practice and management[M]. New York: Chapman & Hall, 1994.
25. SEYOUM B. Export-import theory, practices, and procedures[M]. New York: International Business Press, 2000.
26. WEISS K D. Building an import/export business[M]. New York: Wiley, 1987.
27. ALBAUM G S. International marketing and export management[M]. New Jersey: Addison-Wesley, 1994.

教辅申请说明

北京大学出版社本着"教材优先、学术为本"的出版宗旨，竭诚为广大高等院校师生服务。为更有针对性地提供服务，请您按照以下步骤通过**微信**提交教辅申请，我们会在1~2个工作日内将配套教辅资料发送到您的邮箱。

◎ 扫描下方二维码，或直接微信搜索公众号"北京大学经管书苑"，进行关注；

◎ 点击菜单栏"在线申请"—"教辅申请"，出现如右下界面：

◎ 将表格上的信息填写准确、完整后，点击提交；

◎ 信息核对无误后，教辅资源会及时发送给您；如果填写有问题，工作人员会同您联系。

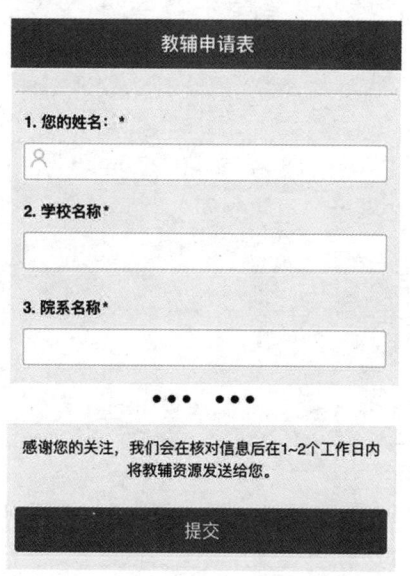

温馨提示：如果您不使用微信，则可以通过以下联系方式（任选其一），将您的姓名、院校、邮箱及教材使用信息反馈给我们，工作人员会同您进一步联系。

联系方式：

北京大学出版社经济与管理图书事业部

通信地址：北京市海淀区成府路 205 号，100871

电子邮箱：em@pup.cn

电　　话：010-62767312

微　　信：北京大学经管书苑（pupembook）

网　　址：www.pup.cn